Jean-Claude Usunier/Björn Walliser · Interkulturelles Marketing

Jean-Claude Usunier/Björn Walliser

Interkulturelles Marketing

Mehr Erfolg im internationalen Geschäft

GABLER

Die Deutsche Bibliothek – CIP-Einheitsaufnahme

Usunier, Jean-Claude:
Interkulturelles Marketing : mehr Erfolg im internationalen Geschäft /
Jean-Claude Usunier ; Björn Walliser. – Wiesbaden : Gabler, 1993

NE: Walliser, Björn:

Der Gabler Verlag ist ein Unternehmen der Verlagsgruppe Bertelsmann International.

© Betriebswirtschaftlicher Verlag Dr. Th. Gabler GmbH, Wiesbaden 1993
Lektorat: Ulrike M. Vetter

Höchste inhaltliche und technische Qualität unserer Produkte ist unser Ziel. Bei der Produktion und
Verbreitung unserer Bücher wollen wir die Umwelt schonen: Dieses Buch ist auf säurefreiem und
chlorfrei gebleichtem Papier gedruckt. Die Einschweißfolie besteht aus Polyäthylen und damit aus
organischen Grundstoffen, die weder bei der Herstellung noch bei der Verbrennung Schadstoffe
freisetzen.

Die Wiedergabe von Gebrauchsnamen, Handelsnamen, Warenbezeichnungen usw. in diesem Werk
berechtigt auch ohne besondere Kennzeichnung nicht zu der Annahme, daß solche Namen im Sinne
der Warenzeichen- und Markenschutz-Gesetzgebung als frei zu betrachten wären und daher von
jedermann benutzt werden dürfen.

Satzarbeiten: Fromm Verlagsservice GmbH, Idstein

ISBN 978-3-322-90367-9   ISBN 978-3-322-90366-2 (eBook)
DOI 10.1007/978-3-322-90366-2

Vorwort

Die Kultur ist nicht beliebt

Bereits im frühen 19. Jahrhundert erklärte David Ricardo in seinem Gesetz des „komparativen Vorteils", warum es für Länder vorteilhaft ist, sich am internationalen Handel zu beteiligen. Damals, wie heute, wurde jedoch eine wichtige Einflußgröße nicht in die Betrachtung miteinbezogen – die Kultur. Ricardo hatte in seinem Modell zwei Länder, Portugal und England, und zwei Produkte, Wein und Tuch, vor Augen. Eine dem Modell zugrunde liegende Hypothese besagt, daß die Produkte und die Geschmäcker in beiden Ländern identisch sind. In Wirklichkeit aber waren die Geschmäcker von Engländern und Portugiesen auch vor knapp zweihundert Jahren schon fein genug, um die Tücher der eigenen Produktion wiederzuerkennen und ganz genau zwischen englischem und portugiesischem Stoff unterscheiden zu können. Ebenso hatten die Portugiesen beim Wein ganz andere Vorlieben als die Engländer. Auch in der Folgezeit der Wirtschaftsgeschichte wurde die Kultur höchstens in den Notfällen berücksichtigt, in denen sie zur Durchsetzung protektionistischer Maßnahmen verhalf. Insgesamt entstand die Tendenz, die Einflußgröße „Kultur" außen vor zu lassen. Die Vertreter der Globalisierung der Märkte, mit Theodore Levitt als bekanntestem Anführer, nehmen bis heute diese Haltung ein.

Die Kultur hat als erklärende Variable unter anderem deshalb einen so schweren Stand, weil ihre Erfassung große Probleme bereitet. Die Ergebnisse und Auswirkungen kultureller Unterschiede sind nicht von der Hand zu weisen. Aber die Beschreibung, Kategorisierung und Analyse dessen, was Kultur ausmacht, ist nicht einfach. Am schwersten fällt es zu ergründen, durch welchen Prozeß die Kultur das menschliche Verhalten beeinflußt. Viel einfacher und operationeller ist es, vorzugeben, kulturelle Unterschiede verwischten sich, so wie dies die Anhänger der Theorie der Globalisierung tun. Aus diesen Gründen sind interkulturelle Ansätze auf dem Gebiet des Marketing wenig entwickelt geblieben.

Es ist nicht unsere Absicht, kulturelle Unterschiede überzubewerten und vorzugeben, daß alles Verhalten kulturell bedingt sei. Unzweifelhaft haben viele Phänomene des Marketing universellen Charakter. Doch die Universalität ist längst nicht so weit fortgeschritten, daß man die Kultur unter den Tisch fallen lassen könnte.

Internationales Marketing aus kultureller Sicht

Dieses Buch betrachtet internationales Marketing aus kultureller Perspektive. Dabei bezieht es sämtliche Aspekte des Marketing mit ein: Marketing-Management, Marketing-Mix, Marktforschung etc. Es geht zudem ausführlich auf Fragestellungen ein, die sonst weniger Beachtung erfahren: Marketing-Verhandlungen, Feilschen und Bestechung.

Grundkenntnisse auf dem Gebiet des Marketing werden dabei vorausgesetzt.

Zur Analyse des Einflusses der Kultur auf das Marketing verwenden wir zwei Ansätze:

- Der kulturübergreifende Ansatz stellt den Vergleich nationaler Marketing-Systeme und Handelsgewohnheiten in den Vordergrund. Sein Ziel besteht darin, herauszuarbeiten, welche Dinge universell und welche spezifisch für eine bestimmte Kultur sind. Von besonderer Bedeutung erweist sich der kulturübergreifende Ansatz bei der Vorbereitung und Umsetzung von Marketing-Strategien.
- Der interkulturelle Ansatz legt den Schwerpunkt auf die Interaktion von Kulturen im weitesten Sinne. Einerseits untersucht er die Begegnung von Geschäftsleuten, Käufern und Verkäufern (mitsamt den dazugehörigen Unternehmen) mit unterschiedlichem kulturellen Hintergrund. Andererseits analysiert er das Aufeinandertreffen von Produkten einer Kultur mit den Konsumenten einer anderen Kultur. Im letzten Punkt eingeschlossen ist auch die Interaktion von Botschaften, die entweder explizit durch die Werbung oder implizit durch die Eigenschaften eines Unternehmens oder eines Produktes von einer Kultur in eine andere ausgestrahlt werden.

Warum „Interkulturelles Marketing"?

Ausgangspunkt dieses Buches ist das Postulat, daß das Wesen einer Kultur unser Inneres tief und unbewußt prägt. Die Kulturen der Welt haben viel gemeinsam. Zu den Bestandteilen von Kultur, die man überall finden kann, gehören: Familienmodelle, Erziehungspraktiken, die Rolle des Einzelnen und der Gruppe, Zeitempfinden, Organisationsmodelle, Freundschaft, der Stellenwert wirtschaftlichen Handelns, die Bedeutung materieller Güter, Pflichterfüllung, Pragmatismus, der Sinn für Ästhetik usw. Einzigartig aber ist für jede Kultur, wie diese verschiedenen Elemente zusammengefügt werden, welche Eigenschaften stärker ausgeprägt sind und welche in den Hintergrund rücken.

Dieses Buch beleuchtet, welchen Dingen beim Aufeinandertreffen von Kulturen im internationalen Marketing besondere Aufmerksamkeit geschenkt werden sollte. Wir behandeln in diesem Buch kein Land oder keine Region bevorzugt. Noch weniger war uns daran gelegen, bestimmte Kulturen von innen und erschließend zu beschreiben. Auch aus der Nationalität der Autoren – der eine Franzose, der andere Deutscher – ergibt sich nicht etwa eine einseitige Ausrichtung auf deutsch-französische Fragestellungen. Vielmehr haben wir uns bemüht, von Fall zu Fall die Kulturen in den Brennpunkt zu rücken, die am besten zur Verdeutlichung der jeweiligen Fragestellung beitragen. Jedes Kapitel enthält beispielhafte Einschübe und konkrete Fälle, die dem besseren Verständnis dienen sollen. An vielen Stellen verweisen wir den interessierten Leser auf Werke, die die angeschnittenen Themen komplementär oder vertiefend behandeln.

Das Buch selbst ist in gewisser Weise ein europäisches Projekt. Es existiert in angepaßter Form auch in einer französischen sowie einer englischen Fassung. Ausgaben in weiteren Sprachen sind geplant. Auf französisch hat es den Titel „Commerce entre cultures: Une approche culturelle du marketing international" (erschienen 1992 bei Presses Universitaires de France). Der englische Titel lautet: „International Marketing: A Cultural

Perspective" (Prentice Hall, UK, 1993). Alleiniger Autor der französischen und englischen Ausgabe ist Jean-Claude Usunier.

Der erste Teil des Buches beschäftigt sich damit, was Kultur ist und welche grundlegenden Beziehungen zwischen Kultur und internationalem Marketing bestehen. Das erste Kapitel beleuchtet die (kulturelle) Herkunft des Marketing. Es legt erste Berührungspunkte zwischen Kultur und Marketing offen. Danach folgen drei Kapitel, die der Kultur gewidmet sind und nacheinander versuchen, Kultur zu definieren, die Dynamik von Kultur zu erörtern und die Beziehungen von Kultur zu Sprache und Kommunikation aufzuzeigen. Das letzte Kapitel des ersten Teils beschäftigt sich mit der kulturübergreifenden Marktforschung. Obwohl diese Kapitel am Anfang des Buches stehen, ist der Leser keineswegs daran gebunden, sie zuerst zu lesen. Entscheiden Sie am besten selbst.

Die vier Kapitel des zweiten Teils stehen unter der Fragestellung „Globales Marketing oder interkulturelles Marketing?". Zunächst untersuchen wir, inwieweit man überhaupt von einer Globalisierung der Märkte sprechen kann (Kapitel 6). Im siebten Kapitel zeigen wir, wie interkulturelles Marketing zu einem wichtigen Bestandteil globaler Wettbewerbsstrategien wird. Kapitel 8 und 9 beschäftigen sich mit den Gründen, die für und gegen eine Standardisierung der Produkt- und Markenpolitik auf internationalen Märkten sprechen.

Der Anpassung der übrigen Elemente des Marketing-Mix an das kulturelle Umfeld ist der dritte Teil des Buches gewidmet. In den Kapiteln 10, 11 und 12 schenken wir nacheinander der interkulturellen Preis-, Distributions- und Kommunikationspolitik unsere Aufmerksamkeit. Die Problematik der Bestechung haben wir als Sonderform einer preislichen Austauschbeziehung ebenso in Kapitel 10 eingeordnet wie das Feilschen. Kapitel 11 berücksichtigt neben der Distribution auch den persönlichen Verkauf und die Verkaufsförderung.

Im vierten und letzten Teil werfen wir einen Blick auf Marketing-Verhandlungen. Selbstverständlich spielt gerade bei Gesprächen mit ausländischen Geschäftspartnern die Kultur eine entscheidende Rolle. Sie bedingt u. a. die Entstehung von Glaubwürdigkeit und Vertrauen (Kapitel 13), prägt darüber hinaus aber auch das Zeitempfinden und den Verhandlungsstil (Kapitel 14).

Grenoble/Heidelberg, im Juli 1993

JEAN-CLAUDE USUNIER
BJÖRN WALLISER

Inhaltsverzeichnis

Teil I

Die Analyse des Umfeldes:
Die Kultur als wichtige Einflußgröße
des internationalen Marketing

1. Kultur und Marketing

Ziel dieses einführenden Kapitels ist es, erste Berührungspunkte zwischen Marketing und Kultur offenzulegen. An vielen Stellen werden wir auf spätere Kapitel verweisen, in denen die hier angerissenen Fragen ausführlicher gewürdigt werden.

Die allererste und wenig erwähnte Verbindung zwischen Kultur und Marketing liegt in der Herkunft des Marketing. Der Begriff Marketing sowie die damit verbundenen Konzepte und Praktiken entstammen der amerikanischen Kultur. Von dort ausgehend fand das Marketing nach dem zweiten Weltkrieg eine rasche internationale Ausbreitung. Der erste Teil des Kapitels beschäftigt sich mit dem „Importcharakter" des Marketing. Wir stellen insbesondere dar, wie andere Länder auf dieses amerikanische Produkt reagiert haben und welche Einordnung es in fremden Kulturen erfahren hat.

Im Mittelpunkt des zweiten Teils steht der Einfluß der Kultur auf das Konsumentenverhalten. Wären Geschmäcker, Gewohnheiten, Bedürfnisse und Werte der Konsumenten überall gleich, hätte dieses Buch erst gar nicht geschrieben werden müssen. Das unterschiedliche Verhalten der Verbraucher ist der Anlaß aller Anpassungen des Marketing.

Marketing ist ein Austauschprozeß, der ganz entscheidend von der Kommunikation bestimmt wird. Anhand zweier Beispiele gehen wir im dritten Teil kurz darauf ein, wie Kommunikation kulturell geprägt ist.

Wer einen neuen Markt betritt, kann dies nicht tun, ohne das dazugehörige kulturelle Umfeld zu berücksichtigen. Der rechtliche Rahmen und insbesondere die Wettbewerbsbedingungen sind in jedem Land anders. Zusätzlich bestimmen der Handel und die in Verbraucherbewegungen zusammengeschlossene Öffentlichkeit, wer auf einem Markt Erfolg hat. Diese Faktoren stellen wir abschließend im vierten Teil dar.

1.1 Marketing: entliehene Konzepte und Praktiken

● Marketing: ein Import

Marketing ist ein amerikanisches[1] Produkt, das sich vor allem aufgrund der gut sichtbaren Erfolge multinationaler amerikanischer Unternehmen im Konsumgüterbereich und nicht zuletzt auch seit Philip Kotlers Buch „Marketing Management", weltweit sehr gut „verkauft". Das Wort „Marketing" kommt gut an. Vielerorts hat es Begriffe wie „Handel" und „Verkauf" abgewertet oder ganz in sich aufgesogen.

In den deutschen Sprachraum kam der Begriff nach dem Zweiten Weltkrieg. Zu jener Zeit bestanden zwischen dem deutschen Begriff „Absatzwirtschaft" und dem amerika-

---

[1] Wo immer wir in diesem Buch die Ausdrücke „amerikanisch" bzw. „Amerikaner" verwenden, nehmen wir Bezug auf die USA.

nischen „Marketing" praktisch keine Unterschiede. In beiden Sprachräumen standen die Begriffe im gesamtwirtschaftlichen Sinne jeweils für die Bemühungen der Übertragung von Gütern und Dienstleistungen der Produktionswirtschaft an die Verwender. Auf einzelwirtschaftlicher Ebene bezogen sich die Begriffe in erster Linie auf die Absatzbestrebungen der Unternehmen (Schäfer, 1974). 1948 wird Marketing in den USA definiert als: „Die Durchführung von Geschäftsaktivitäten, die den Fluß von Gütern und Dienstleistungen vom Produzenten zum Konsumenten bewirken" (American Marketing Association, 1948, zitiert in Hill, 1988, S. 34). Sprachpuristen verwiesen dann auch darauf, daß der Begriff nichts enthalte, was nicht auch auf deutsch ausgedrückt werden könne. Ihre Versuche, das Wort „Marketing" wieder aus der deutschen Sprache zu verdrängen, scheiterten jedoch.

Verstand man ursprünglich unter Marketing also nichts anderes als die Vermarktung von Gütern, für die ausreichend Nachfrage bestand, so änderte sich der Begriffsinhalt mit dem Übergang von der Knappheits- zur Überflußgesellschaft. Marketing wurde zum Schlagwort einer Grundhaltung, alle den Markt berührenden Entscheidungen am Verbraucher auszurichten. Heute wird Marketing als „Ausdruck eines marktorientierten unternehmerischen Denkstils" (Nieschlag et al., 1991, S. 8) bzw. als „managementorientierte Absatzpolitik" (Meffert, 1986, S. 29) verstanden. Meffert (1986) stellt im Vorwort seines Standardwerkes über Marketing fest:

„Absatzwirtschaftliche Probleme der Unternehmen werden seit geraumer Zeit unter dem Aspekt einer bewußt marktorientierten Führung diskutiert. Für diese Betrachtungsweise hat sich an den deutschen Hochschulen die angelsächsische Bezeichnung ‚Marketing' durchgesetzt."

Beispiel 1.1 enthält einige weitverbreitete deutsche und amerikanische Definitionen von Marketing. Wie man sieht, sind die Abgrenzungen insgesamt zwar ähnlich, im Kern aber nicht einheitlich. Fast immer wird der Prozeßcharakter des Marketing und die Befriedigung der Kundenbedürfnisse hervorgehoben. Während die deutschen Definitionen jedoch mehr von einer Ausrichtung der Unternehmensaktivitäten und -entscheidungen am Markt ausgehen, betonen die amerikanischen Abgrenzungen indessen ausdrücklich den Austauschgedanken (exchange) des Marketing.

Beispiel 1.1: Gängige Marketingdefinitionen

Meffert: Marketing bedeutet ... Planung, Koordination und Kontrolle aller auf die aktuellen und potentiellen Märkte ausgerichteten Unternehmensaktivitäten. Durch eine dauerhafte Befriedigung der Kundenbedürfnisse sollen die Unternehmensziele im gesamtwirtschaftlichen Güterversorgungsprozeß verwirklicht werden (Meffert, 1986, S. 31).

American Marketing Association (AMA): Marketing is the process of planning and executing the conception, pricing, promotion and distribution of ideas, goods and

4

services to create exchanges that satisfy individual and organizational objectives (Brown, 1985, S. 1).

Nieschlag/Dichtl/Hörschgen: Marketing ist die konsequente Ausrichtung aller unmittelbar und mittelbar den Markt berührenden Entscheidungen an den Erfordernissen und Bedürfnissen der Verbraucher bzw. Abnehmer (Marketing als Maxime) mit dem Bemühen um die Schaffung von Präferenzen und damit Erringung von Wettbewerbsvorteilen durch gezielte unternehmerische Maßnahmen (Marketing als Methode) (Nieschlag/Dichtl/Hörschgen, 1991, S. 8).

Kotler: Marketing is a social and managerial process by which individuals and groups obtain what they need and want through creating, offering, and exchanging products of value with others (Kotler, 1991, S. 4).

Quelle: In Anlehnung an Backhaus, 1992, S. 6

Trotz des internationalen Erfolges und der weiten Akzeptanz der Vokabel „Marketing" mangelt es nicht an Beispielen, die vom schlechten konzeptionellen Verständnis des Begriffes zeugen. Viele Länder sind davon betroffen, allen voran die Entwicklungsländer (Amine und Cavusgil, 1986). Eine unter ägyptischen Geschäftsleuten durchgeführte Untersuchung beispielsweise belegt das schlechte Verständnis der Bedeutung des Wortes „Marketing" (El Haddad, 1985): Die ägyptischen Manager setzen Marketing entweder mit Verkauf oder mit Verkaufsförderung gleich. Viele glauben, daß Marketing für ihr Unternehmen nicht anwendbar ist. Hieran wird deutlich, was für zahlreiche Länder gilt: Das Marketing wurde als Vokabel oder sogar als Slogan importiert, aber man vergaß dabei den kulturellen Zusammenhang, aus dem heraus es geboren wurde, zu berücksichtigen.

In vielen Unternehmen bleibt Marketing nur ein leeres Wort, das keinerlei Auswirkungen auf die Praxis hat. Die traditionellen Verkaufsgewohnheiten werden beibehalten und lediglich nach außen mit dem Etikett „Marketing" versehen. So findet man in vielen französischen Unternehmen neben dem „Directeur du Marketing" einen „Directeur Commercial", der sich um Vertrieb und Distribution kümmert. Der Marketing-Direktor ist typischerweise für Kommunikation und Marktforschung zuständig. In den USA sind normalerweise alle diese Aufgabenbereiche beim „Vice President Marketing" in einer Hand vereint. Zusätzlich ist die Organisationsform französischer Unternehmen so ausgerichtet, daß eine Zusammenarbeit zwischen dem Directeur Commercial und dem Directeur Marketing nicht gefördert wird. Meist ist die Marketing-Abteilung der Vertriebsabteilung unterstellt. Marketing hat in Frankreich einen intellektuellen Anstrich und den Ruf, sich relativ praxisfern mit langfristigen Zielen, strategischen Marktbetrachtungen und Werbeplänen zu beschäftigen.

Zusammen mit dem Marketing kamen auch die amerikanischen Methoden der Marketing- bzw. Markt-Forschung in viele Länder. Wir werden diesen Aspekt in Kapitel 5 weiter vertiefen. Grundsätzlich jedoch stellt der Holländer Van Raaij treffend fest (1978, S. 699): „Consumer research is largely ‚made in USA' with all the risks that Western

American or middle-class biaises pervade this type of research in the reserach questions we address, the concepts and theories we use and the interpretations we give."

- Vokabular, Informationsquellen und Konzepte des Marketing sind amerikanischen Ursprungs

Der Importcharakter des Marketing wird verdeutlicht durch:

- das verwendete Vokabular
- die Quellen von Information und Beratung
- die Herkunft der Veröffentlichungen, die den Wissensstand der Disziplin vorantreiben.

Das amerikanische Marketing-Vokabular hat sich weltweit durchgesetzt. Begriffe, wie „mailing", „media planning", „merchandising" usw. werden überall verstanden. Versuche, das amerikanische Vokabular durch inländische Begriffe zu ersetzen (in Frankreich sogar per Gesetz), sind weitgehend gescheitert. Und dies ist nicht unbedingt schlecht so. Denn solange ein Wort der Bedeutung nach nicht vollständig in eine Sprache integriert ist, empfiehlt es sich, es in seiner Originalform zu belassen. Hierdurch wird an den ausländischen Ursprung des „Implantats" erinnert – was paradoxer Weise die Erfolgsaussichten meist nur noch erhöht. Eine ausländische Vokabel hat umso mehr Aussichten angenommen zu werden, je größer die Faszination für das Ausland ist. Was sich im Ausland bewährt, hat große Chancen übernommen zu werden. Dies gilt in letzter Zeit auch verstärkt für japanische Managementmethoden und Begriffe (z. B. Kanban, Kaizen).

Bei den Marktforschungs- und den Beratungsunternehmen (Werbeagenturen und Strategie-Beratung) ist der amerikanische Einfluß nach wie vor unübersehbar. Selbst wenn längst nicht alle dieser Unternehmen amerikanischen Ursprungs sind, gehören doch Firmen wie Nielsen, McCann-Erickson oder McKinsey zu den Branchenführern.

Die akademische Marketing-Literatur, die sich darum bemüht, den Kenntnisstand der Disziplin voranzutreiben, stammt mehrheitlich ebenfalls aus den USA. Stellvertretend seien nur das „Journal of Marketing", das „Journal of Marketing Research" oder „Advertising Age" genannt. Damit soll nicht gesagt sein, daß man sich in anderen Ländern nicht auch eingehend mit Marketing beschäftigt. Doch die Basis dessen, was in Europa, Kanada und Japan geschieht, ist aus den USA importiert. Lazer, Murata und Kosaka stellen für Japan fest (1985, S. 71):

„What has occured (in Japan) is the modification and adaptation of selected American constructs, ideas and practices to adjust them to the Japanese culture, that remains intact."

Noch wichtiger als Profite und ökonomische Effizienz ist für die Japaner die „menschliche" Seite des Marketing. Dies wird im nächsten Abschnitt deutlich.

- Eine schrittweise Integration: das Beispiel Japans

Einige Länder scheinen die kulturellen Anleihen, die sie im Bereich des Marketing aus den USA gemacht haben, bereits sehr gut integriert und an die eigenen Verhältnisse angepaßt zu haben. Japanische Firmen beispielsweise benutzen die ursprünglich amerikanischen Marktforschungsmethoden ganz anders als die amerikanischen Unternehmen. Die Unterschiede betreffen vor allem die aus den Ergebnissen abgeleiteten Entscheidungen (Johansson und Nonaka, 1987). Dem Vorstandsvorsitzenden von Sony, Akio Morita, wurde eine Marktstudie vorgelegt, die dem „walkman" keine Erfolgschancen einräumte: Verbraucher würden keinen Kassettenrecorder kaufen, mit dem man nicht aufnehmen kann, selbst wenn er tragbar ist. Seiner Intuition folgend und sicherlich nach ausgiebigen Beratungen, entschieden Morita und Sony dennoch, den „walkman" einzuführen. Der Erfolg ist bekannt. Ein amerikanischer Vorstandsvorsitzender hätte eine solche Entscheidung ziemlich sicher nicht getroffen.

Die japanischen Unternehmen interessieren sich sehr genau dafür, was der Verbraucher wirklich denkt. Sie scheuen sich nicht davor, die Verbraucher über die Schwächen bzw. Verbesserungsmöglichkeiten ihrer Produkte zu befragen. Johansson und Nonaka (1987) erwähnen das Beispiel des Direktors von Canon in den USA, der sechs Wochen damit zubrachte, sich bei Händlern, Verkäufern und Kunden zu erkundigen, warum sich die Photoapparate von Canon weniger gut verkauften als die der Konkurrenz. Einige Grundsätze der traditionellen Marktforschung wurden dabei völlig außer acht gelassen:

- Erhebung einer repräsentativen Stichprobe
- wissenschaftliche Objektivität (Fragebogen, unbeteiligter, objektiver Befrager usw.)
- Untersuchung des Marktpotentials (anstatt Befragung tatsächlicher Benutzer)
- Trennung zwischen den Personen, die die Untersuchung durchführen, und den Personen, die über Marketing-Strategien entscheiden.

Die Art der Befragung, die der Direktor von Canon statt dessen vorzog, barg zumindest zwei Risiken: Erstens hätten Kunden und Händler den Direktor einseitig beeinflussen können, die Photoapparate vor allem billiger anzubieten. Und zweitens bestand die Gefahr, die Marktsegmente zu vernachlässigen, die bisher das Produkt noch nicht gekauft hatten.

Die japanische Marktforschung stützt sich vor allem auf zwei Arten von Informationen: „soft data", die beim Besuch der verschiedenen Glieder des Distributionskanals gewonnen werden, und „hard data", die sich direkt aus den Liefer- und Lagermengen bzw. den Verkaufszahlen ablesen lassen. Die japanischen Manager glauben, daß diese Informationen die Wünsche und das Verhalten der Verbraucher am besten wiedergeben. Japanische Firmen ziehen Informationen, die aus einem spezifischen Zusammenhang heraus gewonnen wurden, „kontextfreien" Informationen vor. Sie befragen die Verbraucher, die das Produkt bereits gekauft oder benutzt haben, anstatt Zeit darauf zu verwenden, die Einstellung der unbeteiligten Öffentlichkeit zu messen.

1.2 Kultur und Konsumentenverhalten

Das unterschiedliche Verhalten der Verbraucher bildet die Grundlage aller kulturellen Differenzierungen des Marketing. Hätten alle Konsumenten dieselben Bedürfnisse, denselben Geschmack, dieselben Vorlieben, dieselben Eigenschaften, Gewohnheiten und Handlungsweisen, wäre eine Anpassung des Marketing unnötig.

Dies soll nicht heißen, daß das Konsumentenverhalten nicht auch universelle Züge besitzt. Dennoch scheinen die kulturbedingten Unterschiede zu überwiegen – vor allem in den Bereichen:

- Hierarchie der Bedürfnisse
- Werteorientierung (besonders Kollektivismus versus Individualismus)
- Institutionen (im weiteren Sinne), Sitten und Bräuche
- persönliches Verbrauchsverhalten.

● Die Hierarchie der Bedürfnisse

Kultur beeinflußt die Hierarchie der Bedürfnisse (Maslow, 1954) in zumindest zwei Punkten:

- Eine der grundlegenden Annahmen der Theorie von Maslow – ein Bedürfnis niedrigerer Ordnung müsse befriedigt sein, bevor ein Bedürfnis höherer Ordnung entsteht – ist nicht in allen Kulturen erfüllt.
- Ähnliche Bedürfnisse werden in verschiedenen Kulturen durch unterschiedliche Produkte bzw. Verbrauchsmuster befriedigt.

In vielen Ländern der Dritten Welt sparen die Menschen bei den Nahrungsmitteln, nur um in der Lage zu sein, sich einen Kühlschrank leisten zu können. Auf die Erfüllung des physiologischen Grundbedürfnisses nach Nahrung wird teilweise zugunsten der Erfüllung von Ich-Bedürfnissen (Prestige, Anerkennung) verzichtet (Belk, 1988).

Andere Kulturen (z. B. die Hindu-Kultur) streben nach Selbstverwirklichung (höchste Stufe der Pyramide), ohne dies von materiellem Konsum abhängig zu machen.

Ein bestimmtes Bedürfnis, beispielsweise das Sicherheitsbedürfnis, ist nicht in allen Kulturen auf dieselbe Art und Weise erfüllt. Oder anders ausgedrückt: Was dem einen ein Iglu, eine Wellblech- oder Strohhütte, ist dem anderen eine Villa. Hierbei spielt natürlich auch die wirtschaftliche Entwicklung eines Landes eine Rolle. In einer weniger entwickelten Wirtschaft stehen normalerweise die „niedrigeren" Sicherheits- und physiologischen Bedürfnisse bei den Menschen stärker im Vordergrund als in den reichen Ländern.

- Individualismus und Kollektivismus

Die Marketing-Literatur stellt den Verbraucher überwiegend als Individuum dar, das für sich selbst entscheidet. Selbst in den Ausnahmefällen, in denen das Verhalten von Gruppen näher beleuchtet wird (Anschaffungen innerhalb der Familie, Beschaffung von Investitionsgütern in Unternehmen durch „Buying Centers"), wird meist eine individualistische Sichtweise zugrunde gelegt. Die Familie beispielsweise wird als Gruppe von Individuen gesehen, die in Wechselwirkung stehen und gegenseitig voneinander abhängig sind. Die Betrachtung der Familie als organische Einheit statt als Anhäufung von Individuen ist eher selten. Dabei ist gerade diese Sichtweise im kulturüberschreitenden Marketing – und ganz besonders im Hinblick auf die asiatischen Kulturen – angebracht. Redding (1982) unterstreicht:

„In den meisten asiatischen Kulturen ist ein Individuum mit einer bestimmten Gruppe verknüpft. Dies bedeutet für den Einzelnen präzise Verhaltensvorschriften und Verpflichtungen ... Ein junger Chinese wird bei der Verwendung seines Einkommens weitgehend von den Erwartungen seiner Familie beeinflußt. Die Tradition der Ergebenheit den Wünschen der Eltern gegenüber bestimmt die Ausgaben für Kleidung, die Wahl der Hobbys etc."

Im Gegensatz zu den interaktiven Entscheidungsprozessen eines westlichen Ehepaares bei einer größeren Anschaffung muß ein Chinese bei einem Kauf auf alle Familienmitglieder Rücksicht nehmen (Yau, 1988). Trotz des Einzuges westlicher Lebensweisen hat das Modell der Großfamilie im Osten überlebt (Laurent, 1982).

Welche Rolle die Familie in China einnimmt, geht aus Beispiel 1.2 hervor.

Beispiel 1.2: Der Einfluß der Familie auf den chinesischen Verbraucher

„Das Konzept der Familie charakterisiert die chinesische Kultur ohne Zweifel am besten (Ballah, 1970). Konfuzius selbst legte fünf grundlegende menschliche Beziehungen fest, von denen sich drei auf die Familie beziehen: Eltern und Kind, Frau und Mann sowie Bruder und Schwester. Alle fünf Beziehungen hatten ursprünglich dasselbe Gewicht. Später allerdings stellten Schüler von Konfuzius den Respekt gegenüber den Eltern in den Vordergrund (Hsieh, 1967). Das Verhältnis eines Chinesen zu den Mitgliedern seiner Familie ist von Dauer. Man entwächst dieser Beziehung niemals. Die chinesische Definition von Familie ist sehr breit angelegt. Sie schließt verschiedene Geschlechter und Generationen mit ein. Die Familie ist die Gruppe, die den größten Einfluß auf das Verhalten des Einzelnen hat. Dieser Einfluß reicht in Bereiche hinein, die nach westlichem Verständnis als privat gelten. Im Gegensatz dazu sind Beziehungen zu sekundären Gruppen außerhalb der Familie bei den Chinesen weniger genau festgelegt bzw. überhaupt nicht vorhanden (King, 1981).

Die Konsequenzen aus den engen Bindungen innerhalb der Familie und besonders zwischen Eltern und Kindern sind mannigfaltig. Erstens kann das Verhalten eines

Chinesen nicht als Ergebnis seines eigenen Willens oder als Ausdruck der eigenen Vorlieben angesehen werden. Es ist vielmehr ein Kompromiß zwischen den Wünschen der Familie – meistens der Eltern – und den Wünschen des Einzelnen. Zweitens wird in einer Gesellschaft, in der die Großfamilie die soziale Basiseinheit darstellt, gesellschaftliche Harmonie sehr groß geschrieben (Chien, 1979). Die Aufrechterhaltung einer stabilen und friedlichen Koexistenz ist die wichtigste aller Aufgaben, wenn zahlreiche Personen immer und in jeder Beziehung gegenseitig abhängig und verbunden sind. Drittens ist das Verhältnis des Einzelnen zu den Mitgliedern der Kernfamilie nicht nur stark und spontan, sondern auch kollektiv[2]. Die Bande sind natürlich. Man muß weder ständig beteuern, sich zu lieben, noch sich gegenseitig mit Geschenken überschwemmen (Hsu, 1971). Die Beziehungen zu Nichtmitgliedern der Familie schließlich sind formalisiert und eher unbedeutend. Die Zuneigung von Fremden wird nicht gesucht, kann sich aber auf natürliche Weise entwickeln. Fremde können auch Mitglied der Großfamilie werden und dementsprechende Behandlung genießen. Dazu bedarf es allerdings der Herstellung von Vertrauen zwischen einem Chinesen und dem Fremden (Fei, 1948). Anders gesagt, die Beziehungen zwischen Gruppen beschränken sich für die Chinesen meist auf zwei Arten: die Familie (innerhalb) und die Nicht-Familie (außerhalb). Mitgliedschaften in anderen Gruppen werden nicht gesucht und sind deshalb schwierig zu erreichen."

Quelle: Entnommen aus Yang, 1989, S. 17–36

- Institutionen, Sitten, Gewohnheiten und Bräuche

Institutionen wie der Staat, die Kirche oder die Gewerkschaften haben großen Einfluß auf das Marketing-Umfeld. In vielen europäischen Ländern beispielsweise hat sich die Kirche bisher erfolgreich gegen die Öffnung der Geschäfte an Sonn- und Feiertagen zur Wehr gesetzt.

Bestimmte Produkte sind stark kulturabhängig. Dazu gehören u. a. alle Güter, die mit der wichtigen Institution der Hochzeit in Beziehung stehen (z. B. Brautkleider).

Kulturelle Sitten und Bräuche prägen das tägliche Leben und beeinflussen das Verbrauchsverhalten. Bei den Mahlzeiten, der wichtigsten Sitte, kann man von Kultur zu Kultur sehr viele Unterschiede ausmachen:

- Anzahl der Mahlzeiten pro Tag
- Dauer einer Mahlzeit
- Zusammensetzung der Mahlzeiten (Menge, Zutaten, Kalorien etc.)
- Funktion der Mahlzeit (individuelle Nahrungsaufnahme oder kollektives gesellschaftliches Ereignis?)

---

2 Das Wort „kollektiv" ist in diesem Zusammenhang selbst für die Autoren schwer zu verstehen. Dies hängt sicherlich mit unserer westlichen Sichtweise der Dinge – und hier insbesondere der Familie – zusammen.

– Zubereitung der Mahlzeit (frische Zutaten oder Mikrowelle? Welche Person bzw. welches Geschlecht ist in welcher Situation für die Zubereitung zuständig? Sind Bedienstete üblich?).

Die Liste der Unterschiede ist endlos, da es nichts Wichtigeres, nichts Universelleres – niemand überlebt ohne Essen – und gleichzeitig nichts kulturell Angepaßteres gibt als Eßgewohnheiten. Dabei sollte man den Begriff „Eßgewohnheiten" sehr weit fassen: Er schließt den Kauf der Zutaten, die Zubereitung des Essens, das Probieren und – warum nicht – die Kommentare mit ein. So vertrug sich in vielen Ländern die Werbung für Fertiggerichte nicht mit der traditionellen Rolle der Hausfrau. Kulturelle Normen sahen vor, daß die Hausfrau Speisen selbst zubereiten muß bzw. daß Selbstgemachtes am besten schmeckt. Daraufhin wurde der Hausfrau in der Werbung wieder der Freiraum eingeräumt, die an sich fertige Speise mit eigenen Zutaten zu verfeinern.

● Persönliches Verbrauchsverhalten: Markentreue, Involvement, wahrgenommenes Risiko und kognitiver Stil

Markentreue ist kein weltweit einheitliches Phänomen. Es gibt viele Gründe für den Verbraucher, von einer Marke zu einer anderen zu wechseln: Ausprobieren verschiedener Produkte, Ausnutzen von Preisunterschieden, spontane Reaktion auf Werbe- oder Verkaufsförderungsmaßnahmen etc. Nirgendwo hat man sich so intensiv mit „brand loyalty" befaßt wie in den USA. Und insgesamt geht der amerikanische Verbraucher aus den vorliegenden Untersuchungen als ziemlich „wankelmütig" hervor. Zweifellos gibt es in anderen Ländern breitere Schichten markentreuer Verbraucher als in den USA. Die Kultur beeinflußt das Ausmaß an Markentreue (vgl. Kapitel 3.3), und die Absatzpolitik muß dies berücksichtigen. In einem Land, in dem die Kultur Markentreue unterstützt, sollte man andere Marketing-Ziele verfolgen (Aufbau einer treuen Kundschaft) als in einem Land, in dem das Gegenteil Realität ist.

Auch das Verbraucher-Involvement gegenüber bestimmten Produkten oder Konsumsituationen ist kulturell unterschiedlich. Yang (1989) beschreibt diesbezüglich den chinesischen Verbraucher: Das Involvement der Chinesen hängt davon ab, wofür ein Produkt bestimmt ist. Gegenüber Produkten für den persönlichen Gebrauch ist das Involvement eher gering. Beim Kauf von Produkten für andere dagegen ist das Involvement sehr hoch. Denn diese Produkte haben große symbolische Bedeutung. Sie drücken Respekt, Dank oder Anerkennung gegenüber anderen Mitgliedern der Gesellschaft aus und sollen der Pflege der gesellschaftlichen Harmonie dienen.

Eng mit dem Involvement verbunden ist das Konzept des „wahrgenommenen Risikos" („perceived risk"). Das wahrgenommene Risiko kann in mehrere Bestandteile zerlegt werden: physisches, psychisches, finanzielles, soziales ... Risiko. Während bestimmte Kulturen sensibler gegenüber dem physischen Risiko reagieren (z. B. aus Angst vor dem Tod), steht in anderen das soziale Risiko (z. B. Angst, das Gesicht zu verlieren) stärker im Vordergrund. Es ist unschwer vorstellbar, daß ein durchschnittlicher Westeuropäer beim Autokauf ein anderes Risiko empfindet als jemand, der in einem Land lebt, in dem

Verkehrssicherheit nicht besonders groß geschrieben wird (niedrig wahrgenommenes physisches Risiko), der Benzinpreis niedrig ist (niedrig wahrgenommenes finanzielles Risiko) und wo Motorschäden wegen fehlender Werkstätten zur Katastrophe ausarten (hoch wahrgenommenes funktionelles Risiko).

Die klassischen Modelle des Konsumentenverhaltens gehen von ganz bestimmten Entscheidungsprozessen aus: Das Individuum sucht rational nach Informationen, verläßt sich auf Meinungsführer und Mund-zu-Mund-Propaganda, verschließt sich gegenüber Werbe- und Verkaufsförderungsmaßnahmen nicht, entscheidet sich nach Abwägung aller Alternativen für die beste, faßt eine Kaufabsicht … und entschließt sich letztendlich zum Kauf. Es wird also ein gedanklicher Prozeß unterstellt, der eher analytisch und abstrakt ist. Viele Experten behaupten allerdings, daß diese Denkmuster für Asiaten keine Gültigkeit besitzen. Chinesen und Japaner beispielsweise haben eine synthetischere, konkretere und mehr auf den Zusammenhang bezogene Denkweise (Lazer et al., 1985; Yau, 1988; Yang, 1989; vgl. Kapitel 3.2)

1.3 Marketing als Austauschprozeß und Kommunikation: die Rolle der Kultur

„Social actors obtain satisfaction of their needs by complying with, or influencing, the behaviour of others. They do this by communicating and controlling the media of exchange, which in turn, comprise the links between one individual and another. Significantly, marketing exchanges harbour meanings for individuals that go beyond the mere use of media for obtaining results in interactions" (Bagozzi, 1975, S. 35).

Wenn man, so wie Bagozzi, Marketing als Austauschprozeß betrachtet, dessen zentrales Element die Kommunikation ist, übernimmt die Kultur die Rolle einer Meta-Sprache. Die Kultur legt die Spielregeln der Kommunikation fest und bestimmt implizit, wie Menschen innerhalb der Austauschbeziehung miteinander umgehen.

Die weiter oben in diesem Kapitel dargestellte Einstellung von Amerikanern und Japanern gegenüber Marktstudien dient hierzu als gutes Beispiel: Welches ist die beste Art der Kommunikation mit dem Markt? Wer stellt den Markt dar (z. B. tatsächliche oder potentielle Käufer)?

Zwei weitere Beispiele werden dazu beitragen zu erfassen, wie unterschiedlich die Spielregeln der Kommunikation von einer Kultur zur anderen sind: die Rolle der Gefühle im japanischen Marketing einerseits und die Bedeutung der symbolischen Verbindung zwischen Objekt und Person im italienischen Marketing andererseits.

Im übrigen beschäftigen wir uns im vierten Kapitel eingehender mit Sprache, Kultur und Kommunikation und vertiefen dort die hier angesprochenen Aspekte.

12

- Die Rolle der Gefühle im japanischen Marketing

Koichi Tanouchi, Professor für Marketing an der Hitotsubashi Universität, beschreibt den japanischen Marketingstil als von Gefühlen und Sensibilität geprägt (1983). Zuerst weist er, wie viele Autoren, in seinen Ausführungen darauf hin, daß die Japaner früher kein Volk der Jäger und Sammler waren. In Japan stand die Produktion von Reis im Vordergrund. Hieraus erklärt sich die kollektive Organisation und das zwischenmenschliche Einfühlungsvermögen der Japaner. Der Reisanbau setzt die Flutung der Felder voraus. Dies kann nicht von einem einzelnen Landbesitzer entschieden werden, da alle Reisfelder gleichzeitig geflutet werden müssen. Der Reisanbau geht einher mit gemeinschaftlicher Solidarität, genauer Planung und der Zähigkeit des Einzelnen.

Nach Tanouchis Meinung sind maskuline Werte in Japan weniger ausgeprägt als feminine Werte (vgl. Kapitel 3.3). Er unterstreicht diese Ansicht mit dem folgenden Beispiel:

„Der japanische Ehemann hat sein gesamtes Einkommen seiner Frau zu übergeben. Falls er dies nicht tut, wird er von allen Seiten mit Kritik bedacht. Wenn sich die Frau beim Chef ihres Ehemannes über dessen Verhalten beschwert, wird der Chef höchstwahrscheinlich die Partei der Ehefrau ergreifen und dem Mann empfehlen, sein Geld abzugeben. Der Chef wird hinzufügen, daß dies so Sitte sei und dem Frieden zu Hause am besten diene. Die Frau hat das Recht zu entscheiden, wieviel Geld der Mann für sein tägliches Mittagessen samt Kaffee erhält. In regelmäßigem halbjährlichen Abstand veröffentlichen die japanischen Zeitungen Untersuchungsberichte über den Betrag, den die Männer im Durchschnitt von ihren Frauen bekommen. Die Frauen lesen sich die Berichte durch und entscheiden dann über das zukünftige Essensgeld ihrer Ehemänner."

Tanouchi und andere Autoren (z. B. Lazer et al., 1985) behaupten, daß die Gefühlsbetontheit und das Einfühlungsvermögen das gesamte japanische Marketing durchziehen. Dies zeigt sich unter anderem in der Aufmerksamkeit, die den tatsächlichen Bedürfnissen der Verbraucher entgegengebracht wird, oder in den Bemühungen um soziale Harmonie in den Beziehungen zwischen Herstellern und Händlern (vgl. Kapitel 11.1). Auch bei den Anreizsystemen für den Außendienst fördern Gruppenbelohnungen die Zusammenarbeit und den Zusammenhalt des Verkäuferteams (vgl. Kapitel 11.3).

- Die Bedeutung des Designs im italienischen Marketing

Man kann von einem sich herausbildenden italienischen Marketingstil sprechen, der durch die Betonung des Aussehens und Designs von Produkten gekennzeichnet ist. Ein Artikel, der über den Ladentisch geht, soll nicht der bloßen Bedürfnisbefriedigung des Käufers dienen. Die Formschönheit des Produkts stellt die Verbindung zwischen Hersteller und Benutzer bzw. zwischen Verkäufer und Käufer her. Beide Seiten schätzen die Ästhetik des Objekts. Die Italiener konzentrieren sich auf den Stil und die Funktionalität von Objekten, die sich möglichst gut in ihre Umgebung einpassen sollen. Mittels des Designs wird eine symbolische Verbindung zwischen Objekt und Person geschaffen.

Der folgende kurze Text (Beispiel 1.3) ist dem Buch „Das System der Objekte" entnommen, mit dem der Franzose Beaudrillard in Italien riesigen Erfolg hatte. Wir haben bei der Übersetzung versucht, den ursprünglichen Charakter des nicht ganz einfachen Textes zu wahren. Falls uns dies gelungen ist, müßte deutlich werden, daß der Text niemals von einem Japaner, Engländer oder Amerikaner so hätte geschrieben werden können.

Beispiel 1.3: Die funktionelle Form des Feuerzeugs

Die stilisierte Flüssigkeit der „funktionellen" Formen, diese mentale Dynamik, die das Scheinbild einer verlorenen symbolischen Beziehung überträgt, versucht einen Zweck durch Zeichen neu zu erfinden. Z. B. das Feuerzeug in Form eines Kiesels, das vor einigen Jahren von der Werbung erfolgreich eingeführt wurde; eine längliche, elliptische und asymmetrische Form, „höchst funktionell": nicht weil es besser Feuer gibt als ein anderes, sondern weil es genau in die Handfläche paßt. „Das Meer hat es in eine Handform geschmirgelt." Es besitzt eine vollendete Form. Seine Funktion besteht nicht darin, Feuer zu geben, sondern gut in der Hand zu liegen. Seine Form ist sozusagen von der Natur (dem Meer) vorbestimmt, um dem Menschen die Handhabung zu erleichtern. Dieser neue Zweck ist die einzige Rhetorik des Feuerzeugs. Die Konnotation ist zweifach: das Feuerzeug als industrielles Objekt soll hier die Eigenschaften des handwerklichen Objektes wiederfinden, dessen Form die Geste und den Körper des Menschen verlängerte. Abgesehen davon bringt uns die Anspielung auf das Meer zum Mythos einer Natur, die der Kultur des Menschen unterworfen wurde und allen seinen Wünschen folgt: „Das Meer spielt hier die kulturelle Rolle des Polierers, es ist das höchste Handwerk der Natur. So, vom Stein zum Meer, aufgenommen von der Hand und zum Feuer geleitet, wird dieses Feuerzeug ein wundersamer Feuerstein, ein prähistorischer und handwerklicher Zweck zusammenkommend im praktischen Wesen eines industriellen Objekts."

Quelle: Beaudrillard, 1968, S. 82–83

1.4 Die Anpassung von Marketing-Strategien an das lokale Umfeld

Die Kultur prägt das Umfeld, in dem sich das Marketing zu bewegen hat. Besondere Beachtung verdienen dabei:

– die Rolle des Handels
– die Bedeutung von Verbraucherbewegungen
– der gesetzliche Rahmen – und darin implizit eingeschlossen
– die Einstellung zum Wettbewerb.

Die Kultur legt beispielsweise fest, ob es als normal empfunden wird, daß Unternehmen sich gegenseitig in einem harten Wettbewerb bekämpfen. Entspräche es nicht eher der menschlichen Natur, sich zu verstehen, Gebiete aufzuteilen und kommerzielle Nicht-Angriffspakte zu unterzeichnen, selbst wenn sie von begrenzter Dauer wären? Hinter der heutzutage durch ständige Wiederholung verinnerlichten Forderung nach Wettbewerbsfähigkeit verbirgt sich eine vielschichtige Realität, in der sowohl das Miteinander als auch das Gegeneinander von Unternehmen seinen Platz hat. Ein Neuankömmling muß einem komplizierten Code folgen, um herauszufinden, wie er sich auf einem Markt zu verhalten hat. Meist ist eine Anpassung der Marketing-Strategien an die vorherrschenden Wettbewerbsbedingungen unausweichlich.

● Marktsituationen und Konkurrenzvermeidung

Wettbewerb ist keine Selbstverständlichkeit. Die Ideologie des Liberalismus dient zwar als Idealvorstellung und kann einige respektable Erfolge vorweisen; doch in Wirklichkeit ist die unsichtbare Hand des Marktes – um mit Adam Smith zu sprechen – nicht immer ordnend zur Stelle. Die Wahrheit ist einfach. Kein Industrieller führt Wettbewerb als Selbstzweck. Wer über rechtliche oder informelle Möglichkeiten verfügt, die Konkurrenz auszuschalten, wird davon Gebrauch machen. Wettbewerb besteht langfristig nur, wenn von Seiten der öffentlichen Hand der Rahmen dazu geschaffen wird. Der staatlichen Wettbewerbspolitik können prinzipiell drei unterschiedliche Zielsetzungen zugrunde liegen (Tuchtfeldt, 1985):

– In der Mehrzahl der westlichen Industriestaaten soll der Wettbewerb vorrangig zum Ausgleich zwischen Angebot und Nachfrage beitragen. Hier bildet der Wettbewerb das Fundament der marktwirtschaftlichen Ordnung und ist demzufolge Institutionsschutz.
– In den angelsächsischen Ländern und der Schweiz steht die individuelle Freiheit im Vordergrund. Demnach kann sich der Einzelne nur frei entfalten, wenn Wettbewerb herrscht.
– In den Staaten des früheren Ostblocks diente der Wettbewerb als Instrument, um wirtschaftlich gewünschte Marktergebnisse zu erzielen.

Die USA, das Vaterland des praktizierten Liberalismus, haben die Bedeutung des Wettbewerbs sehr früh erkannt und Institutionen geschaffen, die sein Funktionieren garantieren sollen (anti-trust legislation, Sherman Act, 1890). Außerhalb der USA jedoch war der Erlaß bzw. die Durchsetzung von Gesetzen gegen Wettbewerbsbeschränkungen bis weit in das 20. Jahrhundert hinein eher die Ausnahme (Cateora, 1993).

Man denkt unmittelbar an die großen deutschen Kartelle vor dem Zweiten Weltkrieg. In Deutschland entschied das Reichsgericht 1897 in einem berühmten Urteil, daß die Kartellbildung im Rahmen der Vertragsfreiheit allgemein zulässig ist. Eine Schädigung der Volkswirtschaft durch Kartelle oder eine Unvereinbarkeit mit den Interessen der Allgemeinheit sahen die Richter damals nicht. So wurde Deutschland in der Folgezeit zum klassischen Land der Kartelle. Gegen Ende der Weimarer Zeit schätzte man die Zahl der Kartelle in Deutschland auf 3000 bis 4000 (Schmidt, 1990). Nach der Machtübernahme durch die Nationalsozialisten verstärkte sich durch den Erlaß des Zwangskartellgesetzes zur Lenkung der Wirtschaft die Lage sogar noch. Erst 1947 erließen die

Alliierten in Deutschland Dekartellierungsgesetze, die 1958 in das vom amerikanischen Vorbild geprägte Gesetz gegen Wettbewerbsbeschränkungen mündeten.

In Japan war die Entwicklung ähnlich. Vor und während des Zweiten Weltkriegs wurde die Entwicklung großer Konzerne (Zaibatsus) vom Staat gefördert. Industrie-Giganten wie Mitsui, Mitsubishi und Sumitomo brachten unter der Federführung einer Großfamilie so unterschiedliche Aktivitäten wie Bankwesen, Schiffsbau, Automobilbau, Handelsgesellschaften, Elektronik usw. unter einem Dach zusammen. Obwohl die Amerikaner die Zaibatsus nach ihrem Sieg verboten, bestehen sie inoffiziell bis heute weiter. Doch unbeschadet davon und auf der Basis des stark von den Amerikanern beeinflußten neuen Wettbewerbsrechts (Antimonopoly Act, 1947) entwickelte sich in Japan ein sehr harter Wettbewerb. Davon zeugt unter anderem die Motorradindustrie (Abegglen und Stark, 1986). Bis in die fünfziger Jahre lag Honda weit hinter Tohatsu zurück. Doch bereits 1964 hatte Honda seinen Rivalen soweit ausgestochen, daß dieser Konkurs anmelden mußte. Als sich zu Beginn der achtziger Jahre Yamaha auf dem Motorradsektor zu einem gleichwertigen Konkurrenten entwickelt hatte, entschloß sich Honda erneut zu einer Attacke. Umfassende Sortimentsänderungen sowie eine aggressive Preis- und Distributionspolitik Hondas führten 1983 zum Zusammenbruch von Yamaha. Der Vorstandsvorsitzende von Yamaha, Koike, wurde gezwungen, seine Niederlage öffentlich anzuerkennen. Diese Geschichte ist Beispiel dafür, wie knallhart der Wettbewerb – entgegen vielen anderslautenden Vorstellungen – in Japan ist. Der gewohnte Umgang mit dem starken inländischen Wettbewerb ist eine der Stärken der Japaner, wenn sie fremde Märkte betreten. Umgekehrt unterschätzen viele ausländische Firmen, die sich in Japan niederlassen wollen, die dort herrschenden Wettbewerbsverhältnisse.

Von einem deutschen Volkswirtschaftler, Heinrich von Stackelberg (1940), stammt die Systematisierung verschiedener Konkurrenzsituationen auf Märkten. Stackelberg teilt

Nachfrager: / Anbieter:	viele	wenige	einer
viele	Vollständige Konkurrenz	Nachfrage-oligopol	Nachfrage-monopol
wenige	Angebots-oligopol	Zweiseitiges Oligopol	Beschränktes Nachfrage-monopol
einer	Angebots-monopol	Beschränktes Angebots-monopol	Zweiseitiges Monopol

Quelle: In Anlehnung an Woll, 1990, S. 77

Abbildung 1: Marktformen nach von Stackelberg

Angebots- und Nachfrageseite danach ein, ob nur einer, wenige oder viele Marktteilnehmer auf jeder Seite vorhanden sind. Die sich dabei ergebenden Marktformen können der Abbildung 1, Seite 16, entnommen werden.

In allen Ländern gibt es neben Monopolen und Märkten, auf denen perfekter Wettbewerb herrscht, eine Mehrheit von Oligopolen sowie bilateralen Oligopolen und Oligopsonen. Kulturelle Unterschiede gibt es lediglich bei der Auffassung, inwieweit ein Monopol nützlich bzw. bedrohend für die Gemeinschaft ist. Die Antwort auf diese Frage kann man in übertragener Form an den Wettbewerbsgesetzen eines Landes ablesen (ein rechtsvergleichender Überblick über Wettbewerbsgesetze in neun Ländern findet sich bei Schulte-Braucks, 1980). Die Einstellung zum Wettbewerb bestimmt außerdem, welche Haltung die Verbraucher bzw. die einheimische Konkurrenz einem ausländischen Anbieter gegenüber einnehmen, der den Markt neu betritt.

Amerikaner beispielsweise sind oft schockiert über den Schutz, den einige europäische Regierungen ihren nationalen Spitzenunternehmen zukommen lassen. Die Auseinandersetzung um Airbus bzw. Boeing legt die verschiedenen, kulturell verwurzelten Sichtweisen offen an den Tag: Die Mehrzahl der Europäer ist der Ansicht, daß sich die Kredite der europäischen Regierungen – selbst wenn sie nie zurückgezahlt werden – gelohnt haben: Arbeitsplätze wurden geschaffen, die Zahlungsbilanz verbessert, und die bedrohte zivile europäische Luftfahrtindustrie wurde am Leben gehalten. Für die Amerikaner dagegen handelt es sich um eine Verschwendung, die auf beiden Seiten des Atlantiks teuer bezahlt werden muß: Das Musterunternehmen Boeing wurde unfair attackiert, der europäische Steuerzahler unnötig zur Kasse gebeten und das Spiel der Kräfte des internationalen Handels aus dem Gleichgewicht gebracht. Wenn es aber Airbus nicht gäbe, befände sich Boeing – vom ungleich kleineren Unternehmen McDonnell Douglas einmal abgesehen – in einer monopol-ähnlichen Stellung. Dies würde den Amerikanern vermutlich ebenfalls nicht gefallen.

- ● Die Rolle des Handels

Der Handel spinnt ein engmaschiges Netz von Beziehungen zum Verbraucher. Der Kontakt zwischen Anbieter und Abnehmer findet direkt und häufig statt. Der Verbraucher gewöhnt sich daran, bestimmte Produkte, verbunden mit bestimmten Dienstleistungen, zu festgelegten Zeiten in bestimmten Läden zu finden. Die Diskussion über die täglichen bzw. wöchentlichen Öffnungszeiten der Läden sowie die beträchtlichen Unterschiede, die man diesbezüglich zwischen Nord- und Südeuropa finden kann, zeigen deutlich den Einfluß der Kultur auf das Distributionssystem. Verkaufstechniken wie der Tür-zu-Tür-Verkauf oder Verkaufsparties beispielsweise werden sich in den Ländern nicht durchsetzen, in denen sie als Verletzung der Intimsphäre des Haushalts bzw. als zu weites Vordringen des Kommerz angesehen werden.

Von Land zu Land sind die Beziehungen zwischen Herstellern und Handel verschieden. In Frankreich beispielsweise hat sich der Handel eine so mächtige Stellung erobert, daß er nicht nur weitgehend unabhängig von den Herstellern ist, sondern sogar mit eigenen

Marken in starken Wettbewerb zu diesen tritt. Infolgedessen ist das französische Distributionssystem auch Importen gegenüber sehr offen.

Im vollkommenen Gegensatz dazu steht Japan, wo die Bande zwischen Herstellern und Händlern traditionell sehr eng sind. Die vertikalen Beziehungen zwischen Herstellern, Groß-, Zwischen- und Einzelhändlern („keiretsus") werden durch eine typisch japanische Mischung aus Gefühlen und Geschäftsinteressen zementiert. Die gegenseitige Loyalität ist groß – die Möglichkeit für ausländische Firmen dagegen, in dieses Netzwerk einzudringen, gering.

Das Kapitel 11 beschäftigt sich ausführlich mit der Wahl des Absatzweges im Ausland. Dabei werfen wir auch einen ausführlichen Blick auf das japanische Distributionssytem.

● Der rechtliche Rahmen des Marketing

Die Frage nach Standardisierung oder Differenzierung der internationalen Marketing-Politik wird vielerorts durch die gesetzlichen Rahmenbedingungen beantwortet. In vielen Ländern ist die Anpassung der Absatzpolitik schlicht und ergreifend aufgrund gesetzlicher Bestimmungen unumgänglich. Genauer betrachtet sind allerdings auch in den Gesetzen eines Landes bestimmte kulturelle Merkmale erkennbar. Folgende Punkte können angesprochen werden:

– Die Gesetzgebung ist davon beeinflußt, wie die Öffentlichkeit über die Vereinbarkeit gewisser Marketing-Praktiken mit den Sitten und Bräuchen eines Landes denkt. Hierzu gehören beispielsweise die Abbildung nackter Personen in der Werbung oder die Herstellung von Werbefilmen, die sich ausschließlich an Kinder richten.
– Eng mit dem vorhergehenden Punkt verbunden ist die Regelung bildlicher Darstellungen von Personen, vor allem in Werbefilmen. Welche Rolle spielt die Frau, die Eltern, die Großfamilie usw.? Welche Idealvorstellungen eines Vaters, einer Mutter, eines Haushalts etc. werden zur Nachahmung vorgegeben? Kapitel 12 vergleicht die Einstellung verschiedener Kulturen in bezug auf Werbung und Medien.
– Der Schutz des Verbrauchers vor Marketing-Mißbrauch: Einige Länder erlauben Geschenke im Rahmen von Verkaufsförderungsmaßnahmen, andere verbieten sie. Dahinter verbirgt sich die Frage nach der Fähigkeit der Verbraucher, den Wert eines Geschenkes einzuschätzen bzw. selbständige Entscheidungen zu treffen (Kapitel 11.4 geht näher auf die Zulässigkeit von Verkaufsförderungsmaßnahmen auf internationaler Ebene ein).

● Die Rolle der Öffentlichkeit: Einstellung gegenüber Konsumerismus

Um in der Darstellung der Faktoren, die zu einer Anpassung der Absatzpolitik eines Unternehmens führen können, vollständig zu sein, darf an dieser Stelle der Einfluß der Öffentlichkeit nicht unterschlagen werden. Von besonderer Bedeutung ist in dieser

Hinsicht die Rolle von Verbraucherbewegungen. Deren Bedeutung wird von grundlegenden Vorstellungen innerhalb der Gesellschaft bestimmt:

– Ist es legitim, daß Verbraucher unzufrieden sind und dies kundtun? In Gesellschaften, in denen die Angebotsseite über längere Zeiten dominierte, muß diese Frage verneint werden. Die Verhältnisse in den Läden Osteuropas beweisen, daß Verbraucherbeschwerden manchmal absurd erscheinen können.
– Ist es legitim, daß Verbraucherschutz bis zur Schließung von Fabriken, deren Produkte mangelhaft erscheinen, gehen kann? Anders ausgedrückt, dürfen unzufriedene Verbraucher Arbeitsplätze von Menschen zerstören, die in der überwiegenden Mehrheit völlig unschuldig an der eingetretenen Situation sind?

Diese Fragen sind hier nicht gestellt, um Position zu beziehen. Sie sollen lediglich andeuten, daß Verbraucherschutz nicht nur positive Seiten hat.

Im ersten Kapitel wurde in erster Linie der Ursprung des Marketing verdeutlicht und einleitend dargestellt, wo Marketing und Kultur Berührungspunkte haben. In den nun folgenden Kapiteln untersuchen wir, was Kultur überhaupt ist und wie sie sich manifestiert.

2. Kultur: Definitionen und Grenzen

Von wenigen Begriffen gibt es so viele und so unterschiedliche Definitionen wie von Kultur. Da es also müßig wäre, genau bestimmen zu wollen, was Kultur ist, nähern wir uns dem Phänomen auf unterschiedliche Weise an.

Im ersten Teil stellen wir ausgewählte Definitionen vor, die verschiedene Merkmale von Kultur beleuchten. Als Grundlage für nachfolgende Kapitel scheint es nützlich zu betrachten, wie die Grenzen von Kultur gezogen werden und wie der Einzelne zwischen verschiedenen Kulturen wechseln kann. Auch die Verbindung zwischen dem Einzelnen und der Gesellschaft interessiert uns. Denn nicht alles Verhalten ist kulturbedingt. Es wäre sehr gefährlich, das Verhalten des Einzelnen mit dem der kulturellen Gemeinschaft gleichzusetzen, aus der er/sie kommt. Zudem ist die Wahrnehmung des Verhaltens kultureller Gruppen immer unvollständig. In der Angst, die eigene Identität in Frage zu stellen, bleiben Analysen fremden Verhaltens meist auf das Oberflächliche und Stereotype beschränkt.

Im zweiten Teil beschreiben wir wichtige Bestandteile von Kultur: Sprache, Institutionen, Erzeugnisse und Symbole. Aber auch hierbei wird deutlich, daß Kultur schwer operationalisierbar ist. Kultur ist mehr ein Prozeß als eine Summe an Dingen.

Wenn das internationale Marketing dem Konzept „Kultur" dennoch einen vorderen Platz einräumt, liegt es daran, daß es hilft, Marktsegmente – üblicherweise auf Länderebene – zu definieren. Die Verbindung zwischen Kultur und Nationalität beschäftigt uns im dritten Teil.

Vermutungen darüber, daß das Klima den Arbeitswillen und die Effizienz eines Volkes beeinflussen, äußerte Montesquieu bereits vor über 250 Jahren. Zum Abschluß des Kapitels konzentrieren wir uns im vierten Teil auf den Zusammenhang zwischen Kultur und Kompetenz.

2.1 Definitionen von Kultur

Einigkeit darüber, was Kultur ist, gibt es nicht und wird es vermutlich nie geben. Ursprünglich kommt der Begriff Kultur vom lateinischen „cultura", was soviel wie „Bodenpflege" bedeutet. Wer ein französisches Wörterbuch des ausgehenden 19. Jahrhunderts zur Hand nimmt, wird unter „culture" nur „Ackerbau, Anbau etc." finden.

In Deutschland wurde Kultur traditionell mit dem Wirken des menschlichen Geistes im Dienste des Schönen, ohne materiellen Zweck und Nutzen, gleichgesetzt. Dieser „geistigen" Kultur stand die materielle „Zivilisation" gegenüber. In neuerer Zeit hat sich allerdings im deutschen Sprachraum ein Wandel in der Interpretation des Begriffes vollzogen. Man rückte von der sehr restriktiven Abgrenzung von Kultur ab und näherte sich der Begriffsdeutung der nichteuropäischen Völker und der Angelsachsen an. Somit steht Kultur auch in Deutschland nicht länger nur für das Geistige, sondern auch für die alltäglichen materiellen Erzeugnisse und die „Tätigkeiten, die der Mensch bewußt im Hinblick auf die Gestaltung seines Lebens entfaltet" (Angehrn, 1986, S. 202).

Definitionen von Kultur gibt es viele. Kroeber und Kluckhohn (1952) berichten in einem Artikel, der eigens diesem Thema gewidmet ist, von nicht weniger als 164 verschiedenen Definitionen. Dies hielt die Autoren allerdings nicht davon ab, ihre eigene Definition hinzuzufügen. Die Mehrzahl der Definitionen von Kultur stammt von Anthropologen, die sich mit sogenannten primitiven Völkern (nordamerikanische Indianer, pazifische Inselbewohner, afrikanische Ureinwohner usw.) beschäftigten. Bei ihren Definitionsversuchen dachten die Forscher aber auch an unsere „modernen" Kulturen. Ein Überblick über verschiedene Definitionen soll helfen, die wichtigsten Aspekte des schwer faßbaren, abstrakten Konzepts „Kultur" näherzubringen.

Kultur ...

... als besondere Lösungen für universelle Probleme

Kluckhohn und Strodtbeck (1961, S. 10) stellen in ihrer Definition die folgenden Punkte heraus:

– „... there is a limited number of common human problems for which all people at all times must find some solution."
– „... While there is a variability in solutions of all the problems, it is neither limitless nor random but definitely variable within a range of possible solutions."
– „... all alternatives of all solutions are present in all societes at all times, but are differentially preferred. Every society has, in addition to its dominant profile of value orientations, numerous variant or substitute profiles."

... als Verbindung zwischen dem Einzelnen und der Gesellschaft

Linton (1974, S. 33) schlug folgende Definition von Kultur vor:

„Eine Kultur ist das Gesamtgebilde aus erlerntem Verhalten und Verhaltensresultaten, dessen einzelne Elemente von den Mitgliedern einer bestimmten Gesellschaft geteilt und weitergegeben werden."

Linton stellt heraus, daß die Zugehörigkeit zu einer Gesellschaft bedeutet, ein gewisses Maß individueller Freiheit zu opfern. Um seine Funktion als Teil der Gesellschaft zu erfüllen, muß der Einzelne bestimmte stereotype Verhaltensmuster, d. h. kulturelle Muster, annehmen. Linton legt auch die Grenzen der kulturellen Programmierung fest, die die Gesellschaft dem Individuum auferlegen kann (1974, S. 25):

„Der Einzelmensch kann noch so sorgfältig ausgebildet und seine Konditionierung mag noch so erfolgreich gewesen sein, er bleibt doch immer ein selbständiger Organismus mit seinen eigenen Bedürfnissen und der Fähigkeit zu unabhängigem Denken, Fühlen und Handeln. Darüber hinaus behält er einen beträchtlichen Grad an Individualität. Seine Integrierung in Gesellschaft und Kultur geht nicht tiefer als seine erlernten Reaktionen, und obwohl diese beim Erwachsenen den größeren Teil dessen ausmachen, was wir Persönlichkeit nennen, bleibt doch noch ein gut Teil des Individuums übrig. Selbst in den am stärksten integrierten Gesellschaften und Kulturen sind niemals zwei Menschen genau gleich.

Tatsächlich ist die Rolle des Individuums in bezug auf die Gesellschaft eine doppelte. Unter gewöhnlichen Umständen ist sein Beitrag zum reibungslosen Funktionieren des Ganzen desto wirksamer und sind seine Belohnungen um so sicherer, je vollkommener seine Konditionierung und die daraus resultierende Integration in die Sozialstruktur ist. Die Gesellschaften müssen jedoch in einer sich fortwährend verändernden Welt existieren und funktionieren. Die einzigartige Fähigkeit unserer Spezies, sich an veränderte Bedingungen anzupassen und immer wirksamere Reaktionen auf vertraute Bedingungen zu entwickeln, beruht auf dem Restbestand an Individualität, der in jedem von uns weiterlebt, nachdem Gesellschaft und Kultur ihr Äußerstes getan haben. Als Teil des Sozialorganismus hält der Einzelmensch den Status quo aufrecht. Als Individuum hilft er mit, den Status quo zu verändern, wenn das notwendig wird."

... mit Nutzen für den einzelnen?

Gemäß Goodenough (1971) ist Kultur eine Gesamtheit von Überzeugungen und Normen, die von einer Gruppe von Menschen geteilt werden und dem einzelnen helfen zu entscheiden, was ist, was sein kann, wie man über etwas fühlt, was man tun kann und wie man dazu vorgehen muß.

Wenn man diese Definition zugrunde legt, gibt es keinen Grund mehr, Kultur mit Gesellschaft gleichzusetzen. Kultur kann dann mit Tätigkeiten assoziiert werden, die von einer bestimmten Gruppe von Menschen gemeinsam ausgeübt werden. Indem er sein Leben mit verschiedenen Gruppen von Personen verbringt, kann der einzelne folglich verschiedenen Kulturen angehören. Die jeweils vorherrschende Kultur hängt dann von der Gruppe und der Tätigkeit ab, die allen gemeinsam ist.

Dieses Konzept der „operating culture" von Goodenough sieht vor, daß eine Person in Abhängigkeit der zu erledigenden Aufgabe zwischen verschiedenen Kulturen wechselt. Voraussetzung ist allerdings, daß die Person aufgrund früherer Erfahrungen über die in der jeweiligen Kultur notwendigen Kenntnisse verfügt. Obwohl das Konzept umstritten ist, bietet es einen Erklärungsansatz für die Akkulturation und die Lebensweise des einzelnen in der modernen multikulturellen Gesellschaft: Menschen, die in verschiedenen Kulturen aufwachsen, Mehrsprachler, Koexistenz zwischen Landes-, Regional-, Unternehmens-, Berufskulturen etc.

... als Gebilde mit festgelegten Grenzen?

Child und Kieser (1977, S. 2) unterstreichen:

„Cultures may be defined as patterns of thought and manners which are widely shared. The boundaries of the social collectivity within which this sharing takes place are problematic so that it may make as much sense to refer to a class or a regional culture as to a national culture."

Nach dieser Definition beziehen wir uns, wenn wir in der Umgangssprache von „den Ostfriesen", „den Schwaben", „den Managern" oder vom „Show-Business" reden, jedesmal gleichzeitig auf Kulturen und auf Gruppen von Personen, die eine gemeinsame Kultur besitzen. Dabei drängt sich allerdings immer die Frage auf, inwieweit sich die Eigenschaften einer Gruppe wirklich von den Denkmustern, Überzeugungen oder Verhaltensweisen anderer kultureller Gruppen abheben.

2.2 Bestandteile von Kultur

Kultur ist mehr ein Prozeß als eine Summe von Dingen, die man anhand ihrer einzelnen Bestandteile eindeutig bestimmen kann. Dennoch ist es interessant, einige Elemente des „kulturellen Gepäcks" näher zu betrachten. Tylor (1913) beschreibt Kultur als ein vielschichtiges und zusammenhängendes Set von Elementen, bestehend aus Wissen, Überzeugungen und Werten, Künsten, Gesetzen, Sitten und Moralvorstellungen sowie all den anderen Fähigkeiten und Gewohnheiten, die der Mensch als Mitglied einer bestimmten Gesellschaft erworben hat.

Aus den wesentlichen Bestandteilen von Kultur greifen wir zunächst die Sprache heraus.

● Die Sprache

Die Sprache nimmt unter allen Bestandteilen von Kultur eine führende Rolle ein. Der Anthropologe und Sprachwissenschaftler Benjamin Lee Whorf (in: Carroll, 1956), der sich in seiner Freizeit mit den Sprachen der nordamerikanischen Indianer beschäftigte, ist Autor einer sehr fruchtbaren und zugleich umstrittenen Hypothese: Die Sprache, die man innerhalb der Gemeinschaft, in der man geboren und erzogen wurde, erlernt, strukturiert die Weltanschauung und das Sozialverhalten einer Person. Demnach beeinflußt die Sprache die Art und Weise, wie eine Person Probleme angeht, bewertet, löst und wie sie handelt. Obwohl es sich hierbei nicht um eine vollständig bewiesene wissenschaftliche Theorie handelt, ist die Whorfsche Hypothese doch eine Metapher von grundlegender Bedeutung. Wir werden in diesem Buch an mehreren Stellen explizit und implizit auf die Whorfsche Hypothese zurückgreifen – vor allem in den Kapiteln, die sich näher mit Sprache befassen. So in Kapitel 5 (kulturübergreifende Marktforschung), Kapitel 9 (internationale Markenpolitik), Kapitel 12 (internationale Marketing-Kommunikation), Kapitel 13 (internationale Verhandlungen). Außerdem ist die Hypothese bei der Analyse interkultureller Kommunikation (Kapitel 4) von großem Nutzen.

● Institutionen, materielle und symbolische Schöpfungen

Die Sprache ist ein grundlegender, aber selbstverständlich nicht der einzige Bestandteil von Kultur. Die Schweizer benutzen zwar verschiedene Sprachen, teilen aber seit mehr als sieben Jahrhunderten eine gemeinsame Kultur. Neben der Sprache erscheinen noch drei weitere Bestandteile von Kultur bedeutsam:

- *die Institutionen*, weil sie das Rückrat der Kultur darstellen und den Einzelnen mit der Gruppe verbinden. In den Bereich der Institutionen fallen nicht nur die Familie und die politischen Institutionen. Es gehören alle sozialen Organisationen dazu, innerhalb derer sich der Einzelne folgsam Regeln unterordnen muß, um im Austausch eine bestimmte Belohnung (Geld, Liebe, Nahrung usw.) zu erhalten;
- *die Schöpfungen im weiteren Sinne* (materielle, intellektuelle, künstlerische Erzeugnisse usw.), weil sie das Wissen und die Fähigkeiten der Gemeinschaft übertragen, reproduzieren und weiterentwickeln[3];
- *die symbolischen und sakralen Elemente*, die das Verhältnis zwischen der physischen Welt („dem Diesseits") und der metaphysischen Welt („dem Jenseits") festlegen. Das kulturelle Verhaltensspektrum reicht vom vollständigen Verneinen der Existenz irgendeiner metaphysischen Welt bis zur Allgegenwärtigkeit symbolischer Darstellungen der metaphysischen Welt.

Nichts besagt, daß ein kultureller Gegenstand nicht zu allen vier Elementen von Kultur gehören kann. Die Musik beispielsweise ist gleichzeitig Sprache, Institution, Erzeugnis und Träger von Symbolen.

Von Malinowski (1944) stammt eine Auflistung universeller Arten von Institutionen, d. h. Arten von Institutionen, die man kulturüberschreitend finden kann. Wir haben diese Institutionen in Abbildung 2, Seiten 26–27, zusammengefaßt.

● Kulturelle Erzeugnisse – oder: Gibt es überlegene Kulturen?

Kulturelle Erzeugnisse gibt es viele: Werkzeuge, Maschinen, Fabriken; Papier, Bücher, Kommunikationsinstrumente; Nahrungsmittel; Kleidungsstücke und Schmuck; usw. Lange Zeit wurde der Einfluß einer Kultur an der Quantität und Vielfalt der erzeugten materiellen Güter und Dienstleistungen gemessen. In Wirklichkeit ist eine materialistische Orientierung (Konsumorientierung) kein Zeichen einer auf einem höheren Niveau

---

3 An dieser Stelle könnte der Verdacht entstehen, daß die Autoren einem westlich-modernen Ethnozentrismus unterliegen, d. h. das kulturelle Streben nach der Verbesserung materieller Dinge überbetonen. Wir gestehen gerne ein, daß es Kulturen gibt, die materiellen Dingen keine Priorität einräumen.

stehenden Kultur. Jede Kultur legt die relative Bedeutung materieller Erzeugnisse im Verhältnis zu anderen kulturellen Bestandteilen für sich selbst fest. Eine objektive Hierarchie der Wertigkeit von Kulturen kann es daher nicht geben. Kultur ist nicht quantifizierbar. Kultur ist wie ein Fingerabdruck: Unterschiede sind erkennbar, doch globale Wertungen lassen sich daraus nicht ableiten. Keine Kultur ist insgesamt besser oder schlechter als eine andere.

Prinzip der Vereinigung	Institutionstyp
1. Fortpflanzung (Blutsbande, die durch einen legalen Ehekontrakt begründet und nach einem bestimmten genealogischen Prinzip vererbt werden)	– die Familie als häusliche Gruppe von Eltern und Kindern – Brautwerbe-Organisation – legale Definition und Organisation der Ehe als Kontrakt, der zwei Individuen bindet und zwei Gruppen in Beziehung bringt – die erweiterte häusliche Gruppe und ihre legale, wirtschaftliche und religiöse Organisation – nach dem einseitigen Prinzip der Abstammung vereinte Verwandtschaftsgruppen – der matrilineare oder patrilineare Clan – das System der miteinander verknüpften Clans
2. Territorium (Gemeinsamkeit der Interessen auf Grund der Nähe, Nachbarschaft und der Möglichkeit der Zusammenarbeit)	– die Nachbarschaftsgruppe von Gemeinden, wie nomadische Horden, der umherziehende lokale Trupp, das Dorf, die Häusergruppe, die Stadt, die Großstadt – der Distrikt, die Provinz, der Stamm (vgl. 7.)
3. Physiologie (Unterscheidung auf Grund des Geschlechts, körperlicher Besonderheiten und Symptome)	– primitive totemistische Geschlechtergruppe, auf physiologischen oder anatomischen Geschlechtsunterschieden aufgebaute Organisationen – Organisationen auf Grund der Teilung der Funktionen und Tätigkeiten zwischen Geschlechtern – Altersgruppen und Altersklassen, soweit sie organisiert sind – Organisationen der Anormalen in primitiven Gesellschaften, der Geistesgestörten, der Epileptiker; auf höheren Stufen: Institutionen für die Kranken, Verrückten und von Geburt Minderwertigen

Prinzip der Vereinigung	Institutionstyp
4. Freiwillige Vereinigung	– primitive Geheimgesellschaften, Klubs, Vergnügungsvereine, Kunstgesellschaften – auf höherer Stufe: die Klubs, die Hilfs- und Unterstützungsvereine, Logen, freiwillige Vereinigungen zur Erholung, Erbauung oder zur Verwirklichung gemeinsamer Absichten
5. Tätigkeit und Beruf (die Organisation der Menschen nach ihren spezialisierten Tätigkeiten für das Allgemeininteresse und zur besseren Ausbildung der besonderen Fähigkeiten)	– auf primitiver Stufe vornehmlich Organisationen der Magier, Zauberer, Schamanen und Priester; auch Handwerkerzünfte und Wirtschaftsgruppen – mit zunehmender Zivilisation unzählige Werkstattinnungen, Unternehmungen, wirtschaftliche Interessengruppen, Vereinigungen der Werktätigen in Medizin, Recht, Lehre und Erfüllung der religiösen Bedürfnisse – spezielle Einheiten für die organisierte Ausübung der Lehrtätigkeit (z. B. Schulen); für die Forschung (z. B. Laboratorien); zur Ausübung der Justiz (z. B. Gerichtshöfe); für Verteidigung und Angriff (z. B. Heer); für Religionsübung (z. B. Kirchen)
6. Stand und Rang	– Stände und Klassen des Adels, der Geistlichkeit, der Bürger, Bauern, Leibeigene, Sklaven; das Kastensystem – ethnologische Schichten, d.h. rassische oder kulturelle Scheidungen auf primitiven und auf entwickelten Stufen
7. Umfassende (Zusammenfassung nach Gemeinsamkeit der Kultur oder durch politische Macht)	– der Stamm als Kultureinheit, der Nation auf höher entwickelten Stufen entsprechend – die kulturelle Untergruppe im regionalen Sinn oder im Sinn kleiner Enklaven (fremde Minoritäten, das Ghetto, die Zigeuner) – die politische Einheit, die Teile des Stammes, den ganzen Stamm oder auch mehrere kulturelle Unterteile umfassen kann. Die Unterscheidung zwischen dem Nationalstamm und dem Stammesstaat als politische Organisation ist grundlegend!

Quelle: Malinowski, 1988, S. 98–101

Abbildung 2: Eine Liste universeller Arten von Institutionstypen

Wenn Wertungen über Kulturen zulässig sind, dann nur für einzelne, spezifische kulturelle Tätigkeiten, die anhand präziser Kriterien beurteilt werden. Man kann einer Kultur beispielsweise einen besonderen Sinn für Ästhetik, ein Talent für Musik, Handel – oder Kriegskunst – zusprechen. Dabei darf aber nicht vergessen werden, daß es sich jeweils nur um ein Merkmal von Kultur handelt, das unauslösliches Teil eines größeren, zusammenhängenden Ganzen ist. In einem bekannten Witz über die Europäer ist im Himmel der Koch Franzose, der Mechaniker Deutscher, der Polizist Engländer, der Liebhaber Italiener und ein Schweizer übernimmt die Organisation. In der Hölle dagegen sind die Rollen vertauscht: der Koch ist Engländer, der Mechaniker Franzose, der Polizist Deutscher, der Liebhaber Schweizer und ein Italiener sorgt für die Organisation.

Es leuchtet unmittelbar ein, daß es nicht möglich ist – und darüber hinaus sehr riskant wäre – zu versuchen, das vorteilhafteste Merkmal jeder Landeskultur zu isolieren und zu einem neuen Ganzen zusammenzufügen.

- Die symbolische Dimension

Objekte als Erzeugnisse von Kulturen können nicht nur durch ihre physischen Eigenschaften erfaßt werden. Sie besitzen auch eine symbolische und sakrale Dimension. Mircea Eliade[4] (1956, S. 93), einer der bedeutendsten Religionshistoriker des 20. Jahrhunderts, beschreibt die mächtige symbolische Dimension der Schmiedekunst und der Alchemie:

„Der Alchemist, ebenso wie der Schmied und vor diesem der Töpfer, ist ein ‚Meister des Feuers‘. Durch das Feuer bewirkt er den Übergang der Materie von einem Zustand in einen anderen. Der Töpfer, dem es zum ersten Mal dank der Kohlenglut gelang, die ‚Formen‘, die er dem Ton gegeben hatte, weitgehend zu härten, muß die Trunkenheit eines Demiurgen empfunden haben: er hatte ein Agens der Wandlung entdeckt. Was die natürliche Hitze – jene der Sonne oder des Erdinnern – langsam reifen ließ, vollbrachte das Feuer in einem unvermuteten tempo. Die demiurgische Trunkenheit entsprang jenem dunklen Vorgefühl, daß das große Geheimnis darin bestehe, zu lernen, wie man es ‚schneller machen‘ könne als die Natur, d. h. – weil man es immer in die Ausdrucksweise des archaischen Menschen und seiner geistigen Erfahrung übersetzen muß – wie man ohne Gefahr in den Entwicklungsprozeß des umgebenden kosmischen Lebens einzugreifen vermöge. Das Feuer erwies sich als Mittel, ‚schneller zu machen‘, aber auch etwas anderes zu machen als das schon in der Natur Vorhandene. Es war also die Manifestation einer magisch-religiösen Kraft, welche die Welt verwandeln konnte und infolgedessen nicht dieser Welt angehörte. Das ist der Grund, weshalb schon die archaischen Kulturen den Repräsentanten des Sakralen – den Schamanen, den Medizinmann, den Zauberer – für einen ‚Meister des Feuers‘ halten.“

---

4 Mircea Eliade ist rumänischer Herkunft und lehrte an der Universität von Chicago Religionsgeschichte. Seine Romane (z. B. „Das Mädchen Maitreyi") und wissenschaftlichen Abhandlungen sind bei der Untersuchung der symbolischen und sakralen Aspekte von Mythologien und Riten sehr nützlich.

Es wäre falsch zu glauben, daß die symbolische Dimension in der „modernen" Gesellschaft untergegangen wäre. Trotz einer gewissen Zurückdrängung der metaphysischen Welt durch wissenschaftliche Erklärungen ist die Kraft symbolischer Darstellungen ungebrochen. Zahlreiche Beispiele in diesem Buch unterstreichen dies in bezug auf die Marketing-Kommunikation: Produkte und Werbebotschaften sind Träger vielfältiger Symbole (Farben, Formen, Markennamen, Logos usw.), deren Interpretation kulturgebunden ist (siehe Kapitel 8.4).

2.3 Kultur und Nationalität

Die Nationalität ist ein bequemes Kriterium, um Kulturen voneinander abzugrenzen. Die Frage jedoch, ob Nationalität einen Einfluß auf Kultur hat oder umgekehrt, Kultur auf Nationalität, ist schwierig zu beantworten. Welches Phänomen war zuerst da? Historisch betrachtet ist es wahrscheinlich, daß kulturelle Gemeinsamkeiten am Beginn der allmählichen Entstehung der modernen Nationalstaaten standen. Letztere wiederum trugen dann durch ihr Einschreiten gegen lokale Bräuche, Sprachen und Besonderheiten zu einer kulturellen Homogenisierung bei. Viele „nationale" Konflikte waren kulturell bedingt: der Sezessionskrieg in den Vereinigten Staaten, die Rivalität zwischen Engländern und Schotten, die allmähliche Ausschaltung lokaler Kräfte in Frankreich etc. - jedesmal standen Sprache, Werte, Religion oder Freiheitsbilder im Vordergrund.

Trotzdem wäre es aus mehreren Gründen falsch, Kultur und Nationalstaat gleichzusetzen:

- Eine Landeskultur kann nur im Verhältnis zu anderen Landeskulturen abgegrenzt werden. Von der indischen Landeskultur spricht man beispielsweise nur im Zusammenhang mit der italienischen, der deutschen usw. Kultur. An sich besteht der indische Subkontinent aus so vielen verschiedenen ethnischen, sprachlichen (mehr als zwanzig verschiedene Sprachen) und religiösen Gruppen (Muslime, Sikhs, Hindus usw.), daß man Indien als multikulturelles Land bezeichnen muß.
- Bestimmte Nationalstaaten verweisen ausdrücklich auf ihren multikulturellen Charakter. Die Schweiz beispielsweise ist so angelegt, daß partikularistische Interessen durch und innerhalb der Kantone durchgesetzt werden können. Genau festgelegte Quoten in öffentlichen Behörden und Unternehmen sollen die Diskriminierung von Minderheiten (ca. drei Viertel der Schweizer Bevölkerung sind Deutsch-Schweizer, der Rest verteilt sich auf den französischen, italienischen und rätoromanischen Sprachraum) verhindern. Das politische System der Schweiz ermöglicht - nicht immer ohne Schwierigkeiten - einen Kompromiß zwischen lokalen und nationalen Interessen herzustellen.
- Neue Staaten entstanden durch politische Entscheidungen am Verhandlungstisch. Besonders als Ergebnis des Kolonialisierungs- bzw. Entkolonialisierungsprozesses wurden „am Reißbrett" Staatengebilde geschaffen, ohne auf kulturelle Gegebenheiten Rücksicht zu nehmen. Vielen bedeutenden Kulturen (z. B. den Kurden, Erithreern usw.) wurde niemals ein eigener Staat zugebilligt.

• Die Quellen der Kultur

Die nationale Komponente ist nicht immer die wichtigste Quelle der Kultur. Abbildung 3 zeigt weitere Quellen von Kultur. Mediziner oder Computerspezialisten beispielsweise haben unabhängig von ihrer Nationalität eine Berufskultur, die durch gemeinsame Ausbildung, das Arbeiten in denselben Unternehmen oder durch Aufeinandertreffen bei Kongressen entsteht.

Genauso kann die kulturelle Zugehörigkeit zu einer bestimmten Volksgruppe stärker empfunden werden als zu einem Nationalstaat. Die Tamilen auf Ceylon beispielsweise fühlen sich mehrheitlich vor allem der großen tamilischen Gemeinschaft in Südindien (55 Millionen Tamilen) verbunden. Die Bildung einer gemeinsamen Nation mit den Singhalesen, die auf der Insel die Bevölkerungsmehrheit stellen, gestaltet sich, vorsichtig gesagt, sehr schwierig.

Kulturen innerhalb bestimmter Staatsgebiete sind selten vollständig homogen. Der Übergang von einer nationalen Kultur zu einer anderen wird durch lokale Grenzkulturen, die eine „Scharnierfunktion" übernehmen, erleichtert. Die Beispiele hierfür sind zahlreich: Die katalanische Kultur mildert den Übergang von der französischen zur spanischen Kultur ab. Zwanzig Kilometer südlich der Pyrenäen in Figueiras wird genauso Katalanisch gesprochen wie in Perpignan auf der französischen Seite. Ähnlich ist die Situation im Elsaß. Die Elsässer sprechen einen stark vom Deutschen geprägten Dialekt, verhalten sich am Arbeitsplatz mehr wie Deutsche, haben ansonsten aber eher einen Hang zur französischen Lebensweise. Menschen, die solchen „cross-border cultures" angehören, haben beim Aufbau von Geschäftsbeziehungen mit dem Nachbarland im allgemeinen eine privilegierte Position inne.

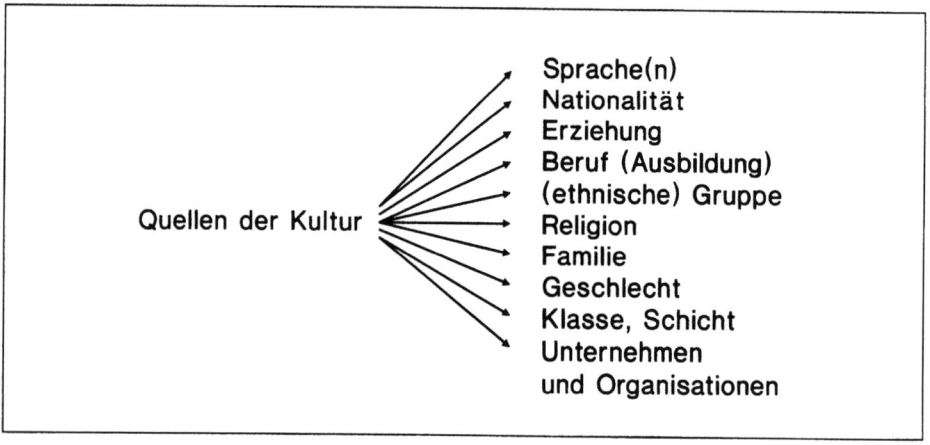

Abbildung 3: Die Quellen der Kultur

Das Geschlecht ist die grundlegendste aller Variablen zur Unterscheidung und Erklärung kulturellen Verhaltens. Da sich das vorliegende Buch jedoch hauptsächlich mit nationalen bzw. territorialen Kulturen beschäftigt, sei stellvertretend auf das Werk von Margaret Mead verwiesen, die sich bereits 1948 („Male and Female", deutsche Übersetzung „Mann und Weib", 1972) auf bemerkenswerte – und bis heute aktuelle – Weise mit dem Thema Kultur und Geschlecht auseinandergesetzt hat.

Der Einfluß der sozialen Klasse auf die Kultur ist landesabhängig. Klassenunterschiede wirken sich dort besonders stark auf die Kultur aus, wo Standesunterschiede durch Geburt traditionell akzeptiert sind, eine starke Orientierung an der Vergangenheit herrscht und die oberen Klassen Wert auf „schöne Sprache" legen (z. B. in England und Frankreich, wo man die Klassenzugehörigkeit einer Person an der Sprache erkennen kann).

Eine zusätzliche, wenn auch nur sehr feine, Auswirkung auf Kultur haben klimatische und physische Gegebenheiten. Fast jedes Land hat seinen „Süden" und seinen „Norden". Selbst in einem Land wie Schweden, das sprachlich, ethnisch, religiös usw. sehr homogen ist, sind Unterschiede in der Lebensweise zwischen einer Stadt im Süden (Malmö) und einer Stadt im Norden (Lulea) deutlich. Ausländern mögen diese Unterschiede nicht gleich auffallen. Für die Schweden selbst sind sie dagegen markant.

Auf Unterschiede zwischen Römern und Mailändern, Bayern und „Preußen" usw. brauchen wir an dieser Stelle erst gar nicht im Detail einzugehen.

Umgekehrt besteht kulturelle Homogenität dort, wo:

- die verschiedenen Quellen von Kultur jeweils sehr wenig Unterschiede aufweisen (z. B. nur eine Landessprache);
- man sich gemeinsam auf die Erhaltung verschiedener Modalitäten kultureller Elemente geeinigt hat (z. B. mehrere offizielle Landessprachen, die von jedermann gelernt werden);
- kulturelle Unterschiede als typisch für die Gemeinschaft akzeptiert werden (z. B. Einkommensunterschiede werden wahrgenommen, jedoch aus bestimmten Gründen – Fatalismus, Gleichgültigkeit gegenüber irdischem Reichtum etc. – akzeptiert).

● Nationalcharakter und Erziehungsgewohnheiten

Eine der bevorzugten Methoden des Studiums des Nationalcharakters besteht in der Analyse des Erziehungssystems. Dabei ist vor allem das Aufziehen von Kindern bis zu einem Alter von fünf bis sechs Jahren von Interesse. Folgende Elemente der Persönlichkeitsentwicklung sind besonders aufschlußreich: das Füttern, das Entwöhnen, die Erziehung zu Sauberkeit und Hygiene, die Arten der Sozialisierung mit anderen Kindern einerseits und mit Erwachsenen andererseits, die dem Kind auferlegten Verbote und Forderungen sowie das Belohnungs- bzw. Bestrafungssystem, das das Kindesverhalten lenken soll. Der Name Erik H. Erikson (1974) ist in diesem Zusammenhang von besonderer Bedeutung. Der Forscher entwickelte eine Theorie über die Entwicklungsstadien des Ich (im Sinne Freuds).

Margaret Mead (1972) stellt bei ihrer Beschreibung des amerikanischen Nationalcharakters fest, daß die USA durch eine „peer-culture" charakterisiert sind, deren erwachsene Mitglieder im Geiste im Jugendlichenalter verblieben sind. Hierzu paßt, daß ausgelassene, ungezwungene Amerikaner in vielen europäischen Ländern spaßeshalber als „große Kinder" bezeichnet werden.

Eine zusammenfassende Würdigung der reichhaltigen Arbeiten die sich auf den Gebieten der Psychologie, Anthropologie und Soziologie mit dem Nationalcharakter beschäftigen, würde, selbst wenn sie sehr kurz gehalten wäre, den Rahmen dieses Buches sprengen. Stellvertretend verweisen wir auf die Arbeiten von Inkeles und Levinson (1969) sowie Segall et al. (1990).

2.4 Kultur und Kompetenz

● Der Einfluß des Klimas

Einige Völker erscheinen arbeitsamer und bei der Herstellung materieller Güter effizienter als andere. Neben dem Hinweis auf den Nationalcharakter wurde häufig dem Klima ein starker Einfluß auf die Leistung eines Volkes unterstellt. Beispiel 2.1 enthält den Anfang von Montesquieus Klimatheorie. Der Text wurde 1748 geschrieben. Die physiologischen Erklärungen, die Montesquieu anführt, erscheinen heutzutage kaum mehr glaubwürdig. Trotzdem ist die Klimatheorie Ansatzpunkt des Nord-Süd-Stereotyps. Die Frage ist: Wirkt sich das Klima auf die Einwohner eines Landes aus, indem es sie beispielsweise „härtet" oder „verweichlicht"? Ergibt sich aus diesem Einfluß erstens eine mehr oder weniger große Neigung zu bestimmten Tätigkeiten (z. B. Handel, Industrie etc.) und zweitens eine größere oder geringere Effizienz bei diesen Tätigkeiten?

> **Beispiel 2.1: Inwieweit die Menschen in andersartigem Klima verschieden sind**
>
> „Kaltluft zieht die Enden der Außenfasern unseres Körpers zusammen (x). Das steigert ihre Spannkraft und regt den Rücklauf des Blutes aus den Gliedern zum Herzen an. Sie verringert die Länge (xx) dieser Fasern, erhöht dadurch also noch ihre Kraft. Warme Luft macht hingegen die Faserenden schlaff und länger. Sie verringert also ihre Kraft und Spannung.
>
> Daher hat man in kaltem Klima mehr Energie. Die Bewegung des Herzens und die Rückbewegung der Faserenden gehen besser vonstatten, der Säftehaushalt ist besser im Gleichgewicht. Der Blutkreislauf ist angeregt, und das Herz leistungsfähiger. Diese größere Kraft muß sich vielseitig auswirken, z. B. in höherem Selbstvertrauen, d. h. größerem Mut; ferner in einem größeren Überlegenheitsgefühl, d. h. in gerin-

gerem Rachegelüst; dann in einem stärkeren Sicherheitsgefühl, d. h. in mehr Frei-
sinn, weniger Mißtrauen, Berechnung und Hinterlist. Das muß am Ende ganz andere
Charaktere schaffen. Verpflanzt man einen Menschen an einen heißen und abge-
schlossenen Ort, so wird er aus den dargelegten Gründen eine sehr große Schwä-
chung seines Herzens erleiden. Ermuntert man ihn unter solchen Umständen zu einer
kühnen Tat, so wird er, glaube ich, kaum dazu in der Lage sein. Mit seiner
nunmehrigen Schwäche wird Mutlosigkeit in seine Seele einkehren. Er wird alles
fürchten, weil er seine Kraftlosigkeit spürt. Die Völker der heißen Länder sind
ängstlich wie Greise. Die Völker der kalten Länder sind unternehmungslustig wie
junge Leute. Richten wir unser Augenmerk auf die letzten Kriege (o). Sie stehen uns
am besten vor Augen, so daß wir gewisse kleine, auf Entfernung unmerkliche
Wirkungen besser sehen können. Dann wird deutlich, daß die Nordvölker, die in den
Süden verfrachtet wurden (oo), nicht solche Großtaten vollbrachten wie ihre Landsleute, die im eigenen Klima und daher im Vollbesitz ihrer Tapferkeit kämpften."

(x)   Das zeigt sich sogar dem Auge: bei Kälte erscheint man magerer.
(xx)   Bekanntlich zieht sich in ihr Eisen zusammen.
(o)   Der spanische Erbfolgekrieg.
(oo)   Z. B. in Spanien.

Quelle: Montesquieu, 1748 (deutsche Übersetzung von 1951), S. 310–311

Je nachdem, ob man dem Klima eine direkte oder eine indirekte Wirkung auf den
Menschen unterstellt, kommt man zu unterschiedlichen Antworten auf die oben gestellten Fragen. Wenn der Einfluß des Klimas direkter Natur ist, so wie Montesquieu
argumentiert, wären Klimaanlagen die Lösung. Es genügte, den Menschen (künstlich)
in eine kühlere Umgebung zu versetzen, um ihm eine effizientere Arbeit zu ermöglichen.
Falls sich dagegen das Klima nur indirekt auf den Menschen auswirkt, z. B. durch eine
allmähliche genetische Anpassung und durch die Erlernung bestimmter Verhaltensweisen, die ebenfalls die Anpassung an die Umgebung widerspiegeln, wären Klimaanlagen
zur Erzielung einer höheren Leistung nicht ausreichend. Eine Erhöhung der Arbeitseffi-
zienz wäre unter dieser Annahme kurzfristig nicht möglich.

● Kultur und individuelle Fähigkeiten

Der kulturelle Hintergrund eines Menschen ist nicht ohne Einfluß auf die individuellen
Wahrnehmungs- und Denkfähigkeiten. Segall et al. (1990) zeigen sehr genau auf, wie
optische Täuschungen von verschiedenen Kulturen unterschiedlich wahrgenommen
werden. Europäer beispielsweise sind für die in Abbildung 4, Seite 34, dargestellte
optische Täuschung von Müller-Lyer anfälliger als Afrikaner.

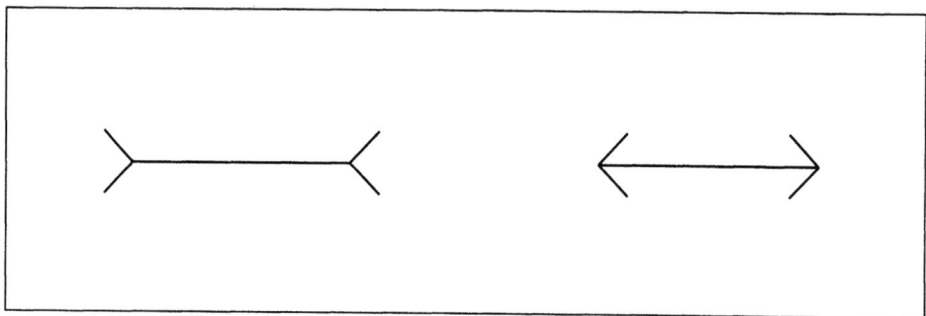

Quelle: In Anlehnung an Segall et al., 1990, S. 74

Abbildung 4: Optische Täuschung von Müller-Lyer

Europäern erscheint die horizontale Gerade rechts kürzer als die Gerade links. In Wirklichkeit sind beide gleich lang. Die Erklärung des Phänomens ist relativ einfach. Die Wahrnehmung – besser die „Gestalttheorie" – eines Menschen leitet sich aus dem Umfeld ab, in dem man lebt. Oder anders ausgedrückt: Wer in einer offenen und flachen Landschaft lebt, setzt Elemente, die er mit den Augen wahrgenommen hat, im Gehirn nach anderen Regeln zu ganzheitlichen Bildern zusammen als jemand, der aus einer bewaldeten oder hügeligen Gegend stammt. Genauso nimmt jemand, der in einer Umgebung lebt, in der gerade Linien und spitze Winkel vorherrschen, Objekte anders wahr als jemand, dessen Umgebung vorrangig Kurven und Rundungen aufweist.

Die ersten Untersuchungen über die intellektuellen Fähigkeiten von Nicht-Europäern unterstellten den sogenannten „primitiven" Völkern eine „pre-logische" Denkweise. Man war der Ansicht, die „Primitiven" würden Dinge vollkommen anders erfassen als z. B. Europäer. Man beobachtete bei den „Wilden" zwar das, was allgemein als gesunder Menschenverstand bezeichnet wird, sprach ihnen aber die Fähigkeit ab, logisch zu denken und zu folgern: „Ihre (gemeint sind die Afrikaner) Vorstellungen gehen genau ebenso weit wie ihr Blick" (Bentley, Pioneering on the Congo, o. J., zitiert in Lévy-Bruhl, 1966, S. 12).

Diese Meinung wurde jedoch im Laufe der Zeit revidiert. Dank Franz Boas (1940) setzte sich die Idee der „psychischen Einheit der Menschheit" durch: Hierunter wird die allen untersuchten Gruppen gemeinsame Fähigkeit verstanden, zu Erinnern, zu Verallgemeinern, Ideen zu entwickeln und logisch abstrakt zu denken. Wenn dennoch bei bestimmten Fähigkeiten Leistungsunterschiede beobachtet werden können, liegt das daran, daß jedes Individuum in Abhängigkeit seines kulturellen Umfeldes bestimmte Fähigkeiten stärker und andere weniger stark entwickelt. Daraus folgt unmittelbar, daß ein Intelligenztest, der in einer Kultur konzipiert wurde, kaum brauchbar ist, die Intelligenz von Menschen einer anderen Kultur zu messen.

Jede Definition von Intelligenz ist kulturabhängig. Dies bedeutet weder, daß jeder Mensch dieselbe Intelligenz besitzt, noch, daß Intelligenztests nutzlos sind. Man muß nur bei der Auswertung ihrer Ergebnisse berücksichtigen, wer den Test entwickelt und wer ihn beantwortet hat (vgl. Kapitel 3.5). Bei den Tests, die an der Universität von Grenoble Vorbedingung für die Aufnahme in die Graduierten- und Post-Graduierten-Programme sind (ähnlich dem amerikanischen Graduate Management Admission Test, GMAT), schnitten Studenten aus Schwarzafrika in der Vergangenheit im Durchschnitt regelmäßig schlechter ab als europäische Studenten. Unter Berücksichtigung der kulturellen Unterschiede wurde das zur Aufnahme erforderliche Mindestergebnis für die afrikanischen Studenten herabgesetzt. Seither durchlaufen viele hochbegabte Afrikaner mit großem Erfolg die erwähnten Programme.

3. Die Dynamik der Kultur

Die Kultur hat keinen besonders guten Ruf. Viele Forscher bemängeln die Verschwommenheit des Begriffes Kultur. Für die Kritiker ist die Kultur der letzte Ausweg, Dinge zu erklären, für die man verzweifelt – und vergebens – nach anderen Erklärungsansätzen gesucht hat. Der Kultur wird so die Rolle des verhaltenswissenschaftlichen Mülleimers zugewiesen, der alles aufnehmen muß, was in anderen Theorien keinen Platz fand.

Bereits der erste Teil des Kapitels zeigt, daß Kultur weit mehr als ein Sammelbecken für ungeklärte Phänomene ist. Wir entwickeln ein Raster kultureller Unterscheidungsmerkmale, das die wesentlichen Werteorientierungen und Grundannahmen von Kulturen enthält.

Die kulturellen Grundannahmen beeinflussen die Art und Weise, wie wir Alltagssituationen und -probleme gedanklich einschätzen. Am Ende des zweiten Teils stellen wir vier unterschiedliche Denkstile vor. Vorher allerdings erörtern wir, welche Informationen das menschliche Handeln bestimmen und von welcher Realität – der tatsächlichen oder der potentiellen – sich die Menschen leiten lassen.

Der Zusammenhang zwischen Kultur und Organisation ist für die Unternehmensführung von besonderem Interesse (dritter Teil). Aus Marketing-Sicht ergeben sich daraus wichtige Hinweise für die Gestaltung der Anreizsysteme für den Außendienst, die Organisation der Marketing-Aktivitäten sowie die Wahl von Verhandlungsstrategien.

Zur Dynamik der Kultur gehört auch die Imitation anderer Kulturen. Im vierten Teil zeigen wir, wie alltäglich kulturelle Anleihen sind, und wie gut sie getarnt werden.

Ein kurzer Blick auf die Ursachen kultureller Feindseligkeiten (fünfter Teil) schließt das Kapitel ab.

3.1 Ein Raster kultureller Merkmale

Die Mitglieder einer Gemeinschaft werden bei der Lösung grundlegender menschlicher Probleme von komplexen, aber gleichzeitig sehr präzisen Prinzipien geleitet, die man als kulturelle Grundannahmen bezeichnen kann. Diese Annahmen enthalten eine kognitive („so funktioniert es"), eine affektive („so mögen wir es"; „das ist unsere Art") und eine lenkende Dimension („so werden wir es machen").

Die Anthropologen Florence Kluckhohn und Frederick Strodtbeck (1961) haben ein vielzitiertes Modell kultureller Werteorientierungen („value orientations") aufgestellt. Demnach kann man fünf große Kategorien menschlicher Probleme unterscheiden:

1. *human nature orientation:* Wie ist die angeborene menschliche Natur? Ist sie gut oder schlecht, neutral oder eine Mischung aus Gutem und Bösem? Ist die menschliche Natur veränderlich?

2. *man-nature orientation:* Wie ist die Beziehung zwischen Mensch und Natur? Ist der Mensch Gebieter oder Untertan der Natur, oder lebt er mit ihr in Harmonie?

3. *time orientation:* Welche zeitliche Orientierung hat der Mensch? Schaut er in die Vergangenheit, auf die Gegenwart oder in die Zukunft?

4. *activity orientation:* Wodurch wird das menschliche Verhalten bestimmt? Durch das Sein (being), das Tun (doing) oder dem „Sein um zu werden" (being-in-becoming)?

5. *relational orientation:* Welches ist die vorherrschende Art zwischenmenschlicher Beziehungen bzw. Abhängigkeiten in der Gemeinschaft? Vertikale Eltern-Kind-Beziehungen, horizontale Beziehungen zu Seitenverwandten oder Dominanz des Individualismus?

Abbildung 5, Seiten 38–40, greift den Ansatz von Kluckhohn und Strodtbeck auf und ergänzt ihn mit den Überlegungen von Hall (1976), Hofstede (1980) sowie Triandis (1983). Im Ergebnis entsteht ein Raster charakteristischer Merkmale von Kultur (linke Spalte) und deren jeweilige Beziehung zu Kommunikations- und Handlungsweisen (rechte Spalte).

Kulturelle Merkmale	Verbindung zu Kommunikations- und Handlungsweisen
1. Bedeutung der Person versus der Gruppe	
– Was der andere ist versus was der andere tut: Betonung von Familie, Gruppe, Alter, Rasse, Religion, sozialer Status	Notwendigkeit, denjenigen persönlich zu kennen, mit dem man interagiert/kommuniziert (Betonung des Sein); Fähigkeit, mit Fremden zu kommunizieren (Betonung des Tun).
– Wer ist Mitglied der Gruppe (Familie, Clan, Stamm, Nation, Berufsgruppe etc.)?	Zugehörigkeit zur in-group ist Zeichen von Verläßlichkeit und Voraussetzung erfolgreicher Kommunikation.
– Wie groß ist die „in-group"?	Unter welchen Bedingungen, wenn überhaupt, wird ein Mitglied der „out-group" in die „in-group" aufgenommen?
– Wie werden neue Mitglieder in die Gruppe integriert?	
2. Zeitverständnis	
– ökonomischer Charakter der Zeit	Zeit wird entweder als knappes oder als unbegrenzt zur Verfügung stehendes Gut angesehen.

Kulturelle Merkmale	Verbindung zu Kommunikations- und Handlungsweisen
– Monochronismus ... versus Polychronismus	Zeit wird eingeteilt; man beschäftigt sich immer nur mit einer Aufgabe, für deren Erledigung eine bestimmte Zeitspanne eingeplant wird („terminkalender-gesteuerte Gesellschaft") oder: man unternimmt viele Dinge gleichzeitig, der Zeitplan wird nach Bedarf geändert.
– Zeitorientierung Betonung der • Vergangenheit • Gegenwart • Zukunft	Die Gesellschaft legt Wert auf ihre Wurzeln, die in der Vergangenheit liegen. Mittel werden eingesetzt, um Geschichte zu lehren, Museen zu bauen, etc. Die Gesellschaft kann genauso wenig ohne Wurzeln überleben wie eine Pflanze. „Wir leben hier und heute"; man sollte das Heute genießen; nur die Gegenwart ist Realität. Menschen planen die Zukunft; langfristige Projekte; die Zukunft hält Gutes bereit.
3. Einstellung zum Handeln – Beherrscht man die Natur ... oder unterwirft man sich der Natur	Beherrschung der Natur: „Macher-Kultur"; alles ist möglich; der Mensch kann alle Probleme bewältigen. Fatalistische Einstellung; in vielen Situationen kann der Mensch nichts tun; man sollte sich dem Schicksal unterwerfen und nicht nach Auswegen suchen.
– Ideologismus ... versus Pragmatismus	Denkmuster und Kommunikation werden ideologischen (rechtlichen, religiösen, politischen, sozialen etc.) Grundprinzipien untergeordnet. Größere Probleme werden zerlegt, einzeln in Angriff genommen und gelöst; Streben nach konkreten Ergebnissen.
– Vermeiden von Unsicherheit	Vermeidung von Risiko, Bevorzugung stabiler Situationen; Regeln zur Verminderung von Unsicherheit, risikolose Verfahren als Voraussetzung für Effizienz. Oder (geringe Vermeidung von Unsicherheit): Risikofreude; die Individuen sind der Motor des Wandels, ohne den Effizienz nicht erreicht wird.
– maskuline oder feminine Orientierung	(Siehe Teil 3 dieses Kapitels.)

Kulturelle Merkmale	Verbindung zu Kommunikations- und Handlungsweisen
4. Selbstkonzept und Fremdkonzept	
– die menschliche Natur ist von Grund auf gut/schlecht	Bei Kommunikation und Interaktion herrscht – vor allem zu Anfang – eher Vertrauen beziehungsweise eher Mißtrauen vor (siehe Kapitel 13.6).
– Individualismus ...	Die Werte des Einzelnen stehen im Vordergrund (persönliche Freiheit, Menschenrechte, Gleichheit zwischen Mann und Frau) versus:
versus Kollektivismus	Die Gruppe und die damit verbundenen Werte stehen im Vordergrund (Loyalität, Zusammengehörigkeit, persönliche Opfer für die Gruppe).
– Gruppenkultur mit engem physischen Kontakt oder individualistische Kultur mit dem Verlangen nach „persönlichem Raum"	Man lebt eng „aufeinander", ohne nach einer schützenden Intimsphäre zu verlangen. Oder: Man bewegt sich in einer Blase „persönlichen Raumes" und fühlt sich unwohl, wenn andere in diesen Raum eindringen.
– Einschätzung und Wahrnehmung anderer vor allem aufgrund: • des Alters • des Geschlechts • der sozialen Schicht (Machtdistanz)	Wer sind die Personen, die als vertrauenswürdig, verläßlich etc. gelten und mit denen man Geschäfte machen kann (siehe Kapitel 13.3.)?
– kulturell akzeptiertes Selbstkonzept mit Betonung auf: • Selbstgefühl • Machtdemonstration • Demonstration von Geschäftigkeit	Wie muß man sich benehmen (oft unbewußt), um „korrekt" zu erscheinen: schüchtern oder extrovertiert, arrogant oder unterwürfig, selbstbewußt oder ohne Selbstbewußtsein, träge oder geschäftig?

Abbildung 5: Unterscheidungsmerkmale von Kultur

3.2 Kulturelle Denkmuster und Einstellungen zum Handeln

Kulturelle Grundannahmen beeinflussen die Art und Weise, wie wir Alltagssituationen und -probleme gedanklich einschätzen. Einige Beispiele sollen zeigen, wie wir uns innerhalb unserer kulturellen Gemeinschaft erfolgreich eine eigene Realität schaffen – und wie verloren wir außerhalb unserer kulturellen Umgebung sind.

● Die Bedeutung des Handelns

Nicht jedermann ist darauf erpicht, zu handeln, zu „machen", effizient zu sein und sichtbare Resultate zu schaffen, die Lob von anderen einbringen. Aus existenzieller Sicht ist die Konzentration auf das Tun nicht gerechtfertigt: „Auf lange Sicht sind wir alle tot", sagte bereits Keynes. Selbst wenn wir unterstellten, daß Effizienz allen Menschen wichtig ist, gäbe es verschiedene Wege, dieses Ziel zu erreichen.

Montesquieu schildert die Irritation, die „Macher" befällt, wenn sie auf Menschen treffen, die dem Sein höchste Priorität einräumen. In seinem Buch über den „Geist der Gesetze" (1748, deutsche Übersetzung von 1951, S. 316–317) beschreibt er die von ihm sogenannten „faulen Völker":

„Die Inder glauben, die Ruhe und das Nichts seien der Ausgangs- und Endpunkt aller Dinge. Darum betrachten sie das vollkommene Nicht-Handeln als den Zustand der Vollendung und das Ziel ihres Strebens. Dem höchsten Wesen geben sie den Beinamen: das Unbewegliche. Nach dem Glauben der Siamesen besteht die größte Seligkeit darin, daß man nicht mehr nötig hat, eine Maschine anzutreiben und einen Körper in Bewegung zu setzen."

Die Inder und Siamesen (Bewohner von Thailand) sind nicht nur mehr am Sein ausgerichtet, sie haben auch eine unterwürfigere Beziehung zur Natur als die westlichen Kulturen. Inder und Siamesen glauben an die Wiedergeburt. Das Leben ist keine einmalige Episode, sondern ein zyklisches Phänomen. Daraus ergeben sich zwei Konsequenzen: Einerseits nimmt durch diese Sichtweise der Druck ab, in dem „einen Leben" unbedingt etwas vollbringen – tun – zu müssen. Andererseits entsteht mehr Zwang zu einem tugendhaften, makellosen Leben. Denn aus der Tugendhaftigkeit leitet sich der Status bei zukünftigen Wiedergeburten ab. Das Nicht-Handeln bzw. die vollkommene Passivität bietet die sicherste Möglichkeit, makellos zu bleiben.

Ein weiteres Unterscheidungsmerkmal von Kulturen besteht darin, ob Worte, Reden (und Kommunikation ganz allgemein) zu den Taten gezählt werden. In vielen Kulturen findet man Sprichwörter, die das Reden als Untätigkeit verdammen („Rede nicht, handele"). Die Faszination, die in der islamischen Religion von der Poesie ausgeht, schildert Essad Bey (1932, S. 125–126) in seiner Erzählung über das Leben des Propheten:

„Im großen Hof der Kaaba saß der Prophet, umgeben von Gläubigen, Fremden und Koreischiten. Melodisch klangen die Verse des Korans, und prüfend blickte der Prophet auf das Volk, bezwang es mit der Glut seiner Augen und der Schönheit seiner Lieder.

Immer wieder sagte das Volk: ‚Wenn du ein Prophet bist, so zeige uns doch ein Wunder, damit wir an dich glauben können.' Und stets entgegnete der Gesandte Gottes: ‚Ist es denn kein genügendes, kein überwältigendes Wunder, daß deine gewöhnliche Sprache, o arabisches Volk, zu der Sprache des Buches erwählt wurde, in dem jeder einzelne Vers all deine Lieder und Verse vergessen läßt.' Man erzählte, daß darauf die Ungläubigen beschlossen, sämtliche Dichter Arabiens zu rufen, damit sie wenigstens einen Vers, einen Tonfall schaffen sollten, der an Schönheit den Versen des Korans gleich wäre. Die Dichter kamen, begaben sich zur Kaaba und begannen in der Sonnenglut zu schwitzen. Sie dichteten schwer und gaben sich die größte Mühe. Als sie aber zu rezitieren begannen, mußten selbst die größten Feinde des Propheten feststellen, daß kein einziges ihrer Gedichte den Versen des Korans gleich käme. Und da die Araber ein Volk von Dichtern sind, knieten viele in der Kaaba nieder und bekannten sich zum Islam. Die unübertreffliche Schönheit der Verse war für sie ein genügender Beweis ihres göttlichen Ursprungs."

Das Wort Poesie kommt ursprünglich aus dem Griechischen. Das Verb „poïo" bedeutet soviel wie „machen, schaffen, herstellen". Dieser Ursprung mag viele erstaunen. Doch er weist sehr gut auf die unterschiedlichen Wertorientierungen hin, die mit Poesie verbunden werden. Kulturelle Grundannahmen bestimmen, ob Poesie als Quelle der Inspiration für Handlungen angesehen oder, im Gegenteil, als weit entfernt vom Tun eingestuft wird.

- **Das westliche Modell des Handelns**

Das klassische, westlich-europäische Modell des Handelns geht von folgendem Ablauf aus:

- Problemanalyse
- Informationsbeschaffung
- Auflistung und Bewertung alternativer Problemlösungen
- Entscheidung für die „beste" Lösung
- Durchführung der ausgewählten Alternative
- Bewertung des Ergebnisses
- Eventuell iterative Rückkoppelung mit vorhergehenden Stufen der Handlungskette.

Doch diese Handlungsfolge besitzt keine kulturübergreifende Gültigkeit. Im Japanischen gibt es kein Wort für das, was die Amerikaner mit „decision-making" bezeichnen (Lazer et al., 1985). Nebenbei bemerkt, fällt auch die Übersetzung von „decision-making" ins Deutsche schwer, denn der Begriff ist in gewissem Sinne typisch für die pragmatische Einstellung der Amerikaner, Entscheidungen „zu machen", d. h. selbst herbeizuführen. Im Deutschen „trifft", „fällt" oder „findet" man Entscheidungen. Für die Japaner wäre „decision-taking" treffender als „decision-making". Dieser Begriff wird dem japanischen Gruppenprozeß gerechter, der darauf abzielt, aus verschiedenen Lösungsansätzen eine Entscheidung zu „wählen".

● Bestimmen Grundprinzipien oder Sachfragen das Handeln?

Die kulturvergleichende Psychologie unterscheidet grundsätzlich zwischen ideologischer und pragmatischer Einstellung (vgl. Kapitel 13.5). In Wirklichkeit bestehen Pragmatismus und Ideologismus selten in reiner Form. Auch bei den meist als pragmatisch beschriebenen Amerikanern, die die Realität in eine Folge unabhängiger, konkreter Sachfragen einteilen, nach Beweisen suchen und ihr Handeln an Fakten ausrichten, kommt der Ideologismus zu seinem Recht. Die Grundsätze des freien Marktes und des Individualismus sind ideologisch in die Verfassung der USA, in die Gesetze gegen Wettbewerbsbeschränkungen und in das Unternehmensrecht eingebettet. Im täglichen Leben allerdings, wenn es darum geht, Informationen zu bewerten um daraus Handlungen abzuleiten, tritt der Ideologismus in den Hintergrund. Der Ideologismus ist allgemein akzeptiert, hat aber für Alltagshandlungen nur sekundäre Bedeutung.

Umgekehrt kann ein Ideologe von pragmatischen Überlegungen geleitet sein, wenn er am Anfang eines Gespräches auf die Diskussion von Grundprinzipien besteht. Die Einigung über Grundsätze, die dem Pragmatiker zuerst fruchtlos, da zu abgehoben von den Sachfragen, erscheint, kann bei längeren Gesprächen zu sehr konkreten Ergebnissen führen.

● Die Verbindung von individuellem und kollektivem Handeln

Amerikaner werden meist als individualistisch dargestellt, Japaner als kollektivistisch. Diese Unterscheidung ist begründet, hat aber auch ihre Grenzen.

Wenn man die Begriffe Individualismus und Kollektivismus durch andere Worte ersetzt, die ungefähr dieselbe Bedeutung haben, wird man der Grenzen schnell gewahr. Statt Individualismus verwenden wir Mensch, Person und Individuum. Kollektivismus ersetzen wir durch Gruppe, Gemeinschaft und Gesellschaft.

Gibt es jemanden, der menschlicher, persönlicher, in zwischenmenchlichen Beziehungen empfindsamer und verständnisvoller ist als der durchschnittliche Japaner? Wo wird das Wort Gemeinschaft (community) öfter benutzt als in den USA, wo ein Ziel der Menschen darin besteht „to socialize in the community"?

Die Verbindung individueller und kollektiver Handlungen erfolgt mittels eines grundlegend dialektischen Prozesses. Alle Gesellschaften stehen vor dem Problem – im Sinne Kluckhohn und Strodtbecks –, ob sie Individualismus oder Kollektivismus die erste Priorität einräumen:

– Entweder das Individuum ist wichtiger (USA),
– oder die Gruppe ist die dominierende Einheit, der sich das Individuum unterordnen muß (Japan).

Diese kulturelle Grundannahme wird allerdings ergänzt durch komplementäre kulturelle Vorstellungen:

- Die Gemeinschaft ist die Integrationseinheit der Individuen; die Verbindungen zwischen den Individuen müssen präzise und explizit kodifiziert werden (USA);
- zwischenmenschliche Beziehungen müssen mit äußerster Sensibilität entfaltet werden, um das gute Funktionieren der Gruppe nicht zu gefährden (Japan).

● Welche Realität leitet uns?

Es ist ein weitverbreiteter Fehler zu glauben, die Realität sei einfach und bestünde genau aus dem, was wir wahrnehmen und tun. In Kapitel 8 stellen wir ausführlich dar, was Farben sind, wie sie wahrgenommen werden und zu was sie aufgrund symbolischer Interpretationen „gemacht" werden.

Realität ist das, was im Englischen „common sense" genannt wird: Bedeutungen, die von allen Mitgliedern der Gemeinschaft geteilt werden (common) und genau deshalb einen Sinn (sense) ergeben. Wieder einmal erweist sich die englische Sprache als sehr exakt. Im Deutschen wird dem „Menschenverstand" automatisch die Wertung „gesund" zugefügt. Dabei müssen die Annahmen der Menschen über die Wirklichkeit nicht unbedingt „gesund" oder richtig sein. Was einer Kultur richtig erscheint, gilt in einer anderen womöglich als grundsätzlich falsch. Auch im Französischen spricht man von „bon" – also gutem – „sens" (Sinn). Hier fehlt der Hinweis auf das Gemeinsame völlig.

Die kognitive Beziehung der Menschen zur Realität unterliegt einer Reihe von Filtern:

- der perzeptuelle Apparat der Menschen ist kulturell geprägt (vgl. Kapitel 2.4 und 8.4),
- wir bevorteilen implizit die Suche nach Tatsachen, die in bestimmte Kategorien passen,
- wir bestimmen den Wahrheitsgehalt von Tatsachen nach Kriterien, die kulturellen Einflüssen ausgesetzt sind,
- selbst wenn Tatsachen als wahr anerkannt sind, kann man sie unterschiedlich deuten. Auch Interpretationen werden von kulturellen Werten und gesellschaftlichen Vorstellungen beeinflußt.

Im County Museum of Art in Los Angeles hängt ein Werk von René Magritte mit dem Titel „La pipe" (die Pfeife). Das Bild zeigt eine Pfeife, aus der dünner Rauch aufsteigt. Sonst (fast) nichts. Unten am Bild befindet sich ein Schriftzug, der besagt: „Ceci n'est pas une pipe" (Dies ist keine Pfeife). Ein einfacher und frappierender Hinweis darauf, daß man Bilder der Realität nicht mit der Realität selbst verwechseln sollte.

Menschen bevorzugen entweder die tatsächliche (empirische) Realität oder die potentielle Realität. Die tatsächliche Realität ist die Art und Weise, wie wir das Hier und Heute erleben bzw. durch die Wissenschaft gezeigt bekommen. Die potentielle Realität ist die Wirklichkeit, die wir uns erträumen und die uns motiviert etwas zu erreichen. In gewissem Sinne ist die potentielle Realität also die tatsächliche Realität von morgen. Die potentielle Realität ist ein wichtiger Antrieb für das Handeln, weil sie die Gelüste des Menschen, sich die Natur Untertan zu machen, nährt. Sie hilft uns weit gesteckte Ziele und Projekte zu verwirklichen (z. B. die Eroberung des Weltraums).

Natürlich ist keine Kultur völlig einseitig nur auf die potentielle oder nur auf die tatsächliche Realität ausgerichtet. Beide Realitäten haben überall zusammen ihren Platz. Die kulturellen Unterschiede liegen darin, welche Sichtweise der Wirklichkeit stärker ausgeprägt ist. Die Interaktion von Menschen, die auf verschiedene Realitäten ausgerichtet sind, gestaltet sich mitunter sehr schwierig. Bei einer Orientierung an der potentiellen Realität kann man leicht von etwas reden, was weit entfernt ist – und im Endeffekt doch völlig anders handeln. Dieses Verhalten irritiert Menschen, die die tatsächliche Realität bevorzugen. Für sie sind die Fakten präsent und unausweichlich. Zwischen Worten und Taten gibt es in der tatsächlichen Realität keinen Spielraum.

● Verschiedene Denkstile

Der norwegische Friedensforscher Johan Galtung benutzt die Differenzierung zwischen den verschiedenen Realitäten, um vier von ihm sogenannte „intellektuelle Stile" gegenüberzustellen (1981). Galtung unterscheidet zwischen:

– gallischem Denkstil (mit den Franzosen als Prototypen)
– teutonischem Denkstil (mit den Deutschen als Prototypen)
– angelsächsischem Denkstil (mit den Engländern und Amerikanern als Prototypen)
– nipponischem Denkstil (mit den Japanern als Prototypen).

Wir wollen nicht verschweigen, daß Galtung in dem Artikel, den wir hier zitieren, nur die Denkstile von Akademikern untersucht. In den meisten Punkten erscheint uns eine Verallgemeinerung von den „Intellektuellen" zum „Durchschnittsbürger" allerdings durchaus zulässig.

Angelsachsen suchen mit Präzision und großem Aufwand nach Fakten und Beweisen. Wörtlich beschreibt Galtung den Denkstil der Angelsachsen wie folgt (1981, S. 827–828):

„... data unite, theories divide. There are clear, relatively explicit canons for establishing what constitutes a valid fact and what does not; the corresponding canons in connection with theories are more vague ... One might now complete the picture of the saxonic intellectual style by emphasizing its weak points: not very strong on theory formation, and not that strong on paradigm awareness."

Dem angelsächsischen Stil stehen die gallischen und teutonischen Denkstile gegenüber, die theoretische Argumente in den Mittelpunkt des Denkprozesses stellen. Daten und Fakten dienen mehr der Illustration als dem Beweis des Gesagten. Diskrepanzen, die zwischen der Theorie und den Daten entstehen, werden den Daten angelastet. Letztere gelten im Zweifel entweder als fehlerbehaftet, atypisch oder ohne Beziehung zur Theorie. An dieser Stelle wird die Unterscheidung zwischen empirischer und potentieller Realität wichtig. Der teutonische und der gallische Denkstil geben eindeutig der potentiellen Realität mehr Gewicht. Die potentielle Realität gilt als „wirklicher", reiner und unverzerrter als die empirische Realität: „... a more real reality, reality free from the noise and impurities of empirical reality" (Galtung, 1981, S. 828).

Der teutonische und der gallische Denkstil unterscheiden sich darin, welche Bedeutung den Worten beigemessen wird. Im teutonischen Denkstil herrscht die Gedankennotwen-. digkeit vor, d. h. unanfechtbare Denkprozesse führen zu perfekten Konzepten. Die deutsche Sprache ist nicht umsonst eine der abstraktesten der Welt. Sie unterstützt die konzeptionelle Denkweise.

Der gallische Stil macht sich weniger aus der Unfehlbarkeit intellektueller Konstruktionen. Er setzt mehr auf die Überzeugungskraft von Worten und Reden, die in eleganter Weise präsentiert werden. Für den Franzosen liegt die Überzeugungskraft in den (richtig gewählten) Worten. Im französischen Fernsehen werden häufig Zahlen und Fakten zitiert, deren Wahrheitsgehalt nie vollständig überprüft wurde. Was ein Angelsachse als Mangel an Ernsthaftigkeit auslegen würde, stört den Franzosen weniger. Er bringt Zahlen und sogenannten Tatsachen ohnehin eine gewisse Skepsis entgegen.

Der nipponische Denkstil ist geprägt von den Philosophien des Hinduismus, des Buddhismus und des Taoismus. Diese Denkart ist durch Bescheidenheit und Vorläufigkeit gekennzeichnet. Denken und Wissen befinden sich in einem Zustand des Provisorischen, das ständig weiterentwickelt werden kann. Die Japaner vermeiden kategorische Aussagen. Selbst bei trivialen Angelegenheiten bevorzugen sie Vieldeutigkeit. Klare Aussagen wirken anmaßend und werden als Wertungen der Realität aufgefaßt.

3.3 Nationale Kulturen und Organisation

Die Zahl der Publikationen, die sich mit der Auswirkung kultureller Unterschiede auf die Unternehmensführung und -organisation beschäftigen, ist groß[5]. Besondere Berücksichtigung fanden dabei die Themen Unternehmensstruktur, hierarchische Beziehungen, Personalauswahl und -entwicklung einschließlich expatriate-Management, Motivation und Führungsverhalten.

Alle diese Themenbereiche betreffen in erster Linie das „Innere" des Unternehmens. Sie liegen somit nur am Rande des Interesses unseres Buches, das den Schwerpunkt auf die Interaktion von Unternehmen mit ihrem „äußeren" Umfeld, d. h. mit Märkten, Abnehmern, Lieferanten, Interessengruppen und öffentlichen Institutionen, legt.

---

5   Siehe dazu unter anderem: Interkulturelles Management (1992), Bergemann und Sourisseaux, Hrsg.; Adler (1991), International Dimensions of Organizational Behaviour; Harris und Moran (1987), Managing Cultural Differences.
    Über japanischen Management-Stil: Pascale und Athos (1981), The Art of Japanese Management; Ouchi (1981), Theory Z, und (1984), The M Form Society; Whitehill (1991), Japanese Management: Tradition and Transition.
    D'Iribarbe (1989), La Logique de L'Honneur (französischer Management-Stil); Vidal (1990), Le Management à l'Italienne (italienischer Management-Stil); Bergmann et al. (1990), La Culture de l'Entreprise Suisse (Schweizer Management-Stil); Kim und Kim (1989), Management Behind Industrialization (koreanischer Management-Stil im Vergleich mit den USA und Japan).

Trotzdem lohnt sich die Beschäftigung mit den angesprochenen Gebieten, auch wenn sie kurz ausfallen muß, aus mindestens zwei Gründen:

- die meisten Dimensionen von Kultur, die in der Management-Literatur beschrieben, operationalisiert und gemessen werden, sind auch für das Marketing aufschlußreich;
- einige Fragestellungen liegen im Schnittbereich von Unternehmensführung und Marketing. Zu nennen sind beispielhaft: Anreizsysteme für den Außendienst (Kapitel 11.3), Organisation der Marketing-Aktivitäten sowie Geschäftsverhandlungen (Kapitel 13 und 14).

● Nationale Kulturen und Unternehmensführung

Wie anpassungsfähig sind amerikanische Management-Theorien und -Praktiken an andere kulturelle Umfelder? Der Holländer Geert Hofstede war einer der ersten, der dieser Frage nachging. Zwischen 1967 und 1973 befragte er Mitarbeiter eines großen multinationalen Unternehmens in 66 nationalen Niederlassungen. Die Stichprobe schloß vom einfachen Arbeiter bis zum Generaldirektor alle Hierarchieebenen des Unternehmens ein. Am Ende verfügte Hofstede über 116 000 auswertbare Fragebögen, in denen Aussagen zu Themen wie Motivation, Hierarchie, Führung, Wohlbefinden im Unternehmen etc. gesammelt waren (Hofstede, 1980b, 1983).

Das besondere an der Untersuchung bestand, abgesehen vom Umfang, darin, daß alle Befragten demselben Unternehmen angehörten und so auch von derselben Unternehmenskultur geprägt waren. Die Befragten wurden in jeder Niederlassung nach ähnlichen Kriterien ausgesucht, so daß sich vergleichbare Länderstichproben ergaben. Als einzig nennenswerte Varianzquelle der Untersuchung verblieb somit die Kultur und die Mentalität der Befragten.

Mittels einer Faktorenanalyse bestimmte Hofstede vier Dimensionen kultureller Unterschiede mit bezug zur Unternehmensführung. Er gab diesen vier Faktoren folgende Bezeichnungen:

- Machtdistanz
- Vermeidung von Unsicherheit
- Individualismus/Kollektivismus
- maskuline/feminine Orientierung.

In den nächsten Abschnitten stellen wir jeden Faktor kurz dar.

Machtdistanz

Machtdistanz mißt das Ausmaß, in dem Mitglieder einer Kultur eine ungleiche Machtverteilung in Organisationen und Gesellschaft tolerieren. Machtdistanz zeigt sich sowohl am Verhalten der Vorgesetzten, die mehr oder weniger Macht ausüben, als auch an den Verhaltensnormen der Untergebenen, die mehr oder weniger Machtbeweise von den

Vorgesetzten verlangen und sich unter Umständen unwohl fühlen, wenn die Vorgesetzten keine Macht ausüben. In Gesellschaften mit kleiner Machtdistanz fühlen sich die Mitglieder von Organisationen untereinander gleichgestellt und bei der täglichen Arbeit eng verbunden. Ist die Machtdistanz groß, erfolgt eine klare Trennung zwischen Vorgesetzten und Untergebenen. Dann ist es nicht leicht, mit höhergestellten Personen zu sprechen. Die tatsächliche Macht konzentriert sich in Organisationen mit großer Machtdistanz in der Unternehmensspitze und wird wenig delegiert.

Vermeidung von Unsicherheit

Hierunter versteht man das Ausmaß, in dem sich Mitglieder einer Gesellschaft von zweideutigen, unklaren oder riskanten Situationen bedroht fühlen. In Organisationen, in denen die Vermeidung von Unsicherheit groß ist, sorgen Gesetze, informelle Regeln, technische Hilfsmittel und eine klare Karriereplanung für Sicherheit. Gleichzeitig sind bei den Mitgliedern der Organisationen Nervosität, Anspannung und Aggressivität stärker ausgeprägt. Daraus entsteht unter anderem ein starker innerer Antrieb zu hartem Arbeiten (Hofstede, 1980a).

Individualismus/Kollektivismus

In kollektivistischen Ländern besteht ein engmaschiges Netz sozialer Beziehungen. Die Menschen unterscheiden sehr genau, wer Mitglied der in-group und der out-group ist. Von der Gruppe wird erwartet, sich um den Einzelnen zu kümmern. Umgekehrt ist der Einzelne gegenüber der Gruppe zu Loyalität verpflichtet. In individualistischen Gesellschaften sind die sozialen Beziehungen lockerer. Die Menschen haben für sich selbst zu sorgen. Entscheidungsfreiheit wird für erstrebenswert gehalten. Austauschbeziehungen beruhen auf Gegenseitigkeit. Wer etwas gibt, erwartet vom anderen innerhalb einer bestimmten Zeit eine Gegengabe. Individualismus bzw. Kollektivismus beeinflussen in starkem Maße den Aufbau von Beziehungen in Geschäftsverhandlungen. Aus Marketing-Sicht hat das Ausmaß an Loyalität und Gemeinschaftssinn außerdem Auswirkungen auf die Markentreue und die Entscheidungsprozesse beim Kauf sowie die Gestaltung des Anreizsystemes für den Außendienst.

Maskuline/feminine Orientierung

Eine maskuline Orientierung liegt vor, wenn eine Gesellschaft das erzielbare Einkommen, den beruflichen Aufstieg, die Demonstration von Besitz u. ä. hoch wertet. In einer sogenannten femininen Gesellschaft stehen die Sicherheit des Arbeitsplatzes, der freundliche Umgang mit den Kollegen und die Arbeitsbedingungen allgemein im Vordergrund. Die Bezeichnung „Maskulinität/Feminität" ergab sich, da Frauen und Männer in Hofstedes Untersuchung kulturübergreifend einheitlich jeweils zu den einen oder anderen Werten tendierten.

Abbildung 6, Seiten 49–50, enthält die Resultate von 40 Ländern und 3 Regionen bezüglich aller vier beschriebenen Dimensionen.

Land	Macht-distanz	Vermeidung von Unsicher-heit	Individualis-mus/Kollekti-vismus	Maskuline/feminine Orientierung
Argentinien	49	86	46	56
Australien	36	51	90	61
Belgien	65	94	75	54
Brasilien	69	76	38	49
Chile	63	86	23	28
Costa-Rica	35	86	15	21
Dänemark	18	23	74	16
Deutschland (West)	35	65	67	66
Finnland	33	59	63	26
Frankreich	68	86	71	43
Griechenland	60	112	35	57
Großbritannien	35	35	89	66
Hong-Kong	68	29	25	57
Indien	77	40	48	56
Indonesien	78	48	14	46
Iran	58	59	42	43
Irland	28	35	70	68
Italien	50	75	76	70
Israel	13	81	54	47
Japan	54	92	46	95
Kanada	39	48	80	52
Kolumbien	67	80	13	64
Malaysia	104	36	26	50

Land	Macht-distanz	Vermeidung von Unsi-cherheit	Individualis-mus/Kollekti-vismus	Maskuline/feminine Orientierung
Mexiko	81	82	30	69
Neuseeland	22	49	79	58
Niederlande	38	53	80	14
Österreich	11	70	55	79
Pakistan	55	70	14	50
Peru	64	87	16	42
Philippinen	94	44	32	64
Portugal	63	104	27	31
Schweden	31	29	71	5
Schweiz	34	58	68	70
Spanien	57	86	51	42
Südafrika	49	49	65	63
Südkorea	60	85	18	39
Taiwan	58	69	17	45
Türkei	66	85	37	45
USA	40	46	91	62
Uruguay	61	100	36	38
Ostafrika	64	52	27	41
Westafrika	77	54	20	46
Arabische Länder	80	68	38	53
Mittelwert	57	65	43	49
Standard-abweichung	22	24	25	18

Quelle: In Anlehnung an Hofstede, 1993

Abbildung 6: Die kulturellen Dimensionen Hofstedes in 43 Ländern und Regionen

Die Grundaussage von Hofstede besteht darin, daß die Theorien der Unternehmensführung in dem kulturellen Umfeld verwurzelt sind, in dem sie entwickelt wurden. Eine simple Übertragung einer Theorie von einer Kultur in eine andere ist deshalb nicht möglich. Hofstede zeigt beispielsweise, wie die amerikanischen Motivationstheorien (Maslow, McClelland, Herzberg, Vroom) mit der sehr maskulinen und individualistischen amerikanischen Kultur zusammenhängen. Das Individuum wird hauptsächlich von rationellen Motiven angetrieben, die mit extrinsischen Belohnungen verbunden sind. In Einklang mit dieser kulturellen Relativität der Theorien der Unternehmensführung hatte die Theorie Freuds in den USA wenig Erfolg. Bei Freud ist das Individuum von meist unbewußten inneren Kräften angetrieben, die mit dem Ich interagieren.

Österreich, die Heimat Freuds, erzielte in der Untersuchung Hofstedes gegenüber den USA niedrigere Werte beim Individualismus und höhere Werte in bezug auf die Vermeidung von Unsicherheit. Dies könnte erklären, warum in Freuds Theorie Motivation von verinnerlichten sozialen Werten ausgeht.

Ein international tätiges Unternehmen sollte kulturelle Motivationsunterschiede in seinem Entlohnungssystem berücksichtigen. Außendienstmitarbeiter in individualistischen, maskulinen Ländern mit einer starken Vermeidung von Unsicherheit können besser durch extrinsische Belohnungen motiviert werden. Umgekehrt sollte in Ländern mit femininer Orientierung, schwacher Vermeidung von Unsicherheit und großem Gemeinschaftssinn intrinsischen Belohnungen der Vorzug gegeben werden (siehe Kapitel 11.3).

Abbildung 7, Seite 52, zeigt, welche Länder sich im Hinblick auf Machtdistanz und Individualismus ähneln.

Hofstede zitiert auch das Beispiel der Übertragung des amerikanischen „management by objectives" (MBO) nach Frankreich. MBO stammt aus einer Gesellschaft, in der:

- Untergebene weitgehend unabhängig sind und die Vorgesetzten-Untergebenen-Beziehung so gestaltet ist, daß eine sinnvolle Verhandlung zwischen beiden Seiten möglich ist (geringe Machtdistanz);
- Untergebene und Vorgesetzte bereit sind, Risiko zu übernehmen (geringe Vermeidung von Unsicherheit);
- das Ergebnis von beiden Seiten als wichtig angesehen wird (maskuline Orientierung).

In Frankreich wurde MBO zu „DPPO" (Direction Participative Par Objectifs; zu deutsch etwa: partizipative zielorientierte Führung). Ende der sechziger Jahre hatte DPPO in Frankreich kurzzeitig Erfolg. Zehn Jahre später war das Scheitern offenkundig. MBO setzt depersonalisierte Autorität (Autorität der Rolle) und geringe Machtdistanz voraus. Franzosen hingegen sind von Kind auf an personalisierte Autorität und große Machtdistanz gewöhnt. Die stark ausgeprägten hierarchischen Strukturen in Frankreich schützen den Einzelnen vor Unsicherheit. MBO stellte diese Strukturen in Frage und führte so zu Unsicherheit, Anspannung und Stress. Trotz der Bemühungen, angelsächsische Managementmethoden in Frankreich einzuführen, fällt es den französischen Chefs schwer, Entscheidungen zu dezentralisieren und Macht zu delegieren.

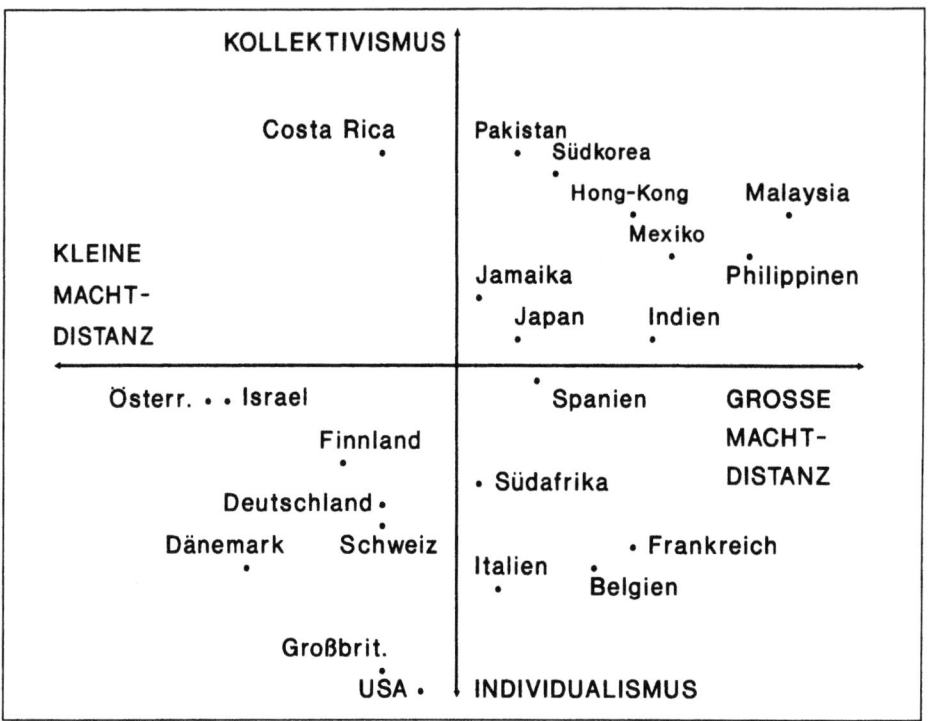

Quelle: In Anlehnung an Hofstede, 1993, S. 71

Abbildung 7: Machtdistanz und Individualismus in ausgewählten Ländern

Hofstede (1980) berichtet über eine Untersuchung von Stevens, der Studenten verschiedener Nationalitäten auftrug, Lösungsvorschläge für ein Organisationsproblem zwischen der Vertriebs- und der Produktionsabteilung eines Unternehmens zu machen. Die Franzosen sahen das Problem aus hierarchischer Sicht. Die Lösung wurde beim Vorstandsvorsitzenden gesucht. Die Deutschen gaben fehlenden schriftlichen Vorschriften die Schuld. Aus englischer Sicht war mangelnde Kommunikation zwischen den Beteiligten für den Konflikt verantwortlich. Stevens schloß aus den verschiedenen Lösungsansätzen, daß Franzosen ein Unternehmen implizit als Pyramide ansehen (zentralisiert und formell). Für die Deutschen kommt ein Unternehmen einer gut geschmierten Maschine gleich (nicht zentralisiert aber formell), für die Briten einem Dorfmarkt (weder zentralisiert noch formell).

Aus diesem Beispiel geht sehr klar hervor, daß sich nicht alle betrieblichen Organisationsformen für alle Kulturen eignen. Die zweifachen hierarchischen Strukturen der Matrix-Organisation beispielsweise kommen der deutschen und französischen Kultur nicht entgegen. Für die Franzosen verstößt die Matrix-Struktur gegen das Prinzip der einheitlichen, zentralen Führung. Den Deutschen geht durch die Matrix die organisatorische Klarheit verloren. Sie akzeptieren Matrix-Organisationen nur, wenn die Rollenverteilung innerhalb des Unternehmens eindeutig festgelegt ist.

52

● Kulturelle Grundannahmen und tatsächliches Verhalten

Die Kultur ist ein vielschichtiges Gebilde. Die Basis von Kultur bilden kulturelle Grundannahmen, die wir im ersten Teil dieses Kapitels dargestellt haben (siehe Abbildung 5, Seiten 38–40). Sie sind tiefliegende, unbewußte Überzeugungen, die grundlegende Werte erzeugen und unser Verhalten nur mittelbar beeinflussen. Über den kulturellen Grundannahmen – und somit näher an der Oberfläche des Gebildes Kultur – liegen Normen und Werte, die sich direkter auf das menschliche Verhalten auswirken. Sie helfen den Menschen, die kurzfristigen Veränderungen der Gesellschaft zu bewältigen. Gleichzeitig sind sie selbst kurzfristigeren Veränderungen unterworfen. Die Bildung und Veränderung kultureller Grundannahmen ist ein sehr langer Prozeß, der sich vermutlich über Hunderte von Jahren vollzieht. Werte und Normen, wie z. B. geschlechtsspezifisches Rollenverhalten, Familienwerte oder Freundschaftsmuster dagegen können sich innerhalb weniger Jahre oder Jahrzehnte verändern. Hieraus ergeben sich zwei Fragen:

– Inwieweit werden die Menschen von den weniger tiefliegenden Ebenen von Kultur, z. B. Unternehmenskultur oder Erziehungskultur, beeinflußt?
– Welche Spannungen empfinden Menschen zwischen den verschiedenen Ebenen von Kultur?

Derr und Laurent (1989) entwickelten ein Modell, das sie „Dreieck der Kulturebenen" nennen. Auf der untersten Stufe des Dreiecks befinden sich die kulturellen Grundannahmen. Darüber liegen die Werte. In der Spitze des Dreiecks sind Verhaltensnormen dargestellt, die den Mitgliedern einer bestimmten Kultur auf direkte und explizite Weise vorgeschrieben werden. Hierzu gehören beispielsweise alle Vorschriften, die darauf abzielen, das Verhalten der Angestellten innerhalb eines Unternehmens zu beeinflussen:

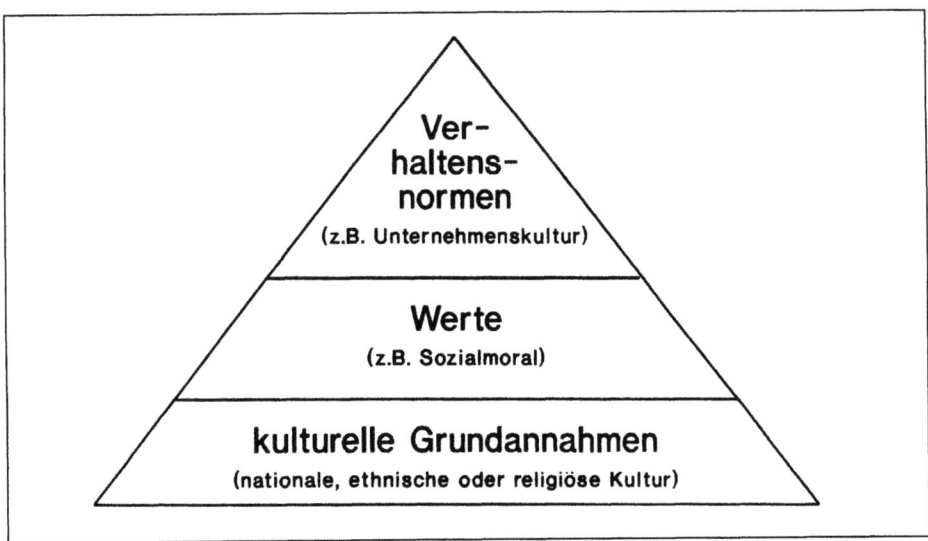

Quelle: Laurent, 1989

Abbildung 8: Kulturelle Grundannahmen und tatsächliches Verhalten

53

Unternehmensrichtlinien, wirtschaftsethische Grundsätze etc. (siehe Abbildung 8, Seite 53). Das Dreieck bildet sehr gut den Abstand zwischen kulturellen Grundannahmen und Unternehmenskultur ab. Unternehmenskultur kann zweifellos das tägliche Verhalten (der Mitarbeiter) bestimmen, eventuell Werte beeinflussen aber nicht kulturelle Grundannahmen verändern.

In einer früheren Studie untersuchte Laurent (1983) inwieweit die Einstellungen von Managern unterschiedlicher Nationalität in puncto Arbeitsfragen übereinstimmen. Zu diesem Zweck stellte er in 13 Ländern die Frage: „Ist es für einen Manager wichtig, auf die meisten Fragen, die ihm seine Untergebenen über ihre Arbeit stellen, eine präzise Antwort bereit zu haben?"

Abbildung 9 zeigt, welcher Prozentsatz der Befragten in jedem Land die Frage bejahte. In Schweden sind allwissende Manager am wenigsten gefragt (10 Prozent). Unter den westlichen Ländern ist das Verlangen nach Vorgesetzten, die auf Fragen eine umfassende Antwort besitzen, in Frankreich (53 Prozent) und Italien (66 Prozent) am größten. Es scheint, daß Manager in angelsächsischen und nordeuropäischen Ländern mehr als Problemlöser betrachtet werden. In Lateinamerika und Asien sind Experten oder Meister stärker gefragt.

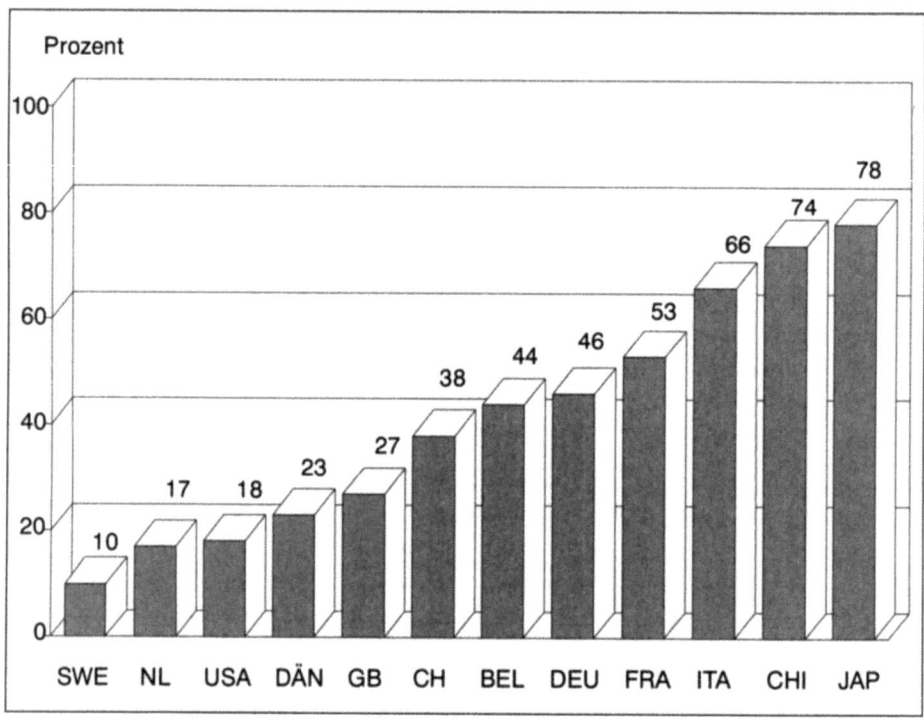

Quelle: Adler et al., 1989, S. 69

Abbildung 9: Die Nachfrage nach allwissenden Vorgesetzten

Die Abbildung 9 enthält die Antworten von Managern, die in ihrem jeweiligen Mutterland arbeiteten. Stellte man dieselbe Frage in multinationalen Unternehmen, in denen die Mitarbeiter oft in internationalen Arbeitsgruppen mitwirken, würde man erwarten, daß die Unterschiede zwischen den Ländern kleiner ausfallen. Genau das Gegenteil ist der Fall. Innerhalb multinationaler Unternehmen sind die Differenzen zwischen nationalen Gruppen noch größer. Welcher Schluß kann hieraus gezogen werden?

Es scheint, daß Unternehmen, die versuchen, ihren Mitarbeitern bestimmte, der Unternehmenskultur entsprechende, Verhaltensweisen aufzuerlegen, nur oberflächlich erfolgreich sind. Die Mitarbeiter passen ihr Verhalten mit Rücksicht auf das eigene Fortkommen in der Firma zwar an; die tieferliegenden Bestandteile der Kultur (die beiden unteren Ebenen der Abbildung 8, Seite 53) verändern sich dadurch jedoch nicht. Im Gegenteil, Werte, die Menschen aufgezwungen werden, verstärken noch die kulturellen Grundannahmen der Betroffenen.

3.4 Kulturelle Anleihen und gesellschaftlicher Wandel

● Isolation und Vermischung von Kulturen

Es gibt wenige reine Kulturen in dem Sinn, daß sie von ausländischen Einflüssen unberührt blieben. Eines der seltenen Beispiele einer isolierten Kultur stellte lange Zeit Japan dar. Während des Shogunats der Tokugawa, vom 17. bis 19. Jahrhundert, schloß sich Japan mehr als zweihundert Jahre lang vollkommen von der Außenwelt ab. Erst mit der Periode der Meiji wurde Japan ab 1868 wieder für ausländische Einflüsse empfänglich. Reischauer, ein Spezialist für japanische Geschichte, erklärt in seinem Buch „Japan, Past and Present" (1946), daß die Tokugawa Shoguns den Japanern ein strenges Friedensregime auferlegten und so das Verhalten der Japaner prägten. Vor der Herrschaft der Tokugawa waren die Japaner durch Kühnheit, Abenteuerlust und eine gewisse Kriegslust gekennzeichnet. Bis zum 19. Jahrhundert waren aus ihnen sanftmütige und ergebene Menschen geworden, die sich damit abfanden, Befehle derer zu erwarten und auszuführen, die in der Hierarchie über ihnen standen. Reischauer vermutet, daß die Tokugawa Shoguns die Japaner zu einem in sich gekehrten Volk machten, dessen Konformismus eine Basis der Einigkeit darstellte. Antagonismus war in der japanischen Gesellschaft des beginnenden 19. Jahrhunderts so gut wie nicht beobachtbar. Gewalt war äußerst rar. Wenn sich Japaner neuartigen Situationen ausgesetzt sahen, zeigten sie eine deutlich geringere Anpassungsfähigkeit als andere Völker. Erst mit dem Beginn der Meijizeit kam Japan wieder in Kontakt zu Europa, das in der Zwischenzeit wichtige wissenschaftliche Durchbrüche erzielt hatte. Die Aneinanderreihung einer Periode der Selbst-Isolation und der Öffnung gegenüber fremden Kulturen erklärt wahrscheinlich die paradoxe Beziehung Japans zum internationalen Handel und internationalem Marketing. Japaner sind ein stark auf sich selbst gerichtetes Volk, das aber sehr gut den eigenen Ethnozentrismus überwinden und so im internationalen Marketing äußerst erfolgreich bestehen kann.

Kulturen vermischen sich auf vielfältige Weise. Auch kriegerische Auseinandersetzungen bieten oft Gelegenheit zu fruchtbarem kulturellen Austausch. Mitten im Krieg mit den Türken entdeckten die Wiener im 15. Jahrhundert bei ihren Belagerern ein neues, stimulierendes und gutschmeckendes Getränk, das bald den Siegeszug durch ganz Europa antrat: den Kaffee. Schon bei den Kreuzzügen (10. bis 12. Jahrhundert) lernten die Krieger beider Seiten in ruhigeren Momenten die Speisen der Gegenseite zu genießen.

● Kulturelle Anleihen sind allgegenwärtig – aber versteckt

Wie Cateora (1990) ausführt, kann man Kultur als eine Anhäufung „bester Lösungen" für Probleme sehen, denen die Mitglieder einer Gesellschaft gemeinsam ausgesetzt sind. Diese typisch angelsächsische Definition, die die Problemlösung in den Vordergrund rückt, hat einen großen Vorteil: sie berücksichtigt den „Importcharakter" der Kultur. Schon immer fanden Kulturen die Lösungen für einen Teil ihrer Probleme bei anderen Kulturen. Dieser Vorgang vollzieht sich meist zufällig. Manchmal ist er auch Ergebnis einer systematischen Suche. Die Blue Jeans sind ein Beispiel eines Produktes, das von vielen Ländern als Lösung auf ein (Kleidungs-)Problem importiert wurde. Interessanterweise ist der Stoff der „amerikanischen" Blue Jeans französischen Ursprungs: aus „de Nîmes" (aus Nizza) wurde denim. Und die Bezeichnung „Jeans" geht auf den Italiener JEAN Fustian aus Genua zurück.

Nur wenige Gesellschaften sind allerdings bereit anzuerkennen, daß ein Großteil ihrer Kultur aus dem Ausland stammt. In dem Verlangen, die eigene Identität zu wahren, bleiben einer Kultur nur zwei Auswege: entweder man begrenzt die Zahl der kulturellen Anleihen, die eine Gesellschaft zu verdauen in der Lage ist, oder man gibt dem Fremden den Anschein des Selbsterfundenen. Kulturelle Anleihen haben deshalb meist etwas Heuchlerisches an sich. Meist ändert man den Namen des Imports oder schiebt einen lokalen Erfinder vor, um dem „not-invented-here" Syndrom zu begegnen. Als die amerikanischen Marketingtheorien ihre weite Ausbreitung in Europa fanden (vgl. Kapitel 1.1), erschien es den Franzosen nötig, ein neues Wort zu erfinden. Aus Marketing wurde „mércatique", obwohl letzteres Wort selbst für den Franzosen schwieriger auszusprechen ist als der amerikanische Begriff.

Eine Tarnung ausländischer Worte oder Konzepte entfällt nur dann, wenn die Anleihe offensichtlich mit einer stereotypen Eigenheit des Herkunftslandes in Verbindung steht:

Leitmotiv (deutsche Musik), show-biz (amerikanische Unterhaltung), élégance (französischer Stil), kamikaze, harakiri (japanische Fähigkeit der Selbstaufopferung), mamma (italienische Mutterrolle in der Familie) etc.

Die meisten kulturellen Anleihen werden getarnt und verlieren allmählich ihren Bezug zum Herkunftsland. Die Übernahme der chinesischen Schrift durch die Japaner im 5. Jahrhundert ist ein echtes Beispiel einer Imitation und Reinterpretation eines ausländischen Produktes. Nicht alle chinesischen Wortzeichen, die die Japaner später Kanjis nannten, waren für die japanische Sprache geeignet. Die Japaner benutzten die Zeichen deshalb teils begriffswertig, teils lautwertig. Durch allmähliche Anpassungen und Reinterpretation wurden die chinesischen Zeichen so bis zum 9./10. Jahrhundert zu einem eigenständigen Element der japanischen Kultur (siehe Beispiel 3.1). Heute stehen die Kanji für ein System von Piktogrammen, das sowohl Gedanken als auch Laute darstellt. Es wird durch zwei Silbentabellen ergänzt, die nur Laute enthalten: hiragana und katakana. Katakana dient quasi ausschließlich der Darstellung ausländischer Worte und Konzepte. Dies ist typisch für die Einstellung der Japaner gegenüber kulturellen Importen. Man lehnt das Ausländische nicht ab, kennzeichnet aber deutlich die fremde Herkunft.

Beispiel 3.1: Der Ursprung der japanischen Schrift

Die japanische Schrift stützt sich auf Zeichen, die die Japaner vor beinahe 2000 Jahren bei den Chinesen entliehen haben. Die alten Chinesen hatten diese Zeichen noch einmal zwei Jahrtausende davor als Bilder von Dingen, die sie kannten, abgeleitet.

Für die alten Chinesen sah die Sonne so aus: -☉- . Im Laufe der Zeit wurde die Form eckiger und vereinfacht, um das Schreiben zu erleichtern – es entstand 日 . Bis heute wird das Wort Sonne sowohl in Japan als auch in China auf diese Art geschrieben.

Einen Baum zeichneten die alten Chinesen so: 🌳 . Auch diese Form wurde eckiger und zu einem 木 vereinfacht – das geschriebene Wort für Baum. Um das Wort Wurzel oder Ursprung zu bilden, ergänzten die Chinesen unten am Baum einfach einige Wurzeln 朩 . Das geschriebene Wort für Wurzel oder Ursprung wurde letztendlich 本 .

Wenn man die Zeichen für Sonne 日 und Ursprung 本 zusammensetzt, ergibt sich das Wort Japan 日 本 , was soviel wie Ursprung-der-Sonne bedeutet.

Das Bild einer Sonne, die hinter einem Baum aufsteigt 🌲 , bildet das Wort für Osten 東 . Das abstrakte und vereinfachte Bild einer Steinlaterne, so wie sie alle alten chinesischen Hauptstädte bewachte 🏮 , wurde zum Wort für Hauptstadt 京 . Zusammengesetzt ergeben die Zeichen für Osten und Hauptstadt das Wort Tokio 東 京 (östliche Hauptstadt).

Die japanischen Zeichen erscheinen auf den ersten Blick mysteriös und unergründlich. Doch wie die angeführten Beispiele zeigen, sind sie leicht zu verstehen. Die Zeichen sind keine Zufallsprodukte, sondern Bilder, die ihre eigenen Bedeutungen tragen.

Die japanische Schrift setzt sich zwar aus einer Vielzahl solcher Zeichen zusammen – doch in Wirklichkeit sind es glücklicherweise weniger als die meisten Menschen im Westen annehmen. Ein Japaner, der die „Grammar School" verläßt, muß 881 Zeichen kennen. Dann sagt man, könne er lesen und schreiben. Ein Absolvent der

> Oberschule muß 1850 zeichen kennen. Ungefähr 3000 Zeichen sind notwendig, um im Studium bestehen zu können. Die vielen Tausend Zeichen setzen sich im Endeffkt aus weniger als 300 einzelnen Elementen – oder Bildern – zusammen, von denen viele sogar selten gebraucht werden.

Quelle: Walsh, 1969, S. 127

Die Beispiele kultureller Anleihen sind zahllos und betreffen alle Bereiche von Kultur. Die Japaner haben es beispielsweise meisterhaft geschafft, der europäischen Musikkultur Anleihen zu entnehmen. Japan wurde zum weltweit bedeutendsten Hersteller von Musikinstrumenten. Selbst Kastagnetten werden in Japan gefertigt, um in Spanien verkauft zu werden.

3.5 Kulturelle Feindseligkeit

Die Grenzen kultureller Anleihen treten klar hervor, sobald ein ausländischer Import den kulturellen Zusammenhalt des Empfängers bedroht. Diese Gefahr entsteht vor allem bei religiösen Praktiken und sozialmoralischen Themen, ist aber auch bei Alltagsgewohnheiten sowie bei Produkten und Dienstleistungen (vgl. Kapitel 6.1) nicht ausgeschlossen. Der Import von Polygamie oder die Entfernung der Klitoris bei kleinen Mädchen wird in Kulturen, in denen Monogamie und der Schutz von Kindern fest etabliert sind, immer auf Widerstand stoßen. Wenn Menschen friedlich und synchron zusammenleben sollen, muß ein Mindestmaß an Zusammenhalt und Homogenität der kulturellen Grundannahmen bestehen.

- Rassismus

Rassismus wird häufig mit kultureller Feindseligkeit verwechselt. In Wirklichkeit ist kulturelle Feindseligkeit eine notwendige aber keine hinreichende Bedingung von Rassismus. Man kann anderen Kulturen gegenüber feindselig eingestellt sein, ohne rassistisch zu sein. Rassismus setzt eine Theorie voraus, die besagt, daß Menschen einer bestimmten Rasse in ganz bestimmter Hinsicht unterlegen sind (z. B. Intelligenz, Kreativität, Moral etc.). Der kurze Ausschnitt über Sklaverei aus Montesquieus Buch über den Geist der Gesetze, das 1748 entstand, macht deutlich, was Rassismus ist:

„Wenn ich unser Recht zur Versklavung der Neger zu begründen hätte, dann würde ich folgendes sagen:
Da die Völker Europas die Völker Amerikas ausgerottet hatten, mußten sie die Völker Afrikas zu Sklaven machen, um sie zur Urbarmachung so großer Gebiete zu benutzen. Der Zucker würde zu teuer sein, wenn man die Pflanzungen, die ihn erzeugen, nicht von Sklaven bearbeiten ließe.

Die Menschen, um die es sich dabei handelt, sind schwarz vom Kopf bis zu den Füßen und haben eine so platte Nase, daß es fast unmöglich ist, sie zu beklagen.

Man kann sich nicht vorstellen, daß Gott, der doch ein allweises Wesen ist, eine Seele, und gar noch eine gute Seele, in einen ganz schwarzen Körper gelegt habe ...

Ein Beweis dafür, daß die Neger keine gesunde Vernunft haben, liegt darin, daß sie eine Halskette aus Glasperlen höher schätzen als eine aus Gold, das doch bei zivilisierten Völkern eine so große Bedeutung hat."

(Montesquieu, 1748, zitiert in der deutschen Übersetzung von 1951, S. 334)

Rassistische Thesen und Meinungen haben – zumindest in der Form wissenschaftlicher Theorien – in den letzten zwei Jahrhunderten nach und nach an Bedeutung verloren. Eine Frage, der aber weiterhin Beachtung geschenkt wird, betrifft die intellektuellen Fähigkeiten verschiedener ethnischer Gruppen oder Rassen. Die Mehrzahl der herkömmlichen Intelligenztests, stammt aus den USA oder Europa. Mit diesen Tests können unzweifelhaft Unterschiede zwischen verschiedenen Völkern festgestellt werden. Die gemessenen Unterschiede gehen jedoch mehr auf Umwelteinflüsse als auf genetische Faktoren zurück. Bei Gruppen mit niedrigem IQ beispielsweise stellt man gehäuft fest, daß die Menschen außerhalb jeglichen formellen Ausbildungssystems aufwuchsen.

Die größten Verzerrungen entstehen allerdings dadurch, daß jeder Intelligenztest die Personen bzw. die Kultur bevorteilen, die den Test entwerfen. Fähigkeiten und Kompetenzen, die eine ethnische Gruppe nicht besitzt, kann sie auch nicht in einen Intelligenztest zur Überprüfung einbauen. Neuere Studien beweisen, daß inter-individuelle genetische Unterschiede größer sind als Unterschiede zwischen verschiedenen Rassen (Segall et al., 1990). Oder anders ausgedrückt: Die genetischen Unterschiede unter Europäern oder unter südafrikanischen Zulus sind größer als die genetischen Unterschiede zwischen Europäern und Zulus – ein sehr starkes Argument gegen Rassismus.

• Kulturelle Feindseligkeiten

Im Gegensatz zum Rassismus setzt kulturelle Feindseligkeit keine Vorurteile darüber voraus, wer aufgrund seiner Kultur oder Rasse über- bzw. unterlegen ist. Kulturelle Feindseligkeiten sind stark von Affektivität geprägt. Sie treten auf, wenn man das eigene kulturelle Erbe bedroht sieht. Dieses Gefühl der Bedrohung kann sich einstellen, wenn man auf Personen oder Gruppen stößt, deren kulturelle Werte stark von den eigenen abweichen.

In der Interaktion mit einer Einzelperson sind die Zeichen kultureller Feindseligkeit meist unbewußt und schwächer ausgeprägt: man fühlt sich unbehaglich, empfindet die Kommunikation als mühsam und reagiert schließlich abweisend. Die Beispiele kultureller Feindseligkeiten in Form kollektiver Reaktionen sind so zahlreich, daß man mehrere Seiten damit füllen könnte: Wallonen und Flamen in Belgien, Protestanten und Katholiken in Nordirland, Serben und Kroaten im ehemaligen Jugoslawien usw.

Identität ist keine Frage der Rasse, sondern der Kultur.

4. Kultur, Sprache und Kommunikation

Internationales Marketing und internationales Management sind geprägt von den Begegnungen von Menschen unterschiedlicher Kulturkreise. Bei der Verhandlung von Lizenzabkommen oder Joint Ventures sowie dem Aufbau von Produktionsstätten oder Vertriebsnetzen im Ausland treffen sehr oft mehr als zwei verschiedene Kulturen gleichzeitig aufeinander. Die Sprache nimmt bei diesen Begegnungen naturgemäß einen zentralen Platz ein. Wenn ein japanischer Verhandlungspartner sagt, etwas sei schwierig, meint er wahrscheinlich, es ist unmöglich. Redet hingegen ein amerikanischer Käufer von Schwierigkeiten, versucht er meist nur den Preis zu drücken.

Gemäß der Whorfschen Hypothese strukturiert die Sprache die Weltanschauung des Menschen. Diese Behauptung sowie die Empfehlungen, die sich daraus für das internationale Marketing ableiten, haben wir an den Anfang des Kapitels gestellt. Sprachunterschiede sind ein Grund für Mißverständnisse. Doch Kommunikationsschwierigkeiten können sich auch aufgrund anderer Faktoren ergeben. Ob der Verhandlungspartner eine Brille trägt, ob er beim Reden wild gestikuliert, den Blickkontakt seines Gegenübers sucht oder er ihm in der Verhandlungspause einen freundschaftlichen Schlag zwischen die Rippen setzt – alles erfährt eine kulturelle Deutung. Verbale und nicht-verbale Kommunikation sind Gegenstand des zweiten und dritten Teils. Im vierten Abschnitt beleuchten wir, welche tieferliegenden Ursachen sich hinter den Mißverständnissen interkultureller Kommunikation verbergen. Dabei berücksichtigen wir insbesondere die Funktion stereotyper Darstellungen und die Gefahr, die von ihnen ausgeht.

4.1 Die Sprache als Grundlage von Kultur und Kommunikation: Die Whorfsche Hypothese

● Der Einfluß der Sprache auf die Kultur

Der erste, der der Sprache einen entscheidenden Einfluß auf die Kultur zusprach, war der Sprachwissenschaftler Sapir. Sprache legt Denkkategorien fest, die sich direkt darauf auswirken, welche Dinge als gleich beurteilt und welche Dinge differenziert betrachtet werden. Sprache bestimmt die Weltanschauung – die Art zu beschreiben, zu beobachten, zu interagieren und die Wirklichkeit wahrzunehmen. Sapir (1929, S. 214) schreibt:

„Die Welt ist in Wirklichkeit weitgehend auf den Sprachgewohnheiten der Gruppe aufgebaut. Zwei Sprachen können noch so ähnlich sein, sie werden nie dieselbe soziale Realität darstellen. Jede Gesellschaft lebt in einer anderen Welt. Es handelt sich keineswegs immer um dieselbe Welt, die nur jeweils mit einem anderen Etikett versehen wird."

Der Sprachforscher und Anthropologe, Benjamin Lee Whorf, entwickelte die Ideen Sapirs weiter. Die Whorf-Sapir-Hypothese oder auch Whorfsche Hypothese besagt, daß die Struktur der Sprache eine wichtige Auswirkung auf Wahrnehmung und Denken hat

(Carroll, 1956). Die vom Einzelnen erlernte Muttersprache bringt eine spezifische Ordnung in die Gegenstände der Umwelt. Obwohl die Hypothese einer empirischen Überprüfung weitgehend standgehalten hat, wird ihre Gültigkeit von vielen Linguisten bezweifelt. Die Kritiker stützen ihre Argumentation beispielsweise darauf, daß das Geschlecht vieler Substantive (z. B. der Genus von Sonne, Mond, Erde, von Tugenden und Lastern usw.) keinerlei kulturelle Bedeutung trägt, sondern rein zufällig festgelegt wurde. Dem kann entgegengehalten werden, daß der Genus bei der Entstehung der Sprache möglicherweise doch eine Bedeutung hatte, im Laufe der Zeit aber verloren ging.

Ein gutes Beispiel der Verbindung zwischen Sprache und Kultur liefert die Art und Weise, wie ein Engländer ein Problem – sprachlich und kulturell – angeht. Das Englische verfügt über ein sehr reichhaltiges Vokabular, das sich oft nur sehr schwierig in andere Sprachen übersetzen läßt: z. B. issue, matter of fact, down to earth, achievement, business, manager, marketer usw.

Der folgende Abschnitt stellt – in englischer Sprache – eine Karikatur englischer Denk- und Handlungsweise dar[6]:

„This man is achievement and deadline oriented. He first reviews the issues at stake. Then he tries hard to gather data, to verify, and measure. As much as possible he will bring in hard facts, empirical evidence, not simple opinions. If and when his thoughts and his emotions are conflicting, he will choose to behave as a matter-of-fact and down-to-earth guy. Being individually rewarded, he is therefore eager to perform the task and complete the job. He (almost) always meets his schedule."

Beim Versuch, diesen Text ins Deutsche zu übersetzen, entstehen nicht nur Schwierig-keiten grammatikalischer und lexikalischer Art. Es treten vor allem kulturelle Übersetzungsschwierigkeiten auf. Schuld daran ist, was man weitläufig als „Geist der Sprache" bezeichnet. Eine Sprache ist keine bloße Aneinanderreihung einzelner Worte, sondern eine Folge von Standpunkten, die die Beziehung der Mitglieder einer Kultur zur Wirklichkeit beschreiben. Ein weiteres Beispiel soll dies noch deutlicher machen: Die Übersetzung des Wortes „upset", aus dem Ausdruck „to be upset", ins Deutsche. In einem Wörterbuch kann man dafür Worte wie mitgenommen, bestürzt, geknickt, aufgeregt, durcheinander usw. finden. Doch keines dieser Worte gibt die Bedeutung, die „upset" im Englischen besitzt, exakt wieder. Das liegt daran, daß Deutsche – und noch viel mehr Menschen aus Südeuropa – ihre Gefühle anders ausdrücken als Briten. Für die Briten drückt „upset" zweierlei aus:

- die Störung der inneren Ordnung einer Person
- die Zurückhaltung und Selbstbeschränkung bei der Mitteilung dieser Störung an die Außenwelt.

---

6 Der Inhalt des Textes erhebt keinerlei Ansprüche auf Allgemeingültigkeit. Unser Text soll lediglich als Beispiel und übertriebene Veranschaulichung dienen. Ein Engländer würde zudem unschwer erkennen, daß der Text von jemandem verfaßt wurde, dessen Muttersprache nicht das Englische ist.

Das Wort „upset" offenbart die durch den Erziehungsprozeß verinnerlichte Forderung nach Selbstbeherrschung („self-control"). Ein Deutscher ist wahrscheinlich nur selten „upset", ein Italiener vermutlich gar nie. Denn Italiener scheuen sich nicht, ihre Gefühle in aller Deutlichkeit zu äußern.

● Der Einfluß der Kultur auf die Sprache

Der Einfluß der Kultur auf die Sprache läßt sich am einfachsten an den Möglichkeiten und Grenzen des Vokabulars ablesen. Das Vokabular einiger Völker wurde aufgrund der physischen Lebensverhältnisse, die nach einer exakten Beschreibung verlangen, bereichert. Die vielfältigen Bezeichnungen für Schnee – genauer gesagt für verschiedene Arten von Schnee – die es in der Sprache der Eskimos gibt, zeugen beispielsweise davon. Die Bedeutung der Kochkunst für die Franzosen ist anhand des umfangreichen kulinarischen Vokabulars zu erkennen. Hier prägt die „Eßkultur" die Sprache.

Ein weiteres Beispiel stellt das moderne Technologie-Vokabular dar. Fachbegriffe aus den Bereichen der Informatik, Luftfahrt, Nukleartechnik, Kommunikation usw. werden über sprachliche und territoriale Grenzen hinweg ausgetauscht bzw. entliehen und haben so zur Entstehung einer beinahe universellen „Technik-Kultur" beigetragen.

Anstatt auf die wissenschaftlich sehr komplexe Frage nach der Kausalität zwischen Kultur und Sprache weiter einzugehen, soll es uns hier genügen, einige wichtige Grenzen der Whorfschen Hypothese anzuschneiden:

– Welche Rolle spielt die Sprache für Menschen, die mehrere Sprachen fließend sprechen?
– Wie verhält es sich bei Personen, die in verschiedenen sprachlichen und kulturellen Umfeldern aufwachsen?

Statisch betrachtet – eine Person bzw. eine Gruppe, die in einem vollkommen homogenen kulturellen Milieu aufwächst – kann die Sprache einen Einfluß auf die Weltanschauung und das Verhalten eines Menschen in bezug auf die Wirklichkeit haben. Unterstellt man jedoch eine dynamische Entwicklung – mehrere aufeinanderfolgende Generationen, Mehrsprachler, die ständigen Kontakt zu anderen Kulturen halten – tritt der Einfluß der Sprache merklich zurück.

In Wirklichkeit ist es wohl so, daß Sprache und Kultur sich gegenseitig beeinflussen. Der Mechanismus kultureller Anleihen, der im vorhergehenden Kapitel (3.4) beschrieben wurde, spielt dabei eine besondere Rolle.

● Der Nutzen der Whorfschen Hypothese für das internationale Marketing

Vorausgesetzt, man stimmt der Whorfschen Hypothese zu, ergibt sich aus ihr eine wichtige Konsequenz für das internationale Marketing: Geschäftsleute, die aus verschiedenen Kulturen stammen, kommunizieren nicht nur auf unterschiedliche Weise, sie nehmen auch anders wahr, bilden unterschiedliche Denkkategorien und entwerfen ein anderes Bild von der Realität. Kommunikation mit fremden Kulturen erfordert deshalb höchste Wachsamkeit. Man sollte sich ständig vor Augen halten, daß Worte, die sich scheinbar problemlos von einer Sprache in die andere übersetzen lassen, nicht automatisch eine gemeinsame Sichtweise der Wirklichkeit bedingen. Um sich vor trügerischen Gemeinsamkeiten zu schützen, sollten soviele ausländische Worte wie möglich in ihrer ursprünglichen Form beibehalten – statt übersetzt – werden. Dabei ist es notwendig,

- sich zu zwingen, die wahre Bedeutung der Worte zu erkennen
- den Übersetzer oder den Geschäftspartner nach der tatsächlichen Bedeutung der Worte zu befragen
- zu klären, inwieweit Bedeutungsinhalte von Begriffen wirklich identisch sind.

Und was bei mündlichen Verhandlungen gilt, darf auch bei schriftlichen Vereinbarungen nicht unbeachtet bleiben. Jede Vertragsklausel muß dahingehend überprüft werden, ob die Formulierung für alle Betroffenen denselben Sinn ergibt. Auch Wörterbücher und Dolmetscher sind nicht ohne Fehler. Nicht selten ergibt sich bei der Hin- und Rückübersetzung eines Begriffes zwischen zwei Sprachen ein gewaltiger Unterschied zwischen der ursprünglichen und der neuen Bedeutung des Begriffes.

4.2 Verbale Kommunikation: Die Bedeutung des Kontextes

Der Aufschwung des Wortes „Kontext" in Zusammenhang mit Kommunikation geht auf den amerikanischen Anthropologen Edward T. Hall zurück. Seine ersten Meriten verdiente der Forscher, als er der Frage nach der Integrationsfähigkeit der Hopi und Navajo Indianer in die amerikanische Gesellschaft nachging. Später bereitete er Diplomaten und Geschäftsleute auf Auslandseinsätze vor. Dabei entstand ein ganz natürliches Interesse an der interkulturellen Kommunikation.

Unter allen Kommunikationsformen nimmt die verbale Kommunikation eine dominierende Stellung ein. Wir alle leben mit der Vorstellung, daß Sprachen und Worte eine präzise Bedeutung haben und daß der Empfänger einer Botschaft den Sender klar versteht. Kommunikation besteht aber nicht nur aus Sprache. Nichtverbale Signale begleiten verbale Zeichen und greifen in den Kommunikationsprozeß ein, in dem sie unterstreichen, ergänzen, wiederholen, widersprechen, ersetzen oder den Kommunikationsfluß regeln. Außerdem findet Kommunikation innerhalb eines Kontext statt und wird dadurch in der Bedeutung relativiert.

Hall definiert Kontext nicht exakt. Trotzdem sind einige Bestandteile unschwer zu identifizieren. Die Elemente des Kontextes können in mindestens drei Ebenen eingeordnet werden:

- die analoge Komponente verbaler (digitaler) Botschaften: ein „Ja", das so ausgesprochen wird, daß es als „Nein" gilt (siehe Beispiel 4.1); übertriebener Dank, der genau das Gegenteil von Dank bedeuten soll, etc.

– der Rahmen, in dem das Gespräch stattfindet: Ort, Umgebung, Zeit, Anzahl der Personen, sozialer Status der beteiligten Personen usw.
– Körpersprache im engeren Sinne (Gesten, Mimik usw.) und im weiteren Sinne (körperliche Eigenschaften der Personen, äußere Erscheinung).

Der Kontext wirkt sich auf die Kommunikation aus, ohne daß die Akteure sich dessen bewußt sind. Dabei spielen kulturelle Vorurteile häufig eine Rolle: Welche Größe sollte ein Verhandlungssteam haben? Verdient ein junger Gesprächspartner Vertrauen? Besteht ein positiver oder negativer Zusammenhang zwischen Alter und Glaubwürdigkeit? Muß man das Gegenüber gut kennen, um mit ihm ernsthaft verhandeln zu können?

Der Kontext beinhaltet alle Interpretationsmechanismen, die kultureller Natur sind und zur Erklärung einer Botschaft beitragen.

● Starker und schwacher Kontext

In bestimmten Kulturen besteht Kommunikation aus expliziten Botschaften und schwachem Kontext. Man hat es mit „digitalen" Botschaften zu tun, die beinahe Computer-

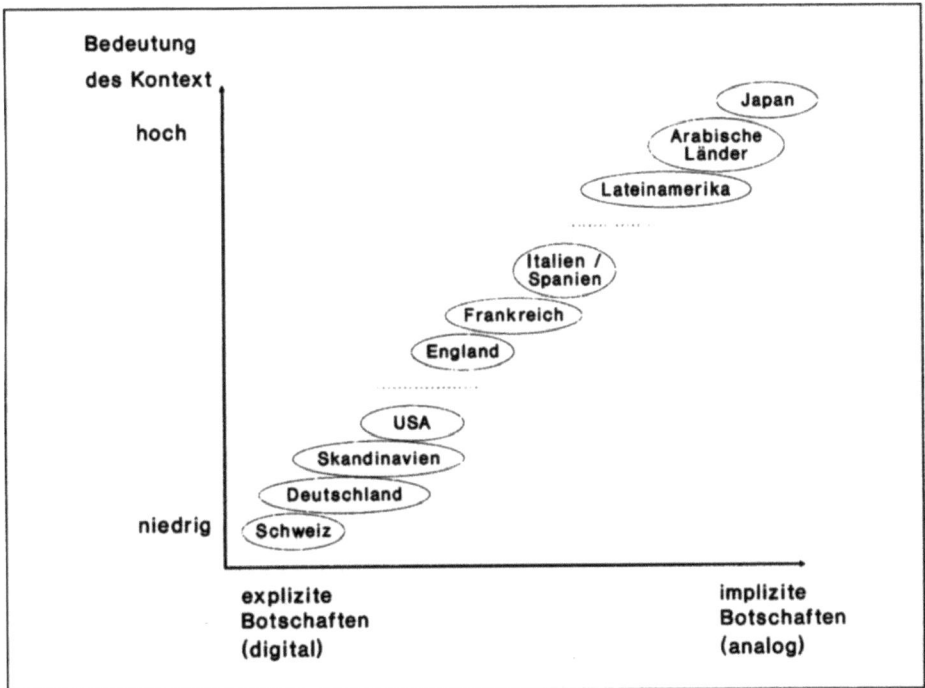

Quelle: In Anlehnung an Hall

Abbildung 10: Botschaften und Kontext

Codes gleichkommen. In anderen Kulturen dagegen, in denen Botschaften mehr implizit sind, gewinnt der Kontext größere Bedeutung. Für jede Kultur gilt grob formuliert: Alles, was nicht explizit in der Botschaft enthalten ist, muß dem Kontext entnommen werden (siehe Abbildung 10, Seite 65).

Die Abbildung, die dem Schema Halls nachempfunden ist, bringt die Schweiz nahe an den Achsenschnittpunkt. Die Schweizer Kultur zeichnet sich durch explizite Botschaften und eine geringe Bedeutung des Kontext aus. Dies bedeutet eine große Präzision beim verbalen Aspekt der Kommunikation und höchste Genauigkeit bei Zeitangaben.

Das verspätete Erscheinen bei einem Arzt zieht in einigen Schweizer Kantonen eine doppelte Strafe hinter sich her. Erstens ist der verabredete Termin verfallen, und zweitens muß man – zumindest bei einigen hochbeschäftigten Ärzten – mit einer Geldbuße in Höhe einiger Franken rechnen.

Deutschland liegt in der Abbildung ebenfalls nicht sehr weit vom Achsenschnittpunkt entfernt. Auf Pünktlichkeit wird auch hier im allgemeinen sehr viel Wert gelegt. Wer einem deutschen oder einem Schweizer Geschäftspartner eine Lieferung eines bestimmten Umfangs zu einem festen Termin zusagt, tut sich selbst keinen Gefallen, zu spät oder eine abweichende Menge zu liefern. Ein Beispiel für eine explizite Botschaft ist: „Der Preis beträgt 140 DM pro Zwölfer-Paket, zu liefern in Kisten à 144 Stück innerhalb von fünf Wochen."

Auch bei der Kommunikation im täglichen Leben gilt es, in besagten Ländern präzise zu sein. Eine Geschwindigkeitsbeschränkung muß in Deutschland genauso wie in der Schweiz „wörtlich" genommen werden. Die tolerierte Geschwindigkeitüberschreitung beträgt nur wenige Prozent der zugelassenen Höchstgeschwindigkeit.

Diese Beispiele dürfen nicht falsch verstanden werden. Es handelt sich nicht um eine übertriebene Vorliebe für Pünktlichkeit und den Respekt vorgegebener Regeln. Vielmehr sind explizite Botschaften Ausdruck einer festen sozialen Ordnung, die jedem Opfer auferlegt, aber gleichzeitig auch jedem nützt. Wenn sich Patient und Arzt in der Schweiz an die vorgegebenen Zeiten halten, sparen beide Zeit.

Außer der Schweiz und Deutschland gehören auch Kanada, die USA, Österreich sowie die skandinavischen Staaten zu den Ländern mit expliziter Kommunikation und schwachem Kontext.

Am anderen Ende der Achsen findet man in der Abbildung die Japaner. Dort spielt der Kontext eine wichtige Rolle. Ein Beispiel dafür sind die Höflichkeitsformeln. Bei der Anrede beispielsweise wird aus über zwanzig verschiedenen Nuancen diejenige ausgewählt, die dem Alter, Geschlecht etc. sowie der relativen sozialen Stellung des Gesprächspartners (im Verhältnis zum Sender) am besten gerecht wird. Ein im westlichen Sinne direktes und klares „Nein" gibt es im japanischen Vokabular nicht. Ein „Ja" muß in vielen Fällen als „Nein" verstanden werden (siehe Beispiel 4.1).

Beispiel 4.1: 16 Möglichkeiten, auf japanisch „nein" zu sagen

1. Ein unbestimmtes „Nein"
2. Ein unbestimmtes und zweideutiges „Ja" oder „Nein"
3. Schweigen
4. Eine Gegenfrage
5. Abschweifende Antworten
6. Das Verlassen des Raumes
7. Lügen (doppelsinnige Antwort oder Vorschieben eines Vorwands: z. B. Krankheitsfall, frühere Verpflichtung etc.)
8. Kritik an der Frage selbst üben
9. Die Frage ablehnen
10. Ein bedingtes „Nein"
11. „Ja, aber ..."
12. Die Antwort aufschieben („Wir schreiben Ihnen")
13. Im Innern denkt man „ja", nach außen sagt man „nein"
14. Im Innern denkt man „nein", nach außen sagt man „ja"
15. Sich entschuldigen
16. Verwendung eines Wortes, das dem englischen „Nein" entspricht – wird meist nur beim Ausfüllen amtlicher Formulare und nicht im Gespräch benutzt

Quelle: In Anlehnung an Ueda, 1974, S. 185–192

Personen aus Kulturen mit impliziten Botschaften und starker Bedeutung des Kontext (Mittlerer Osten, Lateinamerika, Japan) sind unfähig, mit Gesprächspartnern zu verhandeln, die sie nicht einigermaßen gut kennen. Unpersönliche Beziehungen (z. B. ein Amerikaner, der sich für eine Verhandlung nur einen Tag Zeit nimmt, sofort in „medias res" geht, darauf besteht, sich auf das Wesentliche zu beschränken, und Diskussionen am Rande unterbindet) machen diese Menschen befangen und beeinträchtigen ihre Kommunikationsfähigkeit.

Menschen aus „low context"- und aus „high context"-Kulturen setzen bei Verhandlungen verschiedene Prioritäten: Wer aus einer Kultur mit starkem Kontext kommt, wird alles tun, um seinen Gesprächspartner besser kennenzulernen. Umgekehrt werden Personen aus Kulturen mit schwachem Kontext keine Zeit mit „Vorgeplänkel" verschwenden, sondern direkt zur Sache kommen wollen.

Die romanischen Kulturen Europas (Italien, Frankreich, Spanien) sowie die Briten liegen in der Abbildung zwischen den beiden Extrempunkten.

4.3 Nicht-verbale Kommunikation und Meta-Kommunikation

Wenn sich zwei Geschäftsleute verschiedener Kulturen begegnen, findet neben verbaler Kommunikation auch ein Austausch nicht-verbaler Botschaften statt. Letztere sind Teil des Kontext im Sinne von Hall. Die Meinungen darüber, was alles zur nichtverbalen Kommunikation gehört und wie dieselbe abzugrenzen ist, gehen weit auseinander. Da die naheliegende Definition, unter nonverbaler Kommunikation die Kommunikation zu verstehen, die sich nicht der Sprache bedient, längst nicht von allen Experten vertreten wird, fügen wir nachstehend eine Übersicht der wichtigsten Elemente nonverbaler Kommunikation an (siehe Abbildung 11).

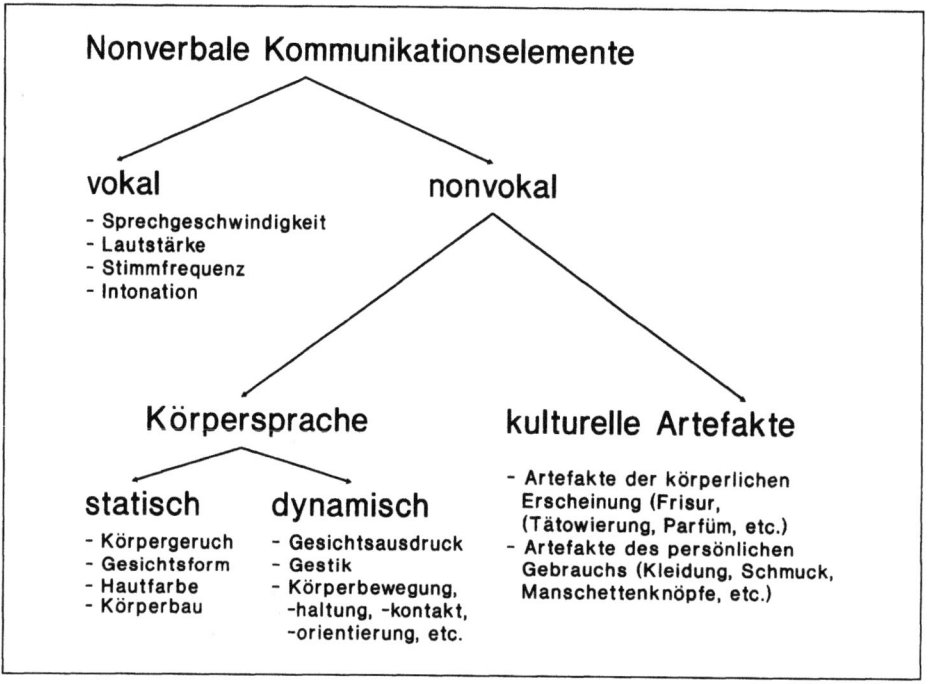

Abbildung 11: Nonverbale Kommunikationselemente

Aus der Auflistung dieser Elemente wird sehr schnell deutlich, daß nicht-verbale persönliche Kommunikation vom Empfänger keineswegs nur visuell aufgenommen wird. Der Gehör-, Tast- und Geruchssinn wird ebenfalls angesprochen.

Vor allem bei ersten oder flüchtigen Kontakten ordnen wir einen Gegenüber aufgrund einiger verbaler oder nicht-verbaler Botschaften einer bestimmten Kategorie zu. Personen bspw., die eine Brille tragen, werden – zumindest im westlichen Kontext – für intellektueller und zuverlässiger gehalten als Nicht-Brillenträger (Kroeber-Riel, 1992). Abbildung 12, Seite 69, enthält einige auf Gesichtsmerkmale zurückgehende Schlüsse auf die Persönlichkeit.

volles, rundes Gesicht	$\longrightarrow$	fröhlich
schmales Gesicht	$\longrightarrow$	ernsthaft
volle Lippen	$\longrightarrow$	sinnlich (bei Frauen)
schmale Lippen	$\longrightarrow$	gewissenhaft, pedantisch
hohe Stirn	$\longrightarrow$	intelligent
hervorstehende Augen	$\longrightarrow$	nervös, reizbar
glanzlose Augen	$\longrightarrow$	geistig träge

Quelle: Argyle et al., 1981, S. 16

Abbildung 12: Schematische Schlüsse von Gesichtsmerkmalen auf die Persönlichkeit
(im westlichen Kontext)

Wie wichtig die nicht-verbalen Kommunikationselemente im Verhältnis zur Sprache sind, läßt sich aus einer Arbeit von Mehrabian (1971) erahnen. In einer empirischen Untersuchung ergab sich folgendes Ergebnis:

Positive Einstellung	=	7 Prozent sprachlicher Inhalt
	+	38 Prozent Tonfall
	+	55 Prozent Gesichtsausdruck des Gegenüber.

Obwohl man weder die verschiedenen Prozentsätze als unverrückbar ansehen, noch andere nonverbale Elemente übersehen sollte, überrascht doch der geringe Einfluß des sprachlichen Inhalts auf die Gesamteinstellung.

Und noch eines sollten wir festhalten, bevor wir auf ausgewählte Aspekte der Körpersprache näher eingehen. Die Erlernung von Körpersprache ist nach der Kindheit äußerst schwierig. Unsere Ausführungen sollen lediglich Vertrautheit mit den Konzepten der Körpersprache schaffen. So kann man einer falschen Entschlüsselung der nichtsprachlichen Botschaften des Verhandlungspartners vorbeugen.

• Körperhaltung, Körperbewegung, Körperkontakt

Die Körpersprache ist eine nichtversiegende Quelle kultureller Mißverständnisse. Condon und Youssef (1975) berichten von folgender Anekdote: Ein englischer Professor, der an der Universität von Kairo lehrte, saß so auf seinem Stuhl, daß seine Füße nach vorne zeigten und die leicht abgehobenen Schuhsohlen für die ägyptischen Studenten sichtbar waren. Für einen Muslim ist dies (das Zeigen der Schuhsohlen) eine der schlimmsten Beleidigungen. Das Verhalten des Professors beschwor große Studentendemonstrationen herauf und führte zu einer einhelligen Verurteilung der britischen Arroganz in der Presse.

Bei der Begrüßung gibt es eine besondere kulturelle Vielfalt. Die Franzosen beschränken sich auf ein einmaliges Händeschütteln beim ersten täglichen Aufeinandertreffen. Bei Engländern ist das „shake hands" noch seltener. In Japan begrüßt man sich per Verbeugung. In manchen großen japanischen Kaufhäusern sind Hostessen einzig und allein dazu angestellt, die Kunden beim Betreten des Kaufhauses mit Verbeugungen zu empfangen. Wer schon einmal auf einem japanischen Bahnhof oder Flughafen die Zeremonie des Verbeugens beobachtet hat, ist von der Komplexität des Rituals überrascht. Die Anzahl, Tiefe und Synchronisation der Verbeugungen ist genau festgelegt. Ferraro (1990, S. 73) beschreibt:

„Man kann den relativen Status von zwei Personen von der Tiefe ihrer Verbeugungen ablesen (je tiefer die Verbeugung, desto niedriger der Status) … Von der Person mit dem niedrigeren Status wird erwartet, daß sie mit dem Verbeugen beginnt. Die Person mit dem höheren Status bestimmt, wann das Verbeugen beendet ist."

Ein Vor- und Zurück-Bewegen des Kopfes zeigt in fast allen europäischen Ländern Zustimmung an. In Griechenland und Bulgarien bedeutet es „Nein".

Einem Kind sanft den Kopf zu tätscheln, wird in den meisten westlichen Ländern als Zeichen der Zuneigung erkannt. In Malaysia sowie in vielen islamischen Ländern wird der Kopf als Quelle aller intellektueller und spiritueller Fähigkeiten angesehen und als heilig betrachtet (Harris und Moran, 1987).

Kulturell unterschiedliche Bedeutung haben außerdem bestimmte „eindeutige" Gesten mit der Hand …

Zusätzliche kulturelle Unterschiede bestehen beim Körperkontakt. Bei Ferraro (1990) findet man eine genaue Beschreibung der verschiedenen Formen nicht-verbaler Kommunikation durch Körperkontakt: sich gegenseitig küssen (Wange, Mund, Hand, Füße …), den Arm oder die Schulter halten, in die Wange kneifen, einen leichten Klaps geben, streicheln etc. Die Kodifizierung dieser Gesten, die bis in das Familienleben und die Sexualität hineinreichen, variiert von einer Kultur zur anderen äußerst stark (siehe auch Beispiel 4.2). Russische Männer, die sich küssen oder arabische Männer, die sich gegenseitig die Hand halten, schockieren die Angelsachsen.

Argyle und Trower (1981) addierten die Anzahl der stündlichen Körperberührungen zwischen Menschen, die in einem Café zusammensitzen. Es ergaben sich folgende Werte:

San Juan (Puerto Rico):	180
Paris:	110
Gainesville (Florida):	2
London:	0

Geradezu karikaturistische Situationen entstehen, wenn Personen mit unterschiedlichem räumlichen Verhalten aufeinandertreffen. Ein US-Amerikaner duldet nur sehr vertraute Personen in seinem „intimen Raum" – damit ist der Umkreis von ca. 50 cm um eine Person gemeint (Hall, 1966). Übliche Gespräche zwischen Freunden sollten nach nordamerikanischem Muster im „persönlichen Raum" (50–120 cm Umkreis) stattfinden.

Respektiert nun z. B. ein südamerikanischer Käufer, der an einen kleineren persönlichen Raum gewöhnt ist, nicht den intimen Raum eines nordamerikanischen Verkäufers, kann es zu einer regelrechten Treibjagd kommen: Der Nordamerikaner weicht Schritt um Schritt zurück, um die nötige physische Distanz zu wahren; der Südamerikaner setzt Schritt um Schritt nach, um in „Sprechkontakt" zu gelangen.

Beispiel 4.2: Gib mir Deine Hand

„Nach mehreren Monaten der Arbeit bei den Kikuyu (Kenia) lief ich mit dem Stammesoberhaupt durch ein Dorf des Distrikts Kambiu. Mein Begleiter war für mich ein wichtiger Informant und enger Bekannter geworden. Als wir Seite an Seite gingen, nahm er meine Hand in seine. Nach weniger als 30 Sekunden schwitzte ich fürchterlich in meiner Handfläche. Obwohl mir bewußt war, daß es sich um eine vollkommen normale Geste der Freundschaft für die Kikuyu handelte, waren meine eigenen kulturellen Werte („echte" Männer halten sich nicht gegenseitig die Hand) so tief in mir eingefleischt, daß ich nicht umhin konnte, meinem Begleiter mein Unbehagen zu gestehen."

Quelle: Ferraro, 1990, S. 85

Die Interpretation der Körpersprache ist ein komplexes Gebiet. Man wäre falsch beraten, Völker, die Körperkontakt (bei Geschäftsbeziehungen) tendenziell eher meiden (u. a. die angelsächsischen Völker), vorschnell als prüder oder weniger liberal als andere Völker zu bezeichnen. Eine wirkliche Freiheit der Sitten gibt es nirgends. Die Zärtlichkeiten, die Europäer im Privatleben auf offener Straße austauschen, erscheinen anderen Kulturen als schockierende Intimitäten. Umgekehrt erregen bestimmte traditionelle afrikanische oder arabische Tänze im Westen Aufsehen. Jeder neigt dazu, beim anderen das abzulehnen, was bei ihm selbst verboten ist.

• Gesichtsausdruck und Kommunikation mit den Augen

Der Gesichtsausdruck für Gefühle gehört zu den Körpersignalen, die angeboren und somit in allen Kulturen eigentlich sehr ähnlich sind (Argyle, 1979). Woran liegt es dann, daß ein Lächeln einmal Zufriedenheit, einmal Zustimmung, einmal Verlegenheit … und manchmal auch gar nichts bedeutet? Die Antwort auf die Frage liegt darin verborgen, daß verschiedene Kulturen ihre Gefühle mehr oder weniger stark maskieren. Nicht alle Völker erachten den spontanen Gefühlsausdruck mit dem Gesicht als normal. In manchen Kulturen, beispielsweise in Asien, wird es als wünschenswert angesehen, seine Gefühle zu verbergen. Daher rührt die Unerforschlich- und Unergründlichkeit, die den Asiaten von anderen Völkern zugeschrieben wird. Morsbach (1982, S. 308) berichtet:

„Die in Japan als sehr wünschenswert erachtete Selbstbeherrschung verlangt von einem tugendhaften Mann, keine negativen Gefühle auf seinem Gesicht zu zeigen, wenn er von plötzlichen schlechten Nachrichten schockiert oder erschüttert ist; falls er dabei erfolgreich ist, wird er als ‚taizen jijaku to shite' (vollkommen ruhig und gesammelt) oder als ‚mayu hitotsu ugokasazu ni' (sogar ohne die leichteste Bewegung der Augenbraue) gelobt ... Der Gedanke eines ausdruckslosen Gesichtes in Situationen größter Angst wurde stark hervorgehoben im bushido (Ehrenkodex des Kriegers), der den Samurai als Verhaltensregeln und vielen anderen als Ideal diente."

Eine ähnliche Maskierung der Gefühle stellte Ekman (1984) fest. Japaner und Amerikaner, die sich unbeobachtet wähnten, zeigten beim Betrachten eines Filmes weitestgehend identische Gesichtsausdrücke für Trauer, Furcht, Freude, Ärger usw. Die Situation änderte sich jedoch schlagartig, sobald ein Landsmann der jeweiligen Probanden den Vorführraum betrat. Aufgrund der Begegnung mit der neu hinzugekommenen Person veränderten die Japaner ihre mimischen Reaktionen. Sie maskierten fortan negative Gefühle mit freundlichem Lächeln. Die Amerikaner dagegen brachten ihre negativen Gefühle weiterhin zum Ausdruck.

Der Blickkontakt (direkter Blickkontakt, wegschauen, Augen senken oder abwenden, wenn sie den Blick eines anderen treffen, der sich genauso verhält ...) erfährt eine kulturell sehr unterschiedliche Auslegung. Ein und dasselbe Verhalten kann an verschiedenen Stellen der Erde eine genau entgegengesetzte Bedeutung haben. Die Araber schauen sich meist direkt in die Augen. Für sie sind die Augen die Fenster der Seele. Und es ist wichtig, die Seele und das Herz dessen, mit dem man zusammenarbeitet, zu kennen (Harris und Moran, 1987). Umgekehrt bringt man jungen Japanern in der Schule bei, dem Lehrer nicht in die Augen sondern auf Halshöhe zu schauen. Wenn sie erwachsen sind, gilt es als Zeichen des Respekts, einem Vorgesetzten gegenüber den Blick zu senken. Europäer schauen sich, genauso wie Amerikaner, meist direkt in die Augen. Ein ausweichender Blick gilt hier eher als Mangel an Ehrlichkeit und könnte zudem als unfreundlich, herausfordernd, unpersönlich oder unaufmerksam ausgelegt werden.

- Meta-Kommunikation

Kommunikation gleicht in vielerlei Gesichtspunkten einem Tennisspiel: Ohne Spielregeln kommen Sender und Empfänger nicht aus. Jeder nimmt zu einem bestimmten Zeitpunkt eine bestimmte Position ein. Statt eines Ballwechsels findet ein Austausch von Botschaften statt. Während beim Tennis jedoch weltweit nach denselben Regeln gespielt wird, legt jede kulturelle Gruppe ihre Kommunikationsregeln selbst fest.

Watzlawick und die Vertreter der Schule von Palo Alto (Watzlawick et al., 1967) unterstrichen die Bedeutung der „Meta-Kommunikation", d. h. die Kommunikation über die Regeln der Kommunikation selbst.

„... jede Interaktion kann analog zu einem Spiel als eine Abfolge von Zügen definiert werden, die nach strengen Regeln erfolgen. Dabei ist es unwichtig, ob die, die kommunizieren, sich über die Regeln bewußt sind. Wichtig ist nur, daß die Regeln durch Meta-Kommunikation festgelegt werden können." (Watzlawick et al., 1967, S. 42).

Die Nützlichkeit des Konzepts der Meta-Kommunikation für den Bereich interkultureller Beziehungen ist unbestritten. Kommunikation funktioniert nur auf der Grundlage gemeinsamer Regeln. Findet keine Meta-Kommunikation statt, d. h., tauscht man sich nicht über die Regeln der Kommunikation aus, riskiert man verzerrte Botschaften, Mißverständnisse und Verhandlungsunterbrechungen. Ungünstigerweise ist Meta-Kommunikation allerdings dann am schwierigsten, wenn sie am dringendsten gebraucht wird – bei Gesprächspartnern, die kulturell sehr verschieden sind.

Das folgende Beispiel belegt (siehe Beispiel 4.3), wie schwierig es ist, über die Regeln der Kommunikation zu sprechen.

Beispiel 4.3: Die Sprache der Freundschaft

„Der Amerikaner findet seine Freunde in der Nachbarschaft und unter den Arbeitskollegen. Es wurde bereits bemerkt, daß wir (Amerikaner) schnell Freundschaft schließen und Freunde ebenso schnell wieder fallenlassen. Gelegentlich hält eine Schulfreundschaft längere Zeit, aber das ist selten. Für uns gibt es wenige feste Regeln über die Plichten einer Freundschaft. Es ist schwierig zu sagen, ab wann eine Freundschaft Geschäfts-Opportunismus oder Druck „von oben" geopfert wird. Hierin unterscheiden wir uns von vielen Völkern der Erde. Generell kann man sagen, daß Freundschaften im Ausland nicht so schnell geschlossen werden wie in den USA, dafür aber tiefer sind, länger halten und wirkliche Pflichten mit sich bringen. Beispiele dafür gibt es viele:

Im Nahen Osten und in Lateinamerika lassen dich deine Freunde nicht hängen. Die Tatsache, daß es ihnen gerade selbst schlecht geht, ist kein Grund einen Freund zu enttäuschen. Von ihnen wird erwartet, auf deine Interessen zu achten.

Freunde und Familie stellen in vielen Teilen der Welt eine Art Sozialversicherung dar, die man in den USA schwerlich findet. Wir benutzen Freunde weniger, um uns aus einer Notlage zu befreien, sondern mehr, um voranzukommen – oder zumindest um eine Arbeit zu erledigen. Das System der Vereinigten Staaten funktioniert über eine Folge genau tabellarisierter Gefälligkeiten und Pflichten, die mit Bedacht dann zur Geltung gebracht werden, wenn sie am dringendsten gebraucht werden. Und das mindeste, was man für einen Gefallen erwarten kann, ist Dank.

In Indien gilt genau das Gegenteil. Die Rolle des Freundes besteht darin, die Bedürfnisse einer Person zu erspüren und Abhilfe zu schaffen. Den Gedanken der Gegenseitigkeit, wie wir ihn kennen, gibt es nicht. Ein Amerikaner wird in Indien Schwierigkeiten bekommen, wenn er versucht, amerikanischen Mustern der Freundschaft zu folgen. Er gewinnt nichts dabei – und schon gar nicht Dankbarkeit – sich anderen dienlich zu erweisen. Die Inder gehen davon aus, daß alles, was man für andere tut, der eigenen Psyche zugute kommt. Es wird ihm (dem Amerikaner) unmöglich sein, schnell Freunde zu finden. Und vermutlich wird er nicht genügend Zeit aufbringen, eine Freundschaft heranreifen zu lassen. Er wird außerdem bemerken, daß die Leute, die er näher kennenlernt, ihm kritischer gegenüberstehen. Damit wird er nur schwer zurechtkommen. Was er nicht weiß, ist, daß es ein Zeichen von Freundschaft ist, offen seine Meinung zu sagen."

Quelle: Hall, 1960, S. 87–96

4.4 Ethnozentrismus, Stereotypen und Mißverständnisse bei interkultureller Kommunikation

● Ethnozentrismus

Das Leben in und mit der eigenen Kultur ist ein Mechanismus, der beinahe unbewußt abläuft. Der Preis der Anpassung des Verhaltens an die Umgebung, in der man lebt, ist äußerst niedrig. Umgekehrt ist die Anpassung an ein fremdes kulturelles Umfeld mit einem großen Aufwand verbunden. So leben die meisten Menschen, ohne überhaupt kulturelle Veränderungen in Erwägung zu ziehen.

Hieraus resultiert, was Lee (1966) das „Self Reference Criterion" (SRC) nennt: Wir haben alle einen automatischen und unbewußten Hang zu den Denkmustern der eigenen Kultur, wenn wir Situationen interpretieren, Personen einschätzen, kommunizieren, verhandeln und Einstellungen wählen. Dies wird im allgemeinen mit Ethnozentrismus bezeichnet.

Man kann sich die Wirkung des SRC anhand der folgenden Situation klarmachen. Ein Südeuropäer und ein Amerikaner planen einen großen Vergnügungspark. Der Amerikaner wird bei der Auslegung des Parks materielle Vorkehrungen zur Steuerung der vor den Attraktionen anstehenden Menschenmassen treffen. Aus seinem eigenen kulturellen Kontext – z. B. aus Disneyland – ist er an große Disziplin beim Anstehen und gut organisierte Menschenschlangen gewöhnt. Aus der Sicht des Südeuropäers stellt sich das Problem völlig anders dar. Für ihn ist „kollektives Vordrängeln" normal. Er begegnet allem, was nach zu festen gesellschaftlichen Strukturen aussieht, mit einem gewissen Mißtrauen. Deshalb wird er vermutlich auch keinen Sinn darin sehen, durch Bodenmarkierungen anzudeuten, wie sich die Menschen anordnen sollten.

Lee schlägt eine bestimmte Vorgehensweise vor, um Verzerrungen von Entscheidungen aufgrund des SRC zu vermeiden:

1. Definition des Problems oder des Zieles gemäß der Gewohnheiten, Verhaltensnormen und Denkmustern des eigenen Landes.

2. Definition des Problems oder des Zieles gemäß der Gewohnheiten, Verhaltensnormen und Denkmustern des fremden Landes.

3. Isolation und Bewertung des Einflusses des SRC auf das Problem und die damit verbundene Entscheidung.

4. Neudefinition des Problems (und meist der Ziele) ohne den Einfluß des SRC; Lösung des Problems in Einklang mit dem kulturellen Kontext des Auslandes.

Das SRC bietet einen praktischen Rahmen, kulturelle Vorstellungen zu operationalisieren. Dennoch muß man dem Konzept eine gewisse Naivität vorwerfen. Es spiegelt eine nicht vorhandene Leichtigkeit vor, kulturellen Fallstricken zu entgehen. In Wirklichkeit ist es oft weder dem ausländischen (aufgrund mangelnder Kenntnis) noch dem inländischen Marketing-Experten (aufgrund des fehlenden Bewußtseins der eigenen Kultur) möglich, die in der zweiten und dritten Phase notwendige Analyse vorzunehmen. Die Vermeidung von Verzerrungen mit Hilfe des SRC liegt also nicht unmittelbar auf der Hand.

● Stereotypen und „self shock"

Stereotypen verbinden gute und schlechte Eigenschaften. Sie stellen eine bequeme Möglichkeit der intellektuellen Vereinfachung dar und sind gleichzeitig gefährliche Instrumente der „Gleichmachung". Gauthey (1989, S. 63) stellt eine zusätzliche Funktion von Stereotypen heraus:

„Es scheint tausend Mal einfacher, sich selbst an die eigenen Werte zu halten und dem anderen die Pflicht aufzuerlegen, seine Sichtweise zu ändern, seinen Bezugsrahmen zu verlassen und an die Stelle des anderen zu treten ...".

Aus dieser Sicht haben Stereotypen neben der kognitiven (vereinfachte Abbildung des anderen) noch eine affektive Funktion des Selbstschutzes (angesichts eines wahrgenommenen Unterschiedes, der Angst auslöst). Denn die Begegnung mit dem Fremden kann zu einer destabilisierenden Auseinandersetzung mit dem eigenen Ich führen. Zaharna (1989) spricht von „self-shock". So gesehen dienen Stereotypen in Wirklichkeit wahrscheinlich mehr dem Selbstschutz als daß sie Auskunft über den anderen geben. Wenn expatriates (Auslandsmitarbeiter) mit ausländischen Ein- oder Verkäufern in Berührung kommen, scheint das dringlichste Problem vordergründig darin zu bestehen, den anderen besser kennenzulernen, um dadurch Unsicherheit abzubauen. In Wirklichkeit aber findet eine allmähliche Selbstenthüllung statt, die zurückzuführen ist auf „a set of intensive and evocative situations in which the individual perceives and experiences other people in a distinctly new manner and, as a consequence, experiences new facets and dimensions of existence" (Adler, 1975, S. 18).

Es ist, als würde einem durch das Aufeinandertreffen mit fremden Kulturen ein Spiegel vorgehalten, der die persönliche Identität in Frage stellt. Es besteht ein großer Unterschied zwischen „self-shock" und „culture-shock". Der Kulturschock ist die Reaktion auf die Wahrnehmung eines Unterschiedes zwischen dem Ich und dem Fremden (Oberg, 1960). Der „self-shock" dagegen entsteht als Reaktion auf wahrgenommene Diskrepanzen innerhalb des Ich. Er ist Ausdruck des Ungleichgewichts zwischen dem Bedürfnis und der (Un)fähigkeit, die eigene Identität zu bestätigen. Die Situation des „self-shock" ist doppelt schwierig zu ertragen: Die Begegnung mit anderen Kulturen läßt auf der einen Seite das Bedürfnis nach Bestätigung der persönlichen Identität wachsen, während es auf der anderen Seite die Fähigkeit vermindert, dieses Bedürfnis zu befriedigen. So kann man auch besser verstehen, wie die Bildung gewisser Stereotypen und die geringschätzende Beurteilung mancher Ausländer direkter Ausdruck des Selbstschutzes gegen die zweifachen Schmerzen des „self-shocks" sind. Gauthey (1989, S. 64) zitiert den Direktor eines großen Informatikunternehmens mit den Worten: „Ich kann die Engländer nicht ertragen. Wann immer ich nach London muß, verlasse ich nicht den Flughafen". Diese Einstellung zeugt von dem Wunsch nach Selbstschutz. Indem er den Flughafen nicht verläßt – und somit quasi auf neutralem Boden verharrt – vermindert der Betroffene die Gefahr, durch die Engländer sein eigenes Image vorgehalten zu bekommen.

Das Phänomen des „self-shocks" relativiert die Dringlichkeit, mit der manchmal gefordert wird, gegenüber Fremden offen, interessiert und zuhörbereit zu sein. Kulturelle Offenheit kann nur solange anhalten, wie die persönliche Identität nicht in Frage gestellt wird.

- Wie man interkulturelle Kommunikation verbessern kann

Fünf Maßnahmen ermöglichen, interkulturelle Kommunikation zu verbessern und das Risiko von Mißverständnissen zu verringern.

1. Beginnen Sie mit dem ausgeprägten Bewußtsein um die kulturellen Hindernisse, die aus dem Weg geräumt werden müssen (Sprache, nonverbale Kommunikationsprobleme etc.). Geschäftsleute neigen dazu, diesen Punkt zu unterschätzen bzw. ganz zu vergessen. Sie haben mit ihrem Gesprächspartner eine fachliche Kultur gemein und/oder lassen sich von einer scheinbar internationalen Atmosphäre täuschen. Die häufigen Kontakte auf internationaler Ebene, die auf vielen Gebieten heute an der Tagesordnung sind, haben so etwas wie eine internationale Kultur entstehen lassen, die sich weitgehend auf die englische Sprache stützt. Dadurch wird zwar einerseits das Aufeinandertreffen unterschiedlicher Kulturen und stereotyper Images etwas abgefedert, andererseits aber entsteht ein trügerischer Schein von Ähnlichkeit (Fisher, 1980). Gefährdet ist vor allem derjenige, der sich (sprachlich) nicht anpassen muß. Er ist dazu verleitet, kulturelle Unterschiede zu verharmlosen, da ihm sein Gegenüber, wenn er gut Englisch spricht, ähnlich erscheint.

2. Benutzen Sie Übersetzer. Sie sind in vielen Fällen von unschätzbarem Nutzen. Dazu muß man wissen, daß Dolmetscher nicht wie wandelnde Wörterbücher funktionieren. Sie nehmen nicht nur wörtliche Übersetzungen vor, sondern übertragen auch „Bedeutungen". Vergewissern Sie sich der Loyalität der Übersetzer, die Sie einsetzen. Bei wichtigen Verhandlungen rechfertigt es sich unter Umständen, mehrere Übersetzer zu verwenden.

3. Vergessen Sie nicht, daß es immer einen Teil der Sprache gibt, der auch vom besten Übersetzer nicht wiedergegeben werden kann. Sprache ist kulturgebunden. Ein Teil der Bedeutungen der Sprache geht während des Übersetzungsprozesses verloren. Denken Sie immer an den italienischen Sinnspuch „traduttore, traditore" (Übersetzer gleich Verräter).

4. Betätigen Sie sich als „Minensucher", sobald durch stereotype Annahmen Konflikte drohen. Werden Mißverständnisse nicht umgehend aus dem Weg geräumt, können sie die Verhandlungen auf Dauer belasten und unproduktive Konfrontationen herauf-beschwören (es gibt in Verhandlungen auch produktive Konflikte; in diesem Fall sollte einer Konfrontation nicht aus dem Weg gegangen werden).

5. Denken Sie immer daran, daß jede Verhandlung der „kulturellen" Vorbereitung bedarf. Wenn Gespräche, die begonnen wurden, ohne den kulturellen Hintergrund des Partners zu kennen, erst einmal ins Stocken geraten, ist es zu spät, sich mit grundlegenden kulturellen Unterschieden zu beschäftigen. Dann bleibt nur noch die Flucht nach vorne und die Verhandlung unter der Prämisse „Geschäft ist Geschäft". Die Beschäftigung mit der Kultur des anderen ist eine Vorsorgemaßnahme und keine nachträglich heilende Wundermedizin.

5. Kulturübergreifende Marktforschung

Neue Produkte werden heute immer häufiger in mehreren Ländern gleichzeitig eingeführt. Als Folge dieser Entwicklung muß auch Marktforschung zunehmend international betrieben werden. Eine Produkteinführung ist ohne relevante Informationen über die Zielmärkte nicht möglich. Da Transportkosten, tarifäre und nicht-tarifäre Hindernisse an Bedeutung verlieren, wird die Variable „Kultur" zum wichtigsten Erklärungsfaktor nationaler Unterschiede.

Die kulturübergreifende Marktforschung ist jedoch von einer Vielzahl von Problemen gekennzeichnet, die auf nationaler Ebene nicht auftreten. Geben die Bewohner des ersten Landes auf Fragen überhaupt keine Antworten, so hört man im zweiten Land immer „ja", und die dritten verstehen die Frage nicht. Den vierten ist das Produkt unbekannt, und die fünften benutzen es anders als die ersten.

Im Mittelpunkt des Kapitels steht die Erforschung des kulturellen Umfelds. Darauf, daß auch der kulturelle Hintergrund desjenigen, der Marktforschung betreibt, Einfluß auf die Art der erhobenen Daten und die Verfahrensweise der Datenerhebung nimmt, haben wir bereits in Kapitel 1.1 am Beispiel des japanischen Marktforschungsstils verwiesen.

Wir beginnen das Kapitel mit einer Übersicht über die Äquivalenzprobleme, die bei der Erhebung von Daten in verschiedenen kulturellen Umfeldern entstehen. Die Teile zwei bis sechs vertiefen anschließend die Bedingungen, unter denen man auf internationaler Ebene zu vergleichbaren Untersuchungsergebnissen gelangt.

Dabei beleuchten wir nacheinander:

– die Äquivalenz der Untersuchungssachverhalte (zweiter Teil)
– die Meß-Äquivalenz (dritter Teil)
– die Übersetzungs-Äquivalenz (vierter Teil)
– die Repräsentativität und Vergleichbarkeit von Stichproben (fünfter Teil)
– die Vergleichbarkeit von Daten (sechster Teil).

5.1 Äquivalenz-Ebenen kulturübergreifender Marktforschung

Unter internationaler Marktforschung wird im allgemeinen Marktforschung verstanden, die sich auf ein länderübergreifendes, also mindestens zwei Märkte betreffendes (Marketing-) Entscheidungsproblem bezieht. Aus dieser charakterisierenden Eigenschaft – dem Einbezug mehrerer Märkte – ergibt sich das spezifische Problem der internationalen Marktforschung: die Vergleichbarkeit (Äquivalenz) der in verschiedenen nationalen Umfeldern erhobenen Daten. Es genügt bei der internationalen Marktforschung also nicht, in jedem untersuchten Land einwandfreies Datenmaterial zu sammeln. Die Erhebungsdaten müssen zusätzlich auch einer länderübergreifenden Analyse standhalten. Daß es schwer fällt, diesem Anspruch gerecht zu werden, leuchtet selbst dem Laien ein.

Zwei extreme Vorgangsweisen der interkulturellen Marktforschung stehen sich gegenüber. Der sogenannte „emic"-Ansatz geht davon aus, daß Verhalten kulturspezifisch ist und infolgedessen auch nur durch den Einsatz kulturspezifischer Konzepte und Meßinstrumente erforscht werden kann. Die Möglichkeit kulturübergreifender Vergleiche schließt der „emic"-Ansatz aufgrund der Einmaligkeit kulturellen Verhaltens in den meisten Fällen aus. Der „etic"-Zutritt geht genau vom Gegenteil aus. Er propagiert den Einsatz kulturfreier Meßinstrumente, durch die Vergleiche über mehrere Staaten hinweg ermöglicht werden.

Im allgemeinen erzielt man mit Meßinstrumenten, die an die jeweilige nationale Kultur angepaßt sind, verläßlichere Ergebnisse als mit kulturfreien Methoden. Völlig unzureichend ist die unreflektierte Übertragung der Methoden der nationalen Informationsgewinnung auf das Ausland.

Wie Abbildung 13 zeigt, kann man bei der kulturübergreifenden Marktforschung mindestens vier Ebenen von Äquivalenz unterscheiden. Jede Äquivalenz-Ebene umfaßt mehrere Bereiche. Sobald internationale Marktstudien in einem oder mehreren Bereichen nicht gleichwertig sind, sind ihre Ergebnisse nicht vergleichbar.

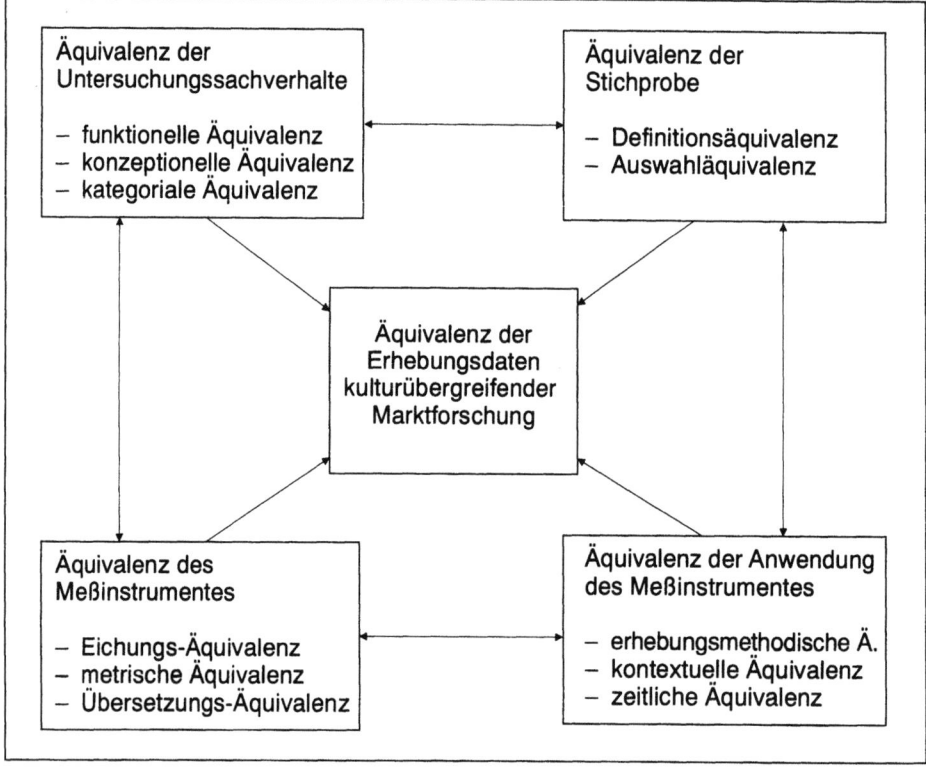

Quelle: In Anlehnung an Douglas und Craig, 1984, S. 95

Abbildung 13: Äquivalenz-Ebenen kulturübergreifender Marktforschung

In den folgenden Abschnitten gehen wir auf die wichtigsten Äquivalenz-Bereiche näher ein. Nicht ausführlich dargestellt werden die zeitliche Äquivalenz, die hauptsächlich das Altern von Informationen betrifft, sowie die erhebungsmethodische Äquivalenz, die den Einsatz äquivalenter Befragungsformen in verschiedenen Ländern vorsieht. Auf den Einfluß des Kontextes auf die Informationsbereitschaft der Befragten, z. B. bei Tabu-Themen, kommen wir implizit im Abschnitt 5.5 zurück, wenn wir die Vergleichbarkeit von Daten untersuchen.

5.2 Äquivalenz der Untersuchungssachverhalte

● Konzeptionelle Äquivalenz

Eine grundlegende Frage kulturübergreifender Marktforschung besteht darin, zu wissen, ob die gedanklichen Grundvorstellungen, auf denen die Untersuchung basiert, für alle Versuchsteilnehmer dieselbe Gültigkeit haben. Probleme konzeptioneller Äquivalenz treten besonders häufig auf, wenn man den Einfluß bestimmter Konstrukte auf das Verbraucherverhalten untersucht. Konstrukte wie z. B. Schönheit, Jugend, Freundlich-keit, Sex-Appeal kann man oft in Fragebögen finden, in denen die Kaufmotivation für bestimmte Produkte mit Variablen wie Self-Image, gesellschaftlichen Werten und sozia-lem Umfeld in Verbindung gebracht werden. Diese Konstrukte scheinen universelle Gültigkeit zu besitzen. Und doch ist es ratsam, ihre konzeptionelle Äquivalenz beim Entwurf eines Fragebogens für eine kulturvergleichende Studie stets zu überprüfen. Die einem Konstrukt unterliegenden Dimensionen besitzen je nach Kultur unterschiedliches Gewicht. Innerhalb des Konstrukts „Anstehen" (um bedient zu werden) beispielsweise hat die Dimension des „Zeitverlierens" um so mehr Gewicht, je eindeutiger die Zeit in einer Kultur als knappes Gut angesehen wird.

Das folgende Zitat des Anthropologen Clifford Geertz (1983, S. 59) läßt erahnen, wie schwierig es ist, zwischen verschiedenen Kulturen konzeptionelle Äquivalenz herzustel-len:

„The Western conception of a person as a bounded, unique, more or less integrated, motivational and cognitive universe, a dynamic center of awareness, emotions, judge-ment and action, organized in a distinctive whole ... is, however incorrigible it may seem, a rather peculiar idea, within the context of world's cultures."

● Das Beispiel Kundenunzufriedenheit

Das Konstrukt Kundenunzufriedenheit wird bei kulturvergleichenden Untersuchungen häufig angewendet (und oft als international gleichwertig vorausgesetzt). 1985 versuch-ten Richins und Verhage herauszufinden, ob dieses Konstrukt tatsächlich kulturüber-schreitende Äquivalenz besitzt. Die Autoren untersuchten, ob Kundenunzufriedenheit für holländische und US-amerikanische Verbraucher dieselbe Bedeutung hat und wie beide Gruppen reagieren, wenn sie mit einem Produkt oder einer Dienstleistung nicht zufrieden sind. Die Ergebnisse stellen die kulturüberschreitende Gültigkeit des Konstrukts stark in Zweifel. Das Forscherteam fand heraus, daß Holländer und Amerikaner unterschiedlich auf mangelhafte Produkte und Dienstleitungen reagieren: Holländische Verbraucher empfinden es als unbequemer und unerfreulicher (als die Amerikaner), sich zu beschweren. Die amerikanischen Verbraucher dagegen betrachten eine Reklamation in stärkerem Maße als soziale Verantwortung.

In den Entwicklungsländern wurde eine abweichende Variante der Kundenunzufriedenheit beobachtet. Dort scheinen mikroökonomische Faktoren wie hohe Preise, täuschende Werbung und mangelhafte Produkte im Laufe der Zeit zu einer latenten Unzufriedenheit mit dem gesamten Wirtschaftssystem (Makroebene) zu führen: „Unsatisfactory experiences with specific products and services seem to be reflected in a disillusionment with all institutions in the society" (Cavusgil und Kaynak, 1984, S. 118).

Das Beschwerdeverhalten hängt außerdem davon ab, welche Beziehung zwischen Käufer und Verkäufer besteht. Wer als Einkäufer auf einem Dorfmarkt oder als Stammkunde eines „Tante-Emma-Ladens" den Verkäufer gut kennt, kann bei einem mangelhaften Produkt sofort reklamieren. Innerhalb einer persönlichen Beziehung wird man dann schnell eine Lösung finden, die beide Seiten zufriedenstellt. Dem unzufriedenen Besteller eines Katalogartikels dagegen bleibt im besten Fall das Zurückschicken der Ware oder das Verfassen eines Beschwerdebriefes.

Beispiel 5.1: Internationale Marktstudien für Lebensversicherungen – Probleme konzeptioneller Äquivalenz in islamischen Ländern

Im Islam schickt es sich nicht, über den Tod zu sprechen. Das liegt nicht daran, daß die Muslime den Tod fürchten. Im Gegenteil, sie haben wahrscheinlich sogar weniger Angst vor dem Tod als die Christen. Das Wort Schicksal ist sehr wichtig: Der Mensch hat weder das Recht, über seinen Tod zu entscheiden, noch diesen Vorgang zu beeinflussen. Es ist nicht erlaubt, das Schicksal herauszufordern. Deshalb soll man nicht über den eigenen Tod spekulieren. Ein Vers des Koran besagt ungefähr folgendes: *„ Verhalte dich jeden Tag so, als wäre dein Leben sehr lang, und verhalte dich für das Leben nach dem Tod so, als würdest du morgen sterben. "* In Saudi-Arabien sind Lebensversicherungen verboten. Einige Berufszweige mit hohem Risiko, z. B. in der Ölindustrie, umgehen dieses Verbot, indem sie ihre lokalen Angestellten über ausländische Firmen versichern.

In der islamischen Welt setzt man Geld nicht gerne langfristig ein. Der Lohn einer Anstrengung muß rasch sichtbar werden. Das Konzept Lebensversicherung setzt aber die Fähigkeit voraus, weit in die Zukunft zu blicken. Diese Fähigkeit ist kulturabhängig (vergleiche Kapitel 3.1). Im Islam verabredet man sich für „morgen", aber nicht für eine bestimmte Uhrzeit an einem bestimmten Ort. Die Zukunft ist nicht so peinlich genau unterteilt wie in Europa oder den USA. Außerdem spielt die Familie und insbesondere die Solidarität innerhalb der Familie eine andere Rolle. Der Muslim weiß, daß sein Bruder für seine Frau und Kinder sorgen wird, wenn er stirbt.

Diese Beispiele belegen, daß die konzeptionelle Äquivalenz bei kulturvergleichenden Untersuchungen längst nicht garantiert ist, sondern im Gegenteil den Marktforscher vor enorme praktische Schwierigkeiten bei der Datenerhebung stellen kann. Befragungen in islamischen Ländern beispielsweise sollten vor allem als Tiefen- und Gruppen-Interviews von Personen durchgeführt werden, die mit dem Islam und der lokalen Kultur gut vertraut sind. Heikle Fragen (z. B. nach Umfang und Leistung der Versicherung, den Begünstigten, den passenden Markennamen usw.) müssen behutsam formuliert werden, um den Befragten nicht zu beleidigen.

Andere Konstrukte, die häufig in der internationalen Marktforschung verwendet werden, sind „das wahrgenommene Risiko", die Markentreue, „Life Styles" usw. Alle diese Konstrukte entstammen der US-amerikanischen Kultur und stellen den Marktforscher außerhalb der USA deshalb vor das Problem der kulturellen Gleichwertigkeit. Beim Konstrukt des wahrgenommenen Risikos beispielsweise kann beim Kauf eines Autos in einer Kultur das soziale Risiko (Prestigekauf) und in einer anderen das physische Risiko (größere Angst vor Verletzungen oder Tod) im Vordergrund stehen. Folglich ist es unerläßlich, die Gültigkeit eines Konstruktes für alle Kulturen, die in eine kulturvergleichende Untersuchung miteinbezogen sind, zu überprüfen. Besitzt ein Konstrukt für eine oder mehrere Kulturen keine Gültigkeit, so müssen sowohl das Konstrukt als auch die verwendeten Meßinstrumente angepaßt werden.

● Funktionelle Äquivalenz

Produkte und Aktivitäten, die in verschiedenen Kulturen unterschiedliche Funktionen erfüllen, können nicht verglichen werden (Frijda und Jahoda, 1966). Ein Fahrrad beispielsweise kann als Transportmittel oder als Freizeitinstrument dienen. Es kann sowohl Prestigeobjekt als auch Trainingsgerät sein. Eine heiße Schokolade hat in den USA und England die Funktion eines Abendgetränkes und in Lateinamerika die Funktion eines Morgengetränkes (Stanton, Chandran und Hernandez, 1982). Eine Armbanduhr kann Schmuckstück oder Zeitmesser sein.

Das einfache Wort „Kaffee" verbirgt in Wirklichkeit eine Auswahl an Getränken (Espresso, Milchkaffee, Irischer ...), die zu ganz verschiedenen Gelegenheiten (Familie, Büro, Freizeit, morgens, nach den Mahlzeiten usw.) und in unterschiedlichster Form (Menge, Konzentration, mit oder ohne Milch, kalt oder warm usw.) konsumiert werden.

In allen Beispielen besteht keine funktionelle Äquivalenz der angesprochenen Produkte.

5.3 Meß-Äquivalenz

Die Gleichwertigkeit von Meßinstrumenten ist hauptsächlich an drei Bedingungen geknüpft:

- Eichungs-Äquivalenz
- metrische Äquivalenz und
- Übersetzungs-Äquivalenz.

Ein Meßinstrument muß gültig (valide) und zuverlässig (reliabel) sein. Die Gültigkeit bezieht sich darauf, daß das Meßinstrument tatsächlich den Sachverhalt mißt, den es untersuchen soll. Die Gefahr der Nichtvalidität ist auf internationaler Ebene bei psychographischen Variablen (z. B. Lifestyles) deutlich größer als bei soziographischen Variablen wie Alter oder Einkommen (Davis, Douglas und Silk, 1981). Von Reliabilität spricht man, wenn ein Meßinstrument bei mehreren Messungen desselben Sachverhalts stabile Ergebnisse liefert. In der Realität sind Zuverlässigkeit und Gültigkeit der in internationalen Marktstudien verwendeten Meßinstrumente nur in den seltensten Fällen erfüllt. Ratingskalen bspw. mangelt es zumeist an:

- lexikalischer Übersetzungs-Äquivalenz: Die verbale Etikettierung der Skala (z. B. „sehr gut, gut, mittelmäßig, schlecht, sehr schlecht") hat einen von Land zu Land unterschiedlichen Bedeutungsinhalt. Das heißt, deutsche Adjektive tragen für Deutsche eine andere Bedeutung als amerikanische Adjektive für Amerikaner;
- metrischer Äquivalenz: Die Distanz zwischen den Ratingkategorien ist je nach Land unterschiedlich. Der Deutsche empfindet eine größere Distanz zwischen „sehr gut" und „gut" als der Amerikaner zwischen „very good" und „good" (hypothetisches Beispiel).

Beide Probleme treten auf, da in der internationalen Marktforschung typischerweise eine in einem Land existierende „Mutterskala" ziemlich unreflektiert in eine andere Sprache übersetzt wird.

Verbale Ratingskalen mit äquidistanten Bewertungskategorien können nur geschaffen werden, wenn man über eine Liste von Adjektiven verfügt, deren Bedeutungsinhalt in Abstufungen bekannt ist. Pras und Angelmar (1978) nahmen eine solche Bewertung französischer Adjektive vor und verglichen sie mit einer Batterie intervallskalierter evaluatorischer Adjektive, die aus den USA vorlag. Aus jeder Batterie wählten sie eine identische Anzahl gleichskalierter, äquidistanter Adjektive aus. Dabei entstanden zwei gleichwertige französische und amerikanische Ratingskalen (siehe Abbildung 14, Seite 85).

Bei der Vorgehensweise von Angelmar und Pras – genannt simultane Dezentrierung (Bauer, 1989) – ist eine Übersetzung einer Mutterskala nicht mehr nötig.

Die Eichung der Meßinstrumente betrifft in erster Linie die Auswahl der Maßeinheit: Währungs-, Gewichts-, Distanz- und Volumeneinheiten schwanken von Land zu Land. In Ländern mit einer hohen Inflationsrate beispielsweise empfiehlt es sich, internationale Preisvergleiche nicht in der Landeswährung, sondern in einer stabilen Drittwährung durchzuführen.

Umgangssprachliche Ratingskala

amerikanische Adjektive			französische Adjektive
fantastic	20	20	extraordinaire
delightful	17	17	superbe
pleasant	14	14	très correcte
neutral	10	10	moyen
moderately poor	7	7	assez faible
bad	4	4	remarquement faible
horrible	2	2	terriblement mauvais

Formelle Ratingskala

amerikanische Adjektive			französische Adjektive
remarkably good	17	17	très bon
good	14	14	bon
neutral	10	10	moyen
reasonably poor	6	6	faible
extremely poor	3	3	très mauvais

Quelle: Pras und Angelmar, 1978, S. 76

Abbildung 14: US-amerikanische und französische Ratingskalen mit ähnlichem Bedeutungsinhalt und ähnlicher Distanz zwischen den Ratingkategorien

Neben der objektiven gibt es auch eine subjektive Eichungs-Äquivalenz. Bei einem
Packungstest ist bspw. sehr wichtig, wie viele Farben ein Versuchsteilnehmer unterscheidet. Europäer unterscheiden im allgemeinen mehr Farbkategorien als Afrikaner. Einige
primitive Völker kennen nur zwei Farbklassen (Douglas und Craig, 1984).

● Die Rückkopplung mit den Befragten

Um den bis hierher beschriebenen Äquivalenz-Problemen aus dem Weg zu gehen, ist es
wichtig, den Befragten ausreichend Gelegenheit zu geben, ihre Meinung über die
Untersuchung auszudrücken. Dies kann z. B. durch die Verwendung von Gruppengesprä-
chen, Tiefeninterviews oder offenen Fragen geschehen. Verborgene kulturelle Eigenheiten, die man bei der Planung der Untersuchung kaum erahnen kann, bedrohen die
länderübergreifende Vergleichbarkeit der Ergebnisse. Aufgedeckt werden kulturelle
Besonderheiten nur durch sensible Meßinstrumente. Ausgesprochen empfehlenswert ist
es, die Untersuchungsteilnehmer in einem Pretest über die Relevanz der verwendeten
Fragen, Worte und Konzepte zu befragen. Während der Untersuchung selbst sollte den
Teilnehmern am Ende jedes Interviews ebenfalls Gelegenheit gegeben werden, den
Untersuchungsinhalt zu kommentieren. Dem Befragten muß es möglich sein, nicht nur
die gestellten Fragen zu beantworten, sondern auch auszudrücken, was er über die Fragen

denkt. Die interkulturelle Marktforschung ist über alle Maßen auf das angewiesen, was die traditionelle Marktforschung eher zu unterdrücken versucht: die Kritik des Befragten an der Untersuchung.

5.4 Übersetzungs-Äquivalenz

Übersetzungsprobleme treten bei der internationalen Marktforschung in vier Bereichen auf (Sechrest et al., 1972). Zuerst einmal gilt es, die Begründung des Forschungsvorhabens, die den Befragten vorgelegt wird, zu übersetzen. Der zweite Problembereich umfaßt die Übersetzung von Instruktionen (Art der vorzunehmenden Handlungen, Art der Beantwortung von Fragen etc.). Handelt es sich bei diesen beiden ersten Bereichen eher um Randprobleme von Übersetzungen, so kommt dem dritten Bereich entscheidende Bedeutung zu. Dieser umfaßt die Übersetzung der Fragen sowie der Antwortvorgaben. Viertens und letztens müssen dann noch die auf offene Fragen gegebenen Antworten in die Zielsprache übertragen werden.

Die Äquivalenz der Übersetzung betrifft die (Sechrest et al., 1972):

- lexikalische Äquivalenz (kontextunabhängige Wortbedeutung)
- idiomatische Äquivalenz (Redewendungen)
- grammatikalische Äquivalenz (Grammatik und Satzbau)
- Erfahrungs-Äquivalenz (reale Erfahrungen mit Dingen; wer noch keinerlei Erfahrungen mit Computern gemacht hat, kann schlecht den Begriff „Laptop" übersetzen).

● Übersetzungsmethoden

Rück-Übersetzung und Parallel-Übersetzung

Die Rück-Übersetzung („back-translation", Campbell und Werner, 1970) ist die am meisten verwandte Technik, um die lexikalische Gleichwertigkeit kulturübergreifender Marktstudien zu erreichen. Dieses Verfahren hilft, Übersetzungsfehler zu erkennen und zu berichtigen. Bei der Rück-Übersetzung wird ein Text von einem Übersetzer zuerst von der „Ausgangssprache" (A) in die „Zielsprache" (Z) übersetzt. Ein zweiter, unabhängiger Übersetzer, der den ursprünglichen Originaltext nicht kennt, übersetzt dann den Text von Z nach A zurück. Anschließend werden beide „A"-Versionen des Textes verglichen.

Ein Beispiel verdeutlicht Vorgehensweise und Zweck der Rück-Übersetzung am besten: Das Wort „Geschäftsessen" kann bei der Übersetzung ins Brasilianische zu „jantar de negocios" werden. Bei der Rück-Übersetzung wird daraus dann „geschäftliches Abendessen". Im brasilianischen Portugiesisch existiert das Wort „Geschäftsessen" nicht. Es gibt entweder „almoço de negocios" (geschäftliches Mittagessen) oder „jantar de negocios" (geschäftliches Abendessen). Durch die Methode der Rück-Übersetzung werden solche Abweichungen aufgedeckt. Entsprechen sich die ursprüngliche und die rückübersetzte Fassung des Ausgangstextes nicht, so sind dafür entweder Übersetzungsfehler verantwortlich, oder einzelne Begriffe können nicht gleichwertig übersetzt werden. Das Japanische bspw. sieht keine Ausdrücke für Ehepartner oder Pflicht vor (Brög und Möllenstedt, 1976).

Wenn eine gleichwertige Übersetzung nicht möglich ist, erarbeitet der Auftraggeber der Studie gemeinsam mit beiden Übersetzern eine endgültige Fassung der Übersetzung, die zumindest sinngemäß dem Ausgangstext entspricht. Innerhalb des angesprochenen Beispieles des Geschäftsessens müßte dann der Begriff bzw. die Situation (Abend- oder Mittagessen) gewählt werden, die ursprünglich mit Geschäftsessen gemeint war.

In der Praxis ist es vorteilhaft, wenn die beteiligten Übersetzer in ihre jeweilige Muttersprache (und nicht von der Muttersprache in die fremde Sprache) übersetzen.

Die Methode der Rück-Übersetzung hat eine Schwäche. Der Marktforscher fühlt sich fälschlicherweise sicher, wenn Begriffe allzu wörtlich übersetzt und ohne Beanstandung rückübersetzt werden. Dabei vergißt er die eventuell abweichende Bedeutung zu prüfen, die sich in den beiden Sprachen hinter den scheinbar identischen Begriffen verbergen kann (Mayer, 1978). Das deutsche Wort „Vaterland" bspw., das im Französischen zu „patrie" wird, ist historisch bedingt emotional völlig anders besetzt als das französische Gegenstück.

Bei einer der Rückübersetzung ähnlichen Technik, der sogenannten „blinden" Parallel-Übersetzung (Mayer, 1978), übersetzen mehrere Personen gleichzeitig und unabhängig voneinander einen Text von der Ausgangssprache in die Zielsprache. Nach Vergleich der verschiedenen Versionen des Textes in der Zielsprache wird anschließend eine endgültige Fassung erstellt.

Bauer hat einige Regeln zusammengefaßt, die die Übersetzung von Texten in Fragebögen erleichtern sollen (siehe Beispiel 5.2). Bei einer strengen Befolgung dieser Empfehlungen ergibt sich allerdings die Gefahr sehr banaler Texte.

Beispiel 5.2: Zwölf Regeln zur Vereinfachung von Übersetzungen

1. Formuliere kurze, einfache Sätze mit weniger als 16 Worten.
2. Drücke Dich soweit als möglich in der Aktivform aus.
3. Wiederhole die Nomina, anstatt Pronomina zu verwenden.
4. Vermeide metaphorische oder umgangsprachliche Ausdrücke.
5. Vermeide konjunktive Ausdrucksformen (z. B. könnte, müßte, sollte).
6. Sorge dafür, daß wichtige Begriffe einen Kontext aufweisen und wiederhole wichtige Sätze noch einmal in einer anderen Formulierung.
7. Vermeide Adverbien oder Präpositionen, die eine „wo"- oder „wann"-Bestimmung beinhalten (z. B. oben, bald, gelegentlich).
8. Verwende möglichst keine Possessivpronomina.
9. Verwende keine allgemeinen Begriffe (z. B. Gattungsbegriffe wie „Milchpro-

dukte"), sondern spezifiziere deren inhaltliche Bezüge (z. B. Milch, Milchgetränke, Sahne, Käse etc.).

10. Vermeide Wörter, die Art, Umfang, Ausdehnung und Menge von Personen, Sachen oder Ereignissen unbestimmt angeben (z. B. jemand, manchmal, häufig, etwas).

11. Verwende soweit als möglich Ausdrucksweisen, die den Übersetzern vertraut sind.

12. Bilde keine Sätze mit zwei verschiedenen Verben, wenn diese sich auf unterschiedliche Vorgänge beziehen.

Quelle: Bauer, 1989, S. 185–187

Kombinierte Übersetzungs-Techniken

Parallel- und Rück-Übersetzung können kombiniert werden (siehe Abbildung 15). Die Kombiniation beider Techniken erhöht die Gleichwertigkeit von Ausgangstext und übersetztem Text und wird vor allem angewandt, wenn zwischen zwei Sprachen bzw. Kulturen große Unterschiede bestehen (Marchetti und Usunier, 1990).

Bei der Übersetzung eines deutschen Fragebogens ins Koreanische beispielsweise ist die Kombination von Parallel- und Rück-Übersetzung sehr nützlich. Zwei Koreaner übersetzen unabhängig voneinander denselben deutschen Fragebogen D in zwei koreanische

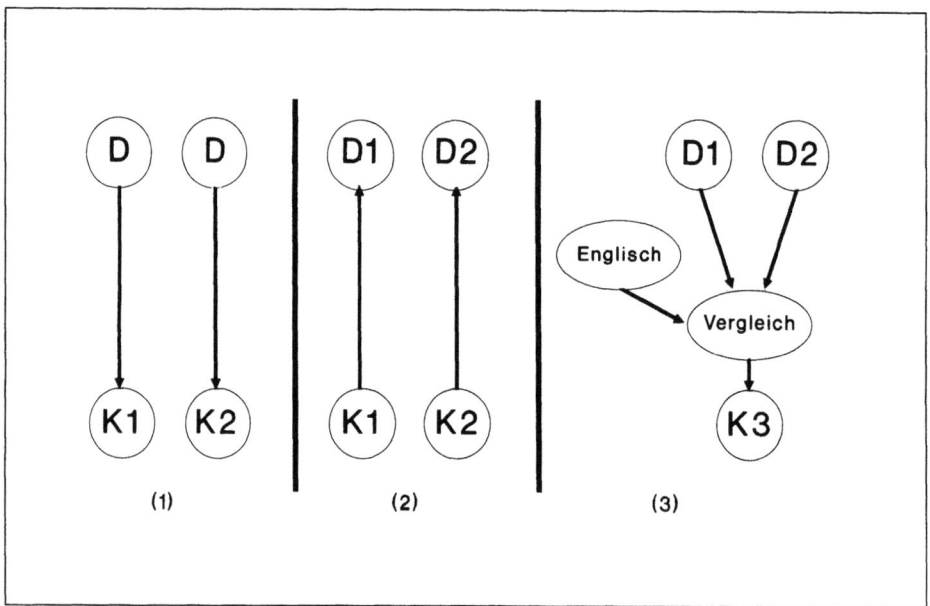

Quelle: In Anlehnung an Marchetti und Usunier, 1990, S. 167–184

Abbildung 15: Kombination von Parallel- und Rück-Übersetzung

Fassungen K1 und K2. Danach übernehmen zwei Deutsche, die den deutschen Ausgangstext nicht kennen, die Rückübersetzung der beiden koreanischen Fassungen ins Deutsche. So erhält man D1 und D2. Die endgültige Fassung des koreanischen Fragebogens K3 entsteht, indem man die rück-übersetzten deutschen Fassungen D1 und D2 vergleicht. Bei der Abstimmung nimmt man die englische Sprache zur Hilfe, da sie erstens weitverbreitet und zweitens in vielen Punkten präziser als deutsch oder koreanisch ist. Die Vorgehensweise kann verfeinert werden, indem man die Zahl der Parallel-Übersetzungen erhöht oder mehr als zwei unabhängige Rück-Übersetzungen vornimmt.

Eine noch ausgereiftere Methode besteht darin, Untersuchungsinstrumente wie Fragebögen, Fragen, Skalen etc. gemeinsam in zwei Kulturen zu entwickeln (Campbell und Werner, 1970). Hierbei werden die Texte, falls nötig, nach jeder Übersetzung oder Rück-Übersetzung entweder in der Ausgangssprache oder der Zielsprache angepaßt. Diese Methode wird dezentrierte oder symmetrische Übersetzung genannt. Im Gegensatz zu den vorhergehend dargestellten (zentrierten) Techniken beschränkt sich die dezentrierte Übersetzung also nicht ausschließlich auf die Änderung des Textes in der Zielsprache. Änderungen können auch in der Ausgangssprache erfolgen. Das Ziel der dezentrierten Übersetzung besteht einfach darin, Worte und Sätze zu finden, die in beiden Sprachen dieselbe Bedeutung haben. Dabei ist es gleichgültig, aus welcher Sprache die Worte ursprünglich stammen. Die Änderungen werden in der Sprache vorgenommen, in der sie am leichtesten fallen.

Völlige Übereinstimmung von Texten in verschiedenen Sprachen kann allerdings auch mit den besten Übersetzungstechniken nicht hergestellt werden. Ein Teil der Bedeutung eines Textes bleibt immer kultur-spezifisch. Wie beispielsweise könnte man die 168 Worte, die die Lappen für verschiedene Schneearten besitzen (Meloe, 1983) in andere Sprachen übersetzen?

5.5 Repräsentativität und Vergleichbarkeit von Stichproben

Die Erhebung einer Stichprobe ist Bestandteil der allermeisten Marktstudien. Da die Befragung der Gesamtpopulation aus praktischen und aus Kostengründen nur sehr selten möglich ist, schließt man im allgemeinen von den Eigenschaften einer Stichprobe auf die Eigenschaften der Gesamtpopulation. Das Stichprobenverfahren setzt sich im wesentlichen aus folgenden Schritten zusammen:

– Definition der Grundgesamtheit
– Bestimmung und Auswahl der Stichprobe (Stichprobenumfang, Auswahlverfahren, Stichprobenliste)
– Überprüfung der Repräsentativität der Stichprobe.

Das Hauptproblem eines kulturübergreifenden Stichprobenverfahrens besteht darin, Stichproben zu erheben, die gleichzeitig repräsentativ und vergleichbar sind. Beide Eigenschaften stehen eigentlich in Widerspruch zueinander. Ist eine nationale Stichprobe repräsentativ für die Gesamtpopulation, so ist die internationale Vergleichbarkeit problematisch, da die Verteilung der relevanten Variablen (Alter, Einkommen, Bildungsniveau etc.) von Land zu Land variiert (Holzmüller, 1986). Vollkommene Vergleichbarkeit kann beinahe nie erreicht werden (Green und White, 1976). Dies muß bei der Auswertung der Ergebnisse internationaler Marktstudien berücksichtigt werden.

Kulturübergreifende Stichprobenverfahren umfassen zwei Stufen:

– *1. Stufe:* Erhebung einer Stichprobe von Ländern bzw. Kulturen:
  Auf der ersten Stufe steht der direkte Vergleich verschiedener Länder im Mittelpunkt der Untersuchung. Forschungsziele beim Vergleich von Ländern bestehen u. a. darin, herauszufinden welche sozio-demographischen und ökonomischen Variablen den Pro-Kopf-Verbrauch bestimmter Produkte oder Dienstleistungen (z. B. Milchpulver, Versicherungen, Auslandsreisen etc.) bestimmen. Dieser Ansatz eignet sich besonders für strategische Marketing-Entscheidungen über die Besetzung neuer Ländermärkte und für die Schätzung des Marktvolumens in Ländern, für die keine verläßlichen Angaben vorliegen. So stützten sich Amine und Cavusgil (1986) bei der Schätzung der Nachfrage an Tapeten in Marokko u. a. auf Variablen wie z. B. das Pro-Kopf-Einkommen oder den Prozentsatz an privatem Wohnungseigentum.
– *2. Stufe:* Erhebung einer Stichprobe von Individuen innerhalb jedes Landes (jeder Kultur):
  Ungünstigerweise sind die meisten sozio-demographischen Variablen (Beruf, Einkommen, sozialer Status usw.) von Land zu Land in unterschiedliche Kategorien eingeteilt (kategoriale Äquivalenz). Selbst in Bezug auf das Alter können verschiedene Länder-Stichproben nicht immer verglichen werden, da in manchen Kulturen die Menschen ihr Alter nicht genau kennen. In vielen Entwicklungsländern müssen wichtige zusätzliche sozio-demographische Variablen wie Religion und Stammeszugehörigkeit berücksichtigt werden (Goodyear, 1982).

Zwischen Länderstichproben und Stichproben von Einzelpersonen sollte man scharf trennen. Besonders gefährlich ist es, die Eigenschaft eines Landes, die man als Durchschnittswert errechnet hat, stereotyp auf alle Einwohner des Landes zu übertragen (Hofstede, 1993).

● Definition der Grundgesamtheit

Die Definition der Grundgesamtheit ist die erste Etappe des Stichprobenverfahrens. Jede Stichprobe kann später bestenfalls die Eigenschaften repräsentieren, die in der Grundgesamtheit enthalten sind. Aus diesem Grunde müssen selbstverständlich bereits in der Grundgesamtheit die Personen (Länder, Elemente usw.) enthalten sein, die für die Untersuchung relevant sind.

Gilt es z. B., den Kaufprozeß bestimmter Güter auf internationaler Ebene zu analysieren, so müssen zuerst in jedem Land die Personen identifiziert werden, die beim Kauf mitentscheiden. In den USA beispielsweise haben Kinder beim Kauf von Produkten wie

Spielzeug, Desserts und Cereals einen starken Einfluß (Douglas und Craig, 1984). In den südostasiatischen Staaten dagegen wird die Kaufentscheidung des Einzelnen immer von der Großfamilie mitbestimmt.

Eine Stichprobe, die je zur Hälfte aus Männern und Frauen besteht, hat in einem Land, in dem die Rechte der Frauen seit langem anerkannt sind, eine andere Bedeutung als in einem Land, in dem Frauen traditionell schlechter gestellt sind.

Kaufen in einem Land hauptsächlich die Männer ein, so bilden sie die Grundgesamtheit der Untersuchung. Treffen umgekehrt die Frauen die Kaufentscheidungen, so wird die Grundgesamtheit ohne Männer definiert. Nur so ist gewährleistet, daß die erhobene Stichprobe die tatsächlichen Einkäufer repräsentiert und nicht lediglich die in der Grundgesamtheit vorkommende Geschlechterverteilung abbildet.

- Auswahl der Stichprobe

Die Auswahl einer Stichprobe aus der Grundgesamtheit geschieht mit Hilfe zufallsorientierter oder nicht-zufallsorientierter Stichprobenverfahren. Zufallsorientierte Stichprobenverfahren setzen Stichprobenlisten voraus – die nur allzu oft verzerrt sind. In einer Stichprobe, die aus einer bolivianischen Wählerliste gezogen wird, sind typischerweise Männer überrepräsentiert, da Frauen seltener wählen (Stanton, Chandran und Hernandez, 1982). In Saudi-Arabien finden sich wenig geeignete Stichprobenlisten (Tuncalp, 1988), da es offizielle Volkszählungen genauso wenig gibt wie Wahlen. Bevölkerungsstatistiken und Wählerlisten sucht man folglich vergebens. Telefonbücher sind meist unvollständig. In solch einem Fall sind nicht-zufallsorientierte Stichprobenverfahren unumgänglich.

Das entscheidende Kriterium für die Wahl des Stichprobenverfahrens ist die Vergleichbarkeit der erhobenen Daten. Diese Anforderung kann bei kulturvergleichenden Untersuchungen mit Verfahren, die nicht auf dem Zufallsprinzip beruhen, mindestens genauso gut erfüllt werden wie mit zufallsorientierten (Douglas und Craig, 1983). Außerdem haben nicht-zufallsorientierte Verfahren oft den Vorteil, billiger zu sein.

Die Bestimmung des Umfangs einer Stichprobe ist ein weiterer wichtiger Schritt des Stichprobenverfahrens. Die herkömmlichen statistischen Verfahren, wie z. B. die Errechnung von Konfidenzintervallen um den Mittelwert der Stichprobe oder das Testen von Hypothesen, sind schwierig durchzuführen, da sie eine präzise Schätzung der Varianz der Grundgesamtheit voraussetzen. Verläßliche Informationen über die Grundgesamtheit sind jedoch in vielen Ländern mangels Volksbefragungen nicht verfügbar. Oft wird deshalb der Umfang von Stichproben von Land zu Land unterschiedlich festgelegt. Besonderheiten der Länder werden dabei berücksichtigt (Douglas und Craig, 1983).

Wenn eine Untersuchung von einem nationalen Markt, auf dem die Stichprobe nach einer Wahrscheinlichkeitsauswahl bestimmt wurde, auf internationale Märkte ausgedehnt wird, kann es sich als schwierig erweisen, vergleichbare Daten zu gewinnen. Auch hier gilt, daß nicht-zufallsorientierte Stichproben Gültigkeit haben können, wenn alle relevanten Eigenschaften der Grundgesamtheit in der Stichprobe berücksichtigt werden (Brislin und Baumgardner, 1971).

Repräsentativität und Vergleichbarkeit kulturübergreifender Stichproben werden im allgemeinen am besten erreicht, wenn Stichproben in jedem Land nach länderspezifischen Maßstäben erhoben werden. Allen Ländern ein standardisiertes Verfahren überzustülpen, führt zu unvergleichbaren Ergebnissen.

5.6 Vergleichbarkeit von Daten

● Vergleichbarkeit von Sekundärdaten

Sekundäre Daten verschiedener Länder – und insbesondere veröffentlichte statistische Daten – sind manchmal nur schwer vergleichbar. Dies liegt an der Verwendung:

– verschiedener Kategorien (z. B. Einkommens- oder Altersklassen)
– verschiedener Basisjahre (Zeitreihen mit unterschiedlichem Ausgangsjahr)
– unzuverlässiger Daten (Mängel beim Auswahl- oder Stichprobenverfahren).

Zusätzlich weisen ausländische Statistiken unterschiedliche Bedeutungsinhalte auf. Wer weiß schon, daß niedrige Waschmaschinenbestände in der Schweiz nicht auf ein großes Marktpotential schließen lassen, sondern vielmehr aufgrund der weiten Verbreitung von Gemeinschaftswaschanlagen zustande kommen (Berekoven, 1985a).

Selbstverständlich kann es auch vorkommen, daß vergleichbares Datenmaterial für bestimmte Länder überhaupt nicht vorliegt. In solchen Fällen müssen primäre Daten erhoben werden.

● Vergleichbarkeit von Primärdaten

Primärinformationen sind nicht vergleichbar, wenn bei der Erhebung nicht auf die Gleichwertigkeit der Antworten geachtet wird.

Besondere Aufmerksamkeit verdienen in diesem Zusammenhang:

– Antwortverweigerung
– Verzerrungen im Antwortverhalten
– Höflichkeitsantworten („yea-saying pattern")
– extremer Antwortstil.

Die Art und Weise, wie eine Frage beantwortet wird, trägt erheblich zum Gesamtmeßfehler einer Untersuchung bei. Die folgenden Abschnitte sollen helfen, die Vergleichbarkeit von Antworten von Personen verschiedener Kulturen zu gewährleisten.

● Antwortverweigerung

Teilnehmer von Befragungen sind nicht immer bereit, über ihre Privatsphäre Auskunft zu geben. Bei sogenannten heiklen Fragen geben sie entweder gar keine oder eine bewußt falsche Antwort. Dies geschieht aus Furcht, ihre Meinung könnte später irgendwie zum eigenen Nachteil gereichen (Stanton, Chandran und Hernandez, 1982). Der Schutz der Privatsphäre und der eigenen Familie ist von Kultur zu Kultur unterschiedlich. Tuncalp (1988) stellt den reservierten Charakter der Saudi-Arabier dar, die persönliche Befragungen ganz ablehnen. Die Saudis fühlen sich als sehr unabhängige Menschen und wollen nicht in die Lage versetzt werden, ihr Handeln einem aufdringlichen Befrager rechtfertigen und erklären zu müssen. Aber auch in Ländern, in denen die Beantwortung eines Fragebogens grundsätzlich gesichert ist, werden einzelne Fragen ungern beantwortet. Dazu gehören vor allem Fragen über das Alter und das Einkommen. Bei einem Vergleich von acht europäischen Ländern stellten Douglas und Shoemaker (1981) die meisten Verweigerungen bei Fragen über das Einkommen bei Engländern und Iren fest. Politische Fragen dagegen wurden am ehesten in Deutschland und Italien beantwortet.

● Verzerrungen im Antwortverhalten

Sind Befrager und Befragter unterschiedlichen Geschlechts, kann sich eine weitere Hürde für persönliche Interviews ergeben (Holzmüller, 1986). In vielen Ländern mit traditioneller Rollenverteilung der Geschlechter geben Frauen Männern gegenüber nur ungern Interviews. Außerdem werden Befragungen teilweise aus ethnischen Gründen abgelehnt. Ein Chinese fühlt sich z. B. unwohl, wenn er von einem Malaysier befragt wird (Kushner, 1982).

Ebenfalls zu Verzerrungen kann es kommen, wenn es Mißverständnisse über die Funktion oder den Verlauf von Interviews gibt. Teilnehmer an Befragungen, vor allem in Entwicklungsländern, empfinden ein Interview manchmal als langes Verkaufsgespräch (Goodyear, 1982). Teilweise wird auch erwartet, daß das Produkt, über das gesprochen wird, am Ende der Befragung verschenkt wird. Das Ziel und der Verlauf des Interviews muß deshalb zu Anfang erklärt werden. Beim Briefing mauretanischer Studenten, die in ihrem Land eine Befragung durchführen sollten, war des öfteren die Frage zu vernehmen: „Was sollen wir den Befragten einflößen zu antworten?" Es war nötig zu erklären, daß die Befragten bei der Beantwortung der Fragen vollkommen frei sein sollten. Die Vorstellung objektiver, von außen unbeeinflußter Wahrheit ist den Mauretaniern fremd.

Aufgrund dieser und anderer Schwierigkeiten (siehe folgende Seiten) stellt sich die Frage, ob es empfehlenswert erscheint, einheimische oder ausländische Interviewer mit Befragungen zu betrauen. Das Beispiel 5.3 beschreibt aus ethnozentristischer (amerikanischer) Sicht die Stärken und Schwächen einheimischer Interviewer.

Beispiel 5.3: Schwächen und Stärken des einheimischen Interviewers in Entwicklungsländern

Schwächen:

1. Oft geringere intellektuelle Fähigkeiten und weniger Erfahrung mit Marktstudien als Interviewer in industrialisierten Ländern.

2. Hat oft Schwierigkeiten, eine neutrale Position gegenüber Informanten oder Kunden einzunehmen. Könnte Gruppen gegenüber belehrend auftreten und Ergebnisse verfälschen, um seine Landsleute gebildeter erscheinen zu lassen. Andererseits unterliegt er der Gefahr, sich vom Durchschnittsverbraucher distanzieren zu wollen, indem er dessen Schwächen und Mangel an Kultiviertheit übertrieben darstellt. Falls der Befrager einer bestimmten (gebildeten) Familie angehört, hat er eventuell keinen Zugang zu seinen Landsleuten.

3. Er ist nicht in der Lage oder nur widerwillig bereit, Religions-, Klassen- oder Stammesschranken zu überwinden.

4. Er besitzt keine puritanische Arbeitsauffassung und erkennt nicht immer den Wert objektiver Wahrheit. Verzögerungen, Versäumnisse und verzerrte Darstellungen sind wahrscheinlich.

Stärken:

1. Er kennt das Land und die Menschen. Er kann leicht Beziehungen herstellen und versteht, was geantwortet wird. Falls er zudem das (Industrie-)Land kennt, aus dem die Untersuchung stammt, kann er die Bedeutung der Antworten abschätzen und Unterschiede erklären.

2. Er kennt die Sprache. Jeder, der einmal versucht hat, Interviews mit Hilfe von Dolmetschern durchzuführen, weiß, was für ein großes Hindernis die Sprache darstellen kann.

3. Er ist immun gegenüber lokalen Krankheiten und fühlt sich physisch in der Untersuchungsumgebung wohl. Aus Erfahrung weiß er mit ortsüblichen Problemen umzugehen.

Quelle: Goodyear, 1982, S. 90–91

- Höflichkeitsantworten (yea-saying pattern)

Einige Befragte – vor allem in südamerikanischen Ländern und in Asien – neigen zu Höflichkeitsantworten, um dem Interviewer eine Freude zu bereiten. Der Befragte antwortet nicht das, was er denkt, sondern das, von dem er annimmt, der Interviewer möchte es hören. Dieses Verhalten tritt vor allem in Ländern auf, in denen die Menschen ungern an Befragungen teilnehmen. Falls sie doch teilnehmen, geschieht dies aufgrund einer gewissen Sympathie für den Befrager. Douglas und Craig (1983) bezeichnen dieses Antwortverhalten als „yea-saying pattern". Bei „yea-saying" verschiebt sich der Mittelwert der Antworten zum positiven Ende hin.

- Extremer Antwortstil

Weitere Verzerrungen der Ergebnisse von Befragungen ergeben sich aufgrund kulturtypischer Antwortstile. US-Amerikaner antworten mit mehr Enthusiasmus und neigen deshalb mehr zu den Extremwerten der Antwortskalen als Japaner (Zax und Takahashi, 1967) und Koreaner (Chun, Campbell und Hao, 1974). Letztere beide drücken ihre Meinung weniger eindeutig aus und kreuzen eher den Mittelwert der Skalen an. Als Folge dessen erhöht sich in Kulturen mit extremem Antwortstil die Varianz und Standardabweichung der Antworten. Der Mittelwert bleibt ungefähr gleich.

Die Empfehlungen dieses Kapitels können in drei Hinweisen zusammengefaßt werden:

- Es ist gefährlich, die Vorgehensweise einer nationalen Marktstudie im Ausland kopieren zu wollen. Die Art und der Umfang der gesuchten Informationen, die geeignete Erhebungsmethode, sowie die Genauigkeit und Gültigkeit von Daten sind von Kultur zu Kultur verschieden.
- Wer interkulturelle Marktforschung betreibt, muß allen Mitarbeitern und Befragten Gelegenheit geben, Verbesserungsvorschläge in die Untersuchung einzubringen. Nur so kann eine ethnozentrische Perspektive vermieden werden.
- Die formale Äquivalenz einer Untersuchung ist sekundär. Der Gleichwertigkeit von Konstrukten, Instrumenten und Erhebungsverfahren dagegen kommt entscheidende Bedeutung zu.

„Wir sollten Forscher dabei unterstützen, ihre eigene Wirklichkeit zu erforschen, anstatt amerikanische Untersuchungen zu kopieren" (Van Raaij, 1978, S. 699).

Teil II

Globales Marketing oder interkulturelles Marketing?

6. Globalisierung der Märkte?[7]

Seit Theodore Levitt 1983 die Diskussion um die „Globalisierung der Märkte" entfachte, beschäftigten sich unzählige Beiträge mit diesem Thema. Die einen sehen die Unternehmen bedroht, die sich der Globalisierung nicht stellen, die anderen sprechen glattweg vom „Mythos der Globalisierung" (Wind, 1986).

Die Hypothese, die dem schlichten Begriff „Globalisierung" stillschweigend unterliegt, besagt, daß sich drei Faktoren – Nachfrage, Angebot und Absatzpolitik der Unternehmen – weltweit gleichzeitig aneinander angleichen.

Wir werden in diesem Kapitel die Gültigkeit dieser Hypothese in allen drei Bereichen überprüfen.

Bereits im ersten Teil wird klar werden, daß es weder Gründe noch Beweise für eine sich vollziehende weltweite Annäherung der Geschmäcker und Vorlieben der Verbraucher gibt. Selbst wenn McDonald's ein Restaurant in Moskau eröffnet, kann man nicht von einer Globalisierung der Konsumgewohnheiten sprechen.

Nicht bestritten werden kann allerdings, daß der weltweite Wettbewerb zunimmt (zweiter Teil). Dies führt bei den Unternehmen zu einer Vereinheitlichung der Produkte und des Auftretens gegenüber dem Verbraucher.

Für viele Unternehmen wird die These von der Globalisierung zu einer strategischen Botschaft, deren einziges Ziel es ist, die Kommunikation zu vereinfachen und die Kontrolle innerhalb der Organisation zu zentralisieren. Im dritten Teil stellen wir dar, wie die multinationalen Unternehmen unter dem Deckmantel des „globalen Verbrauchers" Kompetenzen von den Länderfilialen in die Zentrale zurückverlegen, um so im globalen Wettbewerb bestehen zu können.

6.1 Auf dem Weg zum „globalen" Konsumenten?

Die Frage, ob sich die Verbraucher weltweit angleichen, kann in drei große Teile unterteilt werden:

- Wodurch entsteht die kulturelle Bindung von Produkten?
- Gibt es empirische Beweise dafür, daß sich Verbrauchsmuster, Geschmäcker und Präferenzen der Konsumenten weltweit angleichen?
- Werden die Verbraucher versuchen, ihre kulturellen Gewohnheiten und Produkte zu bewahren und schützen?

---

7 Dieses Kapitel entstammt zu großen Teilen aus: Jean-Claude Usunier (1991), „The ‚European Consumer': Globalizer or Globalized?", in: Research in Global Strategic Management, Rugman, A. und Verbeke, A. (Hrsg.), Band 2, Greenwich, CT: The JAI Press, S. 57–78.

- Kulturgebundene und kulturfreie Güter

Konsum wird weitgehend von Moden, Lebensstilen und Kultur bestimmt. Viele Beispiele zeigen, selbst wenn sie manchmal anekdotischen Charakter haben, wie eng Konsum und Kultur miteinander verbunden sind. Einem Japaner Käse zu verkaufen, ist ungefähr genauso schwierig, wie einem Durchschnittseuropäer rohen Fisch schmackhaft machen zu wollen. Doch nicht nur Konsumgewohnheiten und Geschmäcker sind von Land zu Land unterschiedlich. Auch symbolische Vorstellungen, die mit Objekten und Farben verbunden sind, unterliegen so starken kulturellen Einflüssen, daß der Erfolg eines Produkts davon betroffen ist. So war die Firma Carlsberg gezwungen, auf den Etiketten ihrer in Afrika vertriebenen Bierflaschen einen dritten Elephanten hinzuzufügen. Zwei Elephanten zusammen gelten dort als schlechtes Vorzeichen (McCornell, 1971).

Natürliche, kulturelle Markteintrittsschranken werden vor allem in den Branchen entstehen, in denen Produkte und Dienstleistungen eine starke kulturelle Bindung aufweisen („culture-bound products"). Umgekehrt kann bei kulturfreien („culture-free") Gütern grundsätzlich von einer größeren Standardisierbarkeit der Marketing-Aktivitäten ausgegangen werden.

Die kulturelle Bindung von Produkten darf nicht systematisch überschätzt werden. Eine Nachfrage nach Qualitätsprodukten zu vernünftigen Preisen besteht weltweit. Kulturgebundenheit tritt unter folgenden Bedingungen auf:

- Das Produkt, sein Kauf und/oder seine Verwendung ist in einen starken kulturellen Kontext eingebunden, d. h. es ist fest mit traditionellen Lebensgewohnheiten und Verbrauchsmustern verwurzelt (z. B. Blumen, bestimmte volkstypische Nahrungsmittel, Kleidung, Artikel der Körperhygiene etc; vgl. Kapitel 7 und 8).
- Die Verbraucher bringen ihr kulturelles Erbe, ihre kulturelle Identität oder ihren Nationalstolz in den Kauf oder Verbrauch eines Produktes ein. Dann wird der Verbrauch bewußt oder unbewußt zu mehr als einer reinen Bedürfnisbefriedigung. Die Bevorzugung von Produkten, die im eigenen Land hergestellt werden, ist dafür ein Beispiel (siehe ausführlich Kapitel 9).

Auch die Art des Gutes hat Einfluß auf das Ausmaß der Universalität von Bedürfnissen. (Kurzlebige) Konsumgüter und Dienstleistungen sind am engsten mit der Kultur verbunden, da sie Geschmäcker, Gewohnheiten und die Bandbreite nationaler Bräuche am meisten ansprechen (Douglas und Urban, 1977). Empirische Studien zeigen, daß Investitionsgüter und technologisch hochstehende Produkte (Computer, Werkzeugmaschinen etc.) für globale Strategien am besten geeignet sind. Unterwäsche, Nahrungsmittel und Haushaltsreiniger dagegen werden dafür als weniger geeignet angesehen.

Nicht zuletzt ist auch die Sprache als wichtiger Teil der Kultur ein bestimmender Faktor der Kulturgebundenheit. Dies gilt nicht nur für Produkte, die sowieso als kulturell eingestuft werden (z. B. Schallplatten, Lieder, Fernsehserien, Zeitungen, Illustrierte, Bücher). Jede Art der Beschriftung (Texte auf Verpackungen, Markennamen) trägt zu kultureller Bindung bei. In einer neueren Studie über „globale Marken" haben Rosen, Boddewyn und Louis (1987) 650 amerikanische Marken auf den Grad ihrer Internationalisierung untersucht (In wie vielen Ländern sind die Marken vertreten? Wie alt sind sie? usw.). Die Schlußfolgerung der Autoren besagt: „... trotz aller schönen Reden über die Internationalisierung der Absatzbemühungen ist die Verbreitung amerikanischer Marken in Wirklichkeit eher begrenzt ... würde man die Gesamtheit aller Marken erheben, fände man heraus, daß die meisten amerikanischen Marken im Ausland nicht verkauft werden" (Rosen et al., 1987, S. 17).

● Empirische Studien über die Globalisierung der Verbraucher

Esghi und Sheth (1985) untersuchten die Globalisierung von Konsumgewohnheiten anhand von Daten der Werbeagentur Leo Burnett. Für sechs Produkte (Stereoanlagen, Soft Drinks, Fruchtsaft, alkoholische Getränke, Automobile und Déodorants) und in vier Ländern (Japan, Frankreich, Brasilien, USA) bewerteten sie den Einfluß des Lebensstils auf das Konsumentenverhalten. Die Autoren gingen davon aus, daß das Konsumverhalten weit mehr von Unterschieden im Lebensstil (innerhalb jedes Landes) geprägt wird als von landesübergreifenden kulturellen Faktoren.

Die Schlußfolgerung der Autoren bestätigt diese Annahme jedoch nicht: „Die Ergebnisse ... zeigen, daß sich die Form des Lebensstils eindeutig auf die Konsumgewohnheiten auswirkt. Allerdings ist dieser Effekt nicht sehr stark. Unsere Ergebnisse legen nahe, daß kulturelle und nationale Einflüße weiterhin in allen vier Ländern die Konsumgewohnheiten weitestgehend bestimmen ..." (Esghi und Sheth, 1985, S. 144).

Zaichkowsky und Sood (1988) untersuchten, inwieweit Produktinvolvement und Produktbenutzung für acht potentiell globale Produkte bzw. Dienstleistungen bei Konsumenten in 15 verschiedenen Ländern abweichen[8].

Die Ergebnisse weisen aus, daß der Einfluß der Variable „Land" auf die Häufigkeit der Produktbenutzung bei Shampoo (45 Prozent erklärte Varianz), Flugreisen (31 Prozent) und Restaurantbesuchen (22 Prozent) am stärksten ist. Beim Produktinvolvement waren die Unterschiede zwischen den Ländern bei Soft Drinks (20 Prozent erklärte Varianz) und Kinobesuchen (12 Prozent) am größten. Bei Stereoanlagen war überhaupt kein Einfluß des Landes auf das Produktinvolvement (ein Prozent) und nur eine schwache Wirkung auf die Häufigkeit des Gebrauchs (10 Prozent) festzustellen. Es fällt schwer, aus den Ergebnissen von Zaichkowsky und Sood Folgerungen auf den Globalisierungsprozeß insgesamt zu ziehen. Festzuhalten bleibt nur, daß die Globalisierung des Verbraucherverhaltens von Produkt zu Produkt stark schwankt.

---

8 Bei den Ländern handelt es sich um Argentinien, Barbados, Kanada, USA, Finnland, Jugoslawien, Schweden, China, Österreich, Kolumbien, Australien, Chile, England, Mexiko und Frankreich. Die getesteten Produkte waren: Flugreisen, Biere, Blue Jeans, Essen im Restaurant, Haarwaschmittel, Kinobesuche, Soft Drinks und Stereoanlagen. Das Produktinvolvement wurde mit dem „Personal Involvement Inventory" (P.I.I.) gemessen.

In einer weiteren empirischen Studie gingen Huszagh, Fox und Day (1986) verschiedenen Fragen des Globalisierungsprozesses nach. Die Forscher erhoben in fünf westeuropäischen Ländern Kennzahlen über Marktdurchdringung und Konsumgewohnheiten für verschiedene Produkte. Danach versuchten sie, Abweichungen der Kennzahlen zwischen den Ländern mit bestimmten Produkteigenschaften zu erklären. Eindeutige Hinweise auf eine Globalisierung der Märkte ergaben sich jedoch auch bei dieser Untersuchung nicht.

Woods, Chéron und Kim (1985) widmeten sich der unterschiedlichen Kaufmotivation von weiblichen Konsumenten in drei von den Autoren als „globale Märkte" bezeichneten Ländern: USA, Kanada und Südkorea. Die Teilnehmerinnen der Untersuchung mußten für 16 Produkte eine oder mehrere von 14 Kaufmotivationen angeben, die in vier Kategorien zusammengefaßt waren:

- „Lebensunterhalt" (Grundbedürfnisse, Komfort)
- „Genuß"
- „persönliche Entfaltung" (Stärkung des eigenen Images, Verbesserung der Erscheinung)
- „Verteidigung" (Schutz der Gesundheit, Verhinderung von Unannehmlichkeiten).

Es scheint, daß für dieselben Produkte die Kaufmotivationen in den drei Ländern völlig unterschiedlich sind. In Südkorea ist der Kauf der Produkte mehr durch den „Lebensunterhalt" motiviert als in den USA und Kanada. Dagegen sind die amerikanischen Konsumentinnen hedonistischer veranlagt und mehr auf der Suche nach „Vergnügen". Sowohl die Koreanerinnen als auch die Kanadierinnen haben stärkere Kaufmotivationen aus „Verteidigung" als die Amerikanerinnen.

Im übrigen treten in den drei Ländern ganz unterschiedliche Gründe auf, Produkte mit dem Ziel der persönlichen Entfaltung zu kaufen. Die Amerikanerinnen sind auf der Suche nach Produkten, die ihre persönliche Erscheinung und ihr „Ich" unterstützen. Koreanerinnen dagegen sind besorgt, bei der Benutzung von solchen Produkten nicht anzuecken und Ablehnung bei ihrer Umgebung hervorzurufen. Kanadierinnen neigen zum Kauf von Produkten, die das Verhältnis zu den Personen erleichtern, mit denen sie Umgang haben.

Woods et al. schließen (1985, S. 168): „Wenn man die Ergebnisse insgesamt betrachtet, ist das Zeitalter des universellen Marketing noch nicht angebrochen. Die Ergebnisse zeigen, daß Koreanerinnen, obwohl sie einem wirtschaftlichen Schwellenland angehören, ziemlich ähnlich über Produkte denken, wie Amerikanerinnen und Kanadierinnen. Trotzdem bestehen bedeutende Unterschiede bei der Kaufmotivation für Produkte, die in allen drei Kulturen gebräuchlich sind. Selbst die Frauen aus Québec haben andere Gründe, bestimmte Produkte zu kaufen, als die Frauen in den Vereinigten Staaten. So sind, neben den wirtschaftlichen Verhältnissen und der unterschiedlichen Kaufkraft, die kulturellen und psychologischen Unterschiede groß genug, um nach differenzierten Marketingstrategien zu verlangen."

- Globale Konsumenten: Der Schein trügt

Es wird nicht ganz leicht werden, die Kaufmotivationen der Konsumenten weltweit zu vereinheitlichen. Die internationalen Werbeagenturen besitzen einige Erfahrung mit den Reaktionen der Verbraucher vieler Länder auf globale Produktangebote. Ausgehend von einer Reihe selbst erlebter Fälle vertritt Clark (1987) von J. Walter Thompson die folgenden Argumente gegen die Globalisierung:

1. Die Konsumenten selbst sind nicht „global": Nationale und kulturelle Unterschiede bleiben weiterhin bedeutend.

2. Der Konsument achtet beim Einkauf nicht extra auf „globale" Produkte oder Marken. Der Kunde kümmert sich im allgemeinen nicht wirklich darum, ob eine Marke überall auf der Welt erhältlich ist oder nicht.

3. Da die Konsumenten dem Persönlichen und Individuellen großen Wert beimessen, bringen sie ganz selbstverständlich auch ihre Individualität in die Beurteilung der gekauften Produkte mit ein. Auf diese Art und Weise tragen sie aktiv dazu bei, die Persönlichkeit und den Charakter einer Marke gemäß ihrer eigenen Situation zu definieren." (Clark, 1987, S. 35).

Die beiden letzten Argumente sind sehr wichtig. Selbst für globale Produkte sind es die Verbraucher, die die Identität einer Marke gestalten. Und sie tun dies fast ausschließlich auf der Grundlage ihrer lokalen Kultur und ihrer persönlichen Identität. So gesehen sind globale Marken (z. B. Coca-Cola) nichts anderes als ein Portfolio lokaler „Marketing-Aktiva": heterogene, örtlich definierte Images, die jedesmal von einem Bestand an Bekanntheit profitieren und unter einem einzigen, lexikalisch identischen Namen zusammengefaßt sind.

> **Beispiel 6.1: „Europäische" Biere**
>
> Es ist typisch für die Vielfalt der europäischen Brauindustrie, daß Biermarken je nach Land in verschiedenen Marktsegmenten angesiedelt werden. Ausländische Biere werden in fast jedem Land als Premiummarken angesehen[9]. Ein gutes Beispiel dafür ist die französische Marke „Kronenbourg 1664" von BSN. Dieses Bier wird in Frankreich in einem mittleren Marktsegment angeboten. Auf den meisten anderen europäischen Märkten jedoch gilt „Kronenbourg 1664" als Premium-Bier. Ein italienischer Bierbrauer brachte es auf den Punkt: „Ausländische Biere können aufgrund ihres Qualitätsimage regelmäßig im Hochpreissegment verkauft werden." Allerdings bestehen für Brauereien, die diese Strategie verfolgen, auch Gefahren. „Das belgische ‚Stella Artois' gilt in Großbritannien als Premium-Bier. Es ist dort

---

9   Deutschland stellt hier aufgrund der besonderen Bedeutung des Reinheitsgebotes eine Ausnahme dar. Ausländischen Bieren, die nicht nach dem Reinheitsgebot gebraut sind, wird, sofern sie überhaupt auf dem Markt Fuß fassen, eine hohe Qualität im allgemeinen abgesprochen.

eines der teuersten Biere auf dem Markt und die Leute kaufen es, gerade weil es teuer ist. Wenn die vielreisenden Briten nun aber nach Belgien kommen, entdecken sie, daß ,Stella Artois' ein billiges Bier ist. Und dann fragen sie sich, ob es gerechtfertigt ist, daß sie in Großbritannien soviel dafür bezahlen" (ein französischer Brauerei-Manager).

Quelle: Steele, 1991, S. 58

Der Globalisierungsprozeß scheint dem Verbraucher mehr auferlegt als umgekehrt von ihm verursacht oder beschleunigt zu sein. Ein sehr wichtiger Faktor des Widerstandes gegen die Globalisierung wird oft übersehen: die Kultur. Kulturelle Unterschiede beeinflussen sowohl das Verhalten der Verbraucher als auch das Marketing-Umfeld und erklären eine große Zahl gescheiterter Strategien, die es mit der Philosophie der Globalisierung etwas zu weit trieben. Belege dafür, daß kulturelle Unterschiede in der nahen Zukunft nicht verschwinden werden, gibt es viele: Sprachen, politische Institutionen, Eßgewohnheiten, kulturelle Konflikte, die sich Teile der Bevölkerung innerhalb politisch homogener Länder liefern usw.

Die anfechtbarste Hypothese, die der Globalisierung unterliegt, ist die, daß wir uns alle auf einen „modernen Lebensstil" zubewegen, der ungefähr dem „American way of life" entspricht. Die wahre Globalisierung der Konsumgewohnheiten wird erst dann stattfinden, wenn Globalisierung nicht mehr als Einbahnstraße verstanden wird, die in den USA ihren Ausgangspunkt hat und in andere Länder führt.

Ein Beispiel mag dies verdeutlichen: Der Export echter französischer Gänseleber in die USA wird von den amerikanischen Behörden meist mit dem Hinweis auf die mangelnde Hygiene der französischen Herstellungsstätten untersagt. Tatsächlich aber würde die Reinigung der Herstellungsstätten und die Pasteurisierung des Produktes für die Franzosen eine Bedrohung des Geschmacks und der Qualität ihres Produktes darstellen. Wollten die Amerikaner globale Verbraucher werden, so müßten sie die echte französische Gänseleber einführen. Denn selbst wenn diese nicht pasteurisiert ist und möglicherweise einige (ungefährliche) Bakterien enthält, ist sie dennoch das wahrhaft globale Produkt – mit dem echten Geschmack und der richtigen Konsistenz.

● Werden sich die Verbraucher der Globalisierung widersetzen?

Genaugenommen ergeben sich aus der Überschrift zwei unterschiedliche, aber zusammengehörende Fragen:

– Gibt es intellektuelle, ethische oder praktische Gründe, lokale Kulturen und die Verbraucher vor der Globalisierung der Konsumgewohnheiten zu schützen?
– Welche Möglichkeiten hat der Einzelne oder die Gesellschaft insgesamt, sich der Globalisierung zu widersetzen?

104

Bei der Erörterung der Frage nach dem Respekt der lokalen Kultur durch das internationale Marketing sagt Sherry (1987, S. 189): „Die wichtigste Regel einer solchen Marketing-Strategie besteht ... darin, vor allem keinen Schaden anzurichten. In der Begeisterung für die Globalisierung wurde die Bewahrung lokaler Kulturen als Opportunitätskosten angesehen. Wenn die kulturelle Unversehrtheit mit dem Geschäftemachen einhergeht, ist es gut. Wenn nicht, ist die gesellschaftliche Zersetzung häufig der Preis des Fortschritts."

Es fällt nicht schwer vorauszusagen, daß die Verbraucher Widerstand gegen die Globalisierung leisten werden, wenn sich dadurch so negative Konsequenzen vermeiden lassen, wie sie sich z. B. beim Verkauf von Milchpulver in Entwicklungsländern ergeben haben. Das Milchpulver war Müttern ohne ausreichende Produktinformation als Muttermilchersatz verkauft worden und schien den Tod zahlreicher Babys hervorzurufen. Die Mütter verwendeten zur Herstellung unabgekochtes verschmutztes Wasser oder bewahrten die fertige Milch falsch auf. Außerdem fehlten der Milch die natürlichen Abwehrstoffe, die dem Baby beim Stillen automatisch zukommen (Sethi und Post, 1978).

Doch natürlich gibt es auch Argumente, die für die Globalisierung sprechen. Globales Marketing kann als machtvolles Instrument zur Förderung der wirtschaftlichen Entwicklung dargestellt werden (Cundiff und Hilger, 1982). Angeblich ermutigt es Verbraucher in Ländern mit mangelndem Warenangebot zum Ausdruck ihrer Bedürfnisse und fördert dadurch die Bildung lokaler Industrien zur Befriedigung dieser Nachfrage. Ob dies wirklich so ist, bleibt umstritten. Belk (1988) beschreibt die Kultur des Verbrauchers in der Dritten Welt und unterstreicht den Hang zum Hedonismus, der zu Prestigekäufen führt, bevor überhaupt Grundbedürfnisse befriedigt sind. „Unter solchen Umständen besteht die Lösung darin, die Konsumausgaben in anderen Bereichen einzuschränken ... um sich Luxusgegenstände wie Kühlschränke, Fernsehapparate oder Automobile leisten zu können ... Eine Kürzung des Nahrungsverbrauchs, um sich einen Kühlschrank leisten zu können, ist eine Situation, die nicht der Ironie entbehrt" (Belk, 1988, S. 118).

Aus diesem Grunde spricht sich ein wachsender Teil der Literatur, die sich mit der Rolle des Marketing für die wirtschaftliche Entwicklung beschäftigt, für ein neues Marketingsystem aus:

„... (a marketing system) which must design, deliver and legitimate products and services that increase the material welfare of the population by promoting equity, justice, and self reliance without causing injury to tradition" (Dholakia, Sharif und Bandari, 1988, S. 141–142).

Eine andere implizite Hypothese der Globalisierung der Konsumgewohnheiten besagt, daß die Konsumenten mit dieser Entwicklung zufrieden seien. Demnach hätten sie keinen Grund, die Ausbreitung von Produkten guter Qualität zu vernünftigen Preisen abzulehnen. Dieses Argument ist nicht leicht zu entkräften. Wir sollten aber nicht vergessen, daß Menschen manchmal auch den „Konsum" ihrer eigenen Kultur brauchen. Es besteht gleichzeitig eine Nachfrage nach lokalen kulturellen Produkten (bei den audiovisuellen Medien z. B.) und nach kulturfremden Produkten. Die lokalen Produkte werden gekauft, weil durch ihren Konsum die Identität der eigenen Kultur bestätigt wird.

Als bestes Beispiel hierfür können volkstypische Speisen dienen, die bspw. im krassen Gegensatz zum globalen Fast food stehen.

Diese Feststellungen geben den weiter oben zitierten Argumenten von Clark (1987) wieder Gewicht: Wenn ein sogenannter globaler Verbraucher ein sogenanntes globales Produkt kauft, wird er dabei stark von seinem kulturellen Hintergrund bestimmt. Er kauft das Produkt nicht, weil es global ist oder als solches gilt. Diese Tatsache legt nahe, daß viele Produkte, die global erscheinen, es in Wirklichkeit gar nicht sind.

Ein Beispiel vermag diesen Punkt zu verdeutlichen: die Einführung von McDonald's in Deutschland. Das Unternehmen hat mit seinen Restaurants, die meist sehr günstig liegen und über eine für Fast-food-Verhältnisse gehobene Ausstattung verfügen, in Deutschland großen Erfolg. Oberflächlich betrachtet handelt es sich bei McDonald's um ein globales Unternehmen mit globalen Produkten. Dennoch gibt es zwischen McDonald's in den USA und McDonald's in Deutschland große Unterschiede: das Produktsortiment ist nicht identisch, der Kundenkreis ist unterschiedlich, und die Motivationen zu einem Besuch bei der Kette weichen ab. In Deutschland ist McDonald's kein Restaurant, das man, wie in den USA, den ganzen Tag besuchen kann. Es wird kein Frühstück serviert. Und McDonald's wird auch nur selten deshalb besucht, weil man keine Lust hat, zu Hause eine Mahlzeit zuzubereiten. Dieser letzte Grund ist in den USA sehr wichtig. In Deutschland ist McDonald's vor allem bei Kindern und der jüngeren Generation allgemein beliebt. Natürlich werden die heutigen deutschen Kinder die Erwachsenen von morgen sein. Aber bedeutet dies, daß sich die Motivationen der Deutschen, McDonald's zu besuchen, auf lange Sicht doch denen in den USA angleichen werden? Wie werden die Deutschen am Tag, an dem McDonald's anfängt, Frühstück zu servieren, auf „Egg's McMuffin's" reagieren?[10]

● Individuelle Möglichkeiten des Widerstands gegen die Globalisierung

Die Konsumenten haben mehrere Möglichkeiten, sich der Globalisierung zu widersetzen. Die einfachste Lösung besteht darin, „mit dem Einkaufszettel abzustimmen". Die Verbraucher können sich beim Einkauf bewußt oder unbewußt für oder gegen globale Produkte entscheiden. Allerdings ist hierbei der Rahmen ihrer Entscheidung dadurch vorgegeben, welche Produkte in den Läden zu finden sind. Tendiert das Warenangebot in den Geschäften z. B. insgesamt in Richtung globale Produkte, ist es schwierig, sich dagegen mit dem Einkaufszettel zu wehren. In diesem Fall stehen zwei weitere Möglichkeiten des Widerstandes gegen die Globalisierung offen. Entweder die Konsumenten stimmen für Regierungen, die Maßnahmen ergreifen, die eigene Kultur zu schützen; oder sie schließen sich Verbraucherbewegungen – z. B. gegen „Fast-food-Restaurants" – an.

---

10 Um allen Mißverständnissen vorzubeugen, sollte hier unterstrichen werden, daß die Autoren nichts gegen die Firma McDonald's haben. Wir sind, im Gegenteil, vor allem auf Auslandsreisen treue Kunden des Unternehmens. Aber man kann nicht umhin, festzustellen, daß McDonald's außerhalb der USA beträchtlichen kulturellen Einfluß hat.

Beides könnte dazu führen, daß bereits abgebaute künstliche Markteintrittsschranken wieder errichtet werden.

6.2 Globalisiert sich der Wettbewerb?

● Beweise aus makroökonomischer Sicht

Ernsthafte Zweifel an der Globalisierung des Angebots sind kaum möglich. Die makroökonomischen Daten zeigen deutlich, wie sich der Wettbewerb sowohl regional als auch weltweit ausdehnt. Die vorrangigen Ursachen für die Vergrößerung der Absatzgebiete liegen im Abbau von Handelsbarrieren einerseits und der Nutzung von Skalen- und Lerneffekten andererseits. Die Präferenzen der Verbraucher spielen bei der Ausdehnung der Märkte nur eine untergeordnete Rolle.

Im Laufe der letzten vierzig Jahre ist das Volumen des internationalen Handels unaufhörlich und deutlich schneller gewachsen als die Summe der Bruttoinlandsprodukte der daran beteiligten Länder. Von einer jeweiligen Basis von 100 im Jahre 1970 ausgehend, erreichte der Index der weltweiten Exporte im Jahr 1984 die Zahl 184, die weltweite Produktion dagegen nur 154. Noch deutlicher ist der Anstieg bei den Industrieerzeugnissen. Hier stieg der Index der weltweiten Exporte von 16 im Jahre 1948 auf 238 im Jahre 1984. Dies entspricht beinahe einer Vervielfachung um den Faktor 15. Die weltweite Produktion industrieller Güter vervielfachte sich dagegen im selben Zeitraum „nur" um 5,6 – von 30 auf 167 (GATT, 1986).

Alle diese Zahlen belegen einen langfristigen Trend: Die industrielle Produktivität wächst im Gleichschritt mit der zunehmenden Liberalisierung der internationalen Märkte und führt zu einer Globalisierung des Wettbewerbs. Oder anders ausgedrückt: Weltweite Produktivitätssteigerungen bereiten den Weg für die Globalisierung des Wettbewerbs, haben aber die Liberalisierung des internationalen Handels zur Bedingung.

Abbildung 16, Seite 108, zeigt, daß auch in der jüngsten Vergangenheit (1983–1988) die Zunahme des internationalen Handels größer war als die der Produktion. Die Wirtschaftsbeziehungen zwischen den Ländern hören nicht auf zu wachsen, und als logische Folge nimmt auch der internationale Wettbewerb zwischen den Unternehmen zu.

Eine ähnliche, sogar noch beschleunigte Entwicklung kann auch auf regionaler Ebene (Ländergruppen) beobachtet werden. Die Globalisierung des Angebots hat ihre Wurzeln auf regionaler Ebene, wo Entfernungen eine kleinere Rolle spielen. Dies ist auch Teil der Botschaft von Ohmae (1985), auf die wir im folgenden Kapitel näher eingehen. Der intra-regionale Handel innerhalb der Europäischen Gemeinschaft wuchs in den sechziger und siebziger Jahren viel schneller als der Welthandel (Usunier, 1980). Aber auch in anderen Teilen der Erde hatte der regionale Handel in jüngster Vergangenheit enorme Zuwächse. So z. B. in der westpazifischen Zone (vor allem Südostasien, Japan, Australien und Neuseeland), wo zwischen 1980 und 1988 jährlich durchschnittliche Steigerungen von 32 Prozent zu verzeichnen waren. Im gleichen Zeitraum nahm der Handel in

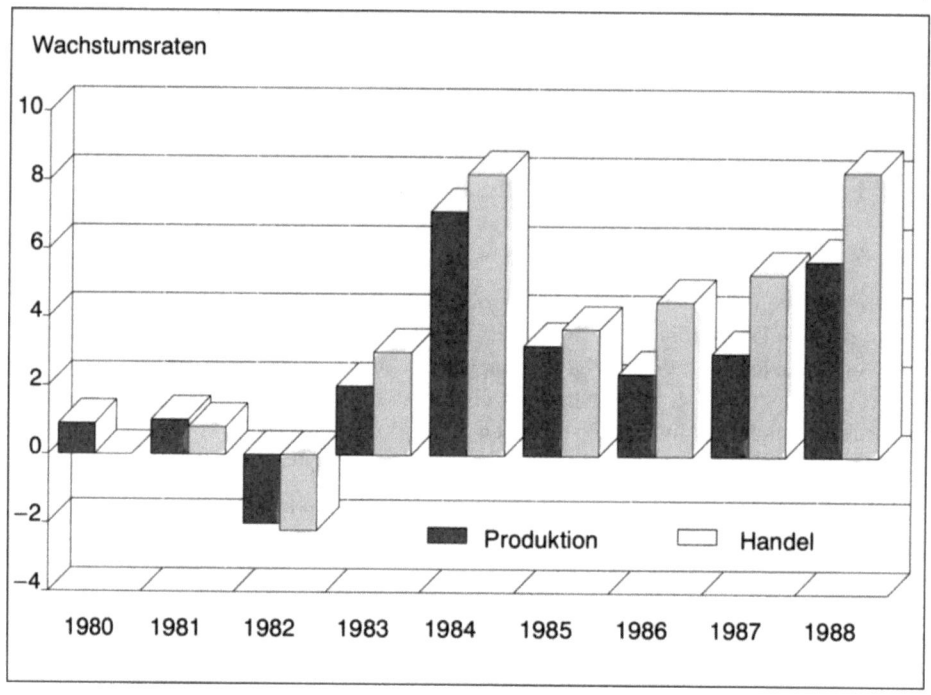

Quelle: Ludlow, 1990, S. 5

Abbildung 16: Weltweite Wachstumsraten von Handel und Produktion (1980–1988)

Westeuropa mit 14 Prozent und in Nordamerika mit 16 Prozent pro Jahr vergleichsweise bescheiden zu (Ludlow, 1990). Letztere Zahlen machen u. a. deutlich, daß sich die Globalisierung des Wettbewerbs Anfang der achtziger Jahre in Europa verlangsamt hat. Mit dem Wegfall der Grenzen innerhalb der Europäischen Gemeinschaft seit Januar 1993 wird sich dieses Bild allerdings wieder ändern.

● Die Globalisierung des Wettbewerbs aus der Sicht der Unternehmen

Viele internationale Unternehmen wurden durch Druck von außen gezwungen, ihre Geschäfte weltweit auszudehnen. Hiervon betroffen war u. a. auch die Firma „Black & Decker". Der Hersteller von tragbaren Elektro-Werkzeugen sah sich hartem Konkurrenzdruck der japanischen Firma „Makita" ausgesetzt. Die Gründe für den Wandel bei Black & Decker und die Bedeutung der Globalisierung für die Firma werden im Magazin „Fortune" beschrieben (Saporito, 1984, S. 24): „Makita ist der stärkste Konkurrent von Black & Decker und verfolgt eine globale Strategie. Für Makita ist es gleichgültig, ob die Deutschen eher robuste, kraftvolle und die Amerikaner leichtere Bohrmaschinen vorziehen. Makita denkt anders: Macht eine gute Bohrmaschine zu einem guten Preis, und sie wird sich in Baden-Baden und Brooklyn verkaufen."

Der Trend zur Globalisierung des Wettbewerbs wurde von den Wirtschaftsmagazinen klar erkannt und beinahe beworben. So trägt die erste Seite des Magazins Fortune vom 14. März 1988 den Titel: „Your New Global Market: How to Win the World War for Profits and Sales". Die meisten Artikel beschäftigen sich mit Globalisierungstendenzen in bestimmten Branchen. Das verwendete Vokabular ist dabei häufig dem Militärjargon entliehen: Schlachtrufe, Wirtschaftskrieg, strategische Waffen usw.

Der Tonfall in der Öffentlichkeitsarbeit der großen internationalen Unternehmen ist selbstverständlich moderater. Das japanische Handelsunternehmen „Sumitomo" (Sumitomo, 1988), das sich aufgrund seiner weltweiten Verwurzelung zu Recht als globales Unternehmen bezeichnet, betont: „Das Überleben des Namens Sumitomo seit beinahe vier Jahrhunderten zeugt von unserer soliden Geschäftsphilosophie. Aus diesem Grund können wir uns vertrauensvoll als ‚Global Market Makers' bezeichnen. Global zu sein bedeutet, langfristig und auf die gesamte Welt ausgerichtet zu sein. Darauf bauen wir unsere Geschäftsverbindungen und unser Handeln auf."

Michael Porter hat den stattfindenden Wandel des internationalen Wettbewerbs klar analysiert. Im Kampf um Wettbewerbsvorteile vollzieht sich innerhalb der einzelnen Branchen eine Entwicklung von einem länderspezifischen zu einem globalen Markt. Porter erachtet die Globalisierung nicht als vom Konsumenten angetrieben, sondern als einen strategischen Zug der internationalen Unternehmen, die versuchen, durch weltweite Integration ihrer Aktivitäten auf verschiedenen Stufen der Wertekette Wettbewerbsvorteile zu erlangen.

Bei diesen Bemühungen sind die Unternehmen auf den Erhalt und Ausbau der Liberalisierung des Welthandels angewiesen. Die Globalisierung des Wettbewerbs wird somit von Vorgängen bedingt, in die die multinationalen Unternehmen gar nicht aktiv eingreifen können – im wesentlichen von den Gesprächen im Rahmen des GATT.

Neben der Auswirkung auf die Wettbewerbsstruktur in bestimmten Branchen hat die Globalisierung auch Einfluß auf die Zahlungsbilanzen zahlreicher Staaten. De Bettignies (1989) belegt, wie die Globalisierung der japanischen Wirtschaft diesbezüglich eine Bedrohung für Europa und die USA darstellt. Der freie Handel kann nur aufrechterhalten und ausgeweitet werden (auf den Bereich der Dienstleistungen z. B.), wenn auf der Welt ein gewisses Gleichgewicht der Handels- und Zahlungsbilanzen herrscht. Besteht dieses Gleichgewicht nicht, drohen neue Handelsbarrieren – und damit unweigerlich auch eine Abschwächung der Globalisierungstendenzen.

Beispiel 6.2: Das europäische Programm 1992: die regionale Globalisierung des Wettbewerbs

Von den Römischen Verträgen bis zur Einheitlichen Europäischen Akte waren die wichtigen europäischen Verträge immer darauf ausgerichtet, den fragmentierten europäischen Markt zu vergrößern. Zollgrenzen wurden zwischen den sechs Gründerstaaten der Europäischen Gemeinschaft bereits 1968 abgebaut. Aber mit dem Eintritt weiterer Mitglieder hat sich der Integrationsprozeß verlangsamt.

Zunehmender weltweiter Wettbewerb, ausgelöst vor allem von Japan und den südostasiatischen Staaten, verstärkte wieder das Bewußtsein um die Notwendigkeit, einen gemeinsamen europäischen Binnenmarkt zu schaffen (Weißbuch der Kommission der Europäischen Gemeinschaften, Vollendung des Binnenmarkts, 1985).

Das europäische Programm für 1993 ist ein Anhängsel des Weißbuches der Kommission der Europäischen Gemeinschaften von 1985. Die Logik, die dem Programm unterliegt, wird von den Autoren des Berichts über die Kosten der Nichtverwirklichung des Binnenmarktes (Cecchini-Report, 1988) dargelegt: „Der Weg zu einem integrierten Markt wird für beide Hauptakteure, den Regierungen und der Industrie, nur über harte Anpassungsmaßnahmen und der Notwendigkeit neuer Strategien führen. Das Aufheben schützender Schranken eröffnet der Industrie auf der einen Seite eine Fülle neuer Möglichkeiten. Auf der anderen Seite bedeutet es aber auch das endgültige Aus für leichte Gewinne aufgrund geschützter Märkte oder Monopolstellungen. Die Situation wird in Zukunft von einer ständigen Erneuerung des Wettbewerbs gekennzeichnet sein."

Quelle: Usunier, 1991, S. 73

6.3 Globale Strategien im internationalen Marketing?

Während die Angebotsseite zu Globalisierung zwingt, bestehen auf der Nachfrageseite Vorlieben für kulturell differenzierte Produkte fort. Wie können Unternehmen diesem scheinbaren Dilemma entkommen? Wie können unter dem starken Druck des Wettbewerbs Produkte und Strategien globalisiert werden, wenn die Konsum- und Lebensgewohnheiten zumindest noch teilweise der Globalisierung widerstehen? Diese Frage kann in zwei wichtige Aspekte unterteilt werden:

– Programm-Standardisierung: Inwieweit müssen Absatzpolitik und -maßnahmen in verschiedenen Ländern standardisiert werden?
– Prozeß-Standardisierung: Inwieweit müssen Organisationsstrukturen und Kontrollsysteme standardisiert bzw. zentralisiert werden (vgl. auch Kapitel 7.2)?

● Die Standardisierung der internationalen Marketing-Programme

Seit dem grundlegenden Artikel von Buzzell (1968) „Can You Standardize Multinational Marketing?" gab es eine ganze Reihe von Beiträgen, die zu erklären versuchten, wie man den besten Kompromiß zwischen Standardisierung und Differenzierung der Absatzpolitik für unterschiedliche ausländische Märkte findet. Die diesbezügliche Diskussion ist stark von normativen Standpunkten und dem Rückgriff auf Anekdoten geprägt. Die Autoren bewegen sich zwischen zwei Extremen:

– Auf der einen Seite wird die Globalisierung als „neues Paradigma" für das internationale Marketing angesehen.

„Eine wachsende Anzahl von Konsumenten sind bereit, ihre spezifischen Vorlieben für gewisse Eigenschaften von Produkten, für bestimmte Funktionen und Designs, im Tausch gegen ein globales, standardisiertes Produkt, das weniger kostet, aufzugeben" (Hampton und Buske, 1987, S. 263). Laut Hampton und Buske nähern sich nationale Bedürfnisse und Wünsche weltweit aneinander an. Somit ist die Entwicklung in Richtung des Paradigmas des globalen Marketing vorgegeben. Eine Anpassung von Produkten würde der Realität entgegenlaufen.

– Auf der anderen Seite gilt die Globalisierung als notwendiger Trend, der sich allerdings nur unter starken äußeren Einschränkungen vollzieht. Klimatische und physische Ländereigenschaften sowie gesetzliche Regelungen über Produktnormen, Absatzförderungsmaßnahmen, Steuern u. a. Dinge behindern die Standardisierung der Marketing-Programme – allen voran in den Entwicklungsländern (Hill und Still, 1984).

Beide Positionen berücksichtigen nicht die Wünsche der Verbraucher in bezug auf die Produkte, die sie tatsächlich gerne auf ihren Märkten vorfinden würden. Entweder wird die Verschiedenheit der Bedürfnisse verneint oder man betrachtet sie als äußeren Zwang.

• Der Widerspruch zwischen unflexibler Fertigung und differenzierten Produkten: Kompromisse sind möglich

Im Hintergrund der Debatte über Globalisierung steht für die internationalen Unternehmen die praktische Frage nach der Organisation des Produktionsprozesses. Die Produktionsleitung bevorzugt eine relativ unflexible Fertigung, um die Produktionskosten mittels hoher Losgrößen niedrig zu halten. Die Marketing-Manager dagegen streben Produktdifferenzierungen an, um den Bedürfnissen der verschiedenen Marktsegmente gerecht zu werden.

Das scheinbare Dilemma zwischen Produktion und Marketing kann durch die Anwendung flexibler Produktionstechnologien (CIM, CAM) überwunden werden. Produktanpassungen können so weitgehend ohne negative Auswirkungen auf die Fertigungskosten vorgenommen werden. Die Planung der Produkte auf der Basis standardisierter Komponenten ermöglicht gleichzeitig zunehmende Skalenerträge durch große Losgrößen und differenzierte Endprodukte. Durch eine Verlagerung der Produktanpassung auf eine spätere Phase des Produktionsprozesses oder auf den Distributionskanal können viele Produkte in großen Losgrößen produziert und dennoch an die Wünsche der Konsumenten angepaßt werden (siehe Beispiel 6.3).

Beispiel 6.3: Die „verlängerte" Standardisierung von Zwischenprodukten

Bei der „verlängerten" Standardisierung von Zwischenprodukten nimmt der Hersteller eine Differenzierung der Produkte erst relativ spät im Produktionsprozeß vor. Zwischenprodukte, die später in verschiedene Endprodukte eingehen, werden standardisiert: Der gleiche Stecker, z. B., wird für mehrere elektrische Apparate verwendet. Standardisierte Zwischenprodukte sind also Komponenten, deren Konzeption und Losgröße im Hinblick auf unterschiedliche Verwendungen optimiert ist. Hierdurch kann eine beträchtliche Verringerung des Bestandes an Zwischenprodukten erreicht werden. Die folgenden Beispiele unterstreichen die Vorzüge der verlängerten Standardisierung:

Der Glasproduzent „Cristalleries de Saint-Louis" hat nur eine begrenzte Anzahl von Gußformen, in denen alle Gläser des Sortiments gefertigt werden. Die unterschiedlichen Endbearbeitungen (Größe, Gravur, Verzierung) erfolgen am Ende des Herstellungsprozesses an den „Einheitsgläsern", die zuvor in großen Stückzahlen gefertigt worden waren.

Derselbe „Tartare"-Käse wird erst im letzten Augenblick gewürzt und in verschiedene Behältnisse abgepackt: aluminiumverpackte Einzelportionen in Plastikschachteln, Plastikbehälter mit oder ohne kartonierte Einlage ... In anderen Fällen wird eine immer gleiche Käsemasse am Ende der Produktion mit verschiedenen Geschmacksstoffen versehen (Cherry, Porto, Nuß ...).

Die Firma „Canson & Montgolfier" stellt Papier verschiedener Gewichtsklassen auf breiten (2,20 m) und mehrere hundert Meter langen Rollen her. Dieser vorgelagerte Teil des Herstellungsprozesses ist wenig flexibel, erfordert hohe Investitionen und eine spezielle Technologie. Jeder Rollentyp wird nur wenige Male im Jahr hergestellt und dann zwischengelagert. Ausgehend von diesen Grundprodukten werden dann erst kurz vor Auslieferung die Endarbeiten vorgenommen, die das Papier auf die im jeweiligen Land gewünschten Formate und Ausführungen bringen.

Bei „Petit-Bateau" werden bei der Herstellung von Strickwaren ungebleichte Fäden versponnen. Gefärbt werden die Produkte erst später. Auch bei „Dim" werden Strumpfhosen ohne Farbe hergestellt. Der Farbstoff wird (in einer Spezialfabrik) erst zuletzt aufgebracht. Dadurch kann die Firma ihr Angebot schnell an Änderungen bei den gewünschten Farbtönen angleichen.

Quelle: Deher, 1986, S. 66

Für welche Branchen eine Fertigung von Komponenten (Modulen) besonders interessant ist, zeigt Abbildung 17, Seite 113. Gleichzeitig sind der Abbildung Hinweise darüber zu entnehmen, welche Branchen von einer zentralen bzw. dezentralen Produktion profitieren. Interessanterweise können innerhalb derselben Branche (Flugzeugbau) diametral entgegengesetzte Produktionsstrategien zum Erfolg führen, wenn staatliche Subventionen erfolgen (Airbus).

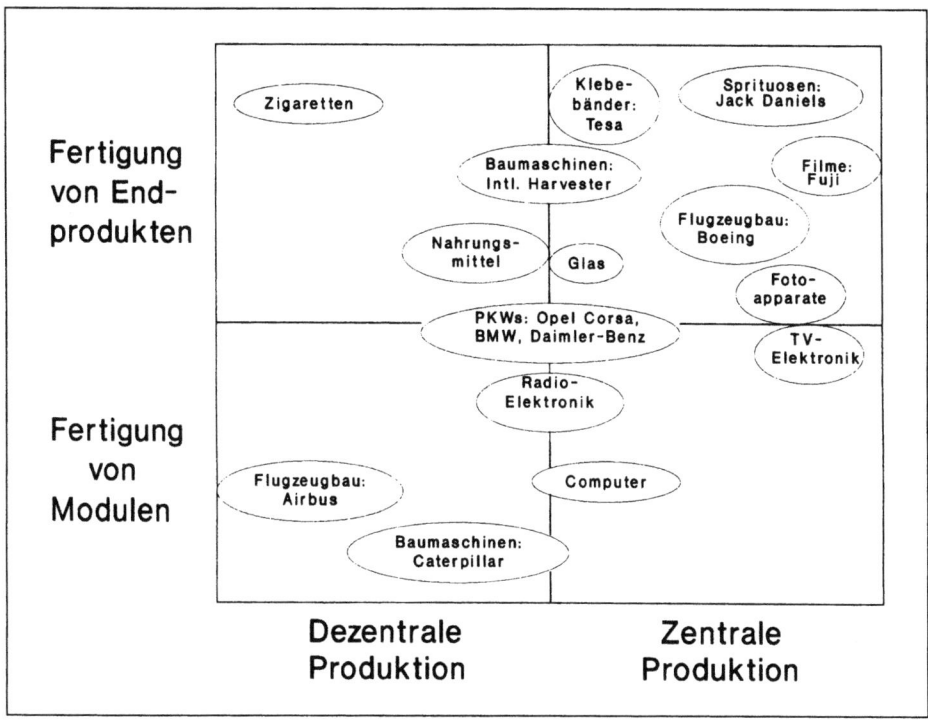

Quelle: Kreutzer, 1989, S. 272

Abbildung 17: Matrix globaler Produktionsstrategien auf Branchenniveau

Durch den Einsatz moderner Produktionsmethoden haben die Unternehmen also die Möglichkeit, sich dem globalen Wettbewerb zu stellen und gleichzeitig Produkte und Marketingstrategien den (noch) nicht globalen Bedürfnissen nationaler Märkte anzupassen.

Warum, so fragt man sich, wird dann Globalisierung so sehr als „Paradigma des Handelns" dargestellt?

● Globalisierung als Vorwand zur Zentralisierung von Unternehmen

Die Antwort auf die zuletzt gestellte Frage verbirgt sich sehr wahrscheinlich hinter der Art und Weise, wie die komplizierten Gebilde der internationalen Unternehmen aufgebaut sind und kontrolliert werden.

In den sechziger und siebziger Jahren sind die multinationalen Unternehmen weltweit sehr schnell gewachsen. Dabei wurde den Länderniederlassungen auf derem jeweiligen nationalen Markt große Entscheidungsfreiheit eingeräumt. Man verlangte von den Niederlassungen zwar, die Werte und Organisationsformen der Zentrale zu übernehmen, unterstützte sie jedoch auch dabei, sich vollkommen am nationalen Markt auszurichten. Das bedeutete viel Freiheit für die Niederlassungen: Wahl des Produktsortiments, Anpassung von Produkten, Kreation neuer Produkte etc. In der Folge haben die Niederlassungen dann wiederholt die Botschaft „unser Markt hat seine eigenen Gesetze" benutzt (unterschwellig wollten sie damit sagen: „Wir sind die einzigen, die diesen Markt verstehen"), um ihre lokale Entscheidungsfreiheit über die Absatzpolitik zu verteidigen. Dabei schreckten sie manchmal selbst vor Scheinargumenten nicht zurück.

Anfang der achtziger Jahre sahen sich viele multinationale Unternehmen genötigt, ihre Organisationsstruktur zu straffen. Als Reaktion auf die Globalisierung des Wettbewerbs wollten die Zentralen den Handlungsrahmen der Töchter einschränken und die Kontrolle über die Umsetzung der Marketing-Strategien zentralisieren (vergleiche dazu auch Beispiel 6.4).

Beispiel 6.4: Reaktionen der europäischen Filialen von Procter und Gamble bei der Einführung der „Eurobrands"

„Wir müssen dem Verbraucher Aufmerksamkeit schenken. Bei den Blindtests auf meinem Markt erreicht dieses Parfüm nicht den Minimalwert."

„Der ganze Waschmittelmarkt in Holland besteht aus Zwei-Kilo-Paketen. Sich zu einem europäischen Standard von drei oder fünf Kilo zu bewegen, wäre für uns eine Katastrophe."

„Wir haben in Italien Gesetze, die die Verwendung von Phosphaten verbieten. Daran kommen wir bei der Zusammensetzung des Produktes nicht vorbei. Und unsere Supermärkte sind nicht so groß wie in Deutschland und Frankreich, wo man das Produkt palettenweise liefern kann."

(Meinungen einiger Manager in den nationalen Filialen)

„Den ‚europäischen Verbraucher' gibt es nicht. Deshalb hat es auch keinen Sinn, von ‚Eurobrands' zu sprechen. Die englische Hausfrau hat andere Bedürfnisse als die deutsche. Wenn wir uns in Richtung eines Systems bewegen, das unsere bisherigen Überlegungen über den Haufen schmeißt, werden wir große Probleme bekommen. Standardisierung führt zu zwei Arten von Zwängen, die sich gegenseitig aufwiegen: Einerseits müssen die Bedürfnisse aller befriedigt werden (in diesem Fall werden wir einen Rolls Royce bauen, den niemand bezahlen kann), andererseits muß man das Produkt mit dem kleinsten gemeinsamen Nenner finden (in diesem Fall stellt man ein Produkt her, das niemanden befriedigt und auf keinem Markt wettbewerbsfähig ist). Diese Zwänge entsprangen höchstwahrscheinlich einem dieser elenden Kompromisse, die so oft Ergebnis von Ausschußentscheidungen sind."

(Meinung des Generaldirektors einer europäischen Filiale)

Quelle: In Anlehnung an Bartlett, 1983

Zur Illustration ist es interessant zu zitieren, was das Magazin *Fortune* (Saporito, 1984, S. 26) „Black & Decker's Gamble on Globalisation" nennt:

„Die Globalisierung wurde in Europa nicht gut aufgenommen. Und dies aus einem guten Grund: Black & Decker hielt auf dem Kontinent einen Marktanteil von 50 Prozent und in Großbritannien eindrucksvolle 80 Prozent. Die europäischen Manager fragten, warum man diesen Erfolg aufs Spiel setzen sollte. Aber Farley, der neue Vorstandsvorsitzende von Black & Decker, glaubte, daß die Firma in Europa auf der Stelle tritt. Der Absatz hatte sich gegenüber dem Vorjahr nicht gesteigert und die Strategie von Makita machte die Globalisierung unumgänglich ... Im allgemeinen halten sich die Leute, die Farleys Ansichten nicht teilen, nicht sehr lange. Im letzten Jahr hat er alle europäischen Direktoren entlassen."

Man kann mit einiger Berechtigung annehmen, daß die Entwicklung zu mehr Globalisierung nicht von der Nachfrage- sondern von der Angebotsseite ausgeht. Globaler Wettbewerb zwingt die multinationalen Unternehmen zu Anpassungen in der Organisationsstruktur, die sie unter der einschränkenden Rahmenbedingung eines kaum globalisierten Verbrauchsverhaltens und einem von Land zu Land abweichenden Marketingumfeld durchzusetzen versuchen. Die meisten Führungskräfte spüren, daß die Präferenzen der Verbraucher längst nicht weltweit einheitlich sind. Trotzdem vertreten sie nach außen oft eine umgekehrte Meinung. Wenn die Globalisierung des Verbraucherverhaltens als unumstößliche Tatsache präsentiert wird, ist es viel leichter innerhalb des Unternehmens Zentralisierungsmaßnahmen zu „verkaufen". Gestünde man ein, daß die Konsumgewohnheiten weiterhin von Land zu Land unterschiedlich sind, würden die Leiter der Filialen sich viel berechtigter auf ihre lokalen Besonderheiten berufen und sich den Zentralisierungsmaßnahmen widersetzen.

● Der Standardisierungsgrad absatzpolitischer Instrumente

Die empirischen Arbeiten, die die Standardisierung der internationalen Absatzpolitik untersucht haben, kommen zu uneinheitlichen Ergebnissen.

Picard, Boddewyn und Soehl (1989) wiederholten eine Studie von Hansen und Boddewyn aus dem Jahre 1976. Darin wurde die Standardisierung der verschiedenen Elemente des Marketing-Mix der in Europa tätigen amerikanischen multinationalen Unternehmen untersucht. Folgende Ergebnisse treten zutage:

- Bei langlebigen Verbrauchsgütern ergab sich, von der Produktpolitik abgesehen, eine Abnahme der Standardisierung der Absatzpolitik;
- bei kurzlebigen Verbrauchsgütern war, von der Markenpolitik abgesehen, eine starke Zunahme der Standardisierung der Absatzpolitik abzulesen;
- bei Investitionsgütern wurde überraschenderweise für mehrere Elemente des Marketing-Mix (Produktpolitik, Werbung, Markenpolitik, Kundendienst) ein klarer Trend zu weniger Standardisierung festgestellt.

Hill und Still (1984) beleuchteten die Absatzpolitik von 19 multinationalen Unternehmen, die Märkte in Schwellenländern bedienen. Von den 2200 Produkten aus 61 Unternehmen waren 1200 in den USA oder Großbritannien hergestellt worden. Die Ergebnisse zeigen, daß „… beinahe 70 Prozent der Produktanpassungen aus Absatzgründen geschahen … Für die Mehrzahl der Produkte stellt die gelungene Anpassung einen kritischen Erfolgfaktor dar" (Hill und Still, 1984, S. 94). Dieselben Autoren konnten außerdem belegen, daß in ländlichen Zonen der Schwellenländer eine umfangreichere Anpassung notwendig war als in den Städten. Dies läßt darauf schließen, daß sich traditionelle Verbrauchsmuster in ländlichen Gebieten länger halten.

Abbildung 18, Seite 117, enthält eine Zusammenfassung der Ergebnisse von drei weiteren Untersuchungen zum Grad der Standardisierung absatzpolitischer Instrumente.

Zusammenfassend können wir feststellen, daß es einen eindeutigen Trend zur Globalisierung des Wettbewerbs gibt. Künstlich auferlegte Marktschranken werden immer mehr abgebaut. Dafür gewinnen natürliche Markteintrittsschranken, wie z. B. Skaleneffekte und profunde kulturelle Marktkenntnisse, zunehmend an Bedeutung. Vor dem Hintergrund einer sich nur allmählich und langfristig vollziehenden Globalisierung des Verbraucherverhaltens scheint die Zeit für global einheitliche Marketing-Strategien noch nicht reif. Für Großunternehmen, die ihre Basis in Europa verbreitern möchten, um durch zunehmende Skalenerträge Wettbewerbsvorteile zu gewinnen, erscheinen Akquisitionen lokaler Unternehmen ratsam. Dabei sollte Wert darauf gelegt werden, daß die aufgekauften Unternehmen ihren Markt gut kennen. Nicht globales Marketing führt zum Erfolg, sondern interkulturelles Marketing. Was man unter interkulturellem Marketing versteht und wie es sich in die Unternehmensstrategie einfügt, vertiefen wir im folgenden Kapitel.

Ergebnisse der empirischen Untersuchungen

Elemente der Marketingstrategie	Sorenson und Wiechmann, 1976		Meyer, 1977		Althans, 1980	
	Standardisierung		Standardisierung		Standardisierungsgrad	
	„hoch"	„gering"	„einheitlich"	„differenziert"	„völlig identisch" und „sehr ähnlich"	„völlig verschieden"
	%	%	%	%	%	%
Gesamte Marketingstrategie	63	27	–	–	49	30
Produkteigenschaften	81	15	45	39	92	5
Markenname	93	7	63	27	96	3
Verpackung	75	20	57	30	57	5
Preis	56	30	13	87	30	38
Grundlegende Werbebotschaft	74	20	–	–	65	14
Kreative Werbedurchführung	62	34	32	68	49	22
Werbeträgerauswahl	43	47	19	81	38	32
Verkaufsförderung	56	33	18	82	46	19
Aufgaben des Außendienstes	75	15	–	–	50	16
Steuerung des Außendienstes	73	17	20	77	60	14
Absatzweg	80	13	–	–	60	14
Typ der eingeschalteten Handelsbetriebsformen	59	34	27	73	57	11
Basis:	100 Manager aus 27 US-Multis; Branchen: Nahrung, Genußmittel.		31 Multis, zu 2/3 mit Sitz in Deutschland; verschiedene Branchen.		37 Niederlassungen bzw. Töchter multinationaler Unternehmen in der Republik Südafrika; verschiedene Branchen.	

Quelle: Berekoven, 1985a, S. 140

Abbildung 18: Der Standardisierungsgrad absatzpolitischer Instrumente

7. Interkulturelles Marketing als Bestandteil globaler Strategien

Die Globalisierung des Wettbewerbs zwingt die international tätigen Unternehmen zu globalem strategischem Management. Globales Management ist nicht untrennbar mit globalem Marketing verbunden. Wie wir bereits in Kapitel 6 zeigten, sind die Anzeichen einer weltweiten Annäherung der Nachfrage schwach. Die Welt ist (noch?) nicht das „globale Dorf" („global village"), zu dem sie oft gemacht wird. Statt globalem Marketing heißt die Lösung deshalb interkulturelles Marketing. Marketing, das kulturelle Unterschiede berücksichtigt, wird einer globalen strategischen Sichtweise am besten gerecht.

Nicht alle Branchen sind von der Ausweitung des weltweiten Wettbewerbs gleich betroffen. Im ersten Teil des Kapitels beleuchten wir, was man unter globalem Wettbewerb versteht und von welchen Faktoren er im wesentlichen getragen wird.

Globale Strategien setzen voraus, den Wettbewerb und das Entstehen von Wettbewerbsvorteilen aus einer weltweiten Perspektive zu verfolgen. Welche Formen eine solche globale Ausrichtung annehmen kann, beschreiben wir im zweiten Teil.

Der dritte Teil schließt das Kapitel mit der Vorstellung von Merkmalen und Konzepten interkulturellen Marketing ab. Interkulturelles Marketing versucht, nationale Unterschiede zu berücksichtigen und nationale Gemeinsamkeiten auszunutzen. Dort, wo kulturelle Unterschiede einen einheitlichen Ansatz unmöglich machen, werden die Marketingstrategien angepaßt; dort, wo die kulturelle Basis für länderübergreifende Strategien gegeben ist, wird das Marketing standardisiert.

7.1 Globaler Wettbewerb

● Länderspezifische und globale Branchen

Die von Michael Porter vorgenommene Unterscheidung zwischen länderspezifischen („multidomestic") und globalen Branchen findet seit dem Beginn der achtziger Jahre weite Anwendung. Laut Porter vollzieht sich innerhalb einzelner Branchen ein Wandel von einem länderspezifischen zu einem globalen Wettbewerb. Globaler Wettbewerb besteht dann, wenn „die Wettbewerbsposition, die ein Unternehmen in einem bestimmten Land innehat, ganz erheblich von seiner Stellung in anderen Ländern beinflußt wird und umgekehrt" (Porter, 1989, S. 20). In einer länderspezifischen Branche bleibt der Wettbewerb innerhalb eines Landes von Vorgängen in anderen Ländern weitgehend unbeeinflußt. Solange Branchen länderspezifisch sind, werden auf verschiedenen Märkten verschiedene Strategien verfolgt. Welche Gründe über die Ausweitung des Wettbewerbs von der Länderebene auf die globale Ebene entscheiden, besprechen wir im nächsten Abschnitt.

- Faktoren, die den globalen Wettbewerb begünstigen

Der Trend zu einer Globalisierung des Wettbewerbs betrifft nicht alle Branchen gleich. Ob der Wettbewerb global, regional oder lokal ausgetragen wird, wird im wesentlichen von vier Faktoren bestimmt, und zwar von:

- den nationalen Handelshemmnissen rechtlicher und nicht-tarifärer Art
- dem Potential für Erfahrungseffekte
- der Transportfähigkeit bzw. der Höhe der Transportkosten von Gütern
- der Kulturgebundenheit von Produkten.

Auf rechtliche Rahmenbedingungen sowie nicht-tärifäre (kulturelle) Handelshemmnisse sind wir bereits in Kapitel 1.4 eingegangen. Deshalb begnügen wir uns an dieser Stelle mit der Diskussion der drei übrigen Faktoren.

- Erfahrungseffekte

Erfahrungseffekte (auch Lerneffekte genannt) versetzen Unternehmen in die Lage, mit zunehmender Produktionsmenge die Stückkosten zu senken. Das Konzept der Erfahrungskurve besagt, daß bei jeder Verdoppelung der kumulierten Produktionsmenge eines Produktes die Herstellkosten um einen bestimmten Prozentsatz, die sogenannte Lernrate, sinken.

Erfahrungseffekte werden von vier Faktoren entscheidend beeinflußt:

- *„learning by doing":* je öfter ein Produkt hergestellt wird, desto effizienter wird der Herstellungsprozeß;
- *Skaleneffekte:* durch eine Erhöhung der Produktionsmenge kommt es zu einer Senkung der Durchschnittskosten, da Fixkosten, z. B. für Forschung und Entwicklung, auf eine größere Stückzahl von Produkten umgelegt werden;
- *technologische Verbesserungen:* eine Erhöhung der gesamten Produktionsmenge kann auf zweierlei Wegen zu technologischen Verbesserungen führen: Entweder die zur Herstellung verwendeten Maschinen werden verbessert, oder die Fertigung des Produktes wird vereinfacht (z. B. durch Reduzierung der Bauteile);
- *„economies of scope":* Produktionsfaktoren werden zur Herstellung mehrerer Güter genutzt. Bauteile bzw. Zwischenprodukte werden standardisiert und für verschiedene Endprodukte verwendet. Dadurch kommt es zu einer Erhöhung der Produktionsmenge und somit zu Skaleneffekten.

Nicht in allen Branchen ist mit Erfahrungseffekten zu rechnen, und nicht jedes Produkt hat dasselbe Potential für Erfahrungseffekte. Die in empirischen Studien gemessenen Lernraten bewegen sich üblicherweise zwischen 15 Prozent und 30 Prozent (Simon, 1991). Bei Mikrochips oder Hi-Fi-Anlagen z. B. ist die Möglichkeit, durch Erhöhung des Produktionsvolumen Kosten zu senken, größer als bei Käse oder Büchern. Viele Erfolge der Japaner auf den Weltmärkten liegen darin begründet, daß sie sich auf Produkte mit großem Potential für Erfahrungseffekte spezialisiert haben: Motorräder,

Photokopierer, Hi-Fi-Anlagen, Musikinstrumente, Fernseher etc. Konkurrenzunternehmen, die in denselben Produktkategorien auf Teilmärkten erfolgreich sein wollen, werden mangels Erfahrungseffekten immer mit höheren Stückkosten und technologischem Rückstand zu kämpfen haben.

● Transportfähigkeit von Gütern und Personen

Die Entstehung globalen Wettbewerbs wird begünstigt, wenn die (physische) Distanz zwischen einem Gut und dem Verbraucher auf kostengünstige Art und Weise überbrückt werden kann.

Die Transportfähigkeit von verschiedenen Gütern ist stark unterschiedlich. Sie hängt entscheidend vom Gewicht, dem Volumen und der Verderblichkeit des Gutes ab. Als schlecht transportfähig gelten u. a. Güter, bei denen der Transport aufgrund eines niedrigen Wert-Gewicht-Verhältnisses (oder Wert-Volumen-Verhältnisses) relativ teuer ist, d. h., die Transportkosten pro Gewichtseinheit im Verhältnis zu den Erlösen pro Gewichtseinheit hoch sind. Schlecht transportfähig sind z. B. Zement und Stahl. Bei beiden Materialien liegt der Wert pro Kilo transportierter Ware zwischen einer und zehn DM. Gut transportfähig sind dagegen Güter wie Luxus-Automobile (Kilotransportwert ca. 100 DM), Laptop-Computer (1000 DM) und Mikrochips (mehrere Tausend DM).

Allerdings kann es durchaus auch in Branchen mit schlecht transportfähigen Gütern zu einer Globalisierung des Wettbewerbs kommen. Zumindest dann, wenn Auslandsinvestitionen möglich sind und teure Transporte durch den Aufbau lokaler Produktionsstätten umgangen werden können. In der Zementindustrie z. B. findet der Wettbewerb trotz einer regionalen Segmentierung des Marktes auf globaler Ebene statt. Die beherrschenden Unternehmen sind durch Auslandsbeteiligungen und Lizenzvergaben weltweit präsent.

Transportfähigkeit betrifft nicht nur Güter, sondern auch den Verbraucher. Nehmen wir Skigebiete als Beispiel. Schnee, Skipisten und Lifte sind nicht transportfähig. Skifahrer aber können mit billigen Charter-Flügen aus schneearmen Ländern in die Skigebiete transportiert werden. Dadurch kommt es zu zwei verschiedenen Entwicklungen: weltbekannte Skigebiete, wie Kitzbühel, Zermatt oder Val d'Isère, erfreuen sich eines globalen Marktes. Gäste aus der ganzen Welt verbringen dort ihre Ferien. Gleichzeitig verbleiben in den meisten Ski-Nationen eine große Anzahl kleinerer Gebiete, die vor allem um den einheimischen Skifahrer werben. Hierbei handelt es sich um den landesspezifischen Markt. Zwischen den beiden Extremen, global und landesspezifisch, gibt es ein weiteres Segment an Skigebieten, die länderübergreifend, aber nicht weltweit um Gäste werben. Dazu gehören die meisten mittelgroßen Skigebiete in den Alpen. Sie buhlen um die Gunst der europäischen Skifahrer.

- Die Kulturgebundenheit von Produkten: das Beispiel Europa

Wie wir am Beispiel Europas sichtbar machen werden, wirkt sich auch das Ausmaß der kulturellen Bindung von Produkten (siehe Kapitel 6.1) auf den Globalisierungsprozeß des Wettbewerbs aus. Letzterer wird in der Käseindustrie sicherlich weniger schnell voranschreiten als in der Mikrochips-Industrie.

Vor mehr als 30 Jahren (1962) äußerte Fournis, daß es den „europäischen Verbraucher" nicht geben könne: Die europäischen Länder und Kulturen seien stark in ihrer Vergangenheit verwurzelt und der nationalen Identität würde als Folge einer Vielzahl von Konflikten und Kriegen große Bedeutung beigemessen.

In der Tat stehen abweichende Wirtschaftsleistungen und unterschiedliches Verbraucherverhalten einer Ausweitung des Wettbewerbs innerhalb Europas tendenziell entgegen (Boddewyn, 1981). Zwar gibt es innerhalb der europäischen Kulturen gemeinsame Werte. Und im Vergleich zu asiatischen Kulturen erscheint das europäische Wertesystem sogar einheitlich. Doch bei näherer Betrachtung kann man in seinem Inneren große Abweichungen feststellen (vgl. Beispiel 7.1).

Beispiel 7.1: Braucht der europäische Verbraucher eine europäische Kultur?

Eine stillschweigende Voraussetzung, die den Verträgen der Europäischen Gemeinschaft unterliegt, ist die Wahrung der Kultur und Identität der Mitgliederstaaten. Darunter fällt selbstverständlich auch die Wahrung der Sprache. Die sechs Gründerstaaten der EG hatten vier verschiedene Sprachen. Derzeit gibt es in der EG neun Amtssprachen. Aus diesem Grunde sind 12,75 Prozent aller 25 011 Stellen bei der EG – also unglaubliche 3190 Stellen – mit Dolmetschern und Übersetzern besetzt (Böcker, 1993).

Eine gemeinsame europäische Sprache würde die Schaffung einer gemeinsamen europäischen Kultur stark fördern und neue europäische Verbrauchsmuster hervorbringen. Dennoch – oder gerade deshalb – ist die Schaffung einer gemeinsamen europäischen Sprache ein absolutes Tabu-Thema. Artikel 34 der Einheitlichen Europäischen Akte von 1986 legt fest: „Diese Akte ist in einer Urschrift in dänischer, deutscher, englischer, französischer, griechischer, irischer, italienischer, niederländischer, portugiesischer und spanischer Sprache abgefaßt, wobei jeder Wortlaut gleichermaßen verbindlich ist ..." (Einheitliche Europäische Akte, 1986, S. 20).

Einer der größten Befürworter der Tabuisierung des Themas „gemeinsame europäische Sprache" ist Frankreich. Die Franzosen sind bekanntermaßen sehr stolz auf ihre Sprache und bemühen sich, sie vor englischen Einflüssen zu schützen. In Frankreich gab es während der letzten fünfzehn Jahre regelmäßig Erlässe, die den Gebrauch englischer Worte in französischen Texten verbieten. Die Befürchtungen der Franzosen sind typisch für den Widerstand gegen Globalisierungstendenzen. Die Franzosen glauben, daß ihre Gesellschaft durch übernommene Verbrauchsmuster amerikanisiert werden könnte. Sie sind vom amerikanischen „way of life" fasziniert wie von einem exotischen Artikel, wollen ihn aber nicht bei sich zu Hause. Mögen die Befürchtungen berechtigt sein, die Abwehrmaßnahmen sind ohne Zweifel überzogen.

Skandinavische Länder beweisen, daß es sehr gut möglich ist, eine zweisprachige Kultur zu besitzen. Die lokale Kultur besteht in traditionellen Lebensweisen und Verbrauchsverhalten, die sich wenig verändern, fort. Dazu kommt ein internationaler Life-style sowie globalisierte Verbrauchsmuster, die sich auf das Englische stützen.

Quelle: In Anlehnung an Usunier, 1991, S. 73–75

Große Unterschiede bestehen in der Art und Weise, wie die privaten Haushalte innerhalb der europäischen Gemeinschaft ihr Geld ausgeben. In Großbritannien z. B. gibt ein Haushalt im Durchschnitt 14,7 Prozent seines Einkommens für Nahrungsmittel aus. In Deutschland sind es 14,6 Prozent, in Griechenland 35,5 Prozent und in Portugal 37 Prozent. Der europäische Durchschnitt liegt bei 20,5 Prozent. Italiener verzehren pro Kopf und Jahr 152 kg Gemüse, Franzosen 108 kg und Deutsche nur 81 kg. Daß die Deutschen und viele andere Nationen beim Käseverbrauch hinter den Franzosen liegen, verdient kaum mehr der Erwähnung. Die Beispiele ließen sich unendlich fortsetzen.

Marketing-Strategien müssen auch nach 1993 weiterhin an die Märkte einzelner Länder bzw. eventuell an Ländergruppen angepaßt werden. Bier z. B. wird vom Verbraucher je nach Land mehr oder weniger bitter, schaumig, alkoholisiert, gezuckert usw. vorgezogen. Standard-Kopfkissen-Bezüge haben beinahe in jedem Land eine andere Größe. Daran hat auch der gemeinsame europäische Markt von 1993 nichts geändert. Auch Beiersdorf muß die Zusammensetzung seiner Nivea-Creme weiterhin danach richten, ob das Endprodukt in Nord- oder Südeuropa auf den Ladentisch kommt.

7.2 Globale strategische Ausrichtung

Die Globalisierung des Wettbewerbs zwingt die Unternehmen zu einer globalen Ausrichtung. Alle strategischen Entscheidungen orientieren sich am Weltmarkt bzw. dem regionalen Markt, der für das jeweilige Unternehmen relevant ist. Voraussetzung eines globalen strategischen Managements ist eine geozentrische Einstellung der Unternehmensführung[11].

---

11 Für weiterführende Darstellungen zum Thema „strategisches (Marketing-)Management" verweisen wir den Leser u. a. auf: Hout et al. (1982), Bartlett (1983), Hamel und Prahalad (1985), Quelch und Hoff (1986), Porter (1986), Ghoshal (1987), Meissner (1988), Kreutzer (1989), Meffert (1990) – (alle im Literaturverzeichnis).

- Orientierungssysteme internationaler Unternehmenstätigkeit

International tätige Unternehmen haben die Wahl zwischen verschiedenen Orientie-
rungssystemen. Neben einer bevorzugten Ausrichtung am eigenen Stammland ist eine
Orientierung am jeweiligen Gastgeberland, der bearbeiteten Region oder am Weltmarkt
insgesamt möglich[12]. Die gewählte Orientierung hat Einfluß auf sämtliche Aktivitäten
des Unternehmens (Personalwesen, Führungsstruktur, Organisation, Absatzpolitik usw.).
Auch praktische Aspekte, wie beispielsweise die Nationalität(en) der Mitglieder der
Führungsmannschaft oder die Wahl der Sprache, die zwischen den Tochterunternehmen
und dem Mutterhaus gesprochen wird, werden davon berührt.

Man unterscheidet im allgemeinen zwischen ethno-, poly-, regio- und geozentrischer
Ausrichtung (Wind et al., 1973). Alle vier Sichtweisen sind in Abbildung 19 schematisch
dargestellt.

Unternehmens-aktivitäten	Orientierungssystem			
	ethno-zentrisch	polyzen-trisch	regio-zentrisch	geozentrisch
Stellung des: – Stammlandes – Auslandes	dominant Zuarbeitung für das Stammland	Ausland gleichberech-tigt neben Stammland	in gleich-berechtigte Regionen ein-gebettet	in weltweites Netz von Niederlassun-gen einge-bunden
Strategie	stammhaus-optimal	gastland-optimal	regional-optimal	weltweit-optimal
Führungs-struktur	zentral	dezentral	dezentral + partiell zentral	zentrale Kon-trolle, dezentra-le Autonomie
Beispiel-unternehmen	US-Unterneh-men wie Ge-neral Electric, Black & Dek-ker in den 60er Jahren	Siemens, Boehringer Ingelheim, Unilever	Beiersdorf (Teilbereiche), Benickser	IBM, Honda, Minolta, Pepsi-Cola

Quelle: In Anlehnung an Kreutzer, 1989, S. 12–17

Abbildung 19: Orientierungssysteme internationaler Unternehmenstätigkeit

---

12 Welchem Entwicklungstrend das internationale Management unterliegt, stellen Macharzina und
Engelhardt (1987) im Rahmen eines Literaturvergleiches dar.

Bei der ethnozentrischen Sichtweise wird eine klare Trennung zwischen dem nationalen und dem ausländischen Markt vollzogen. Der nationale Markt steht immer vor allen ausländischen Märkten und wird bei Produktionsengpässen bevorzugt bedient. Im Ausland kann so leicht der Eindruck der Unzuverlässigkeit entstehen. Den Tochterunternehmen ethnozentrischer Unternehmen wird die Sprache des Stammhauses auferlegt. Führungspositionen in den Niederlassungen werden aus Kontrollgründen durch Mitarbeiter des Stammhauses besetzt. Umgekehrt werden ausländische Mitarbeiter höchstens dann in wichtige Positionen im Stammhaus versetzt, wenn sie mit Kultur und Sprache des Stammlandes vollkommen vertraut sind. Alle wichtigen Entscheidungen werden in der Zentrale gefällt. Den Niederlassungen verbleibt relativ wenig Entscheidungsspielraum. Viele ethnozentrische Unternehmen stehen ihrem nationalen Markt zu unkritisch gegenüber und übersehen seinen einseitigen Einfluß auf so wichtige Dinge wie die Unternehmenskultur, die Suche nach neuen Absatzmöglichkeiten, das Produktdesign und den Entscheidungsprozeß im Unternehmen. Der mangelnde Erfolg einiger europäischer Automobil-Hersteller in den USA ist, zumindest teilweise, auf nationale Vorschriften in den betroffenen Ländern zurückzuführen. In Frankreich gibt es Geschwindigkeitsbeschränkungen und eine Kfz-Steuer, die stark progressiv vom Hubraum abhängt. In Italien sind die Benzinkosten sehr hoch. Die Automobil-Hersteller beider Länder sahen deshalb davon ab, schnelle und luxuriöse Großlimousinen zu bauen. Diese Marktlücke besetzten vor dem Aufkommen der Japaner vor allem die deutschen und schwedischen Hersteller. Einer typisch ethnozentrischen Einstellung entspricht es auch, eine „amerikanische" Barbie-Puppe mit blonden Haaren und langen Beinen nach Japan zu exportieren. Gekauft wurde die Puppe erst, nachdem sie schwarze Haare und „asiatische" Körperdimensionen bekommen hatte (Ohmae, 1985).

In einem geozentrisch ausgerichteten Unternehmen wird der nationale Markt als einer von vielen Ländermärkten gleichberechtigt in den Weltmarkt eingeordnet. Eine geozentrische oder globale Orientierung setzt Denken in Weltmarkt-Dimensionen voraus. Ziel ist der Ausbau einer Weltmarktposition. Damit verbunden sind umfassende Programmstandardisierungen. Die Auswahl des Personals richtet sich nicht nach der Nationalität: „Uns ist es gleichgültig, welchen Paß unsere Leute besitzen, wichtig ist nur, daß sie die Firmenkultur verstehen, die Konzernsprache und -denkweise begreifen" (Wiechmann und Pringle, 1980, S. 8). Die Niederlassungen verfügen über Handlungsautonomie, werden aber zentral kontrolliert.

Der Polyzentrismus beruht auf der Anerkennung von Unterschieden, die auf verschiedenen Märkten bestehen. Bei diesem „Von-Land-zu-Land-Denken" kann ein Bündel nationaler Strategien entstehen, das nicht koordiniert ist und Synergiepotential unausgeschöpft läßt (Kreutzer, 1989).

Unternehmen mit regiozentrischer Orientierung fassen einzelne Märkte zu Regionen zusammen und entwickeln regionale Strategien. Regiozentrische Orientierung führt zu regionalen Marketing-Strategien und Produktstandardisierung auf regionaler Ebene (z. B. Euro-Marketing). Diese Vorgehensweise bietet sich bei Ländern mit vergleichbarem kulturellen Hintergrund bzw. bei bereits bestehenden zusammenhängenden Wirtschaftsräumen (z. B. Europäische Gemeinschaft) an.

Von Kenichi Ohmae, Direktor des Beratungsunternehmens McKinsey & Company in Tokio, stammt die These, daß jedes international operierende Unternehmen über solide Stützpunkte auf den Märkten der drei wichtigsten Industrieregionen der Welt – den sogenannten Triade-Schlüsselmärkten – Europa, USA und Japan verfügen müsse. In seinem Buch „Macht der Triade: Die neue Form weltweiten Wettbewerbs" (1985) führt Ohmae weiter aus, daß Triade-Unternehmen starke wirtschaftliche Kontakte zu den südlich ihres Zentrums gelegenen Entwicklungsländern unterhalten sollten. Ein europäisches Triade-Unternehmen operiert also vorwiegend in den USA, Japan und einigen, nach unternehmensspezifischen Gesichtspunkten ausgewählten Entwicklungsländern Afrikas oder des Mittleren Ostens; mit Europa als Zentrum wird so aus der Triade ein Tetraeder. Analog sollten nordamerikanische Unternehmen Aufträge nach Latein-Amerika vergeben bzw. japanische Unternehmen mit südostasiatischen Firmen kooperieren.

● Das Konzept des „Weltmarktanteils"

Der Hauptnutzen des Konzepts des „Weltmarktanteils" liegt darin, die Wettbewerbsposition eines Unternehmens im Verhältnis zur Konkurrenz realistisch einzuschätzen. Wie der Name bereits sagt, bezieht man sich bei der Berechnung des Weltmarktanteils auf den Weltmarkt. Eine ethnozentrische Haltung, die tendenziell zu einer Überbewertung der eigenen Position führt, wird somit vermieden. Um die Position eines Unternehmens auf dem Weltmarkt zu diagnostizieren, müssen folgende Bewertungen vorgenommen werden (oft sind nur ungefähre Schätzungen möglich):

- Größe des Weltmarkts (Umsatz, Produktionseinheiten, Preise)
- Produktionsvolumen des betroffenen Unternehmens
- Marktanteil des betroffenen Unternehmens am Weltmarkt (= Weltmarktanteil)
- Größe des notwendigen Weltmarktanteils, um angesichts möglicher Erfahrungseffekte wettbewerbsfähig zu sein.

Eine eindeutige Regel für die Errechnung des „wettbewerbsfähigen" Marktanteils gibt es nicht. Letzterer hängt von der optimalen Produktionsmenge ab. Diese wird ihrerseits hauptsächlich davon beeinflußt, inwieweit bei einem Produkt (oder einer Dienstleistung) Kostensenkungen durch Erfahrungseffekte möglich sind.

Zu den vielen Produktkategorien, bei denen es sehr schwierig ist, den notwendigen Weltmarktanteil zu erreichen, gehören z. B. Zement (hohe Transportkosten), pharmazeutische Produkte (rechtliche Handelsbarrieren) und Nahrungsmittel (uneinheitliche Präferenzen der Verbraucher). Auch bei Dienstleistungen sind Erfahrungseffekte im allgemeinen schwer zu realisieren, da Massenproduktion und Lagerhaltung kaum möglich sind. Dienstleistungen werden meist innerhalb einer engen Beziehung zu einem Kunden und abhängig von lokalen Gewohnheiten erbracht. Ein offener internationaler Markt für Dienstleistungen besteht nur selten.

Die einfachste Weise, den „wettbewerbsfähigen" Marktanteil zu bestimmen, besteht darin, den Marktanteil der erfolgreichsten Konkurrenten zu untersuchen.

Das folgende Beispiel unterstreicht die Bedeutung des Konzepts des Weltmarktanteils.

Beispiel 7.2: Der „wettbewerbsfähige" Weltmarktanteil

Fenwick war in Frankreich nicht nur der führende Hersteller für Gabelstabler, sondern auch geradezu Synonym für dieses Produkt. Vor einigen Jahren kontrollierte Fenwick 40–50 Prozent des französischen Marktes und mußte trotzdem aufgrund mangelnder internationaler Größe beinahe Konkurs anmelden. Das Unternehmen stellte im Jahr 4000 Gabelstapler her, sein größter westlicher Konkurrent, Toyota, 35 000 und sein größter östlicher Konkurrent, Balkankar (ein bulgarisches Unternehmen), 70 000. Der Weltmarkt für Gabelstapler betrug seinerzeit ungefähr 200 000 Einheiten pro Jahr. Fenwick hielt somit einen Weltmarktanteil von nur zwei Prozent. Ein „wettbewerbsfähiger" Marktanteil hätte schätzungsweise bei zehn Prozent bzw. 20 000 Gabelstaplern gelegen. Die Stückkosten von Fenwick waren wegen der relativ kleinen Stückzahl zu hoch. Das Unternehmen hätte, selbst auf die Gefahr hin, einige Kunden an die Konkurrenz zu verlieren, seine Marketing-Strategie anpassen und sein Produktangebot einschränken müssen (z. B. nur Diesel-Gabelstapler mit mittlerer Ladekapazität). Innerhalb eines verkleinerten Sortiments hätte Fenwick von jedem Typ Gabelstapler größere Stückzahlen herstellen können. Damit wäre nicht nur eine Erhöhung des Marktanteils auf einem Segment des Gabelstaplermarkts, sondern auch eine Senkung der Stückkosten erreicht worden. Die Realität aber sah anders aus. 1984 wurde Fenwick vom deutschen Linde-Konzern, selbst Hersteller von Gabelstaplern, aufgekauft.

● Globale Märkte als Kette zusammenhängender Marktchancen

Globale Märkte wirken wie eine Kette zusammenhängender Marktchancen, da

– sich verschiedene Märkte in verschiedenen Phasen des Produktlebenszyklus befinden und
– jeder Markt neue Lernmöglichkeiten bietet.

Nach der Theorie des Produktlebenszyklus bieten nationale Märkte, die sich auf verschiedenen Entwicklungsstufen befinden, unterschiedliche Marktchancen. Wenn beispielsweise der Markt für programmierbare Nähmaschinen sich in den industrialisierten Ländern der Sättigung nähert, öffnet er sich vielleicht gerade in den Schwellenländern, in denen bisher nur pedalgetriebene Maschinen verkauft werden (Berekoven, 1985a).

Globale Märkte bieten unendliche Lernmöglichkeiten. Vor allem die Anpassung an neue bzw. verschiedenartige kulturelle Gegebenheiten sind ein wichtiger Bestandteil des Lernprozesses. Manchmal geht es Unternehmen mehr um den Lerneffekt als um kurzfristige Gewinne, wenn sie sich auf neue, sogenannte „schwierige" Märkte begeben. Als Procter & Gamble (P & G) den japanischen Markt für Babywindeln attackierte, sah das Unternehmen nach Anfangserfolgen seinen Marktanteil gegenüber seinem größten japanischen Konkurrenten (Kao) schwinden. P & G bemühte sich nach Kräften, dem Druck der japanischen Konkurrenz standzuhalten, die anspruchsvollen japanischen Verbraucher zufriedenzustellen und sich durch das japanische Keiretsu Distributions-System (vgl. Kapitel 11.1) zu finden. Die Erfahrung in Japan bereitete P & G auf den Wettbewerb mit den japanischen Unternehmen auf anderen Märkten vor. Seit der Internationalisierung von Kao bedient sich P & G mit Erfolg seines in Japan angesammelten Wissens, um die Angriffe des Konkurrenten abzuwehren.

Globale Märkte bieten auch die Möglichkeit, Partnerschaften einzugehen – mit lokalen Verbrauchern, mit Händlern und, warum nicht, mit Konkurrenten. Der dänische Kaugummihersteller Dandy A/S produzierte sehr erfolgreich Kaubonbons („Stimorol"), hatte aber nur unzureichenden Zugang zum französischen Distributionssytem. Der französische Ableger von Hollywood (im Besitz von General Foods/Kraft) dagegen hatte Probleme bei der Produktion von Kaubonbons. Dafür hatte Hollywood gute Verbindungen zu den Großmärkten. Beide Unternehmen schlossen sich daraufhin zusammen und vereinten ihre Kompetenzen: Hollywood vermarktet die Marke Stimorol von Dandy in Frankreich und stellt für Dandy Kaugummi-Sticks her; Dandy produziert Kaubonbons für Hollywood und vertreibt Hollywood-Produkte über sein internationales Vertriebsnetz (Hollensen, 1991).

7.3 Interkulturelles Marketing[13]

Globales Management ist nicht untrennbar mit globalem Marketing verbunden. Es ist durchaus sinnvoll, Entwicklung und Produktion weltweit auszurichten und gleichzeitig beim Marketing länderspezifisch zu verfahren. Interkulturelles Marketing ist die Lösung des scheinbaren Dilemmas zwischen globalem Wettbewerb und nicht-globalem Nachfragerverhalten (vgl. Kapitel 6). Interkulturelles Marketing versucht, nationale Unterschiede zu berücksichtigen und nationale Gemeinsamkeiten auszunutzen. Dort, wo kulturelle Unterschiede einen einheitlichen Ansatz unmöglich machen, werden die Marketingstrategien angepaßt; dort, wo die kulturelle Basis für länderübergreifende Strategien gegeben ist, wird das Marketing standardisiert. Es gilt ein alter Leitsatz in abgeänderter Form: So global wie kulturell möglich, so lokal wie kulturell nötig.

---

13 Dieser Teil des Kapitels lehnt sich auszugsweise an einen Artikel von Jean-Claude Usunier und Pierre Sissmann an („L'Interculturel au service du marketing", in: Harvard-L'Expansion, Nr. 40, Frühjahr, S. 80–92). Pierre Sissmann war seinerzeit bei CBS International beschäftigt und im Bereich „Schallplatten" zuständig für die Koordination der Marketing-Strategien von CBS für 17 europäische Märkte. Dies erklärt, warum sich einige Beispiele auf die Schallplattenindustrie beziehen.

● Der größte gemeinsame kulturelle Nenner (GGKN)

Wenn man im internationalen Marketing von kulturellen Unterschieden spricht, sollte man immer genau angeben, auf welche Produkte oder Produktkategorien man sich bezieht. Die Distanz zwischen zwei Kulturen kann bei einem Produkt klein und bei einem anderen groß sein. Die meisten europäischen Kulturen beispielsweise haben eine engere Beziehung zu Milchprodukten als die Japaner. Bei Fernsehgeräten oder Stereoanlagen dagegen sind kaum Unterschiede feststellbar. Je weiter man sich an die physischen Aspekte einer Kultur (Klima, Bevölkerungsdichte, Landschaft, Behausungen, Flora und Fauna etc.) annähert, desto kleiner wird der „größte gemeinsame kulturelle Nenner" (GGKN) zwischen zwei Kulturen. Durch das weitgehende Fehlen von Viehweiden auf den japanischen Inseln mit Ausnahme von Hokkaido ist die Distanz der Japaner zu Milchprodukten viel größer als die der Deutschen oder Holländer, wo grasende Kühe in vielen Gegenden keine Seltenheit sind. Käse ist für Japaner ein sehr fremdartiges Produkt, und nur wenige mögen ihn.

Bei der Nachfrage nach kulturellem Konsum (Musik, Literatur, Kino etc.) treten kulturelle Eigenheiten besonders deutlich zutage. Bücher und Schallplatten, also Literatur und Musik in industrieller Form, sind Produkte, bei denen globales Marketing regelmäßig betrieben wird. Auch wenn manchmal dabei beachtliche Erfolge erzielt werden, ist insgesamt das Ergebnis doch eher bescheiden. Dem widersprechen auch nicht z. B. die überwältigenden Erfolge von Michael Jackson. Denn seine Popularität stützt sich auf Faktoren, die kulturüberschreitend große Anziehungskraft besitzen. Obwohl die Lieder von Michael Jackson Bilder des „american way of life" enthalten, ist die von seiner Musik übertragene Bedeutung nicht auf die amerikanische Kultur begrenzt. Der Stil und die Persönlichkeit des Sängers berühren bei seinen Bewunderern tiefliegende individuelle Sehnsüchte, die weitgehend kulturübergreifend wirken.

Für kulturelle Produkte, die universelle Gefühle ansprechen, kann eine standardisierte Absatzpolitik angewendet werden. Bei allen anderen Kulturprodukten wird die Internationalisierung gebremst. Die amerikanische Country-Musik beispielsweise ist bisher in Europa kaum angenommen worden. Ihr ist lediglich in Australien Erfolg beschieden. Die Country-Musik stützt sich auf Symbole des amerikanischen „midwest" und der Pioniere, mit denen sich Europäer schlecht identifizieren können. Im australischen „bush" dagegen, der in vielen Aspekten dem Mittleren Westen der USA ähnelt, wurde eine Musikrichtung geboren, die ihre Wurzeln in der Country-Musik hat. Dies erleichterte die Vermarktung amerikanischer „Country"-Produkte in Australien und umgekehrt.

In welchen Branchen die Tendenzen für eine globale bzw. lokale Ausrichtung des Marketing besonders groß sind, zeigt Abbildung 20, Seite 130.

In der Abbildung sind globalisierungs- und lokalisierungsfördernde Kräfte gegenübergestellt. Entscheidende Kräfte für eine globale Ausrichtung des Marketing sind z. B. Skaleneffekte, homogene Nachfragerpräferenzen und günstige sozio-politische Rahmenbedingungen. Für die Lokalisierung von Geschäften sprechen neben uneinheitlichem Verbrauchsverhalten vor allem die Notwendigkeit der engen Interaktion mit den Kunden, technische Diskontinuitäten und Neoprotektionismus (Kux und Rall, 1990). Bei rein

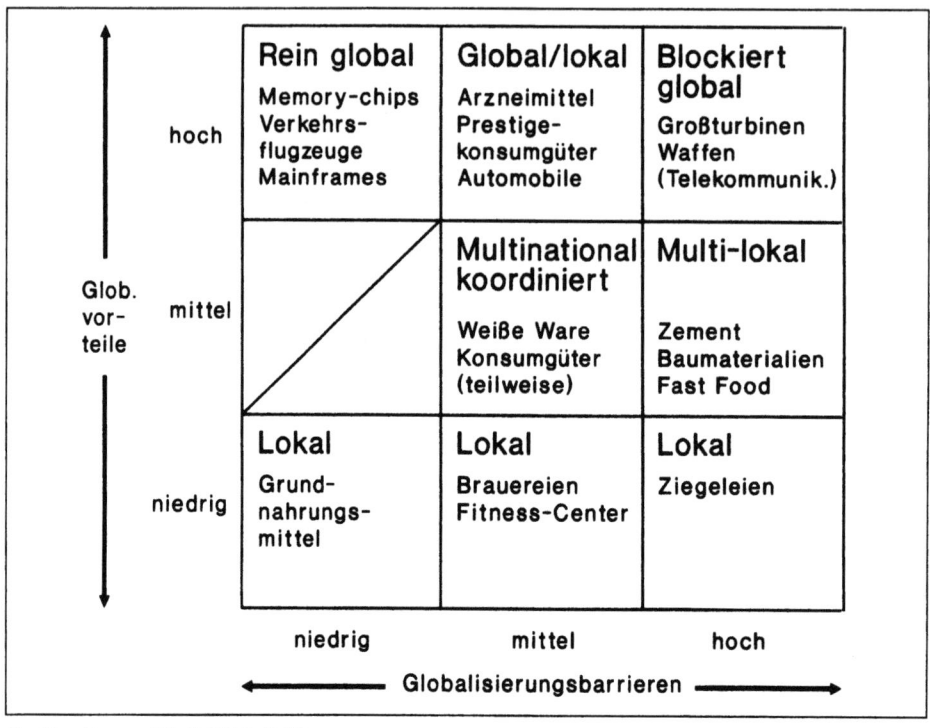

Quelle: Kux und Rall, 1990, S. 77

Abbildung 20: Globalisierungstendenzen des Marketing in Abhängigkeit des Geschäftsfeldes

globalen Geschäften überwiegen eindeutig die globalisierungsfördernden Kräfte. Umgekehrt weisen lokale Geschäfte nur niedrige Globalisierungsvorteile auf. Zwischen beiden Extremen liegen Geschäftsbereiche, bei denen die Kräfte in verschiedenen Abstufungen in beide Richtungen gleichzeitig wirken. Bei blockiert globalen Geschäften beispielsweise ergäben sich eindeutige Vorteile aus der Globalisierung. Diese können aber nicht wahrgenommen werden, da die politischen Rahmenbedingungen (z. B. bei Waffen) nur eine lokale Ausrichtung erlauben. Auf die Transportkostenbarrieren bei Produkten wie bspw. Zement (multi-lokale Marketing-Ausrichtung) haben wir bereits hingewiesen (vgl. Kapitel 7.1).

● Kulturelle Identifizierung

Interkulturelles Marketing wird deutlich erleichtert, wenn auf dem zu erobernden Markt die Bedingungen für eine Identifizierung mit dem Produkt erfüllt sind. Verbraucher kaufen Produkte, um sich mit den darin übertragenen Bedeutungen zu identifizieren. Die Identifizierung mit einem Produkt kann durch das Wertesystem einer Gesellschaft begründet sein oder den Wunsch ausdrücken, in eine bestimmte Gruppe bzw. Kultur

130

aufgenommen zu werden. Die erste Möglichkeit kann am Beispiel der Schallplattenunternehmen verdeutlicht werden. Diese versuchen, Kollektionen klassischer Musik länderübergreifend zu vermarkten. Marktstudien haben ergeben, daß in den westlichen Industriestaaten der Besitz klassischer Schallplatten gepaart mit einer oberflächlichen Vertrautheit mit den bekanntesten Stücken ein Image von Stabilität und Respektabilität verleiht – zumindest bei der Altersgruppe der 25- bis 40jährigen. Im Hintergrund des Strebens nach besagtem Image steht bei dieser Personengruppe der Wunsch nach einer erfolgreichen Integration in das Berufs- und in das soziale Leben. Folglich brachten einige Schallplattenunternehmen Kollektionen klassischer Musik als Massenware heraus. Die Vermarktung geschah nach den Regeln des globalen Marketing: gleiches Produkt, gleiche Verpackung, gleicher Preis und gleiche Art der Kommunikation. Der Erfolg war den Unternehmen solange sicher, bis Schallplatten aufhörten, in der ausgewählten Zielgruppe das Image von Respektabilität zu verleihen.

Interkulturelles Marketing profitiert zweitens von dem Wunsch der Verbraucher nach Angleichung an bzw. Aufnahme in eine bestimmte Gruppe oder Kultur. Der Big Mac von McDonald's und die Flasche Coca-Cola sind Träger von Bedeutungen, die es dem Käufer ermöglichen, sich kulturell an eine bestimmte Lebensweise anzugleichen. Rockmusik ist für viele junge Europäer ein Symbol einer toleranten und freizeitorientierten Gesellschaft. Der Konsum von Rockmusik öffnet die Türen zu dieser Gesellschaft und gibt die Möglichkeit, „in" zu sein. Es steht außer Frage, daß die Rockmusik die Marktsegmente zuerst erobert, in denen Werte wie „Toleranz" und „Individualismus" bereits vorher stärker ausgeprägt sind – bei den jungen Menschen zwischen 10 und 25 Jahren.

Den Prozeß der kulturellen Identifizierung gibt es in zwei Ausprägungen: die der Identität (Kopie der eigenen, nationalen Kultur; Wunsch, „zu Hause zu sein") und die der Fremdartigkeit (Wunsch, die eigene Kultur zu verlassen; neue Werte und Lebensweisen erfahren). Beide Ausprägungen vermischen sich auf nur schwer durchschaubare Art und Weise. Kulturelle Identifizierung ist ein komplexes Phänomen, das grob vereinfachende Ansätze nicht unbedingt ratsam erscheinen läßt. Trotzdem kann man im Sinne einer Operationalisierung des interkulturellen Marketing Länder und Verbraucher, die gemeinsame kulturelle Eigenschaften aufweisen, zu Gruppen („cluster") zusammenfassen. Solche Cluster werden „kulturelle Affinitätszonen" oder „kulturelle Affinitätsklassen" genannt.

- Kulturelle Affinitätszonen

Versuche, Schallplatten weltweit zu verkaufen, führten zu einer Identifizierung kultureller Affinitätszonen, in denen dasselbe Produkt mit einer einheitlichen Marketingstrategie verkauft werden kann. In Westeuropa bestehen vier kulturelle Affinitätszonen (siehe Abbildung 21, Seite 132): Nordeuropa, mediterranes Europa, angelsächsisches Europa und zentrales „lothringisches" Europa. Am markantesten ist der Unterschied zwischen der nordeuropäischen und der mediterranen Zone. Die mitteleuropäischen und angelsächsischen Länder haben ebenfalls charakteristische kulturelle Ausprägungen, dienen aber auch als Verbindung zwischen Nord- und Südeuropa. Deutschland kommt nach dieser Einteilung eine besonders wichtige „Scharnierstellung" zu. Das Land ist Bindeglied zwischen Nord- und Mitteleuropa und in abgeschwächter Form auch zwischen der angelsächsischen und der lothringischen Zone. Gleichzeitig fällt eine eindeutige Zuordnung Deutschlands zu einer der Zonen schwer. Abbildung 21 zeigt eine hypothetische Landkarte kultureller Affinitätszonen in Europa.

Ein in Deutschland erfolgreiches Lied wird sich in Holland, Dänemark oder Österreich wahrscheinlich besser verkaufen als in Südeuropa. Ebenso hat ein englischer „Hit" in Dänemark, Schweden oder Holland mehr Aussichten auf Erfolg als in Griechenland.

Die traditionelle Unterteilung zwischen der romanischen und der angelsächsischen Kultur findet sich, verstärkt noch durch religiöse Unterschiede zwischen Protestanten und Katholiken, bei den europäischen Kultur-Affinitätszonen wieder. Jede kulturelle Affinitätszone besitzt ein Bündel charakteristischer Eigenschaften, die man anhand einfacher Kriterien wie Sprache, Religion, Familienleben, Arbeitsgewohnheiten und Konsum erkennen kann. Dies macht sich das interkulturelle Marketing zunutze. Es stützt sich in einem ersten Schritt auf ein wichtiges Land („lead country") einer Affinitätszone und bereitet von dort den Markteintritt auf den restlichen Ländern der·gewählten Zone vor. Sind die gesteckten Ziele in einer Affinitätszone erreicht, wendet man sich der

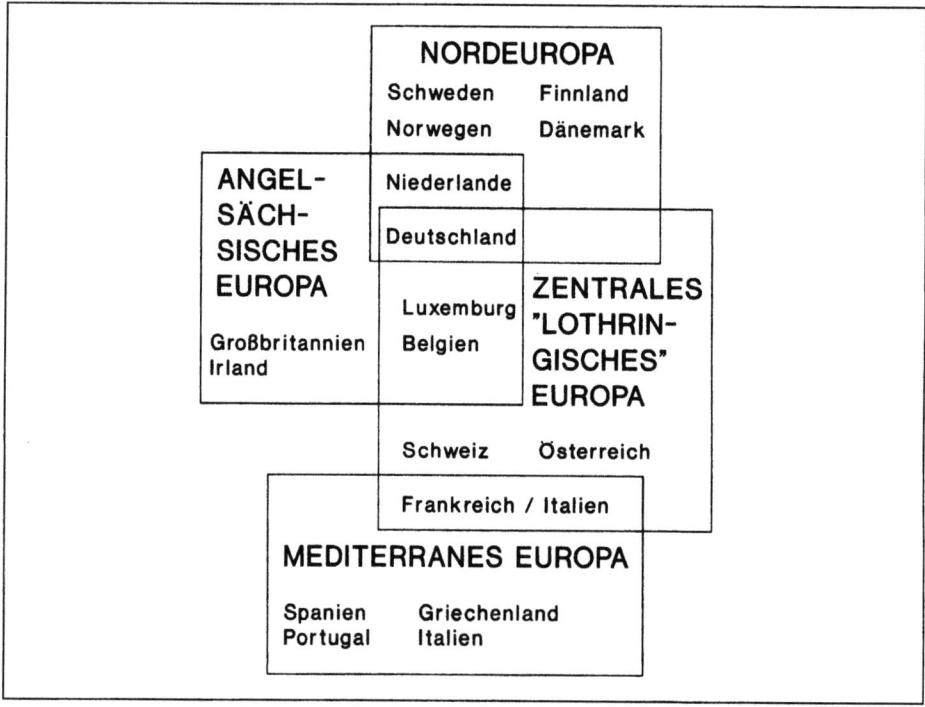

Quelle: Usunier und Sissmann, 1986, S. 85

Abbildung 21: Eine hypothetische Landkarte kultureller Affinitätszonen in Europa

nächsten zu. Ein Erfahrungsaustausch zwischen den Marketing-Teams verschiedener Zonen und vor allem zwischen Ländern, die an der Grenze von Affinitätszonen liegen, ist dabei sinnvoll.

Um Affinitätszonen in der Praxis festzulegen, bedient man sich Kriterien, die Bindeglieder zwischen Kultur und Marketing darstellen. Beispielhaft sind zu nennen:

- Ladenöffnungszeiten
- Einstellung gegenüber dem Preis (starke oder schwache Inflation, Hang zum Feilschen)
- Einstellung gegenüber Innovationen etc.

Natürlich spielt bei der Abgrenzung von Affinitätszonen auch die Produktkategorie eine wichtige Rolle. Manchmal werden Schallplatten – selbstverständlich mit der nötigen Medienunterstützung – in Europa in allen Ländern gleichzeitig auf den Markt gebracht. Oft ist die Einführung aber erfolgreicher, wenn man sich das Prinzip der Affinitätszonen zunutze macht. Dabei kann es z. B. sinnvoll sein, eine Schallplatte zur Ferienzeit zuerst in den südeuropäischen Ländern einzuführen. Heimkehrende Touristen aus den nord- und mitteleuropäischen Ländern erleichtern später den Absatz in den anderen Affinitätszonen, wenn sie im Laden nach den im Urlaub gehörten Platten fragen. Wichtig sind bei der Einführung neuer Produkte auch Grenzregionen, in denen es zu einer Überlappung von Medien kommt. In Belgien z. B. kann man ohne Kabel bis zu 16 Fernsehsender aus Deutschland, Frankreich und Holland empfangen. Lieder, die sich in den Nachbarländern gut verkaufen, sind somit auch in Belgien schnell bekannt.

Die Einführung eines neuen Produktes über verschiedene Affinitätszonen kann 18 Monate bis zwei Jahre dauern. Dies ist ein angenehm langer Zeitraum, wenn man weiß, daß die durchschnittliche Lebensdauer eines Liedes sonst z. B. nur ca. drei Monate beträgt.

- Kulturelle Affinitätsklassen

Ein weiterer Ansatz des interkulturellen Marketing besteht darin, Kultur nicht national abzugrenzen, sondern Segmente von Verbrauchern aufgrund kultureller Gemeinsamkeiten länderübergreifend zusammenzufassen. Segmentiert man Verbraucher verschiedener Nationen nach dem Alter, der Berufskategorie, der sozialen Stellung, der Einstellung, dem Lebensstil usw. (die Liste der sozio- bzw. psycho-demographischen Auswahlkriterien ist lang), so spricht man von kulturellen Affinitätsklassen. Kulturelle Affinitätsklassen bestehen meist innerhalb kultureller Affinitätszonen, gehen manchmal aber auch darüber hinaus. Jugendliche zwischen 15 und 20 Jahren in Europa, Japan und den USA bilden z. B. eine kulturelle Affinitätsklasse. Mitglieder einer kulturellen Affinitätsklasse weisen ähnliches Verhalten, ähnliche Interessen und gemeinsame Wertvorstellungen auf. Sie bilden somit ein nach genauen Kriterien abgrenzbares Konsumenten-Segment.

Kulturelle Affinitätsklassen sind ein für das interkulturelle Marketing hervorragend geeignetes Instrument, um Zielgruppen für standardisierte Produkte zu definieren. Die Entwicklung neuer Medien, wie Satelliten-Fernsehen, tut ein übriges, bestimmte Klassen von Verbrauchern in verschiedenen Ländern gezielt ansprechen zu können (Kapitel 12.2).

Abbildung 22 zeigt eine Länder-Klassen-Matrix kultureller Affinität. Die Zeilen entsprechen Affinitätsklassen, die Spalten bilden Länder ab.

Produkt:	Länder: 1,2,3,................I.............N

Kulturelle Affinitätsklassen
 (nach Alter, Berufskategorie
 oder komplexeren Kriterien
 abgegrenzt)
      1
      2
      3
      ...
      n	

Quelle: Usunier und Sissmann, 1986, S. 85

Abbildung 22: Länder-Klassen-Matrix kultureller Affinität

Mittels Marktstudien werden die Elemente der Matrix in bezug auf quantifizierbares Konsumverhalten (Bierkonsum pro Woche, Aufteilung der Freizeit, TV-Konsum etc.) überprüft, um gleichartige Verbrauchsmuster in verschiedenen Ländern aufzudecken (einen guten Einblick in die vergleichende Lifestyle-Marktforschung geben De Mooij und Keegan, 1991). Falls länderübergreifend identische Konsumgewohnheiten bei unterschiedlichen Affinitätsklassen entdeckt werden (Beispiel: der Rotwein-Konsum der 25- bis 30jährigen Deutschen entspricht dem der 30- bis 40jährigen Engländer), muß eine zielgerechte Anpassung der Kommunikationsmaßnahmen vorgenommen werden. Im allgemeinen ist dies jedoch ein Zeichen für eine geringe kulturelle Affinität zwischen Ländern.

Wir haben in diesem Kapitel interkulturelles Marketing als einen wichtigen Bestandteil globaler Strategien dargestellt. Neben der eher theoretischen Vorstellung einiger Instrumente des interkulturellen Marketing darf an dieser Stelle allerdings ein sehr praktischer Hinweis nicht fehlen: Interkulturelles Marketing hört auf den Verbraucher. Es genügt nicht, den Markt in Affinitätszonen und -klassen einzuteilen. Interkulturelles Marketing setzt voraus, den Verbraucher ernst zu nehmen. Wer in fremden Kulturen erfolgreich verkaufen will, muß ein offenes Ohr für die Anliegen des Kunden haben. Nur er weiß, wie er ein Produkt wünscht. Verbesserungsvorschläge von seiten des Kunden sollten als wertvolle Hinweise aufgefaßt werden. Dies setzt unter anderem voraus, innerhalb des Unternehmens die Zuständigkeit für Reklamationen klar festzulegen und fehlerhafte Produkte zurückzunehmen. Beim Hineinhorchen in das Marketingumfeld kann auch der Handel eine wichtige Hilfestellung leisten. Immer vorausgesetzt, man setzt den Absatzweg nicht als Informationsfilter, sondern als Kommunikationskanal ein. Der Dialog mit dem Kunden ist auf internationaler Ebene noch wichtiger als auf nationaler.

8. Produktdifferenzierung oder -standardisierung

Eine wichtige Entscheidung einer internationalen Marketing-Strategie betrifft die Frage, inwieweit Produkte an fremde Märkte angepaßt werden sollen. Zwei extreme Lösungen stehen zur Auswahl:

– eine vollständige Anpassung der Produkte an verschiedene Absatzmärkte unter Berücksichtigung lokaler Besonderheiten oder
– eine Standardisierung der Produkte unter Ausnutzung von Erfahrungseffekten und Skalenerträgen bei der Fertigung.

Im Mittelpunkt dieses und des folgenden Kapitels steht ein Ansatz, der unter Einbeziehung verschiedener Produktattribute hilft, zwischen beiden Alternativen auszuwählen. Im ersten Teil des Kapitels stellen wir ein Entscheidungsmodell für die Wahl zwischen Anpassung und Standardisierung kurz vor. In den Teilen zwei, drei und vier gehen wir dann nacheinander darauf ein, welche Rolle physische Produktattribute, Dienstleistungs-attribute und symbolische Produktattribute bei dieser Entscheidung spielen. Dabei beleuchten wir das Problem der Standardisierung sowohl aus Sicht der Nachfrager als auch aus Sicht der Anbieter.

Zwei wichtige symbolische Produktattribute – den Markennamen und das Herkunftsland eines Produktes – klammern wir vorübergehend aus unserer Betrachtung aus. Beide werden von uns im Kapitel 9 zusammen mit den Problemen, die mit der Ausweitung von nationalen zu internationalen Marken zusammenhängen, berücksichtigt.

8.1 Ein Entscheidungsmodell für die Produktdifferenzierung

Etwas provokativ kann man behaupten, daß Verbraucher nicht Produkte an sich kaufen, sondern den Nutzen, den sie daraus erzielen. Ein Produkt kann definiert werden als ein Bündel von physischen, symbolischen und Dienstleistungs-Attributen, die dem Käufer oder Verwender Nutzen verschaffen. Die drei verschiedenen Arten von Produktattributen haben bei der Entscheidung zwischen Produktdifferenzierung und -standardisierung unterschiedliches Gewicht:

– *Physische Produktattribute* (Gewicht, Größe, Farbe etc.) bieten das größte Potential für Einsparungen durch Standardisierung, da Skaleneffekte hauptsächlich im Verlauf des Produktionsprozesses, also bei der Gestaltung der physischen Attribute, erzielt werden können.
– *Dienstleistungsattribute* (Wartung, Kundendienst, Verfügbarkeit von Ersatzteilen etc.) sind stark kulturabhängig. Umfang und Rahmenbedingungen für Dienstleistungen variieren je nach Land. Die Standardisierungsmöglichkeiten sind gering.
– *Symbolische Produktattribute* entstehen meist durch die Interpretation physischer Produktattribute. Farben z. B. sind gleichzeitig sowohl Träger von Symbolen als auch

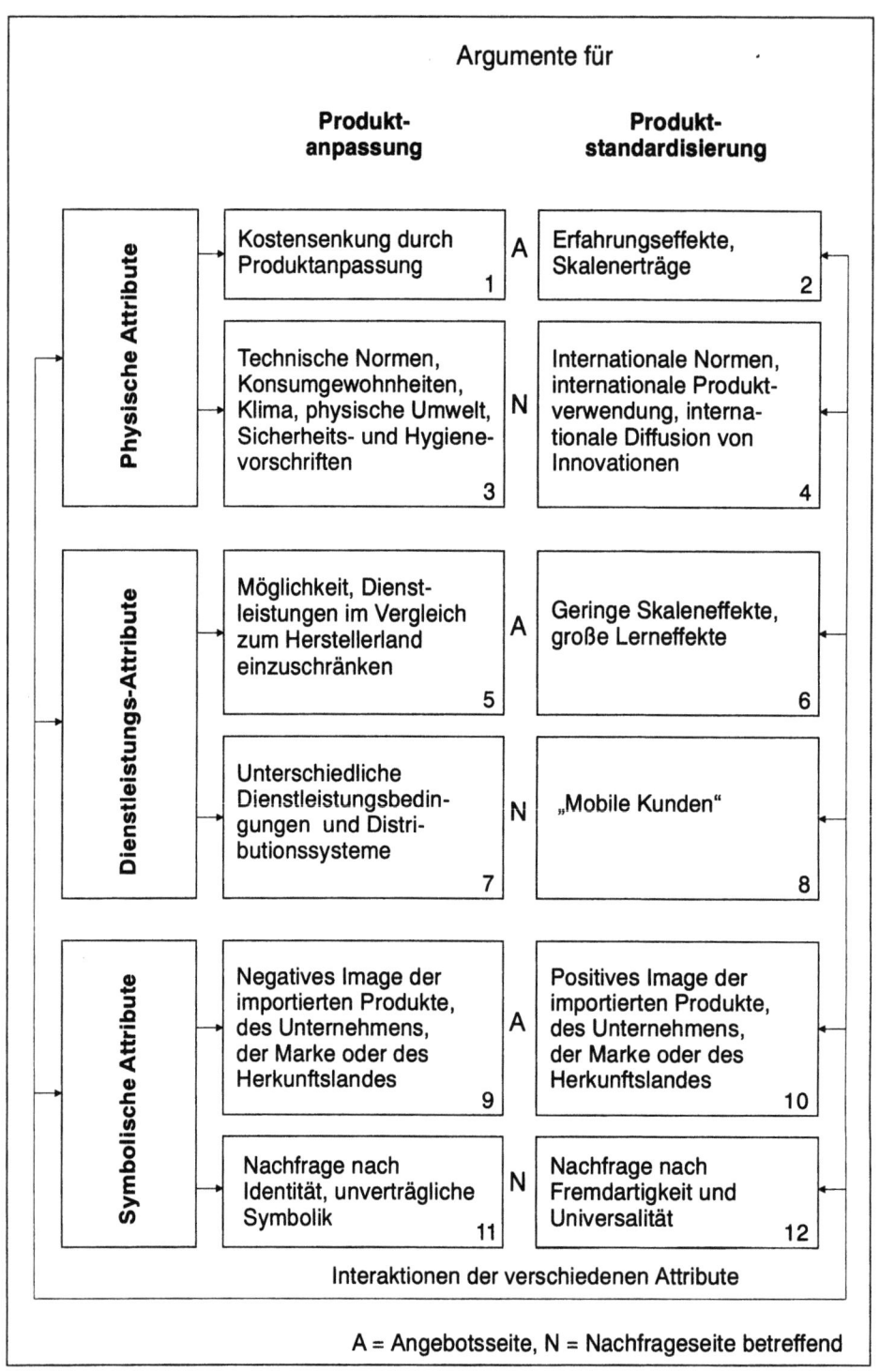

Abbildung 23: Produktdifferenzierung oder -standardisierung – ein Entscheidungsmodell

physische Produkteigenschaften. Die Verbraucher haben eine gespaltene Einstellung gegenüber Symbolen. Sie fragen beispielsweise einheimische Güter (als Träger nationalistischer Symbole) genau so nach wie ausländische Güter (exotische Symbole). Die Entscheidung zwischen Standardisierung und Differenzierung fällt deshalb bei symbolischen Produktattributen am schwersten.

In Abbildung 23, Seite 136, haben wir Argumente gesammelt, die aufgrund der verschiedenen Arten von Produktattributen für und gegen Produktanpassungen bzw. -standardisierungen sprechen. Die Argumente und Einschränkungen betreffen sowohl die Nachfrage- als auch die Angebotsseite. Die folgenden Abschnitte des Kapitels benutzen wir im Anschluß dazu, jedes Argument aus kultureller Sicht einzeln zu würdigen.

8.2 Physische Produktattribute

Erfahrungseffekte und die damit verbundene Senkung der Herstellkosten mit zunehmender kumulierter Produktionsmenge sprechen eindeutig für eine Standardisierung von Produkten (Rechteck 2)[14]. Es muß jedoch geprüft werden, ob Kostensenkungen nicht auch durch eine Anpassung (und zugleich Vereinfachung) des Produktes an lokale Bedürfnisse realisiert werden können (Rechteck 1). Dieser Fall tritt jedoch selten ein. Der Erfolg offener, kleiner japanischer Lastwagen („pick-ups") in Entwicklungsländern ist ein Beispiel für eine kostensenkende Produktanpassung. Die Anpassung erfolgte hauptsächlich durch eine Vereinfachung verschiedener Teile des Fahrzeugs (Radaufhängung, Motor, Schaltung etc.).

Der Hauptgrund für Anpassungen physischer Produktattribute sind länderspezifische Normen und Vorschriften (Rechteck 3). Inhaltlich unterscheidet man Sicherheits-, Qualitäts-, Maß- sowie Verständigungsnormen. Wichtige Normen in Deutschland sind u. a.:

— DIN-Normen (Deutsche Industrie-Normen)
— VDE-Normen (sicherheitstechnische Bestimmungen, festgelegt vom Verband Deutscher Elektrotchniker e. V.)
— RAL-Vereinbarungen (Kennzeichnungs- und Qualitätsnormen, festgelegt vom RAL-Ausschuß für Lieferbedingungen und Gütesicherung beim Deutschen Normenausschuß e. V.)
— VDI-Richtlinien (herausgegeben vom Verband Deutscher Ingenieure e. V.).

Im Ausland werden die zahlreichen deutschen Normen (allein ca. 20 000 DIN-Normen) oft als nicht-tarifäre Markteintrittsschranken angesehen. Dies begründet sich teilweise darauf, daß deutsche Hersteller und Händler der Produkte beim Erlaß der Normen ein Mitspracherecht besitzen. Aus deutscher Sicht dagegen erfüllen die Normen wichtige Funktionen bei der Produktsicherheit und Qualitätssicherung. RAL-Testate beispielswei-

---

14 Die numerierten Rechtecke beziehen sich auf Abbildung 23, Seite 136.

se geben Sachinformationen über Gebrauchsgüter wieder, die für die jeweilige Warengattung als wichtig anzusehen sind. Implizit enthalten die Testate eine Wertung der Warenqualität, da die testierten Produkte bestimmten Mindestanforderungen genügen müssen.

Hersteller von Exportwaren sind aufgrund der verschiedenen nationalen Normen oft zu umfangreichen Produktdifferenzierungen gezwungen. Peugeot beispielsweise stellte bis vor wenigen Jahren über 500 verschiedene Modelle des Typs 505 her, um beim Export länderspezifischen Sicherheitsvorschriften (z. B. bei Lichtanlagen, Bremssystemen, passiver Fahrzeugsicherheit) zu genügen. Innerhalb der Europäischen Gemeinschaft gilt bezüglich Normen die durch die berühmte Entscheidung im Fall des „Cassis de Dijon" bestätigte „home-country-rule". Sie besagt, daß Einfuhren aus Mitgliedsländern nicht unterbunden werden können, wenn die eingeführten Produkte den Normen des Landes, in dem sie hergestellt wurden, entsprechen.

Eine Produktdifferenzierung ist immer ein Kompromiß zwischen der Öffnung eines neuen Marktes und einer Erhöhung der Produktionskosten. Im „Wirrwarr" länderspezifischer Vorschriften (neben Normen gehören dazu auch Gesetze – z. B. über Verkaufsförderungmaßnahmen) vergessen viele Unternehmen, daß Produktdifferenzierungen auch aus ganz anderen Gründen notwendig sind. Tatsächlich erfordern Unterschiede im Konsumentenverhalten und im nationalen Marketing-Umfeld oftmals viel bedeutendere Produktanpassungen als behördliche Vorschriften. Zwei Faktoren verdienen besondere Beachtung (Rechteck 3):

- *Konsumgewohnheiten:* Geschmäcker, Verbrauchshäufigkeit, Verbrauchsmengen usw. Die Größe eines Joghurtbechers und die Anzahl der zusammenhängend verkauften Einzelportionen schwankt z. B. je nach Land in Abhängigkeit der täglichen Pro-Kopf-Verbrauchsmenge, der durchschnittlichen Familiengröße, der Verwendung von Joghurt bei der Zubereitung von Speisen usw; selbst beim sogenannten globalen Coca-Cola wird je nach Land ein unterschiedlicher Süßegehalt gemischt.
- *Klima und physische Umweltbedingungen:* Kraftfahrzeuge, die für skandinavische Winter gedacht sind, erfordern andere Anpassungen als Fahrzeuge für die Hitze und Feuchtigkeit Zentralafrikas. Feuchtwarme Luft beeinflußt die Geruchsentwicklung. In Europa angebotene typische Männer-Parfüms werden deshalb in Südamerika teilweise als Frauen-Parfüms abgesetzt (Herlyn, 1986). Wenn die ganze Spannweite physischer Umweltbedingungen, denen ein Produkt ausgesetzt sein kann, bereits bei der Produktentwicklung berücksichtigt wird, sind spätere Anpassungen leicht durchführbar. Oft beweisen Unternehmen beim Produkt-Design aber eine ethnozentrische Haltung. Wenn beispielsweise eine Glasfabrik unter europäischen Gesichtspunkten konzipiert und später nach Saudi-Arabien exportiert wird, sind die Arbeitsbedingungen vor Ort aufgrund der großen Hitze unerträglich (Tiano, 1981).

Beispiel 8.1: Obligatorische Produktanpassungen ...

Ein europäischer Getränkehersteller entschloß sich zu einer Erweiterung einer seiner Produktlinien. Eine „Maxi-Flasche" sollte auf mehreren Märkten, darunter die USA, neu eingeführt werden. Als nach einer Umstellung der Produktionsanlagen das neue Produkt vorgestellt wurde, bemerkte das Unternehmen mit Entsetzen, eine Kleinigkeit nicht beachtet zu haben. Die neue Flasche war für die Mehrzahl der amerikanischen Supermarktregale einige Zentimeter zu hoch ... Die Folgen sind leicht vorstellbar: geplante Verkaufsförderungsmaßnahmen wurden abgesagt, die Händler waren unzufrieden und die Verkäufer im Außendienst frustriert. Derweil wurde hastig an einer neuen Gußform für die Flasche gearbeitet ...

Quaker Oats (Haferflocken) besitzt in Kamerun einen respektablen Marktanteil. Das Produkt ist an die lokalen Konsumgewohnheiten angepaßt und eignet sich bestens für die Zubereitung des Haferschleims, den die Einheimischen paf oder pap nennen. Quaker verwendet metallene Dosen, die das Produkt vor Klimaeinflüssen schützen. Selbst in der tropischen Witterung Kameruns – in Douala fallen bis zu sieben Meter Regen pro Jahr – sind die Haferflocken in der Dose vor Feuchtigkeit sicher – zumindest solange die Dose dicht ist. Ungünstigerweise fangen die Dosen jedoch bei längerer Lagerzeit zu rosten an. Einige Händler weigern sich deshalb, Quaker Oats nachzubestellen. Ihre vorhergehenden Bestände waren durchgerostet.

Quelle: In Anlehnung an Giordan, 1988, S. 110

Unter bestimmten Voraussetzungen kommt es zu einer internationalen Angleichung nationaler Normen. Dieser Prozeß kann sowohl vom Verbraucher als auch von der Industrie eingeleitet werden. Vier Faktoren spielen dabei eine besondere Rolle (Rechteck 4):

- Die Durchsetzung nationaler Standards auf internationaler Ebene bzw. die Entwicklung neuer, international gültiger Standards: In der Ölbohrindustrie beispielsweise haben sich weltweit die amerikanischen „API-Standards" (American Petroleum Institute) durchgesetzt. Insgesamt allerdings ist die Zahl der Industrien mit international anerkannten Standards gering. Die Mitgliedsländer der Europäischen Gemeinschaft bemühen sich zusammen mit den sechs EFTA-Ländern mittels der in Brüssel ansässigen Organisationen (CEN, Comité Européen de Normalisation und CENELEC, Comité Européen de Normalisation Electrotechnique) um den Abbau normenbedingter Handelshemmnisse auf dem europäischen Markt. Auf dem in einem raschen Wandel begriffenen Gebiet der Telekommunikation beispielsweise bestanden normenbedingt in Europa bis vor kurzem annähernd zwanzig nationale Märkte.

In Wirklichkeit sind technische Normen für Unternehmen von größerer strategischer Bedeutung, als hier in aller Kürze dargestellt werden kann. Unter gewissen Umständen ist es strategisch sinnvoller, eigene Normen durchzusetzen und Lizenzen an die Konkurrenz zu vergeben (die VHS Videotechnik von Matshushita setzte sich damit gegen Betamax von Sony durch), in anderen Fällen ist die Wahrung der Kontrolle über die eigene Technologie wirkungsvoller (Rank Xerox gab bis zum Auslaufen des Patents seine Photokopier-Technologie nicht preis).

Von der Nachfrageseite kann eine Angleichung internationaler Normen und somit eine Produktstandardisierung eingeleitet werden durch:

- den „internationalen Gebrauch" von Produkten, z. B. Hartschalenkoffer, Laptop-Computer, „duty-free-Artikel" usw.;
- den Diffusionsprozeß innovativer Produkte; bei der Verbreitung innovativer Produkte spielen die „early adopters" eine entscheidende Rolle. Personen, die auf Reisen als erste neue Produkte kaufen, bereiten durch Mund-zu-Mund-Propaganda oder durch den Gebrauch der neuen Produkte deren weltweite Verbreitung vor;
- die internationale Angleichung der Konsumgewohnheiten; hier handelt es sich das Hauptargument von Levitt (1983), wonach es zu einer Globalisierung des Verbraucherverhaltens kommt. Demnach sterben viele lokale Konsumgewohnheiten aus, andere dagegen finden weltweite Verbreitung. Zur Unterstützung seiner Behauptung bedient sich Levitt u. a. der sogenannten „ethnic markets": Chinesisches Essen, Country-Musik, Pizzas und Jazz sind weltweit verbreitet. Bei genauerer Betrachtung kann man allerdings auch bei diesen Produktkategorien feststellen, daß es wirklich globale Produkte nur selten gibt. Wer schon einmal eine Pizza in den USA, in der Schweiz, in Deutschland oder in Brasilien gegessen hat, weiß, wie groß die Unterschiede zum italienischen „Original" sind. Die Frage, inwieweit von einer weltweiten Angleichung von Konsumgewohnheiten gesprochen werden kann, muß sich jedes Unternehmen vor dem Hintergrund der eigenen Produkte und Märkte selbst beantworten.

8.3 Dienstleistungsattribute

Zu den Dienstleistungsattributen gehören u. a.:

- Reparatur, Wartung, Kundendienst
- Installation
- Gebrauchsanweisungen
- Demonstrationen, technische Hilfestellung
- Auslieferungen, Lieferfristen (und deren Einhaltung)
- Garantien
- Verfügbarkeit von Ersatzteilen
- Rückgabe von Waren (egal ob mangelhaft oder nicht).

Der Umfang von Dienstleistungsattributen hängt von der Art eines Gutes ab. Bei Industrieanlagen und langlebigen Verbrauchsgütern spielen Dienstleistungsattribute eine wesentliche Rolle. Selbst bei kurzlebigen Konsumgütern sind sie entgegen allem Anschein oft von Bedeutung. Anforderungen an Dienstleistungen sind umfeldbezogen und deshalb je nach Land unterschiedlich (Rechteck 7). Sie hängen insbesondere ab von:

- dem Niveau des technischen Sachverstandes
- der Höhe des Arbeitslohns (der Arbeitslohn entscheidet, ob sich eine Reparatur lohnt. Afrikaner sind Spezialisten im Reparieren und Aufmöbeln alter Fahrzeuge, die anderenortes auf dem Schrottplatz landen würden)
- dem Niveau des Analphabetentums (schriftliche Gebrauchsanweisungen werden nutzlos bzw. müssen, soweit möglich, durch Illustrationen ersetzt werden)
- den klimatischen Bedingungen (extreme Temperaturen, Feuchtigkeit usw. behindern technische Arbeitsabläufe)
- der Abgelegenheit von Orten (die Wartung einer Gasturbine inmitten des amazonischen Regenwaldes ist schwierig und teuer)
- den verschiedenen Möglichkeiten, eine Dienstleistung zu erbringen (siehe Beispiel 8.2).

In manchen Fällen kann es durch eine Anpassung von Dienstleistungsattributen zu Kostensenkungen kommen. Dies ist der Fall, wenn die „marktüblichen" Ansprüche auf gewisse Leistungen auf einem fremden Markt geringer sind als im Stammland, oder wenn Produkte bewußt wartungsfrei und „idiotensicher" konzipiert werden (Rechteck 5). Im letzten Fall kommt es zu einer Wechselwirkung zwischen physischen Produktattributen und Dienstleistungsattributen (Abbildung 23, unten, Seite 136).

Beispiel 8.2: Wer hat Angst vor Spritzen? Keiner, aber ...

Es gibt kaum ein universelleres Produkt als eine Spritze – so möchte man glauben. In Wirklichkeit jedoch findet man verschiedene Arten von Spritzen und verschiedene Möglichkeiten, intra-muskuläre Spritzen zu verabreichen. Allen Varianten gemeinsam sind lediglich die Dienstleistungsattribute: „korrektes Einspritzen des Produktes" bzw. „Schmerz vermeiden".

In den USA wird beim Spritzen zuerst nur die Nadel eingestochen. Die übrigen Teile der Spritze werden danach durch eine Art Schraubverschluß mit der Nadel verbunden. Für den amerikanischen Arzt steht als Dienstleistungsattribut einer Spritze die Frage „Dreht sie sich heraus?" im Vordergrund.

In Deutschland und den meisten anderen europäischen Ländern sind Ärzte und Schwestern daran gewöhnt, die Spritze als ganzes einzustechen. Bei Anwendung der amerikanischen Methode in Europa würde der Patient beim Zusammenschrauben von Nadel und Spritzenkolben möglicherweise aufgeschlitzt. Den europäischen Arzt interessiert als Dienstleistungsattribut vor allem die Frage „Führt sich die Spritze leicht?".

Weitere unterschiedliche Dienstleistungsattribute beziehen sich darauf, wer nach dem Gesetz das Recht und die Qualifikation besitzt, Spritzen zu setzen. In Italien beispielsweise sind Spritzen im Handel überall erhältlich, selbst im Supermarkt. Viele Hausfrauen spritzen daher ihre Familienmitglieder selbst.

Quelle: Ausschnitt eines Gesprächs mit Vertretern von „Beckton Dickinson", dem weltweit führenden Hersteller medizinischer Einwegprodukte

In den industrialisierten Ländern werden viele Dienstleistungen nicht direkt vom Hersteller, sondern vom Handel erbracht. In schlecht entwickelten Distributionssystemen, z. B. in Entwicklungsländern, besteht diese Möglichkeit nicht. Aber selbst in den entwickelten Ländern sind die Unterschiede beim Distributionssystem größer, als allgemein angenommen wird (Rechteck 7). Öffnungszeiten von Geschäften schwanken zwischen weniger als 50 Stunden pro Woche in Nordeuropa und mehr als 100 Stunden pro Woche in Südeuropa. Davon ist u. a. auch betroffen, wieviel eingekauft wird und wer die Einkäufe erledigt.

Skalenerträge sind bei der Anpassung von Dienstleistungsattributen an verschiedene Märkte kaum zu erwarten. Dafür können bei der Auseinandersetzung mit ausländischen Distributionssystemen wichtige Lerneffekte, z. B. bei der Lagerhaltung, beim Kundendienst etc. auftreten (Rechteck 6).

Die Standardisierung von Dienstleistungen wird notwendig, wenn die Kundschaft aus einem international mobilen Personenkreis besteht (Rechteck 8). Der weltweite Erfolg von LKW-Herstellern wie Mercedes, DAF, Volvo oder Scania liegt teilweise darin begründet, daß diese Unternehmen ihren Kunden länderübergreifend entlang der Hauptverkehrsachsen Service-Stützpunkte bieten. Jeder dieser Stützpunkte ist in der Lage, alle erforderlichen Service-Leistungen in einer vorgegebenen Zeit zu erbringen.

8.4 Symbolische Attribute

Ein Symbol ist ein Zeichen oder „ein Reiz, der für den Menschen eine erlernte Bedeutung oder einen erlernten Wert besitzt" (Rose, 1967, S. 266). Ursprünglich geht das Wort Symbol auf das griechische Verb „symballein" (zusammenwerfen) zurück und bezeichnet eine Tätigkeit, die darauf abzielt, eine Beziehung herzustellen (Helle, 1968). Ein „Symbalon" diente im Altertum als Erkennungszeichen lange getrennter Ehegatten oder Gastfreunde.

Innerhalb der Fragestellung nach Differenzierung oder Standardisierung von Produkten betrachten wir symbolische Produktattribute unter zwei verschiedenen Gesichtspunkten:

– Welche Rolle kommt der Kultur bei der Interpretation von Symbolen zu?
– Wie ergänzen sich die symbolischen Bedeutungen des Herkunftslandes, des Markennamens, der Produktkategorie sowie des Herstellernamens beim Kauf eines Gutes?

Der sehr umfassenden letztgenannten Fragestellung haben wir ein eigenes Kapitel gewidmet (Kapitel 9). Die allgemeine Verbindung von Symbolen und Kultur dagegen interessiert uns in den unmittelbar folgenden Abschnitten.

● Die Verbindung von Symbolen und Kultur

Als symbolische Produktattribute werden Eigenschaften von Produkten bezeichnet, die beim Verbraucher bestimmte Interpretationen bzw. Assoziationen auslösen. Für die Unternehmen liegt die Schwierigkeit darin, daß dieselben Produktattribute – meist die Verpackung, das Erscheinungsbild oder der Markenname eines Produktes – in Abhängigkeit des kulturellen Hintergrunds des Verbrauchers verschiedene Interpretationen hervorrufen. Besondere Bedeutung kommt den symbolischen Produktattributen folglich dann zu, wenn Produkte auf Märkten eingeführt werden, mit deren Kultur man nicht vertraut ist. Ruft ein Produkt auf einem fremden Markt stark abweichende oder negative Interpretationen aus, müssen Produktanpassungen vorgenommen werden (Rechteck 11).

Die Verbindung zwischen einer Kultur und einem Symbol kann durch einen siebenstufigen Prozeß beschrieben werden. Die einzelnen Stufen dieses Prozesses, der aus einer Wahrnehmung sowie der Interpretation der Wahrnehmung besteht, sind nachfolgend am Beispiel der Farbe „rot" ausführlich geschildert:

Am Anfang steht die Wahrnehmung. Farben entstehen, wenn Lichtwellen einer bestimmten Frequenz auf Gegenständen reflektiert werden. Wenn ein Gegenstand als rot bezeichnet wird, so bedeutet dies:

1. Er absorbiert alles Licht außer rot.

2. In der Sprache gibt es das Wort „rot", mit dem der Teil des Spektrums bezeichnet wird, den der Gegenstand widerspiegelt (der Gegenstand an sich besitzt keine Farbe).

3. Der menschliche Wahrnehmungsmechanismus (Augen, Netzhaut, Nerven, Gehirn) nimmt die Wellenlänge des reflektierten Lichts auf.

4. Die Wellenlänge wird – ein sprachlicher und visueller Lernprozeß vorausgesetzt – identifiziert und mit dem Wort „rot" bezeichnet. Genaugenommen werden nur die übrigen Mitglieder der Kultur nachgeahmt, die diese Farbe seit frühester Kindheit als „rot" bezeichnen.

Die Wahrnehmung ist ein adaptiver kultureller Prozeß (Punkte 2 und 4). Viele Studien beweisen, daß bestimmte Völker eine weniger genaue Farbwahrnehmung haben, da sie bestimmte Farben bei der Wahrnehmung nicht unterscheiden. Auch die Sensibilität gegenüber visuellen Täuschungen ist bewiesenermaßen kulturabhängig. Ursache dafür ist die Umgebung, in der wir leben. Sie bestimmt die Muster der Wahrnehmung (vergleiche Kapitel 2.4).

Nach der Wahrnehmung tragen drei weitere Schritte zur Entstehung kulturabhängiger symbolischer Bilder bei:

5. Eine bestimmte Farbe, eine Form, ein Geruch usw. wird mit einer hervorgerufenen Bedeutung verbunden. Grundsätzlich können alle lebenden oder toten Gegenstände symbolische Assoziationen hervorrufen. Ein Fuchs kann Symbol für Schlauheit, ein Fels Symbol für Ruhe sein. Die hervorgerufenen Assoziationen sind aber nicht in jeder Kultur gleich. Mancherorts gibt es entweder keine Füchse oder Felsen, oder sie

werden mit anderen Bedeutungen in Verbindung gebracht. Ursprünglich kann die Beziehung zwischen Objekt und Assoziation sehr direkt sein. Die Farbe „braun" beispielsweise kann negativ besetzt sein und Ablehnung bedeuten, da sie direkt mit Exkrementen in Verbindung gebracht wird.

6. Die ursprüngliche Beziehung wird vergessen – genau wie Kultur allgemein vergessen wird. Warum gilt in den meisten westlichen Ländern blau als Jungen- und rosa als Mädchenfarbe?

7. Die Assoziation wird durch Erziehung, Literatur, Werbung usw. in der gesamten Gesellschaft verbreitet. Sie wird u. a. auch auf Verpackungen von Produkten übertragen. Das Symbol wird Teil einer sehr feinsinnigen und nuancenreichen Sprache. Es ruft beim Verbraucher beinahe unbewußt Bilder und Bedeutungen hervor, die bei der Bewertung von Dingen eine gewichtige Rolle spielen. Jede Kultur entwickelt ihr eigenes Spiel der Symbole (siehe Beispiel 8.3). Muß z. B. Orangensaft gelb, orange oder rötlich und mit viel oder wenig Fruchtfleisch versehen sein, um beim Verbraucher als gesund, naturbelassen, erfrischend etc. zu gelten?

● Bedeutungen, die von symbolischen Attributen ausgehen

Symbole basieren auf natürlichen Elementen: Farben, Formen, Stoffen, Landschaften, Alltagsgegenständen usw. Diese Elemente erscheinen oft willkürlich gewählt, da entweder ihre ursprüngliche Beziehung zu bestimmten Interpretationen nicht mehr nachvollziehbar ist oder sich das Symbol mit zunehmender Verwendung verändert hat. Die

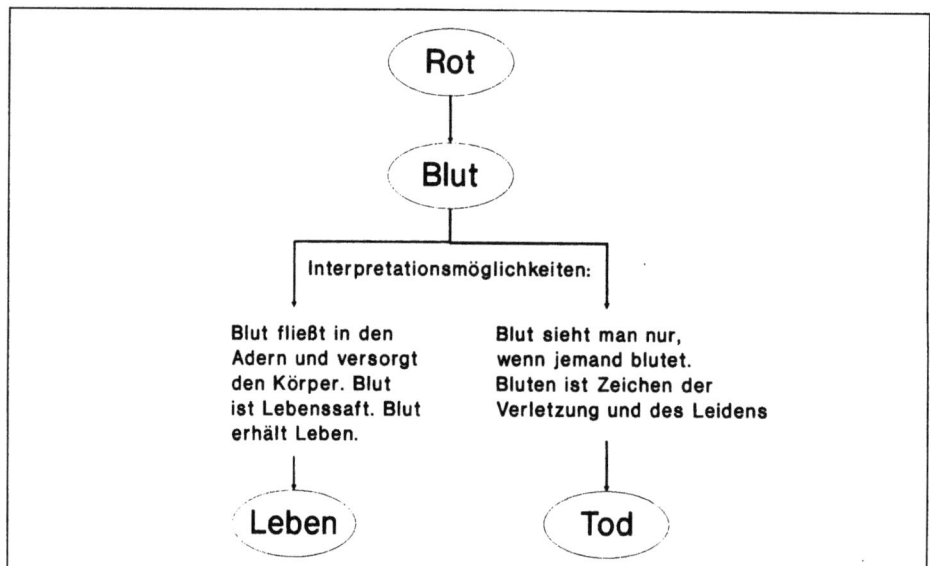

Abbildung 24: Was bedeutet Blut?

Situation wird für international tätige Unternehmen noch dadurch erschwert, daß dieselben Symbole je nach kulturellem Hintergrund verschiedene Assoziationen auslösen. Eine ethnozentrische Einstellung kann verheerende Folgen haben (vgl. Beispiel 8.3). Weiß beispielsweise gilt im Westen unter anderem als Farbe der Geburt. In China bedeutet Weiß Trauer. Dafür ist Schwarz in China eine ganz alltägliche Farbe. Wer auf fremden Märkten auftritt, muß sehr sorgfältig prüfen, welches Image von den symbolischen Attributen seiner Produkte bzw. seines Unternehmens ausgeht. Gegebenenfalls müssen Erscheinungsbilder von Unternehmen und Produkten so angepaßt werden, daß negative Assoziationen vermieden werden. Beleuchten wir als Beispiel die Bedeutung der Farbe Rot näher. Rot ist unter anderem die Farbe des Blutes. Blut aber wird je nach Kultur unterschiedlich interpretiert (vgl. Abbildung 24, Seite 144).

Die Bedeutung der Farbe Rot ist in jeder Kultur bis zu einem gewissen Grad von der symbolischen Bedeutung des Blutes abhängig. Daneben kann die Farbe natürlich auch noch mit anderen Dingen (z. B. Blumen, Feuer) in Verbindung gebracht werden.

Die Verwendung von Rot als dominante Farbe für ein Produkt, eine Verpackung oder ein Logo sollte eingehend geprüft werden.

Beispiel 8.3: Verhext wie der Fuchs – oder: Die symbolische Bedeutung von Farben, Zahlen und Tieren im Ausland

„Grün, Amerikas Lieblingsfarbe für Frische und Gesundheit, wird in Ländern mit einem dichten grünen Dschungel oft mit Krankheit in Verbindung gebracht. Grün ist bei Arabern eine beliebte Farbe, aber in Teilen Indonesiens verboten. In Japan ist Grün eine High-Tech-Farbe, Amerikaner dagegen würden vor grünen Elektronikprodukten flüchten. Schwarz ist nicht weltweit die Farbe der Trauer: In vielen asiatischen Ländern ist dies Weiß; in Brasilien Violett; in Mexiko Gelb; und in der Elfenbeinküste Dunkelrot. Für Amerikaner ist Blau die männlichste Farbe – in Frankreich und England ist Rot männlicher. Und während Rosa die weiblichste Farbe in den USA ist, gilt Gelb in den meisten anderen Ländern als femininer. Rot sagt in China ein gutes Schicksal voraus – in der Türkei den Tod. Wenn in Amerika ein Bonbon blau oder grün eingewickelt ist, hat es wahrscheinlich Pfefferminzgeschmack. In Afrika wäre dasselbe Bonbon rot eingewickelt, unserer [der amerikanischen] Farbe für Zimt. Zahlen, Dinge, selbst Gerüche besitzen in jeder Kultur eine bestimmte Bedeutung. Limonenduft steht in den USA für Frische. Auf den Philippinen wird Limonenduft mit Krankheit assoziiert. Die japanische 4 ist wie unsere [die amerikanische] 13. Die 7 bedeutet Unglück in Ghana, Kenia und Singapur. Eine Eule bedeutet in Indien Unglück, wie bei uns eine schwarze Katze. In Japan wird der Fuchs mit Hexen in Verbindung gebracht. Ein grüner Hut zeigt in China einen Mann an, dessen Frau untreu ist. Der Storch symbolisiert in Singapur den Tod eines Elternteils, also nichts, was man einer jungen Mutter wünscht."

Quelle: In Anlehnung an Copeland und Griggs, 1986, S. 63

- Die Interpretation symbolischer Produktattribute

Zwei Beispiele sollen zeigen, wie vom Design bzw. der Verpackung eines Produktes auf dessen intrinsische Eigenschaften geschlossen wird.

Das italienische Unternehmen Olivetti stellte eine Schreibmaschine her, die so schön war, daß ein Museum in New York sie in seiner Abteilung für Moderne Kunst ausstellte. Die Amerikaner fanden die Schreibmaschine zwar schön, kauften sie aber nicht. Potentielle Käufer fanden, daß die Schreibmaschine aufgrund ihres Äußeren wenig robust wirkte. Zudem herrscht in der angelsächsischen Gesellschaft oft die puritanische Einstellung vor, wonach Arbeit eine teilweise mühselige, mehr mit Schmerz als mit Vergnügen verbundene, Pflicht ist. Diese Einstellung vertrug sich nicht mit der außerordentlichen Ästhetik der Schreibmaschine.

Ein französisches Unternehmen exportierte einen Pyrenäenkäse nach Deutschland, der auf seiner Verpackung einen Schäfer inmitten seiner Schafe zeigte. In Frankreich ging von diesem Bild ein Gefühl von Natürlichkeit und Echtheit aus. Die Deutschen dagegen assoziierten den Schäfer mit Schmutz. Dies brachte ein Werbemitteltest zutage, der nach anfänglichen Absatzschwierigkeiten in Auftrag gegeben worden war. Nachdem der Schäfer auf der Verpackung durch das Bild einer Berglandschaft ersetzt worden war, verbesserten sich die Verkaufszahlen schlagartig. In Deutschland vermittelt ein Berg das Bild einer sauberen Natur. Daran wird deutlich, welch verschiedene Assoziationen ein und dasselbe Bild, zumindest in diesem Beispiel, bei Deutschen und Franzosen auslöst.

Unternehmen, die sicherstellen wollen, daß von ihren Produkten die gewünschten symbolischen Assoziationen ausgehen, sollten folgende Ratschläge beachten:

- Für ein neues Produkt, das in standardisierter Form für verschiedene Märkte geplant wird, müssen vor der Produkteinführung Symbole mit möglichst universeller Bedeutung gewählt werden.
- Vor der Standardisierung der Produktpräsentation oder der Verpackung muß auf jedem Zielmarkt ein Produkt- und Packungstest mit Gruppen örtlicher Verbraucher durchgeführt werden.

9. Markenimage und Länderimage

Dieses Kapitel ist strenggenommen eine Ergänzung zu Kapitel 8, denn wir setzen die Diskussion symbolischer Produktattribute fort. Auch der Name und das Herkunftsland eines Produktes haben symbolische Bedeutung. Im Mittelpunkt des ersten Teils dieses Kapitels steht die Wirkung, die vom Herkunftsland eines Produktes, der Produktkategorie, dem Markennamen und dem Herstellernamen ausgeht. Konkreter ausgedrückt, beschäftigen wir uns anfangs mit der Frage, warum Firmen wie beispielsweise Ikea, wenn sie Möbel und Porzellan „Made in China" verkaufen, die Produkte und die Verpackung zusätzlich mit dem Aufdruck „Design and Quality, IKEA of Sweden" versehen.

Eine zusammenfassende Darstellung von über 60 empirischen Untersuchungen über die Wirkung des „Made in" bildet den zweiten Teil des Kapitels. Darin geht es unter anderem darum, festzustellen, unter welchen Umständen Verbraucher inländische Produkte kaufen bzw. wie sie durch entsprechende Kampagnen dazu gebracht werden können.

Wie aus nationalen Marken internationale oder gar globale Marken werden, beleuchten wir im dritten Teil. Die Markenpolitik steht bei der Internationalisierung zuerst einmal vor sprachlichen Barrieren. Nicht jeder Marken- oder Firmenname eignet sich für ausländische Märkte. Wer kann sich in Deutschland schon den Namen der spanischen Sektmarke Freixenet merken? Welcher Schwede käme auf die Idee, Bran Buds fürs Frühstück zu kaufen, wenn er aufgrund des Markennamens einen „gegrillten Bauern" in seiner Cereal-Schüssel vermuten muß? Konzeptionelle, administrative und rechtliche Probleme des Managements globaler Marken bilden den Abschluß des Kapitels.

Fast alle angesprochenen Themen sind vor allem für Unternehmen, die international noch nicht etabliert sind, von Bedeutung. Fehler bei der Einführung von Marken können leicht vermieden werden. Nachträgliche Änderungen bei etablierten Marken dagegen sind kompliziert und teuer. Verbraucher reagieren irritiert und bestehendes Markenkapital geht verloren.

9.1 Das Zusammenspiel verschiedener Imagekomponenten eines Produktes

Der Verbraucher, der sich eine deutsche „Miele" Waschmaschine kauft, obwohl das in etwa vergleichbare polnische Produkt nur die Hälfte kostet, gibt sein Geld zumindest teilweise für das Symbol „Made in Germany" aus. Vermutlich ruft das „Made-in"-Etikett bei ihm ein Gefühl von Zuverlässigkeit, Langlebigkeit und Pannensicherheit hervor. Zwischen der Herkunft eines Produktes und seinem Image besteht ein wichtiger Zusammenhang. Das „Made in" ist aber längst nicht der einzige Faktor, der bestimmt, welche Einstellung ein Verbraucher zu einem in einem bestimmten Land hergestellten Produkt hat. Weitere Einflußfaktoren sind:

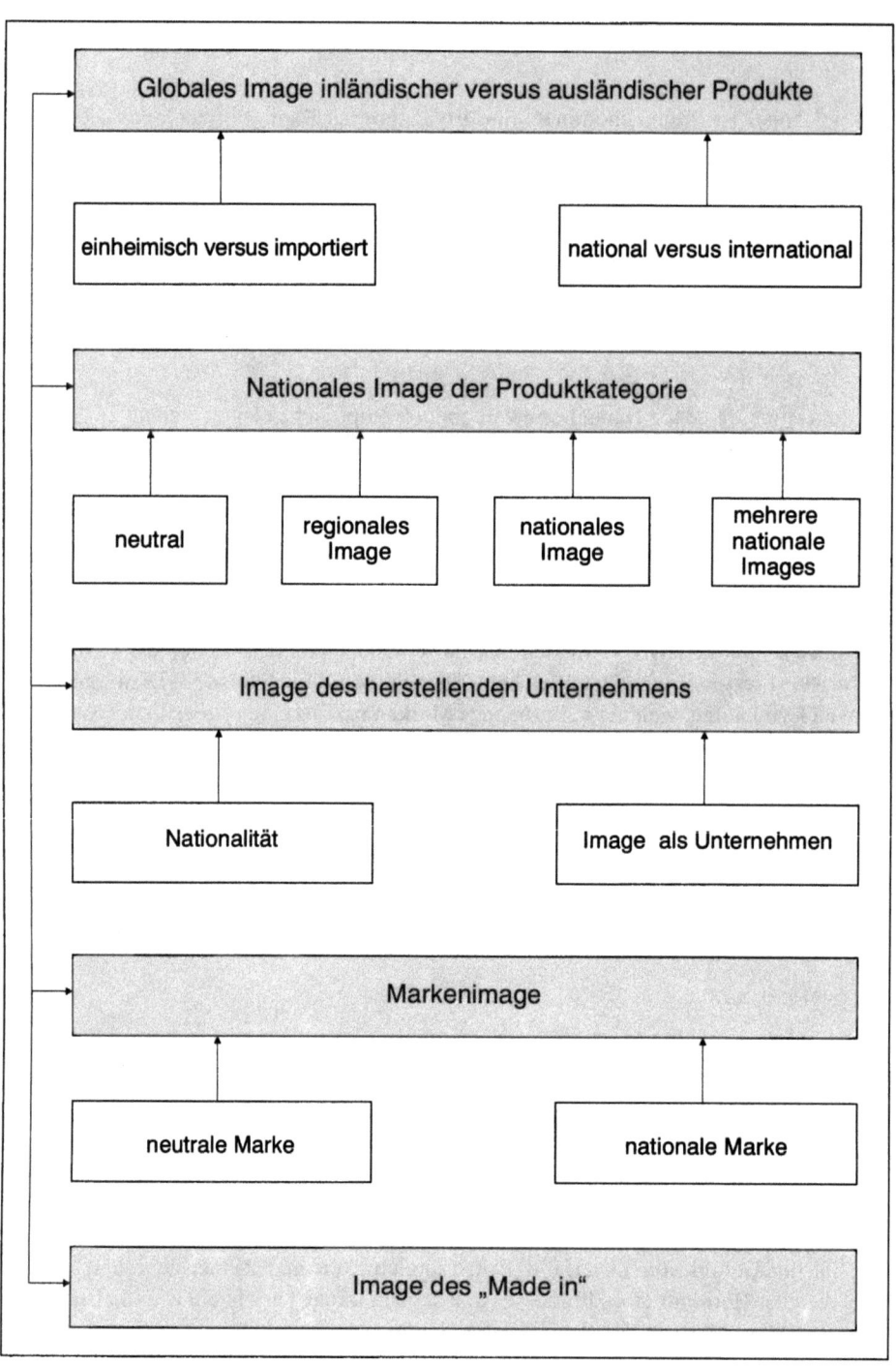

Abbildung 25: Das Zusammenspiel von Länder-, Unternehmens-, Marken- und Produktimage

- das Image importierter oder sogenannter internationaler Produkte im Verhältnis zum Image inländischer Produkte
- das nationale Image der Produktkategorie: Parfüm läßt an Frankreich denken, Wodka an Rußland, Jeans an die USA etc.
- das nationale Image des herstellenden Unternehmens
- das Image der Marke.

Mehrere Ratschläge zur Pflege des Image eines Produktes lehnen sich an Abbildung 25, Seite 148, an. Wichtig ist:

- das Image auszustrahlen, das in der betreffenden Produktkategorie auf dem Zielmarkt am besten ankommt (inländisches versus internationales versus importiertes Produkt). Falls auf dem Zielmarkt z. B. nationalistische Gefühle vorherrschen, sollte der Markenname ein heimisches Produkt „vortäuschen", d. h. inländisch klingen;
- die Änderung des Markennamens, wenn die Produktkategorie mit dem Image eines bestimmten Landes verbunden ist (Beispiele: ein deutscher Modeschöpfer wählt einen italienisch klingenden Markennamen; ein französischer Werkzeugmaschinenhersteller wählt einen deutsch klingenden Markennamen);
- das „Made-in"-Etikett absichtlich in den Vordergrund zu rücken, falls damit das Markenimage verbessert werden kann (und umgekehrt vom Herstellungsland ablenken, falls davon negative Effekte auf das Image ausgehen);
- den Auftritt des Herstellernamens, des Markennamens und des „Made in" so aufeinander abzustimmen, daß die gewünschten symbolischen Produktattribute entstehen.

BEISPIELE	Nationales Image der Produktkategorie	Nationales Image des Herstellers	Land, auf das der Markenname anspielt	Länderimage, das vom "Made in" ausgestrahlt wird
Shalimar (Parfüm von Guerlain)	französisch	französisch	Indien / Orient	Frankreich
Kinderschokolade	schweizerisch u.a.	italienisch (aber der Name Ferrero tritt kaum in Erscheinung)	Deutschland	"Made in" kaum sichtbar - oft Italien
Brother (Schreibmaschinen)	neutral	englisch / amerikanisch (in Wirklichkeit japanisch)	international	Das "Made in" läßt die japanische Herkunft erkennen
Coca-Cola	international	amerikanisch	Amerika	neutral
Herta (Wurstwaren)	deutsch u.a.	deutsch	Deutschland	"Made in" kaum sichtbar, unterschiedl. Herkunft

Abbildung 26: Beispiele, wie Markenname und Herkunftsland das Image eines Produktes beeinflussen

Einige Beispiele verdeutlichen, wie Unternehmen verschiedene Imagefaktoren erfolgreich aufeinander abgestimmt haben (Abbildung 26, Seite 149).

9.2 Produktbewertung in Abhängigkeit des Herstellungslandes

● Das Herstellungsland als übergeordnetes Bewertungskriterium

Verbraucher benutzen den Namen des Herstellungslandes als Symbol. Sie verbinden mit jedem Land einige sogenannte „typische" Eigenschaften (Deutschland – Solidität, Frankreich – Luxus, Italien – Ästhetik usw.), die sie auf Produkte oder Dienstleistungen aus den betreffenden Ländern übertragen. Von seiten der Unternehmen kann dieser Prozeß (Country-of-Origin-Effekt) durch die Werbung gezielt gefördert werden. So macht die Lufthansa im Ausland gerne mit folgendem Slogan auf sich aufmerksam: „Germans are known for being very punctual. Lufthansa is known for being very German".

Schooler und Wildt (1968) zeigten einer Gruppe amerikanischer Verbraucher absolut identische Gläser, für die sie einmal die USA und einmal Japan als Herstellerland angaben. Die „amerikanischen" Gläser wurden durchweg besser bewertet. Die „japanischen" Gläser hätten die Versuchspersonen nur bei Preisnachlässen gekauft. Eine Reihe weiterer Untersuchungen (z. B. Etzel und Walker, 1974; Wang und Lamb 1980; zusammenfassend: Bilkey und Ness, 1982) kommen zu ähnlichen Ergebnissen.

Allerdings werden einem Land nicht überall auf der Erde dieselben Eigenschaften zugeordnet. Deutsche Produkte haben im Iran ein anderes Image als in Österreich, genauso wie britische Produkte in Indien ein anderes Image haben als in Taiwan (Krishnakumar, 1974). Zweierlei Arten von Gründen sind dafür verantwortlich. Zum einen wirkt sich die kulturelle und sprachliche Nähe zweier Länder sowie auch eine eventuelle gemeinsame Vergangenheit aus. Indien z. B. war lange Zeit englische Kolonie, Taiwan nicht. Zum anderen ist oft zu beobachten, daß Eigenschaften, die bei einer bestimmten Produktkategorie festgestellt werden, auch bei anderen Produkten desselben Herstellungslandes vermutet werden. In Mexiko z. B. besitzt die deutsche Architektur einen besonders guten Ruf. Als überdurchschnittlich viele „deutsche" Hochhäuser ein schweres Erdbeben in Mexiko City unversehrt überstanden, wurde das Image der Solidität nachhaltig gestärkt. Davon profitierten indirekt auch deutsche Produkte in Mexiko, die mit Statik bzw. Architektur nichts zu tun haben. Dies muß allerdings nicht immer so bleiben. Das Image von Produkten aus bestimmten Ländern kann sich im Laufe der Zeit relativ rasch verändern.

Japanische Produkte beispielsweise wurden noch vor 15 bis 20 Jahren als billig (im negativen Sinne) und wenig zuverlässig angesehen. Unter anderem aufgrund sehr ausgedehnter Garantieleistungen verbesserte sich das Image des „Made in Japan" bis heute entscheidend. Koreanische Produkte verbesserten ihr Image innerhalb eines Zeitraums von nur zwei Jahren in den USA deutlich (Khera, 1986). Zeigten sich 1982 nur ein Drittel der amerikanischen Verbraucher mit koreanischen Produkten zufrieden, waren es 1984 bereits über 65 Prozent.

Das Herstellerland ist nur ein Kriterium unter vielen bei der Beurteilung eines Produktes. Jedes Produkt besitzt intrinsische (z. B. Größe, Farbe, Qualität) und extrinsische (z. B. Preis) Attribute. Der Name des Herstellungslandes hat deshalb vor allem dann einen großen Einfluß auf die Bewertung eines Produktes, wenn der Verbraucher mit einer Produktkategorie wenig vertraut ist bzw. zusätzliche Produktattribute nicht einzuschätzen vermag. Außerdem übernimmt das Herstellungsland oft die Rolle eines übergeordneten Kriteriums, das viele andere Eigenschaften zusammenfaßt (Morello, 1984).

● Das Herstellungsland als ein Kriterium unter vielen

Mehrere Untersuchungen belegen, daß das Herstellungsland bei der Beurteilung von Produkten vor allem in Zusammenhang mit dem vom Verbraucher wahrgenommenen Kaufrisiko eine bedeutende Rolle spielt. Verbraucher schätzen das Kaufrisiko bei heimischen Produkten (eine Erklärung der Vorliebe für heimische Produkte) und bei Produkten, die aus Ländern mit positivem Image kommen, geringer ein.

Vor die Wahl gestellt, woher sie identische Produkte beziehen möchten, empfinden Amerikaner beispielsweise ein großes Kaufrisiko bei Produkten aus Algerien, Pakistan oder der Türkei, ein mittleres Kaufrisiko bei Produkten aus den Philippinen oder Hongkong und ein geringes Kaufrisiko bei Produkten aus Kanada, Deutschland oder Japan. Am geringsten schätzen sie das Kaufrisiko bei Produkten aus dem eigenen Land ein (Hampton, 1977).

Beim Kauf von Produkten aus dem Ausland vermindert sich das Kaufrisiko dann deutlich, wenn der Verbraucher ein Land fest mit einem Produkt verbindet (Italien: Schuhe, Hongkong: Taschenrechner, Korea: Videorekorder) oder wenn er ein Land aufgrund dessen physischen, klimatischen oder gesellschaftlichen Bedingungen als besonders geeignet für die Herstellung eines bestimmten Produktes erachtet (England: Regenschirme, Brasilien: Kaffee).

Interessanterweise tritt die Bedeutung des wahrgenommenen Kaufrisikos als intervenierende Variable schlagartig zurück, wenn der Verbraucher nicht weiß, woher ein Produkt stammt (Lumpkin, Crawford und Kim, 1985).

Zusätzliche Attribute, die die relative Bedeutung des Herkunftslandes eines Produktes mindern, sind der Preis, die eingeschlossenen Garantieleistungen und die Art des Absatzweges. Das Herkunftsland wird vom Verbraucher u. a. dann als weniger wichtig empfunden, wenn ein Produkt in einem angesehenen Kaufhaus und/oder mit umfangreichen Garantieleistungen angeboten wird (Thorelli et al., 1989).

Beispiel 9.1: Bericht eines Käufers italienischer Produkte

Wenn ich überlege, woher viele meiner Anschaffungen kommen, bin ich fasziniert davon, wie viele italienische Produkte ich besitze. Mein Fiat Uno ist mein siebter Fiat. Einer davon (ein Fiat 127) rettete mir sogar einmal in Paris mein Leben. Ich stand wartend an einer roten Ampel, als von hinten ein Mercedes beinahe ungebremst auffuhr. Mein Auto katapultierte es durch den Aufprall über 30 Meter nach vorne. Der Fiat war total zerstört, doch ich konnte nahezu unversehrt aussteigen. Bei mir zu Hause stehen eine Waschmaschine und ein Trockner von Zanussi. Meine Tiefkühltruhe ist eine Hiberna und meine Bergschuhe sind von Trezetta. Tatsächlich bin ich ein sehr preisbewußter Verbraucher – italienische Produkte sind oft mit am günstigsten. Die Qualität und Langlebigkeit, die z. B. deutschen Produkten nachgesagt wird, macht den Preisvorsprung italienischer Waren nicht wett. Aber der Preis ist ja gar nicht der einzige Vorteil italienischer Produkte. Italienische Produkte sind in Wahrheit viel zuverlässiger, als man allgemein annimmt. Nachdem ich schon viele italienische Waren probiert habe, empfinde ich es nicht als Risiko, „Made in Italy" zu kaufen. Italienische Produkte sind vielleicht nicht ganz so solide wie deutsche, aber dafür sind sie viel praktischer und schöner. Und wenn man sie etwas pflegt, haben auch italienische Produkte eine lange Lebensdauer. Das Preis-Leistungsverhältnis jedenfalls ist auf lange Sicht sehr gut.

- Sind einheimische oder ausländische Produkte besser?

Verschiedenste Studien belegen eindeutig, daß in den meisten entwickelten Ländern inländische Produkte höher eingeschätzt werden als ausländische. Entsprechende Untersuchungen liegen u. a. aus den USA (Morello, 1984; Heslop et al., 1987), aus Japan (Nagashima, 1970), Frankreich (Baumgartner und Jolibert, 1977), England (Bannister und Saunders, 1978) und Finnland (Darling und Kraft, 1977) vor. Finnische Verbraucher beispielsweise schätzten die einheimischen Produkte in beinahe allen Punkten besser ein als Produkte aus Großbritannien, Frankreich, Deutschland, Japan, Schweden und den USA.

In den Entwicklungsländern dagegen ist die Situation anders. Dort haben importierte Güter einen besseren Ruf und werden vielfach den inländischen Gütern vorgezogen. Espejo (1989) befragte Verbraucher in Bolivien, Kolumbien und Mexiko u. a. nach dem Image und der Qualität von Produkten aus Industrieländern. Mit frappierender Regelmäßigkeit werden Erzeugnisse aus Deutschland am besten eingeschätzt. An zweiter und dritter Stelle folgen ebenso häufig Japan und die USA. Erst danach kommen Produkte aus Frankreich, Großbritannien und Kanada.

Nicht zu übersehen ist allerdings auch in den Entwicklungsländern die Tendenz, importierte Güter als Konkurrenz der lokalen Produktion und als Bremse für die Entwicklung der nationalen Wirtschaft anzusehen.

- Sozio-demographische Faktoren und Produktbewertung

Der Einfluß sozio-demographischer Faktoren auf die Bewertung ausländischer Produkte ist nicht eindeutig. In manchen Studien ziehen eher Frauen ausländische Produkte vor (z. B. Galapakrishna et al., 1989), in anderen Fällen werden keine Unterschiede zwischen den Geschlechtern festgestellt (z. B. Graby, 1982). Die Mehrzahl der Untersuchungen kommt zu dem Schluß, daß die Bereitschaft, ausländische Produkte zu kaufen, mit zunehmendem Alter abnimmt (unter anderem Schooler, 1971; Graby, 1982). Andererseits werden ausländische Waren tendenziell besser beurteilt von Verbrauchern mit höherem Bildungsniveau, mit höherem Einkommen (Wang, 1978) sowie von Verbrauchern, die aufgrund von Auslandsaufenthalten mit ausländischen Produkten besser vertraut sind (Graby, 1982).

- Ethnozentrismus und Patriotismus: warum einheimische Produkte gekauft werden

Die Gründe, warum Verbraucher (in den entwickelten Ländern) inländische Produkte vorziehen, sind vielschichtig. Allen voran steht die Sorge um Arbeitsplätze. Untersuchungen aus den USA zeigen, daß der Ethnozentrismus der Verbraucher in den Regionen am höchsten ausgeprägt ist, in denen die Menschen am meisten unter ausländischer Konkurrenz zu leiden haben. In Detroit z. B., wo die Menschen aufgrund der japanischen und koreanischen Automobil-Konkurrenz um ihren Arbeitsplatz (und die Wahrung ihres Lebensstandards) bangen, wurde ein sehr hohes Ausmaß an Ethnozentrismus festgestellt (Shimp und Sharma, 1987). Dabei darf jedoch nicht übersehen werden, daß das Thema Arbeitslosigkeit in den letzten Jahren einen wichtigen Platz in fast allen westlichen Industriestaaten einnahm. Vielleicht wird es als wahres Motiv für den Kauf heimischer Produkte etwas überschätzt.

Eng verwandt mit dem Ethnozentrismus ist der „Patriotismus der Verbraucher" (Min Han, 1988). Letzter bestimmt weitgehend, inwieweit Kampagnen wie „Kaufen Sie deutsch", „Buy American", „Achetez français" usw. Erfolg haben. Der Patriotismus der Verbraucher bewirkt aber längst nicht bei allen inländischen Produkten und Dienstleistungen den Kauf. Nationalistische Gefühle führen insbesondere nicht systematisch dazu, daß der Verbraucher die Qualität heimischer Produkte und Dienstleistungen höher bewertet (Min Han, 1988). „Kaufen-Sie-national"-Kampagnen müssen daher mit Bedacht eingesetzt werden. Sie sollten eindeutig auf die Stärkung nationalistischer Gefühle und nicht auf die Beeinflussung des Verbrauchers bei der Beurteilung von Produkten setzen. Der Verbraucher wird immer ein gutes von einem schlechten Produkt unterscheiden können und nur dann verstärkt inländische Produkte kaufen, wenn er das Gefühl hat, damit einer gesellschaftlichen Pflicht genüge zu tun.

Dem Verbraucher vorzuspiegeln, heimische Produkte seien qualitativ überlegen, nützt wenig, wenn dies nicht objektiv der Fall ist. Zu dieser Erkenntnis mußte auch die amerikanische Bekleidungsindustrie („Crafted with Pride in the USA Council") kommen, die vergebens 40 Millionen US-Dollar für Fernsehspots ausgab, um die angebliche Überlegenheit amerikanischer Bekleidung zu preisen (Ettenson et al., 1988).

- Das Zusammenspiel von Marken- und Länderimage bei multinationaler Produktion

Als Ergebnis der Ausbreitung multinationaler Unternehmen werden heute vielfach Produkte, die in unterschiedlichen Ländern hergestellt werden, weltweit unter einem einheitlichen Markennamen verkauft. Sony-Produkte können genausogut „Made in Germany", „Made in Britain" oder „Made in Japan" sein. Es ist deshalb notwendig, zwischen der Wirkung der Marke (sowie ihres Herkunftslandes, falls bekannt) und der Wirkung des Herstellungslandes auf den Verbraucher zu unterscheiden. Die Verlagerung der Produktion amerikanischer Personenwagen aus den USA nach Deutschland wird von den amerikanischen Konsumenten als positiv empfunden. Bei einer Verlagerung in ein Billiglohn-Land (Mexiko, Südkorea, Philippinen) dagegen leidet das Image der betroffenen Fahrzeuge (Johansson und Nebenzahl, 1986). Eine Frage, die in diesem Zusammenhang relevant ist, betrifft den Preisnachlaß, den Verbraucher verlangen, wenn ein Produkt aus einem weniger angesehenen Herstellungsland kommt.

Amerikaner würden für ein Auto der Marke „Buick" 10 258 US-Dollar zahlen, wenn es aus den USA kommt, und nur 7351 US-Dollar, wenn es auf den Philippinen gefertigt wurde (Johansson und Nebenzahl, 1986). Jaffé und Nebenzahl (1989) haben das, was man „Preis-Länder-Elastizitäten" nennen kann, bei israelischen Verbrauchern und drei verschiedenen Marken (Sanyo, Grundig und Sony) gemessen. Preisnachlässe von 30 bis 40 Prozent waren notwendig, um japanische oder deutsche Markenprodukte zu verkaufen, wenn diese in Korea hergestellt worden waren.

Die Frage, ob die Marke oder das Herstellungsland einen größeren Einfluß auf den Verbraucher hat, kann nicht endgültig geklärt werden. In einer Untersuchung von Min Han und Terpstra (1988) war das Herstellungsland deutlich wichtiger. Bei der Untersuchung von Eroglu und Machleit (1989) hatten beide Faktoren eine ähnliche Wirkung.

In Wirklichkeit ist wohl die Verbindung, die Verbraucher zwischen einem Land und einem bestimmten Produkt knüpfen, mitentscheidend. Es kommt darauf an, ob ein Produkt als typisch für ein Land gilt. Videorekorder aus Südkorea werden besser eingeschätzt als Schuhe aus Südkorea, Fleisch „Made in Brazil" besser als Fernseher „Made in Brazil" (Gaedeke, 1973). Bei Investitionsgütern stehen deutsche Produkte in punkto Qualität und Zuverlässigkeit meist an erster Stelle.

Amerikanische Einkäufer schätzen die Qualität deutscher Investitionsgüter höher ein als die der einheimischen Industrie. Britische und französische Investitionsgüter werden qualitativ gleichwertig, italienische qualitativ etwas schlechter eingestuft als die amerikanischen Produkte (White, 1978).

Innerhalb Europas werden je nach nationalem Markt unterschiedliche Anforderungen an Produkte gestellt. Deutsche und schwedische Einkäufer scheinen im allgemeinen die höchsten Ansprüche zu haben, Italiener und Briten sind weniger anspruchsvoll. Außerdem haben deutsche und schwedische Lieferanten in Europa den Ruf, pünktlich zu liefern und technisch hochwertige Produkte zu führen (Perrin et al., 1981).

- Der Einfluß der wirtschaftlichen und politischen Verhältnisse eines Landes auf den Export

Der folgende Abschnitt beschäftigt sich mit der Frage, inwieweit Verbraucher beim Kauf von ausländischen Gütern von den wirtschaftlichen, sozialen, kulturellen und vor allem politischen Bedingungen, die in einem Land herrschen, beeinflußt sind. Unvergessen sind in diesem Zusammenhang z. B. die Aufrufe zum Boykott südafrikanischer Waren, aufgrund der Apartheid-Politik des Landes. In jüngster Vergangenheit wurden gerade in Deutschland Stimmen laut, Demonstrationen von Ausländerfeindlichkeit und Rassenhaß beschädigten das Image Deutschlands im Ausland und führten in der Folge unter anderem zu wirtschaftlichen Einbußen. Tatsächlich belegen verschiedene empirische Befunde, daß diese Befürchtungen nicht unbegründet sind. Die politischen Verhältnisse in einem Land können sich auf die Marktchancen der Produkte, die aus diesem Land kommen, auswirken.

Eine Untersuchung von Wang und Lamb (1983) zeigt, daß z. B. amerikanische Verbraucher beim Kauf ausländischer Waren auf die sozio-politischen Verhältnisse, die in einem Land herrschen, achten. Die Amerikaner kaufen am liebsten Waren, die aus demokratischen Ländern bzw. Regionen stammen (Europa, Australien, Neuseeland). Auch amerikanische Einkäufer von Investitionsgütern beziehen ihre Waren vorzugsweise aus freien und politisch stabilen Ländern (Crawford, 1985): Unter den mittel- und südamerikanischen Ländern stehen Mexiko und Brasilien ganz oben auf der Einkaufsliste. Am Ende findet man El Salvador und Kuba. Daß neben den politischen auch die wirtschaftlichen Verhältnisse eines Landes eine Rolle spielen, zeigt eine weitere Studie von Khanna (1986). Produkte aus Ländern, die man für wirtschaftlich wenig entwickelt hält, werden darin eindeutig schlechter bewertet.

- Empfehlungen für Unternehmen

Für Unternehmen, die ihre Produktstrategie auf einem Länder-Image aufbauen, ergeben sich aus der Gesamtheit der dargestellten Untersuchungen mehrere Empfehlungen:

- Verbraucher in entwickelten Ländern ziehen im allgemeinen einheimische Waren vor. Nationalistische Kampagnen, die eine nicht vorhandene Überlegenheit einheimischer Produkte vorspiegeln, haben jedoch wenig Aussicht auf zusätzlichen Erfolg.
- Das Herstellungsland ist lediglich eines von vielen Kriterien, die der Verbraucher beim Kauf von Produkten berücksichtigt. Zusätzlich spielen u. a. eine Rolle: das wahrgenommene Kaufrisiko, die Produktkategorie, die Einstellung gegenüber der Marke und dem Hersteller sowie die physischen Produktattribute. Versuche, Produkte schlechter Qualität unter einem angesehenen „Made-in"-Etikett zu verkaufen, sind zum Scheitern verurteilt.
- Das Image von Produkten bestimmter Länder kann sich in relativ kurzer Zeit ändern. Verbesserungen der Qualität, des Know-hows oder z. B. der Garantieleistungen werden vom Verbraucher wahrgenommen.

Welches Image einem Produkt auf einem ausländischen Markt zugeschrieben wird, hängt in hohem Maße von der Markenpolitik des Herstellers und besonders vom Markennamen eines Erzeugnisses ab. Wie aus nationalen Marken internationale Marken werden, betrachten wir im nächsten Teil.

9.3 Nationale, internationale und globale Marken

Die überwiegende Mehrzahl aller Marken war ursprünglich nur für den nationalen Markt geplant. Aus sprachlicher Sicht sind die meisten Marken deshalb an einen nationalen Kontext gebunden. Die Assoziationskraft von Markennamen wird in erster Linie von der Sprache des Marktes bestimmt, auf dem sie zuerst eingeführt wurden.

Allerdings gibt es auch Ausnahmen von dieser Regel. Der Name Toyota beispielsweise wurde bewußt mit Blick auf das internationale Geschäft gewählt. Der ursprüngliche Name des Unternehmens war für ausländische Märkte ungeeignet. Zunehmende Exporte vor Augen, entschied sich die Unternehmensführung deshalb Anfang der sechziger Jahre, einen dreisilbigen Namen anzunehmen, der in jeder Sprache aussprechlich ist.

- Nationale Markennamen sind teilweise ungeeignet für internationale Märkte

Viele Unternehmen, die sich vom nationalen auf den internationalen Markt begeben, benutzen ungeprüft ihren ursprünglichen Markennamen. Dabei wird die möglicherweise schwierige Aussprache oder sogar geschäftsschädigende Bedeutung, die ein Name in einem fremden sprachlichen und kulturellen Umfeld haben kann, außer acht gelassen. Geradezu klassisch ist das Beispiel des Chevrolet Nova, der auf dem südamerikanischen Markt kein Verkaufsschlager wurde, weil sein Name auf spanisch „funktioniert nicht" bedeutet. Das deutsche Haarspray Caby-Net übersetzte sich im Französischen mit „Toilette"; die japanische Gewehrmarke Miroku bedeutet in Frankreich „Ziel aufs Hinterteil" (der Name wurde letztendlich nicht geändert, De Bodinat et al., 1984).

Eine relativ einfache Methode der Marktforschung kann solchen Peinlichkeiten vorbeugen. Es genügt, eine Gruppe von Personen des Zielmarktes über die Wahrnehmung und Bedeutung des gewünschten Namens zu befragen.

Oft sind Marken- und Firmenname identisch. Eine Veränderung des Firmennamens jedoch ist aus symbolischen (z. B. wenn der Firmenname auf den Gründer des Unternehmens zurückgeht) oder finanziellen Gründen (Neueinführungskosten des veränderten Namens) meist unmöglich. Firmen wie Procter & Gamble, deren Name in vielen Ländern schwierig auszusprechen ist, verfolgen deshalb eine zweiseitige Markennamen-Strategie:

- Individuelle Markennamen für jedes Produkt werden in den Vordergrund gestellt (Ivory, Vizir, Pampers etc.). Der Firmenname wird kaum betont (es genügt, die Größen der entsprechenden Namen auf der Verpackung der Produkte zu vergleichen).
- Der Firmenname (Procter & Gamble) wird vereinfacht und der Umgangssprache angepaßt, damit er leichter auszusprechen und einzuprägen ist: P & G oder einfach Procter.

Auch die Aussprache des Namen Beiersdorf stellt in vielen Ländern ein Problem dar. Die Firma wählte deshalb 1977 eine einfache Abkürzung: BDF ●●●●. In einer Werbeanzeige begründete Beiersdorf die Veränderung wie folgt: „Mit Rücksicht darauf, daß nicht überall in der Welt deutsch gesprochen wird, setzen wir für Beiersdorf jetzt ein einfaches Zeichen: BDF ●●●● (entnommen aus Schmidt, 1991, S. 29).

Beispiele angepaßter Markennamen findet man bei Giordan (1988): Aus Kellog's Frosted Flakes wurden in Brasilien Sucrilhos und aus Cocoa Crispies wurden Crokinhos.

Soll ein schwierig auszusprechender Markenname im Ausland unverändert übernommen werden, besteht eine Strategie darin, die Zielgruppe über die Werbung zur aktiven Auseinandersetzung mit dem Namen aufzufordern. Nixdorf verwendete 1985 in Großbritannien folgenden Slogan: „NIXDORF spells FRODXIN backwards. Maybe that will help" (o.V., 1985, S. 22).

● Sprachliche Aspekte der Konnotation von Markennamen

Abbildung 26, Seite 149, enthält verschiedene sprachliche Instrumente für die Konzeption von Markennamen. Ziel aller Werbefachleute ist es, Markennamen zu schaffen, die sich hervorheben, leicht aussprechen lassen, einprägsam sind und die Konnotationen auslösen, die in Einklang mit den Eigenschaften des Produktes stehen.

Es gibt vier Kategorien sprachlicher Stilmittel bei der Bildung von Markennamen (vgl. Abbildung 27, Seite 158–159):

- phonetische Stilmittel (Klang, über die Ohren aufgenommen)
- orthographische Stilmittel (Schreibweise, über die Augen aufgenommen)
- morphologische Stilmittel (Anfügen von bedeutungstragenden Lautfolgen an Wortstämme)
- semantische Stilmittel (Übertragung von Bedeutung aufgrund bestimmter kultureller Interpretationen).

Die Abbildung 27 regt zu einer Reihe von Überlegungen an:

- Wie groß ist die Assoziationskraft eines Markennamens (dazu gehört nicht die Bekanntheit eines Namens, denn selbst sprachlich ungeeignete Namen können einen hohen Bekanntheitsgrad besitzen)?
- Bleibt die Assoziationskraft des Namens in einem anderen sprachlichen Umfeld erhalten?

I. Phonetische Stilmittel	Definitionen und Beispiele
1. Alliteration	Wiederholung betonter Stammsilben (Coca-Cola)
2. Assonanz	Wiederholung von Vokalen (Omo, Vizir)
3. Konsonanz	Wiederholung von Konsonanten mit wechselndem Vokal (Weight Watchers)
4. männlicher Reim	einsilbiger Reim, betonte Endsilbe (Max Pax)
5. weiblicher Reim	zweisilbiger Reim, unbetonte Silbe gefolgt von betonter Silbe (American Airlines)
6. schwacher Reim	unterschiedliche Vokale, ähnliche – aber nicht identische – Konsonanten (Black & Decker)
7. Onomatopöie	Worte, die dem Objekt ähnlich sein sollen (Cif, Wizzard, Hap)
8. „Clipping"	Verkleinerungsform des Produktnamens (Chevy statt Chevrolet)
9. „Blending"	Kombination von Morphemen (kleinste bedeutungstragende Lautfolge), gewöhnlich mit Vokalschwund (duracell)
10. Verschlußlaut als Anfangsbuchstabe	b, d, g, k, p, etc. (Dash, Big, Bac)
II. Orthographische Stilmittel	Definitionen und Beispiele
1. ungewöhnliche/inkorrekte Schreibweise	(Kool Aid, X-Tra)
2. Abkürzung	(7-up, 3 Wetter-Taft)
3. Akronym	aus Anfangsbuchstaben gebildetes Wort (BMW, EDEKA, AEG, TÜV)
III. Morphologische Stilmittel	Definitionen und Beispiele
1. Apposition	Beiordnung eines erläuternden Satzgliedes (Tipp-ex)
2. zusammengesetzte Worte	(Vache-qui-rit)

IV. Semantische Stilmittel	Definitionen und Beispiele
1. Metapher	sprachliches Bild (Hohes C, Heads & Shoulders)
2. Metonymie	Begriffsvertauschung (Midas, Ajax)
3. Synekdoche	Nennung des engeren Begriffs anstelle des umfassenden (Red Lobster, Teekanne)
4. Personifizierung	Vermenschlichung des nicht Menschlichen oder Emotionalisierung toter Objekte (Kinder-Schokolade, Clio, Mercedes)
5. Oxymoron	Verbinden zweier scheinbar widersprüchlicher Begriffe (Easy-Off, Tri-Top)
6. „Paranomasia"	Wortspiele oder humorvolle Wortschöpfungen (Yes-Torty, Hawaiian Punch)
7. semantische Apposition	Entsprechung zwischen Name und Objekt (Calgonit, Butaris, Nutella)

Quelle: In Anlehnung an Vandenbergh et al., 1987, S. 42

Abbildung 27: Sprachliche Stilmittel bei der Schaffung von Markennamen

Der Name Coca-Cola beispielsweise kann leicht in ein neues sprachliches Umfeld übertragen werden. Die Namen Hohes C oder Pfanni dagegen nicht. Das liegt daran, daß die genannten Namen nur dann die gewünschten Produktassoziationen auslösen, wenn ihre Bedeutung (z. B. „viel Vitamin C") von der Zielperson verstanden werden. Markennamen, die ein Verständnis der einzelnen Worte, aus denen sie zusammengesetzt sind, voraussetzen, sind meist nur schwer in neue sprachliche Umfelder übertragbar.

Im allgemeinen kann man sagen, daß die Stilmittel der Gruppen I und II leichter übertragbar sind als z. B. die Stilmittel der Gruppe IV (dort besonders Nr. 1, 4, 5, 6, 7).

Aber nicht nur der sprachliche Inhalt einer Marke hat Einfluß auf ihre verbale, auditive und verstandesmäßige Bedeutung. Der graphischen Komponente der Marke, dem sogenannten Markenzeichen, kommt die gleiche Rolle zu. Besonders deutlich wird dies u. a. am Logo von IBM. Die graphische Gestaltung der drei Buchstaben IBM beeinflußt in hohem Maße die Assoziationskraft des Logos (Cabat, 1989). Die massiven Buchstaben mit ihren viereckigen Fußsockeln sind wie Stützen mechanischer Arbeit. Sie erinnern an die industrielle Produktion. Die abwechselnd quer über die Buchstaben gelegten farbigen „Leisten" tragen die Bedeutung des binären Maschinencodes, der Computersprache. Die vom Logo von IBM getragene Bedeutung ist nicht an sprachliche Grenzen gebunden. Das Logo (und somit die Marke) ist leicht von einem sprachlichen Umfeld in ein anderes übertragbar.

In ähnlicher Weise schafft der Kranich der Lufthansa einen weitgehend kulturfreien Bezug zu den Leistungen des Flugunternehmens.

- Wie aus nationalen Markennamen internationale Markennamen werden

Die Vorzüge einer international einheitlichen Markenpolitik liegen für die Unternehmen unter anderem in (Kelz, 1989):

- der Möglichkeit der Werbekosteneinsparung
- der Steigerung der kreativen Wirksamkeit internationaler Werbung
- der schnelleren internationalen Einführung von Produktneuheiten
- der besseren Nutzung knapper, hochkreativer Innovationsressourcen.

Voraussetzung einer standardisierten Markenpolitik ist ein einheitlicher Markenname. Mehrere Möglichkeiten bieten sich an, um einen ursprünglich nationalen Markennamen zu internationalisieren (Czinkota und Ronkainen, 1990):

- *Wahl eines neutralen Namens:* Ein Markenname wie beispielsweise Sony kann weltweit ohne Übersetzungsprobleme benutzt werden. Ursprünglich war Sony nur der Markenname der Produkte eines Unternehmens mit dem (unaussprechlichen) Namen Tokyo Tsushin Kogyo (Tokyo Telecommunications Engineering Company). Nachdem jedoch der Markenname Sony großen Erfolg hatte, wurde auch das Unternehmen in Sony umgetauft.
- *Einfache Übersetzung:* Aus Pampers würden dann „Verhätschler" (to pamper bedeutet auf deutsch soviel wie verwöhnen, verhätscheln).
- *Transliteration:* Hierdurch wird versucht, einer Marke in der Sprache des neuen Zielmarktes den Bedeutungsumfang zu geben, den die Marke auf dem ursprünglichen Markt besitzt. Das amerikanische Haarpflegemittel Silkience (von Gillette) wird in Deutschland unter dem selben Namen verkauft, in Frankreich unter dem Namen Soyance und in Italien unter dem Namen Sientel. Aus Pfanni wird auf dem englischen Markt Panni (Kelz, 1989).

- Funktionen der Marke im nationalen Umfeld

Die Markenbildung erfüllt für den Verbraucher und für den Hersteller wichtige Funktionen. Für den Verbraucher dient die Marke als:

- *Orientierungshilfe* bei der Auswahl von Produkten;
- *Gedächtnisstütze:* Eine Marke faßt verschiedene Informationen über ein Produkt zusammen. Der Verbraucher braucht sich nur an den Markenamen und nicht an jede Produkteigenschaft einzeln erinnern;
- *Qualitätsgarantie:* Die Marke gibt dem Käufer die Sicherheit, eine erwartete Qualität tatsächlich zu erhalten;

– *Mittel zur Selbstdarstellung:* Der Kauf einer bestimmten Marke ermöglicht dem Verbraucher, seine Individualität und Einzigartigkeit zu demonstrieren;

– *Ausdruck des freien Willens:* Der Markenname gibt dem Verbraucher die Möglichkeit, frei auszuwählen und sein Bedürfnis nach Stimulanz, Neuheit, Überraschung usw. zu befriedigen.

Für den Hersteller ermöglicht die Markenbildung unter anderem die Positionierung eines Produktes und den längerfristigen Aufbau eines (Marken-)Image.

Die Bedeutung der verschiedenen Funktionen einer Marke werden je nach kulturellem Umfeld anders gewertet. Einige Funktionen treten in manchen Ländern vollständig in den Hintergrund.

In Deutschland scheint die grundsätzliche Einstellung der Verbraucher gegenüber Markenartikeln eher positiv zu sein. Im Rahmen der „Allensbacher Werbeträger-Analyse" (1989) antworteten 43,6 Prozent der Befragten, daß sich der Kauf von Markenartikeln meistens lohne (29,6 Prozent meinten, der Kauf lohne sich meistens nicht, 27,4 Prozent waren unentschieden).

In Frankreich stehen die öffentlichen Behörden den Marken mißtrauisch gegenüber. Einerseits werden die Marken verdächtigt, künstliche Markteintrittsschranken zu sein, die den Wettbewerb einschränken. Andererseits werden ihnen inflationistische Wirkungen nachgesagt, da Markenpflege hohe Werbeausgaben erfordert, die zu Preissteigerungen führen (Contensou, 1989).

In Japan dagegen besitzt die Marke einen hohen Stellenwert. Im feudalen Japan war die Marke gleichbedeutend mit dem Namen des Stammhauses. Dieser Name hatte eine solch große Bedeutung, daß alles getan wurde, ihn zu verewigen und sein Image zu schützen. Wer den guten Ruf befleckte, und sei es nur durch Nachlässigkeit, mußte den Schaden wiedergutmachen, nötigenfalls durch den eigenen Tod (Yoshimori, 1989). Bei demselben Autor findet man jüngere Beispiele von Managern, die Selbstmord begingen, weil sie glaubten, durch ihre Handlungen oder Nachlässigkeiten den Ruf ihrer Unternehmen beschädigt zu haben. Unternehmen (und vor allem die Handelshäuser) wurden im früheren Japan nicht nur als reine Wirtschaftseinheiten angesehen. Sie stellten ebenso religiöse Gemeinschaften dar, die über die Generation der gerade herrschenden Familie hinaus Bedeutung hatten. Die Vorfahren nahmen beinahe göttliche Stellungen ein. Ihnen gegenüber war es eine religiöse Pflicht, den Ruhm des Namens des Hauses (kamei) zu wahren und zu vermehren.

Die Marke ist in Japan die Gallionsfigur des Konkurrenzkampfes. Abbeglen und Stalk (1986) zeigen sehr schön, wie Honda zwischen 1950 und 1960 die heute unbekannte Marke Tohatsu ausschaltete und wie sich Anfang der achtziger Jahre Honda und Yamaha bekämpften (vgl. Kapitel 1.3).

Auch in den USA nehmen die Marken eine zentrale Stellung im Wettbewerb ein. Die Markenpolitik ist ein fester Bestandteil der Marketing-Strategien amerikanischer Unternehmen. Allerdings sind Marken genauso wie Marktanteile stetigen Veränderungen ausgesetzt. Eine Marke kann sich nur behaupten, wenn sie massiv durch Werbung, Verkaufsförderungsmaßnahmen und Qualitätsverbesserungen der Produkte gestützt wird.

Der Markenwettbewerb – und somit indirekt auch die Stellung der Marken auf einem Markt – wird vom Distributionssystem mitbestimmt. In Japan, wo die Hersteller gegenüber dem Handel eine sehr starke Stellung besitzen (siehe Kapitel 11.1), kann die Markenpolitik vollkommen auf den Verbraucher ausgerichtet werden. In Frankreich dagegen findet der Markenwettbewerb in verschärfter Form bereits zwischen den Herstellern und dem mächtigen Großhandel statt. Handelsmarken und Herstellermarken bekämpfen sich gegenseitig. Ergebnis ist eine Vielzahl relativ schwacher und instabiler Marken, die oft in Preiskämpfe verwickelt werden.

In Deutschland konnten die Herstellermarken langfristig betrachtet zumindest im Lebensmittelhandel ihre führende Stellung wahren. Gleichzeitig bauten aber auch die

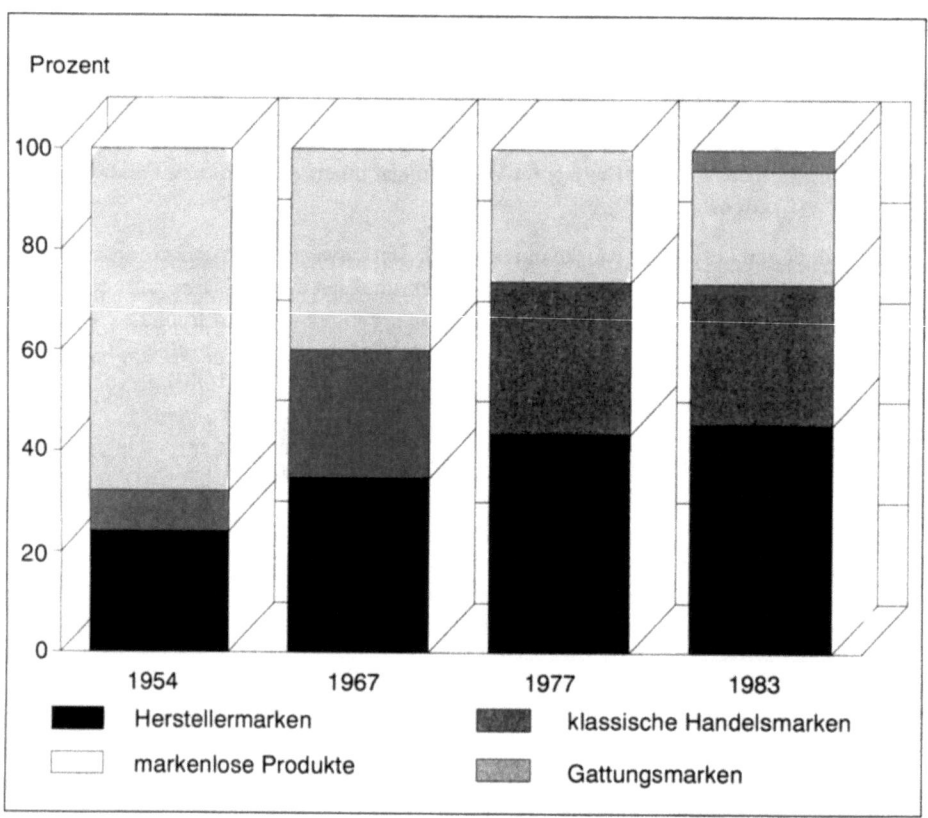

Quelle: In Anlehnung an Huber, 1988, S. 32

Abbildung 28: Entwicklung der Anteile von Hersteller- und Handelsmarken für Nahrungs- und Genußmittel im Lebensmittelhandel der Bundesrepublik Deutschland

Handelsmarken in den letzten vierzig Jahren ihren Marktanteil ständig aus. Von einem Marktanteil von neun Prozent im Jahre 1954 wuchsen sie bis 1983 bereits auf 32 Prozent (27 Prozent klassische Handelsmarken + 5 Prozent Gattungsmarken). Stetig zurück ging der Prozentsatz der markenlosen Produkte (siehe Abbildung 28, Seite 162).

- Was charakterisiert eine internationale Marke?

Internationale Marken weisen einige gemeinsame Eigenschaften auf:

- *Langfristige Ausrichtung:* Das Hauptziel einer Marke ist der langfristige und allmähliche Aufbau hoher Wertschätzung und Nachfrageresonanz (Berekoven, 1985b). Vor dem Hintergrund an sich homogener Produkte sind Markenbekanntheit und Markentreue entscheidende Verkaufsfaktoren. Procter & Gamble beispielsweise führt Marken teilweise seit über 100 Jahren („Ivory"-Seife). Auch der Markenname Camay ist beinahe 70 Jahre alt (die Zusammensetzung des Produkts wurde während dieser Zeit allerdings regelmäßig angepaßt).
- *Intensive Werbe- und Distributionsaktivitäten:* Die Schaffung von Markenbekanntheit und -image setzt über lange Zeiträume hohe Investitionen voraus. Viele Markennamen stützen sich auf die Vergangenheit prestigeträchtiger Unternehmen (z. B. Mercedes, Jaguar, Ferrari, Cadillac in der Automobilbranche). „Brand goodwill" kann man nicht über Nacht schaffen. Weltbekannte Markennamen sind allein deshalb eine Ausnahme, weil sich Verbraucher nur einige Namen gleichzeitig merken können (einige Dutzend, möglicherweise 100–200).
- *Die Glaubwürdigkeit* vieler internationaler Marken stützt sich auf ein nationales Image. Coca-Cola ist ein amerikanisches Getränk, der Cow-Boy macht aus Marlboro eine amerikanische Marke. Chanel N°5 stützt sich auf ein französisches Image (des Luxus), und Johnny Walker ist Synonym schottischen Whiskys. Zusätzlich versehen die Verbraucher jedes Landes die sogenannten internationalen Marken mit einem eigenen, lokalen Image.

- Globale Marken

Selbst wenn einige Autoren die Idee globaler Marken verteidigen (z. B. Peebles, 1989), erscheint es doch als verschwommenes und vielleicht sogar trügerisches Konzept. Wie wir bereits im sechsten Kapitel ausführten, kann man die sogenannten globalen Marken auch als Portfolio an Produkten bezeichnen, die zwar überall gleich firmieren (ein lexikalisch identischer Name), in Wirklichkeit aber auf jedem Markt ein anderes, lokal definiertes Image besitzen. Nur bei sehr wenigen Marken ist die Aussprache des Markennamens international einheitlich. Ein Markenname kann demnach von der Schreibweise her global, der Aussprache nach aber lokal geprägt sein. Eine einheitliche Aussprache und akustische Wahrnehmung des Markennamens ist aber z. B. für die länderübergreifende Verwendung von Fernsehspots wichtig.

Selbst die oft als global bezeichnete Marke Nivea paßt sich den Besonderheiten nationaler Märkte an. Beiersdorf versucht für sein Produkt „einen Positionierungskern zu finden, der für alle Märkte uneingeschränkt gelten soll". Davon ausgehend wird dann „... ohne Gefahr für das Image der jeweilige Adaptionsgrad für das jeweilige Land in einem zweiten Schritt festgelegt" (beide Zitate: Lührs, 1986, S. 20). In tropischen Gebieten wird die Konsistenz der Creme verändert. In den USA weicht Beiersdorf in der Werbung vom sonst üblichen Konzept der „all purpose creme" ab.

Das Management globaler Marken ist schwierig. Marcio Moreira, „New Products Director" bei McCann-Erickson Worldwide, ist der Meinung, daß eine globale Strategie nicht dazu angetan ist, Geld zu sparen (Peebles, 1989). Globale Marken und globale Kampagnen benötigen viel Kreativität und viel Geld. Eine Marke ist ein wertvolles Bündel an Symbolen, das mittels verschiedenartigster Kommunikationsinstrumente gepflegt und dem Verbraucher nahegebracht werden muß. Werbung und Öffentlichkeitsarbeit gehören genauso dazu wie Sponsoring, Absatzförderung, Produktdesign usw. Der Kommunikations-Mix muß so sorgsam abgestimmt werden, daß sich der Verbraucher (nirgendwo auf der Welt) in dem Glauben getäuscht sieht, den er auf eine Marke setzt. Bei der Coca-Cola GmbH gehen regelmäßig Briefe ein, die sich darüber beschweren, daß zwischen dem in Deutschland, Spanien und Italien angebotenen Fanta größere Geschmacks- und Farbunterschiede bestehen (Kreutzer, 1989).

Zusätzlich erschwert wird das Management globaler Marken durch die Komplexität des Warenzeichenrechts auf internationaler Ebene. Gemäß der aus dem Jahre 1883 datierenden und letztmals 1967 angepaßten Pariser Verbandsübereinkunft (ca. 100 Mitgliedsstaaten) hat ein Unternehmen nach der Eintragung eines Warenzeichens in einem Land der Vereinigung anschließend sechs Monate Zeit, auch in den übrigen Staaten seine Rechte zu sichern.

Die „World Intellectual Property Organisation" (WIPO), eine Sonderorganisation der UNO mit Sitz in Genf (ca. 120 Mitgliedsstaaten), nimmt sich ebenfalls rechtlicher und administrativer Fragen des internationalen gewerblichen Rechtsschutzes sowie des Urheberrechts an. Die WIPO ist unter anderem zentrale Anlaufstelle für die Eintragung von Warenzeichen in etwas über 30 Ländern, die das Madrider Markenabkommen unterzeichnet haben. Dadurch wird die Registrierung von Marken zumindest in einer kleinen Anzahl von Ländern etwas erleichtert. Es bestehen also einige internationale Abkommen, letztendlich aber sind beim Warenzeichenrecht dennoch nationale Vorschriften maßgebend. Selbst bei einer internationalen Registrierung wird Markenschutz nur nach den jeweils geltenden nationalen Rechten gewährt.

Auch auf dem Gebiet der europäischen Gemeinschaft ist die Situation kaum besser. Einem Unternehmen ist es bisher nicht möglich, seine Marke über die Binnengrenzen der Mitgliedstaaten hinweg und unbehindert von entgegenstehenden Rechten einzelner Staaten zu verwenden. Obwohl die sechs Gründungsmitglieder der EG bereits 1959 mit Verhandlungen über ein einheitliches europäisches Markenrecht begannen und 1964 ein „Vorentwurf eines Übereinkomens über ein europäisches Markenrecht" entstand, besteht bis heute nicht mehr als eine Richtlinie zur Angleichung des Markenrechts der EG-Mitgliedsstaaten. Eine abschließende Entscheidung über ein Gemeinschaftsmarkenrecht steht also noch aus.

Aus diesen Ausführungen läßt sich erahnen, wie groß der zeitliche und finanzielle Aufwand für die juristischen Formalitäten des Managements globaler Marken ist. Die Melitta-Gruppe ließ 1986 einige neu geschaffene Markennamen (Toppits, Swirl, Climat usw.) international schützen. Pro Markenname bezahlte das Unternehmen für die weltweite Registrierung 90 000 DM Honorar an eine spezialisierte Branding-Agentur. Dabei verstrichen allein in Deutschland neun Monate, bis die Warenzeichen nach der Anmeldung registriert waren. Die internationale Registrierung brauchte ein weiteres Jahr, und in Ländern wie Großbritannien und den USA mußte die Firma nochmals separat vorgehen (Raithel, 1987).

Wer aus dem Nichts heraus eine internationale Marke aufbauen will, sollte sich sehr langfristige Ziele stecken. 1955 wurde der damalige Vorstandsvorsitzende von Sony, Akio Morita, von einem amerikanischen Kunden gefragt, ob Sony als Original Equipment Manufacturer (OEM) 100 000 Transistorradios für die Amerikaner herstellen würde. Morita lehnte ab und antwortete (Yoshimori, 1989, S. 279):

„Vor 50 Jahren war Ihr Markenname wahrscheinlich so unbekannt wie unserer heute … Heute stelle ich die Weichen für die nächsten 50 Jahre meines Unternehmens. Ich verspreche Ihnen, daß unser Name (Sony) in 50 Jahren genauso berühmt sein wird wie Ihrer heute.“

Teil III

Marketing im interkulturellen Umfeld

10. Der Preis als zentrales Element einer Tauschbeziehung

Der Preis hat auf den ersten Blick nichts Kulturelles. Er erscheint als eine objektive Produkteigenschaft und besteht, nach außen hin, nur aus Ziffern, Zahlen und Geldeinheiten. In Wirklichkeit besteht aber auch beim Preis eine starke Beziehung zur Kultur. Der Preis ist ein entscheidendes Element der Interaktion zwischen Käufer und Verkäufer. Er ist Zeichen der Übereinkunft und prägt über kurz oder lang die Beziehung zwischen beiden Seiten. Wir wenden uns in diesem Kapitel nur am Rande der ökonomischen Funktion des Preises zu. Unser Hauptaugenmerk gilt dem Preis als Element einer Tauschbeziehung.

Als erstes beschäftigen wir uns mit dem Feilschen. In dieser klassischen, primitiven Beziehung zwischen Käufer und Verkäufer tritt die soziale Bedeutung des Preises besonders deutlich hervor.

Der zweite Teil macht deutlich, daß die Einschätzung von Preis und Qualität starken kulturellen Schwankungen unterworfen ist. Verbraucher treffen Kaufentscheidungen in Abhängigkeit eines subjektiv wahrgenommenen Preises – nicht aufgrund von scheinbar objektiven Ziffern, die ein Preisschild zieren.

Strategien und Grenzen der Preisgestaltung auf internationalen Märkten bilden den Kern des dritten Teils. Besondere Aufmerksamkeit schenken wir dabei den preispolitischen Entscheidungen auf dem Inlands- im Verhältnis zum Auslandsmarkt.

Auch Bestechung bedeutet Tausch. Für eine Handlung, die eigentlich nicht käuflich sein sollte, wird ein Preis bezahlt. Aus preistheoretischer Sicht ist es dabei unerheblich, daß die Märkte, auf denen die Tauschaktionen vollzogen werden, ebenso illegal oder inoffiziell sind wie die Preise, die erhoben werden (Schmidt, 1969). Auf Methoden, soziale Folgen und ethische Vorstellungen, die mit Bestechung verbunden sind, konzentrieren wir uns im vierten und letzten Teil des Kapitels.

10.1 Das Feilschen

• Die soziale Bedeutung des Feilschens

An vielen Orten dieser Welt wird fast nicht mehr gefeilscht – jedenfalls dem Anschein nach. In den meisten industrialisierten Ländern legen Hersteller und Handel Angebotspreise fest. Diesen Preis kann der Verbraucher entweder akzeptieren – indem er kauft – oder ablehnen – indem er nicht kauft. Handeln (die Begriffe Handeln und Feilschen gebrauchen wir hier synonym) ist nur selten möglich. An der Kasse eines Supermarktes einen Preisnachlaß zu verlangen, wäre nicht nur sinnlos sondern auch ungehobelt. Man stelle sich die Kommentare der hinter einem wartenden Kunden vor!

In den industrialisierten Ländern kommt das Handeln erst dann wieder zu seinem Recht, wenn der Wert eines Gutes eine bestimmte Höhe erreicht. Gehandelt wird bei allem, was zur Ausstattung von Unternehmen oder Haushalten gehört: Neu- und Gebrauchtwagen, Möbel, Immobilien, Maschinen, Geschirrspüler ...

Das Feilschen erfüllt eine natürliche Funktion: die Aufteilung eines Überschusses zwischen dem Käufer und dem Verkäufer. In den meisten Entwicklungsländern ist Feilschen selbst bei scheinbar unwichtigen Produkten oder Gütern mit geringem Wert die Regel. Durch die niedrige Kaufkraft gewinnt das Feilschen beträchtlich an Bedeutung. Wenn, wie auf einigen afrikanischen Märkten, der Zucker stückchenweise und die Karotten scheibchenweise verkauft werden (beobachtet 1988 auf dem Markt von Nouakchott, Mauretanien), ist alles von Bedeutung: man darf nichts verlieren. Der Einsatz, der auf dem Spiel steht, ist in den Entwicklungsländern also groß, und die Kosten des Feilschens sind gering. Denn Zeit steht ausreichend zur Verfügung. In den Industrieländern ist das Verhältnis zwischen Einsatz und Kosten des Feilschens eher umgekehrt. Man hat Geld, aber keine Zeit.

Feilschen kann sehr treffend mit dem Wort „Spiel" beschrieben werden. Innerhalb genau festgelegter Grenzen ist Feilschen ein Spiel mit sehr menschlichen Zügen. Freundschaftliche – und feindschaftliche – Gefühle kommen beim Feilschen viel stärker zum Ausdruck als in den unpersönlichen Wirtschaftsbeziehungen, die vor allem im Konsumgüterbereich typisch für die entwickelten Länder sind. Dies ist auch einer der Hauptgründe, warum das Feilschen in den meisten Industrieländern eingeschränkt oder verboten ist. Allen (1978, S. 49) stellt treffend fest:

„... man nahm allgemein an, daß Feilschen sozial schädlich ist, da es Gefühle der Feindschaft, der Rivalität und des Mißtrauens schürt. Es ist zwar richtig, daß der wahre Wert einer Ware (und infolgedessen auch der Preis) immer etwas beargwöhnt wird; dennoch wird aus diesem Argwohn nie ein offener Konflikt, vorausgesetzt die beiden feilschenden Seiten sind wirklich am Abschluß des Geschäftes interessiert. Jeder Feilschende, Käufer und Verkäufer, ist aus Angst vor dem Abbruch der Transaktion darauf bedacht, den Partner nicht zu verletzen. Dadurch beseitigt Feilschen eher anfänglich herrschendes Mißtrauen. Feilschen begünstigt eine Atmosphäre des Vertrauens und des gemeinsamen Interesses, die oft zu einer dauerhaften Beziehung mit dem Kunden führt. Insoweit festigt es gemeinschaftliche Beziehungen mehr, als es ihnen schadet."

● Feilschen als Ritual

Der eigentliche Feind des Feilschens ist die Markenpolitik. Überall dort, wo der Großteil der Konsumgüter ausgeklügelte Distributionskanäle durchläuft, wird das Ritual des Feilschens durch Selbstbedienung und unpersönlichen Verkauf ersetzt. Feilschen besteht aus einer Vielzahl von Bräuchen, die parallel und komplementär zur Verhandlung des Preises ablaufen.

Der libanesische Anthropologe Khuri (1968) beschreibt die Rituale des Feilschens in den Ländern des Mittleren Ostens: Am Anfang stehen immer dieselben Zeichen des Respekts, der Herzlichkeit, des gemeinsamen Interesses und des Vertrauens. Worte, die auf familiäre Bande anspielen, werden benutzt, um Herzlichkeit auszudrücken und ein freundschaftliches bzw. brüderliches Verhältnis herzustellen. Sobald der Käufer sein Interesse für die Ware zum Ausdruck gebracht und sich nach dem Preis erkundigt hat, wird der Verkäufer ungefähr antworten:

„Zwischen uns gibt es keinen Unterschied; wir haben beide dieselben Interessen; der Preis ist für mich ohne Bedeutung, mich interessiert nur, dir eine Freude zu bereiten; zahl' wieviel du willst; zwischen Brüdern gibt es keine Unstimmigkeit über den Preis; für dich ist es umsonst, nimm' es als Geschenk."

Nichts davon darf man wörtlich nehmen. Und kein Käufer würde dies tun. Diese Anfangsbeschwörung drückt lediglich, mit Hilfe der Metapher der Familie, die von gegenseitigem Interesse und Vertrauen geprägte soziale Verbindung aus. In der Folge wird der Käufer darauf bestehen, daß ihm ein Preis genannt wird. Der Verkäufer wird zögern und, nicht ohne die Qualität seiner Ware gepriesen zu haben, vielleicht einen Preis nennen. Im übrigen darf der Käufer niemals den Anschein erwecken, die Vorzüge der ihm angebotenen Ware in Frage zu stellen. Ansonsten wird er als unkundig betrachtet und möglicherweise übervorteilt. Die Diskussion setzt sich fort und jede Seite gibt einen Preis vor (Maximalpreis des Käufers, Minimalpreis des Verkäufers), unter bzw. über dem sie nicht abzuschließen bereit ist. Selbst wenn ein für beide Seiten akzeptabler Preis gefunden wird, ist nicht sichergestellt, daß das Geschäft vollzogen wird. Eventuell wollte der Käufer sich nur über den Preis informieren und ist nicht wirklich bereit, die Ware zu erwerben. Der Vorgang des Feilschens ist daher zum Teil, und nur zum Teil, getrennt vom Vorgang des Verkaufens. Verbraucher, die an Preisauszeichnungen gewohnt sind, werden durch diese Tatsache oft überrascht. Sie übersehen leicht die Notwendigkeit einer sozialen Interaktion, deren Sinn nur darin besteht, eine nicht öffentlich verfügbare Information einzuholen. Zwischen Feilschen und Preisauszeichnungen besteht, nebenbei bemerkt, ein eindeutiger Zusammenhang. Sobald der Verkäufer per Gesetz gezwungen wird, die Preise seiner Waren auszuzeichnen, geht das Feilschen zurück.

Es ist gut verständlich, daß alle, die das Feilschen nie gelernt haben oder nur selten ausüben, sich bei dieser sehr persönlichen Form einer Geschäftsbeziehung unwohl fühlen. Feilschen bedeutet implizite Kommunikation und ist eine Mischung aus Gefühl und rationalem Wirtschaftsdenken, aus Herzlichkeit und Eigennutz. Wer im Feilschen unerfahren ist, muß sogar mit Feindseligkeiten des Verkäufers rechnen, falls dieser das Gefühl bekommt (oder aus taktischen Gründen vortäuscht), nur an der Nase herumgeführt zu werden. Was in den westlichen Ländern vom Feilschen übriggeblieben ist, verbirgt sich hinter „rationalen" Argumenten (Mengenrabatte, Auslaufmodelle, Geschäftsaufgabe etc.). Feilschen kann hier sogar dem Image von Händlern oder Waren Schaden zufügen. Prus (1989, S. 146) zitiert einige kanadische Verkäufer:

„Wir sind flexibel. Wenn große Mengen bestellt werden und nach Rabatten gefragt wird, geben wir ein bißchen nach … Einige Kunden haben das Gefühl, zwangsläufig Rabatte bekommen zu müssen, wenn sie etwas kaufen."
(eine Verkäuferin von Reisegepäck)

„Bei Möbeln, Haushaltsgeräten, Teppichen usw. können Sie hier handeln. Aber nicht bei kleinen Dingen, wie Kleidungsstücken, Geschenkartikeln oder Schuhen."
(ein Verkäufer eines großen Kaufhauses)

„Normalerweise versuche ich, Handeln zu vermeiden. Bei den Preisen gebe ich kaum nach. Ich habe bemerkt, daß Handeln sehr peinlich sein kann, für den Verkäufer und für den Käufer, vor allem wenn andere Leute dabei sind. Wer das Handeln unterbinden kann, vermeidet auch, als ein Kaufhaus angesehen zu werden, das sich auf dem absteigenden Ast befindet."
(Verkaufsleiter, Frauenbekleidung)

● Die Preisfindung

Wie dargestellt wurde, ist eine Preisangabe keine Kleinigkeit. Wer lenkt zuerst ein bzw. wer sollte sich zuerst verpflichtet sehen, einzulenken, der Verkäufer oder der Käufer? Zwei Dinge spielen bei der Beantwortung dieser Frage eine entscheidende Rolle:

– das anfangs herrschende Kräfteverhältnis zwischen Käufer und Verkäufer,
– der Umfang des verbleibenden Handlungsspielraumes.

Egal, wer die erste Preisangabe vornimmt, es muß immer Spielraum für die nachfolgende Verhandlung verbleiben. Der Verkäufer kann Interesse daran haben, einen ersten Preis anzugeben, der relativ nahe an seinem Minimalpreis liegt. Falls die Gegenseite dieses „ehrliche" Angebot als solches erkennt und mit einem ebenso ehrlichen Gegenangebot antwortet (nahe am Maximalpreis), verkürzt sich die Dauer der Verhandlung erheblich und beide Seiten verlassen die Verhandlung sehr befriedigt. Eine erste Preisangabe nahe am Minimalpreis ist selbstverständlich ebenso erforderlich, wenn es sich um eine Ausschreibung oder ein ähnliches Verfahren handelt, bei dem Hochpreisangebote nicht in die engere Auswahl miteinbezogen werden.

Hat der Verkäufer es dagegen mit einem Käufer zu tun, der (z. B. von seinen Vorgesetzten) an der Höhe des eingeräumten Rabattes gemessen wird, sollte der erste Preis relativ hoch angesetzt werden. Nur so sind später größere Eingeständnisse möglich. Ein überhöhter Anfangspreis empfiehlt sich ebenfalls gegenüber einem Käufer, der sich langsam an einen für beide Seiten befriedigenden Preis annähern möchte und so die Verhandlung auch dazu benutzt, eine Beziehung zum Verkäufer aufzubauen.

10.2 Der Preis als Bewertungskriterium

● Die kulturell bedingte Einschätzung von Qualität und Preis

Es ist allgemein bekannt, daß Verbraucher – vor allem in Ermangelung anderer Kriterien – die Qualität eines Produktes vom Preis ableiten. Dabei spielt Subjektivität eine große Rolle (Zeithaml, 1988), weil:

– es keine allgemein anerkannte Methode gibt, die Qualität eines Produktes (und noch weniger die Qualität einer Dienstleistung) objektiv zu messen;
– die vom einzelnen Verbraucher wahrgenommene Qualität eines Produktes noch schwieriger zu messen ist als die objektive. Die wahrgenommene Qualität ist die subjektive Einschätzung eines Produktes und basiert auf intrinsischen (z. B. Geschmack, physische Eigenschaften) und extrinsischen Produktattributen (z. B. Werbung, Marke, Preis);
– die wahrgenommene Qualität ergibt zusammen mit anderen Bewertungskriterien (wahrgenommener geldlicher und nicht-geldlicher Preis eines Produktes) den wahrgenommenen Wert eines Produktes; letzterer beeinflußt die Kaufentscheidung des Verbrauchers entscheidend.

Der wahrgenommene geldliche Preis spielt darauf an, daß der Verbraucher sich eine zusammenfassende Meinung über den Preis eines Produktes bildet (z. B. „das ist teuer"), ohne sich unbedingt an den genauen Preis zu erinnern. Unter dem Begriff des wahrgenommenen nicht-geldlichen Preises werden alle Aufwendungen des Verbrauchers subsumiert, die vor dem Konsum eines Produktes stehen (z. B. Zeit für den Einkauf und die Zubereitung einer Speise).

Das Modell des nicht-geldlichen Preises ist amerikanischen Ursprungs (Becker, 1965) und hat nur beschränkt kulturübergreifende Gültigkeit. Was in einem Land als Opfer oder Aufwand angesehen wird, gilt in einem anderen Land eventuell als Vergnügen. Die subjektiven Bewertungen von Preis, Qualität und Wert durch die Verbraucher sind unmittelbar kulturell bedingt. Beispielhaft können genannt werden:

– „Zeit ist Geld" (in einer Kultur, in der dieser Sinnspruch gilt, wird der empfundene nicht-geldliche Preis relativ höher sein).
– „Hausgemachtes schmeckt am besten" (die Gültigkeit dieser Maxime hat z. B. Einfluß auf die empfundene Qualität tiefgefrorener Lebensmittel).
– „Beim Vergnügen spielt Zeit keine Rolle" (die Zubereitung von Speisen beispielsweise wird in manchen Kulturen als Vergnügen, in anderen als notwendiges Übel empfunden. Im ersten Fall ist der nicht-geldliche Preis der Speise niedrig, im zweiten Fall hoch).

● Das Verhältnis zwischen Preis und Qualität

Der Zusammenhang zwischen Preis und Qualität von Produkten scheint in der Realität
wenig ausgeprägt zu sein. Eine große Anzahl von Untersuchungen zeigt nur eine
schwache positive Korrelation zwischen beiden Größen. Die sehr subjektive Bewertung
des Preises einerseits und das Fehlen eines objektiven Qualitätsmaßstabes andererseits
machen es schwierig, eine eindeutige Beziehung zwischen Preis und Qualität zu ermitteln. Kennt der Verbraucher den Preis eines Produktes, dessen Qualität er weniger gut
einzuschätzen vermag, so stehen ihm bei seiner Kaufentscheidung drei Strategien zur
Auswahl (Tellis und Gaeth, 1990):

– *best value:* Ermittlung des optimalen Preis-Leistungs-Verhältnisses (Nutzenmaximie-
  rung);
– *price-seeking:* der Preis dient als Gradmesser der Qualität; das teuerste Produkt wird
  ausgewählt;
– *price-aversion:* solange das tatsächliche Qualitätsniveau nicht ermittelt werden kann,
  wird das billigste Produkt ausgewählt.

Welche Strategie angewandt wird, hängt vom Informationsstand des Verbrauchers, seiner
Fähigkeit, ein Preis-Leistungs-Verhältnis zu ermitteln, seiner früheren Erfahrung und
nicht zuletzt auch von seinem kulturellen Hintergrund ab.

● Der Einfluß der Kultur auf die Bewertung des Preis-Leistungsverhältnisses
  und die Kaufstrategie

Verbraucher werden oft als rational handelnde Individuen eingeschätzt, die ihre Kaufentscheidung auf objektiv ermittelte Preis-Leistungsverhältnisse stützen. In Wirklichkeit
kann man allerdings genauso beobachten, daß Verbraucher sich einfach von subjektiven
und kulturellen Preis- und/oder Qualitätsniveaus leiten lassen. Über- bzw. unterschreitet
ein Produkt die festgelegten Grenzen, scheidet es als Kaufalternative aus. Solche Unterschiede bei der Beurteilung und Auswahl von Gütern gibt es beispielsweise zwischen
Nord- und Südeuropa:

– *Nordeuropäische Verbraucher:* Das Preisniveau ist in Nordeuropa relativ hoch.
  Gleichzeitig zeichnen sich die angebotenen Waren durch ihre Robustheit und Langlebigkeit aus. Eine mögliche Erklärung dieser Tatsache liegt darin, daß es sich um
  lutherische Länder handelt, deren Religion eine relative Sparsamkeit in der Lebensweise und Bescheidenheit bei materiellen Besitztümern vorschreibt. Güter sollten
  teuer sein, um ihren Verbrauch einzuschränken (vgl. Beispiel 10.1.). Andererseits
  bevorzugen die Menschen dauerhafte, schmucklose, auf Nützlichkeit und Nüchtern-
  heit ausgerichtete Güter. Die Verbraucher werden folglich, etwa bei der Einrichtung
  ihrer Heime, Wert auf langlebige und robuste Möbel legen. Sie werden die untere
  Grenze des Qualitätsniveaus relativ hoch ansetzen und nach dem besten Preis-Leistungsverhältnis suchen. Produkte mittlerer und schlechter Qualität haben keine
  Chance, selbst wenn ihr Preis sehr niedrig ist.

Beispiel 10.1: Das puritanische Paradox

„Ich fürchte: wo immer der Reichtum sich vermehrt hat, da hat der Gehalt an Religion in gleichem Maße abgenommen. Daher sehe ich nicht, wie es, nach der Natur der Dinge, möglich sein soll, daß irgendeine Wiedererweckung echter Religiosität lange Dauer haben kann. Denn Religion muß notwendig sowohl Arbeitsamkeit (industry) als Sparsamkeit (frugality) erzeugen, und diese können nichts anderes als Reichtum hervorbringen. Aber wenn Reichtum zunimmt, so nehmen Stolz, Leidenschaft und Weltliebe in allen ihren Formen zu. Wie soll es also möglich sein, daß der Methodismus, d. h. eine Religion des Herzens, mag sie jetzt auch wie ein grünender Baum blühen, in diesem Zustand verharrt? Die Methodisten werden überall fleißig und sparsam; folglich vermehrt sich ihr Güterbesitz. Daher wachsen sie entsprechend an Stolz, Leidenschaft, an fleischlichen und weltlichen Gelüsten und Lebenshochmut. So bleibt zwar die Form der Religion, der Geist aber schwindet allmählich. Gibt es keinen Weg, diesen fortgesetzten Verfall der reinen Religion zu verhindern? Wir dürfen die Leute nicht hindern, fleißig und sparsam zu sein. Wir müssen alle Christen ermahnen, zu gewinnen, was sie können, und zu sparen, was sie können, d. h. im Ergebnis: reich zu werden."

Quelle: Zitat des methodistischen Pfarrers John Wesley ausgangs des 18. Jahrhunderts (einige Jahre vor Beginn der industriellen Revolution in England), zitiert von Max Weber, 1973, S. 182–183

– *Südeuropäische Verbraucher:* Die Kaufkraft der Verbraucher in Südeuropa ist etwas niedriger als in Nordeuropa. Das Leben der Menschen spielt sich aufgrund des wärmeren Klimas mehr im Freien ab. Die Menschen legen deshalb auch mehr Wert auf ihre Erscheinung und haben mehr Sinn für Mode. Zudem nimmt die katholische Lehre keinen eindeutigen Standpunkt zum Thema Geld ein. Sie hat sich nie um das Verhältnis zwischen Preis und Qualität materieller Reichtümer gekümmert. Die katholische Religion liebt das Geld nicht und unterstützt (deshalb?) implizit das Geldausgeben. Wie alle idealistischen Systeme mit einer weltlichen Bindung muß die katholische Kirche mit einem Widerspruch leben: Sie ist gegen Geld eingestellt, aber nicht gegen Ausgaben. Dies steht im krassen Gegensatz zur protestantischen Sichtweise der Sparsamkeit, die einerseits Ausgaben als unmoralisch anprangert, gleichzeitig jedoch das Anhäufen von Reichtum unterstützt. Für den Protestanten ist Verschwendung eine Schande, für den Katholiken Geld.

Max Weber (1973, S. 31) stellt die Gutherzigkeit der katholischen Kirche – „den Ketzer strafend, doch den Sündern mild" – der Reformkirche gegenüber, die „unendlich schwerere und strengere Verhaltensregeln auferlegt". Die katholische Religion hat nicht die Sparsamkeit und Strenge des Protestantismus. Sie läßt ihren Anhängern weitgehend freie Hand bei der Wahl materieller Güter, indem sie scharf trennt zwischen dem Weltlichen und dem Geistlichen („Gebt dem Kaiser, was des Kaisers ist, und Gott, was Gottes ist").

Als Folge dessen treten beim lateinischen (katholischen) Verbraucher die Unterschiede verschiedener sozialer Schichten deutlicher nach außen hervor. Der Erwerb von Gütern dient dazu, das eigene Image in der Gesellschaft zu stärken. Unterschiede in der Kaufkraft führen zu diversifizierten Kaufstrategien:

- snobistische Verbraucher kaufen nur die teuersten Güter (Veblen-Effekt: aus Prestigegründen wird ein Gut zu einem höheren Preis stärker nachgefragt als zu einem niedrigeren Preis);
- „price-aversion": Verbraucher, denen es hauptsächlich um den Preis geht, kaufen automatisch die billigsten Güter;
- einer Vorliebe für kartesische Logik folgend, benutzen die Verbraucher das Preis-Leistungs-Verhältnis, um Güter auszuwählen.

10.3 Internationales Preismanagement

● Transferpreispolitik

Transferpreise sind zunächst einmal Verrechnungspreise: sie messen und bewerten den Waren- und Leistungsaustausch zwischen einer Muttergesellschaft und den ausländischen Tochtergesellschaften. Darüber hinaus verfolgen internationale Unternehmen durch die Errichtung eines Transferpreissystems noch weitere Ziele (Tietz, 1989):

- Gewinnoptimierung
- Cash-flow-Optimierung
- Steuerminimierung oder -optimierung
- Zollminimierung
- Ausgleich unterschiedlicher Inflationsraten
- Schutz vor schwankenden Wechselkursen
- Umgehung von Handelsrestriktionen
- Sicherung des Kapitalflusses
- Reduzierung der Folgen politischer Risiken
- Verbesserung der Kreditwürdigkeit
- Kostenrechnungs- und Kontrollaspekte
- Marktaspekte, vor allem Marktpenetration oder -abschöpfung.

Durch Transferpreise sind internationale Unternehmen in der Lage, sich wirtschaftspolitischen Regelungen einzelner Staaten zumindest teilweise zu entziehen. Hohe Transferpreise bei Lieferungen in Hochsteuerländer beispielsweise vermindern dort die Gewinne und damit die Steuerabgaben.

Allerdings kann die Optimierung der Transferpreise auf Gesamtunternehmensebene auch zu einer Beeinträchtigung der Konkurrenzsituation einzelner Niederlassungen oder zu Positionierungsproblemen bei bestimmten Produkten führen. Diese Situation beleuchten wir in den nächsten Abschnitten.

- Einheimische Märkte, Exportmärkte und Dumping

Jedes Unternehmen, das auf unterschiedlichen nationalen Märkten operiert, steht aufgrund der im letzten Abschnitt angeführten Ziele vor dem Problem, welchen Abnehmern es welchen Preis einräumt (immer vorausgesetzt, das Unternehmen kann auf den verschiedenen Märkten den Preis frei gestalten, und Verbraucher sowie Zwischenhändler haben keine Arbitragemöglichkeiten).

Von besonderer Bedeutung ist das Verhältnis zwischen dem auf dem nationalen und dem internationalen Markt festgelegten Preis. Wer kommt bei der Einführung eines neuen Produktes (z. B. eines Flugzeuges) für die fixen Entwicklungskosten auf? Bezahlt der einheimische Markt oder der Exportmarkt die Abschreibung der „sunk costs"? Diese Fragen sind in der Praxis von großer Bedeutung. Sie können aber nur subjektiv beantwortet werden. Jedes betroffene Unternehmen muß abwägen, ob es einmalige Produktionskosten auf den „treuen" Stamm-Markt abwälzt (oder andere Märkte, auf denen das Unternehmen eine starke Position hat) oder im Gegenteil die einheimischen Verbraucher für ihre Treue mit niedrigeren Preisen belohnt. Wenn sich griechische und irische Autokäufer über den Aufschlag bewußt wären, den sie beispielsweise im Verhältnis zu den belgischen und deutschen Verbrauchern für deutsche Automobile bezahlen (siehe Abbildung 30, Seite 181, im Abschnitt über Parallelimporte), würde ihre Markentreue eventuell schnell abnehmen[15].

Die internationale Preispolitik eines Unternehmens hängt davon ab, welche Bedeutung es dem ausländischen Markt beimißt. Bei Unternehmen, die den ausländischen Markt gleichberechtigt neben den einheimischen stellen, erfolgt die Kalkulation meist auf Vollkostenbasis. In diesem Fall werden fixe Kosten, Transportkosten usw. in die Auslandspreise miteinbezogen. Im Ergebnis liegen die Auslandspreise dann tendenziell über den Inlandspreisen. Ethnozentrische Unternehmen dagegen, die den Export als Zusatzgeschäft betrachten, kalkulieren ihre Auslandspreise traditionell auf Grenzkostenbasis. Demnach muß der einheimische Markt die Fixkosten tragen. Die Auslandspreise sind somit tendenziell niedriger als die Inlandspreise (Simon, 1992). Diese Kalkulationsweise führt zu „dumping".

Dumping weist folgende Merkmale auf:

- Der einheimische Markt trägt die Fixkosten. Exportspezifische Kosten werden bei der Kalkulation der Auslandskosten nicht einbezogen. Die kalkulierten Stückkosten für den Exportmarkt liegen unter den Stückkosten für den Inlandsmarkt.
- Aufgrund dieser Kalkulation verkauft das Unternehmen auf dem Exportmarkt zu niedrigeren Preisen als auf dem einheimischen Markt. Unternehmen, die Dumping praktizieren, sollten nicht vergessen, daß der eigene Inlandsmarkt für ausländische Anbieter der Exportmarkt ist. Mit dem Auftritt ausländischer Billiganbieter auf dem einheimischen Markt muß folglich auch gerechnet werden.

---

15 Die hier geschilderte Situation entspricht dem Jahr 1992. Änderungen, die sich 1993 durch die Vollendung des Europäischen Binnenmarktes möglicherweise ergeben, sind nicht berücksichtigt.

– Hinter dem Konzept des Dumping steht die Idee (und die Praxis), den Exportmarkt als „Mülleimer" zu benutzen. Im Ausland wird zu Niedrigstpreisen das angeboten, was auf dem einheimischen Markt übrig bleibt. Dies gilt nur dann nicht, wenn Dumping lediglich vorübergehend eingesetzt wird, um im Ausland Marktanteile zu gewinnen und nach Erreichen der gewünschten Marktposition eine „normale" Preispolitik eingeführt wird.

Abbildung 29 geht graphisch auf das Problem der respektiven Behandlung des einheimischen und des Exportmarktes ein. Der Absatz findet im Normalfall unbestritten auf beiden Märkten gleichzeitig statt (das Absatzvolumen ist auf der X-Achse dargestellt). Die Frage ist nur, wo man den Exportmarkt und den einheimischen Markt auf der X-Achse konzeptuell ansiedelt. In der Abbildung sind die Exportmengen rechts der Absatzmengen des Inlandsmarktes – und somit niedrigeren Grenzkosten – zugeordnet. Folglich kommt es zu Dumping.

Artikel VI des General Agreement on Tariffs and Trade (GATT) verbietet Dumping, falls dadurch die Produktion einer der betroffenen Parteien beeinträchtigt wird. Das Abkommen erlaubt außerdem bestimmten Ländern, Produkte, die zu Dumping-Preisen eingeführt werden, mit Anti-Dumping-Zöllen zu belegen. Die USA machten z. B. bei europäischen und japanischen Stahleinfuhren von dieser Klausel Gebrauch.

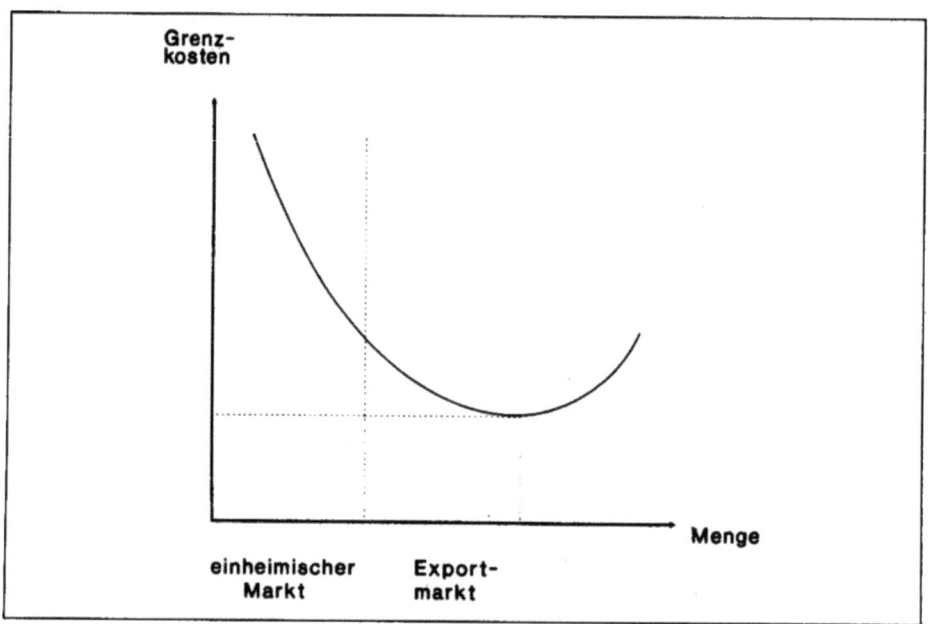

Abbildung 29: Dumping und das Verhältnis zwischen Grenzkosten und Produktionsvolumen – wo wird der Exportmarkt konzeptuell angesiedelt?

- Die Erhöhung des Marktanteils durch Preisveränderungen

Drastische kurzfristige Preisherabsetzungen stellen für die Unternehmen u. a. eine Möglichkeit dar, neue Kunden zu gewinnen, die Markentreue zu erhöhen und somit den Marktanteil auszubauen. Für den Verbraucher entsteht dadurch allerdings die Gefahr langfristig höherer Preise. Wenn durch den Preiswettbewerb einige Anbieter entscheidend geschwächt werden, können in der Folge wenige mächtige Unternehmen die Preise unter Umständen nach Belieben diktieren.

Die Japaner sind unübertroffen in der Kunst, über Preisnachlässe in einen Markt einzubrechen und schnell ansehnliche Marktanteile zu gewinnen. So betraten die japanischen Automobilhersteller vor 20 Jahren viele afrikanische Märkte mit billigen, verläßlichen, mit Klimaanlage ausgestatteten Autos. Ziel der Japaner war es nicht, die Konkurrenz auszuschalten. Nachdem sie sich den Löwenanteil des Marktes gesichert hatten, hoben sie vielmehr die Preise für ihre Fahrzeuge an. Dadurch erzielten sie einen dreifachen Vorteil: Sie beruhigten die europäischen Anbieter, deren Platz auf dem Markt nicht weiter gefährdet war, vergrößerten die eigene Gewinnspanne und vermieden das Risiko, durch die niedrigen Preise dem Image ihrer Produkte zu schaden.

Betrachtet man nur einen Markt, erscheint eine drastische Preissenkung als taktische Marketingentscheidung. Aus marktübergreifender Perspektive dagegen kann man von einer globalen Strategie sprechen. Legt man auf die eher künstliche Unterscheidung zwischen taktischen und strategischen Marketinginstrumenten Wert, so kann man taktische Preisänderungen auf nationalen Märkten als Bestandteile globaler Strategien bezeichnen, die auf Kostenführerschaft oder Differenzierung abzielen.

- Das Vermeiden von Parallelimporten

Für den Hersteller eines (Marken-)Produktes ist es aus strategischen Gründen von Bedeutung, die preisliche Positionierung seines Produktes kontrollieren zu können. Parallelimporte (man spricht auch von Reimporten oder grauen Importen) jedoch unterlaufen die Preisstrategie des Herstellers. Unter Parallelimporten versteht man „vom Hersteller nicht intendierte Warenströme zwischen verschiedenen Ländern. Parallelimporte kommen dadurch zustande, daß Händler oder auch Endverbraucher Preisdifferenzen zwischen Ländern ausnutzen" (Simon, 1992, S. 476).

Wenn beispielsweise ein deutsches Unternehmen einem osteuropäischen Abnehmer Preisnachlässe zugesteht, da die dortigen Verbraucher nicht die in Deutschland und der EG üblichen Preise bezahlen können, besteht die Gefahr, daß die Produkte über inoffizielle Kanäle zurück nach Deutschland gelangen.

Das Problem der Parallelimporte stellt sich den Herstellern vor allem dort, wo nationale Märkte einerseits aufgrund unterschiedlicher Marktbedingungen nach Preisdifferenzierungen verlangen, andererseits aber eine Abschottung der Ländermärkte nicht möglich ist. Liegen die Märkte geographisch sehr eng beieinander, bzw. sind die Transportkosten gering, verschärft sich das Dilemma. Den Arbitragegewinnen der Reimporteure stehen

Arbitragekosten (Zölle, komplizierte Handelsvorschriften, technische Normen usw.) entgegen. Parallelimporte lohnen sich daher am meisten für Abnehmer größerer Stückzahlen, die Erfahrung mit den zu beachtenden Vorschriften besitzen.

Für den Hersteller entsteht durch Parallelimporte eine Konkurrenzsituation mit den eigenen Produkten. Falls die Preisdifferenz auf verschiedenen Märkten groß genug ist, kann es sogar zu der Situation kommen, daß nicht autorisierte Mittelsmänner auf nationalen Märkten in Konkurrenz zu Exklusiv-Vertretern treten und jegliche gezielte Marketingstrategie unmöglich machen. Abbildung 30, Seite 181, zeigt die Preise für einen BMW 318i innerhalb der Europäischen Gemeinschaft. Angesichts der großen Preisunterschiede sind bei diesem Produkt Parallelimporte unvermeidlich.

Viele Hersteller von Haushaltsgeräten und langlebigen Konsumgütern haben Schwierigkeiten, den Fluß ihrer Produkte zu kontrollieren. Belgische, holländische und französische Vertreter beispielsweise, die ihren Sitz nahe der deutschen Grenze haben, kaufen teilweise eher bei deutschen als bei einheimischen Großhändlern ein. Die deutschen Großhändler verlangen niedrigere Preise.

Das gleiche Problem tritt bei Produkten auf, deren haupsächliches Verkaufsargument die Neuheit ist. Wenn z. B. eine neue Schallplatte nur in Großbritannien angeboten wird, bevor sie in Italien auf den Markt kommt, kann die Entstehung eines grauen Marktes kaum vermieden werden. Ein Segment gut informierter italienischer Musikfans wird, sobald das Album in Großbritannien auf dem Markt ist, bereit sein, einen Aufschlag dafür zu zahlen, als erste Italiener die Schallplatte zu besitzen. Die erhöhte Gewinnspanne wird Zwischenhändler auf den Plan rufen, die einen parallelen Markt einrichten. Leidtragende ist in diesem Fall die Schallplattenfirma. Während einerseits in Großbritannien das Produkt übermäßig schnell vergriffen ist, bleibt die Firma kurze Zeit später bei der Einführung in Italien möglicherweise auf einem erhöhten Bestand an Schallplatten sitzen. Die Hersteller sind sich der ungünstigen Auswirkungen dieser persönlichen Importe auf den einheimischen Markt zwar bewußt, besitzen aber kaum wirksame Mittel dagegen.

Einige große Unternehmen mit so bekannten Marken wie Seiko und Cartier versuchten, den Parallelimport ihrer Produkte in den USA vor Gericht verbieten zu lassen. Sie verwiesen auf ausgewählte Händler, denen allein sie gestattet hatten, ihre Produkte zu verkaufen. Vor dem Supreme Court hatten sie mit der Durchsetzung dieser exklusiven Vertriebsabsprachen jedoch keinen Erfolg. Die Parallelimporteure von Markenartikeln trugen im sogenannten „K Mart ruling" gegenüber den autorisierten Händlern einen beinahe uneingeschränkten Sieg davon. Das Gericht entschied, daß das Recht über die Kontrolle von Markenartikeln aus Wettbewerbsgründen mit dem Verkauf der Ware endet. Auch die Rechtssprechung der Europäischen Gemeinschaft schränkt exklusive Vertriebsabsprachen ein. Der Europäische Gerichtshof widersetzte sich beispielsweise der Firma BMW, die versuchte, belgischen BMW-Händlern den Reimport von Fahrzeugen nach Deutschland zu untersagen (Simon, 1992). In Deutschland verbietet das Gesetz gegen Wettbewerbsbeschränkungen die vertikale Preisbindung – Verlagserzeugnisse ausgenommen. Den Herstellern bleibt nur die Empfehlung von Richtpreisen. Sie haben keine

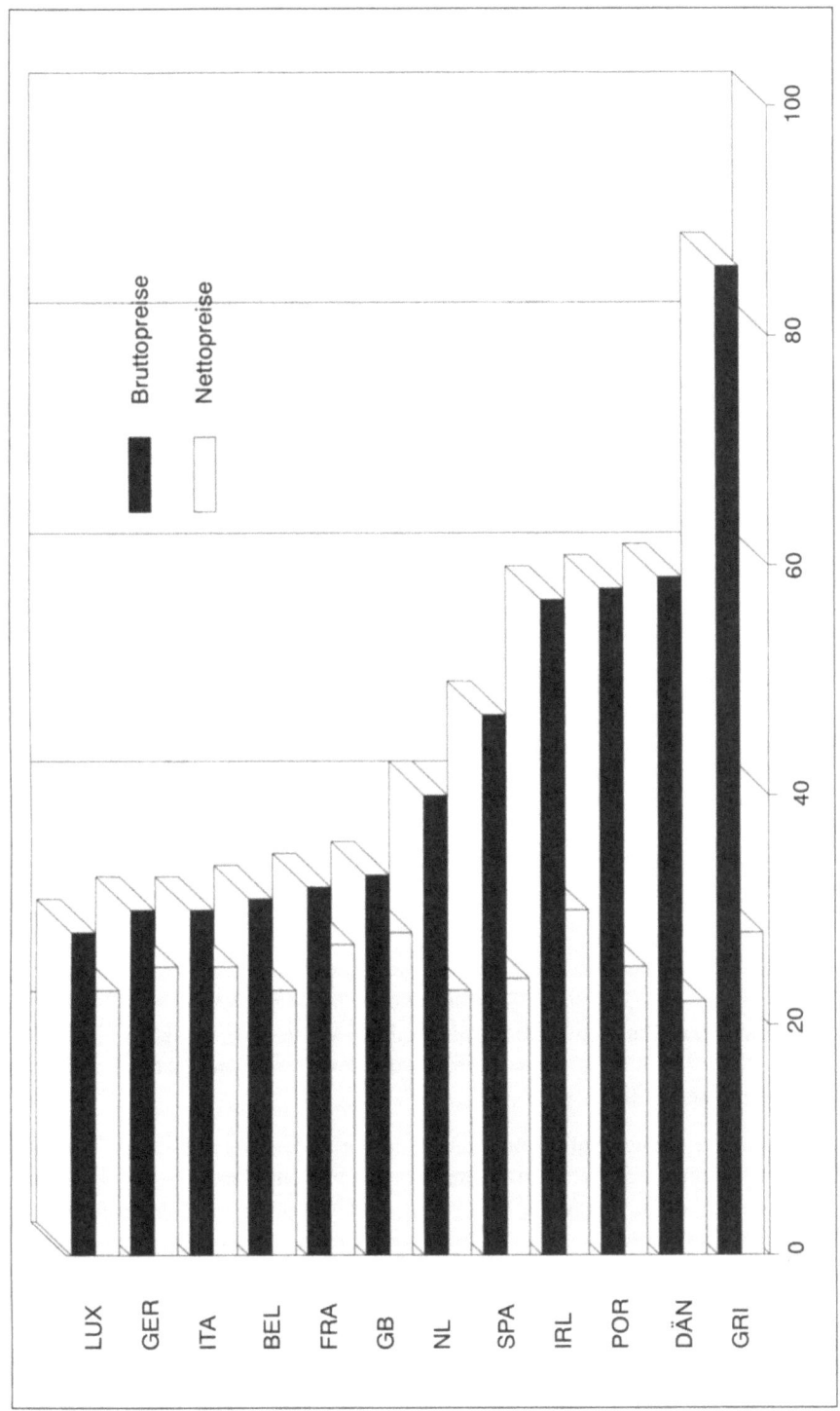

Quelle: Simon, 1992, S. 464

Abbildung 30: BMW 318i-Preise in Europa in TDM (Brutto- und Nettopreise, Februar 1988)

rechtliche Handhabe gegen Wiederverkäufer, die die Richtpreise – z. B. im Rahmen einer Verkaufsförderungsaktion – nicht respektieren.

Somit müssen die Hersteller von Markenartikeln auf andere Maßnahmen zurückgreifen, um sich gegen Parallelimporte zu schützen:

1. Koordinierung bzw. Verringerung der internationalen Preisdifferenzen: der Sinn besteht darin, Preisunterschiede so gering zu halten, daß sich Parallelimporte nicht mehr lohnen. Eine Beeinträchtigung anderer Ziele der Marketingstrategie (z. B. Produkt-Positionierung) ist beim Ergreifen dieser Maßnahme jedoch wahrscheinlich.

2. Veränderung des Produktes, so daß sich das offizielle Produkt vom grau importierten Produkt abhebt. Mit oberflächlichen Veränderungen können Verbraucher und Händler allerdings nicht getäuscht werden. Weitergehende Veränderungen dagegen gefährden Skaleneffekte bei der Herstellung.
Alternativ können auch extrinsische Produktattribute wie Garantieleistungen und Verpackungen geändert werden: offiziellen Händlern werden besonders umfangreiche Garantieleistungen eingeräumt, grau importierte Produkte kommen nicht in den Genuß des offiziellen Kundendiensts. Die Wirkung von Etiketten wie „nicht für den Export bestimmt" auf dem Produkt oder der Verpackung ist meist nur schwach. Rechtliche Möglichkeiten, den Export seiner Produkte zu untersagen, bieten sich dem Hersteller in den meisten Ländern nicht.

3. Kündigung der Partnerschaft (oder Androhung der Kündigung) mit Händlern, die sich Ware über nicht autorisierte Kanäle beschaffen. Weigand (1991, S. 59) führt die Firma Apple Computer als Beispiel an: „Any Apple dealer or VAR (Value Added Retailer) found to be in violation of the mail-order or transshipping prohibitions will be stripped of its authorized status".

4. Rückkauf der grau importierten Ware. Diese Maßnahme kann nur befristeter Natur sein, wird aber von den autorisierten Händlern als Zeichen des Schutzes sehr positiv gewertet.

Ist der Verbraucher über die Preisunterschiede identischer Güter auf unterschiedlichen Märkten informiert, kann er sie unter Umständen zu seinen Gunsten nutzen. Oft bieten sich ihm auf Urlaubsreisen Arbitrage-Möglichkeiten. Verantwortlich dafür sind u. a. günstige Devisenkurse, Mehrwertsteuer-Differenzen sowie die (künstliche) Knappheit eines Gutes auf einem Markt.

Bis vor einigen Jahren holten viele Amerikaner ihren Mercedes persönlich in Deutschland ab. Der Preisunterschied war so groß, daß sich der „persönliche Import" selbst dann noch lohnte, wenn man die Kosten der Rückführung des Autos plus eine ausgedehnte Europareise mit einrechnete. Heute ist die Situation aufgrund veränderter Devisenkurse und Importquoten bei einigen Automarken gerade umgekehrt. Ein Toyota Celica (Modell 1990, 16 Ventile) kostete beispielsweise 1990 auf dem offenen amerikanischen Markt ca. 17 000 US-Dollar. In Frankreich dagegen, wo japanischen Automobilherstellern nur ein Marktanteil von drei Prozent zugestanden wird, mußte der Verbraucher für denselben Wagen zum gleichen Zeitpunkt umgerechnet etwa 30 000 US-Dollar bezahlen. Nach

Abzug aller indirekten Steuern ergibt sich für Frankreich gegenüber den USA ein Aufpreis von 60 Prozent. Bemerkt der Verbraucher die Preisunterschiede erst nach dem Kauf der Ware, reagiert er unter Umständen betroffen („Ich bin getäuscht worden, das von mir teuer gekaufte Produkt ist seinen Preis nicht wert").

Bis heute kann man davon ausgehen, daß Verbraucher:

– über Preisunterschiede auf internationalen Märkten eher schlecht informiert sind und
– selbst bei ausreichenden Informationen über Preisunterschiede davon ausgehen, aufgrund tarifärer und nicht-tarifärer Hindernisse an den eigenen Markt gebunden zu sein.

In der Zukunft allerdings werden diese Annahmen an Gültigkeit verlieren. Die Integration regionaler Märkte in Südamerika, Europa und Südostasien schreitet schnell voran. Verbraucher werden sich allmählich der Preisunterschiede zwischen Nachbarländern bewußt. Und die Möglichkeiten, im Ausland einzukaufen, ohne komplizierte Zollerklärungen ausfüllen zu müssen, vermehren sich zusehends.

● Falsche Rechnungen

Jedes Land kontrolliert bis zu einem gewissen Grad die Preise. Die Kontrolle wird entweder bei den Herstellern, Groß- oder Einzelhändlern – oder auf mehreren Niveaus gleichzeitig – ausgeübt. Der Grund für Preiskontrollen liegt meistens im Mißtrauen gegenüber dem freien Spiel der Marktkräfte. In vielen Ländern ist die Einmischung des Staates in die Wirtschaft längst zur Gewohnheit geworden. Unternehmen reagieren auf Preiskontrollen mit falschen Rechnungen. Dieses Verhalten wird noch verstärkt, wenn ein Land Devisenkontrollen einführt. Der Abfluß von Devisen ins Ausland wird vor allen dann kontrolliert, wenn in der Handelsbilanz (oder allgemeiner in der Zahlungsbilanz) Defizite auftauchen. Einheimische Exporteure werden in der Folge gezwungen, Gewinne in fremder Währung so schnell wie möglich ins Inland zu transferieren. Einheimische Importeure müssen die Notwendigkeit ihrer Einfuhren nachweisen und Garantien für die benötigten Devisen erbringen. Bei strikter Kontrolle der Wechselkurse ist ein Umtausch der Landeswährung in fremde („harte") Währungen nicht möglich.

Nur wenige Länder erfreuen sich der vollständigen Konvertibilität ihrer Währung. In Ländern, in denen die nationale Währung nicht konvertibel ist, existieren Schwarzmärkte für Devisen. Dann bestehen große Abweichungen zwischen den offiziellen Wechselkursen (der Zentralbank) und den Wechselkursen auf dem Schwarzmarkt. Quantitative Einschränkungen der Währungskonvertibilität führen in der Praxis zu Schmuggel. Vollständige Nichtkonvertibilität ist verantwortlich für falsche Rechnungen (Verna, 1989):

– *Exporteure,* die gezwungen sind, ihre Geschäfte über die Zentralbank abzuwickeln, erleiden beim Verkauf ihrer erwirtschafteten Devisen erhebliche Verluste. Deshalb haben sie ein Interesse an zu niedrigen Rechnungen. Der ausländische Kunde überweist die Differenz auf ein Bankkonto im Ausland. Um sicher zu sein, daß der Differenzbetrag auch wirklich bezahlt wird, muß der Exporteur seinem ausländischen Abnehmer entweder vollständig vertrauen oder über ein Druckmittel verfügen.

- *Importeure* haben Interesse an überhöhten Rechnungen. Wenn ein Importeur bei den einheimischen Behörden eine Importlizenz beantragt, sollte der ausgewiesene Betrag der Einfuhr so hoch wie möglich sein. Wird der Betrag bewilligt, weist der Importeur den Lieferanten an, eine entsprechende (überhöhte) Rechnung auszustellen und den Differenzbetrag auf ein ausländisches Konto einzuzahlen.

Importlizenzen sind manchmal übertragbar. Das bedeutet, der Inhaber der Importlizenz kann sie an einen anderen Unternehmer weiterverkaufen. Dadurch kommt es zu einem Handel und manchmal sogar zu regelrechten Versteigerungen von Importlizenzen. Bekommt die Regierung Kenntnis von diesem Handel, kann es geschehen, daß sie selbst die Versteigerung der gefragten Dokumente organisiert und Importlizenzen nur noch an den Meistbietenden verkauft (Verna, 1989).

Weitere Gründe können Unternehmen dazu bewegen, falsche Rechnungen zu benutzen:

- Wenn das politische Risiko in einem Land groß ist, versuchen die einheimischen Geschäftsleute ihr Vermögen ins Ausland zu transferieren. Dieser Fall tritt vor allem in Entwicklungsländern oft ein.
- Ein Unternehmer kann gezwungen sein, Geld durch Unterfakturierung außer Landes zu schaffen, weil er sich im Ausland Güter oder Produktionsmittel beschaffen will, deren Import entweder verboten ist oder die man mit inländischer Währung nicht erwerben kann.

10.4 Internationales Marketing und Bestechung

Auch Bestechung ist Tausch und somit Anwendungsfall der Preistheorie. Es vergehen wenige Monate, ohne daß neue internationale Bestechungsaffairen aufgedeckt werden. Korruption[16] scheint bei großen internationalen Projekten gängige Praxis zu sein. Dennoch – oder gerade deshalb – reden die meisten Unternehmen nicht gerne über Korruption. Wenn sie sich dazu äußern, dann meist in verurteilendem Ton. Bestechung wird ständig praktiziert, viel geschmäht und wenig erforscht. Infolgedessen ist das Zahlenmaterial zu diesem Thema spärlich und bruchstückhaft. Im allgemeinen unterscheidet man drei „Szenarien" von Bestechung:

- Ein Entscheidungsträger wird direkt bestochen. Dieser „verkauft" seine Entscheidungsgewalt.
- Die Bestechungsgelder fließen an einen Mittelsmann (Fürsprecher, Sponsor usw.), der Informationen liefert, Einfluß ausübt bzw. Kontakte anbahnt.

---

16 Die Begriffe „Bestechung", „Korruption", „Schmiergeld", „kickback", „Nützliche Ausgaben (NA)" usw. verwenden wir synonym. Es handelt sich jeweils darum, von jemandem eine Pflichtverletzung zu erkaufen, um selbst einen Vorteil zu erlangen (Maurer, 1992).

– Schlecht bezahlte Beamte erhalten Schmiergelder dafür, daß sie bürokratische Entscheidungen erleichtern bzw. beschleunigen (im Englischen spricht man von „speed money").

● Bestechung: weltweit verbreitet aber nicht weltweit einheitlich

Obwohl Bestechung weit verbreitet ist, handelt es sich längst nicht um ein weltweit einheitliches Phänomen. Es gibt große Unterschiede je nach Land und Branche.

Für Bestechung besonders anfällige Branchen sind die Textilbranche, die Rohstoffbranchen Öl, Gummi etc., das Rüstungsgeschäft und die Arzneimittelbranche (Maurer, 1992).

Bestechungsgelder, die als Prozentsatz des Vertragswertes gezahlt werden, erreichen bei großen Geschäften (ein Geschwader Jagdflugzeuge, eine schlüsselfertige Fabrik, ein Atomkraftwerk usw.) enorme Summen. Als in den siebziger Jahren die geheimen Zahlungen einiger multinationaler amerikanischer Unternehmen an die Öffentlichkeit kamen (sogenannter Lockheed-Skandal), waren Summen bis zu 70 Millionen US-Dollar im Gespräch.

Beaudeux (1981) zitiert einen Mitarbeiter eines US-amerikanischen Multis, der Venezuela und Mexiko als die „hot spots" der Bestechung in Lateinamerika ansieht. Die Bestechungssummen scheinen sich in diesen Ländern typischerweise auf 10–15 Prozent des Vertragswertes zu belaufen. Auch Uruguay und Paraguay gelten als ziemlich korrupte Länder. Experten zufolge wurde in diesen Ländern bis vor kurzem bei Abschlüssen in der Größenordnung von 60 Millionen DM ca. ein Drittel des Betrages solange in ausländischen Scheinfirmen deponiert, bis hohe südamerikanische Beamte das Geld dort in Empfang nahmen.

Selbst wenn die Korruption in den Ländern der Dritten Welt am stärksten ausgeprägt scheint, sind auch die industrialisierten Länder von dem Phänomen längst nicht verschont. Im Gegenteil, in Italien wurde 1993 deutlich, daß Korruption zum System geworden war. Die Aktion „Mani pulite" (saubere Hände) brachte über Wochen und Monate täglich neue Schmiergeldskandale ans Licht. Tangenti, mazzetta und pizzo (alles Begriffe, die ungefähr mit Schmiergeld übersetzt werden können) brachten Italien an den Rande des Abgrunds.

● Die Methoden der Bestechung

Die Modalitäten der Bestechung auf internationaler Ebene variieren. Kleine und große Geschenke gehören ebenso zur Bestechung wie Bargeld oder feste Prozentsätze des Vertragswertes eines Geschäfts. Da die Übergabe von Bargeld allerdings gefährlich und wenig wirkungsvoll ist, haben sich in der Praxis eher indirekte Methoden durchgesetzt (Maurer, 1992):

- *Darlehen:* der Bestechungslohn ergibt sich aus der Zinsersparnis eines zins- und tilgungsfreien Darlehens.
- *Scheintätigkeiten:* Dem Berater des Verkehrsministers des Landes X, der Einfluß auf die Vergabe eines U-Bahn-Projektes hat, wird ein Teilzeit-Arbeitsvertrag in einer luxemburgischen Scheinfirma angeboten. Ohne jemals einen Finger rühren zu müssen, erhält der Berater jeden Monat ein Gehalt, das der Bequemlichkeit und der Sicherheit halber auf ein Schweizer Bankkonto überwiesen wird.
- *Beratungsaufträge:* Bestechungsgeschäfte werden oft über zwischengeschaltete Beratungsfirmen getätigt. Diese Beratungsfirmen haben ihren Sitz typischerweise in Luxemburg, Liechtenstein oder einem anderen Steuerparadies. Die Beratungsfirma wird bereits bei der Antwort auf eine Ausschreibung miteingebaut. Der Ablauf stellt sich ungefähr wie folgt dar: Eine Beratungsfirma im Land des Auftraggebers eines Großprojektes wird mit größtenteils fiktiven Planungsaufträgen für das Projekt beauftragt. Die Beratungsfirma wird direkt oder indirekt vom Auftraggeber (bzw. von einem wichtigen Entscheidungsträger) kontrolliert. Die Summe der vergebenen Beratungsaufträge entspricht der zu bezahlenden Kommission. Die Beratungsfirma des Auftraggebers gibt den Auftrag an eine Scheinfirma in Luxemburg weiter. Dadurch wird das Bestechungsgeld an einen sicheren Ort transferiert.
- *Echte Aufträge:* Der Bestecher vergibt – normalerweise über einen Dritten – echte Aufträge an die Firma eines Entscheidungsträgers.
- *Stille Beteiligungen:* Hierdurch wird dem Bestechungsnehmer der größte Anreiz geboten, zum Wohle eines gemeinsamen Projektes tätig zu werden. Stille Beteiligungen werden aus Vorsichtsgründen meist an Strohmänner vergeben.
- *Überteuerter Kauf:* American Hospital Supply mußte zehn Prozent Kommission bezahlen, um den Auftrag für den Bau eines Krankenhauses in Saudi-Arabien zu erhalten. Das Unternehmen erhöhte den Preis des Krankenhauses künstlich und hielt in der Buchhaltung eine Kommission für Beratungsleistungen fest, die in Wirklichkeit nie angefallen waren. Dadurch war die Kommission in Höhe von zehn Prozent von der Steuer absetzbar und erhielt den Anschein einer legalen Bezahlung (Daniels et al., 1982).
- *Geschenke:* Vom goldenen Kugelschreiber bis zum Luxus-PKW ist alles denkbar.
- *Spesen, Bewirtungen, „Informationsreisen":* „Aufenthalte in Europa scheinen nicht weiter bedeutend zu sein. Aber wenn man die Nebenkosten dazurechnet – Empfänge, Restaurantbesuche und vor allem hübsche Begleiterinnen für einen Abend – kommen leicht 1500 bis 2000 DM pro Tag zusammen. Ein Staatssekretär hat uns gerade seine Ankunft signalisiert. Als wir erfuhren, er komme mit seiner Frau, stießen wir einen Seufzer der Erleichterung aus!" (Beaudeux, 1981, S. 25).

Die Finanzierung geheimer Zahlungen erfolgt durch die Benutzung besonderer Bankkonten (z. B. in der Schweiz), die Zwischenschaltung ausländischer Tochtergesellschaften oder die Schaffung „schwarzer Kassen". Die Fluggesellschaft Braniff verkaufte in Südamerika über 3500 Flugtickets im Wert von 900 000 US-Dollar ohne dies in der Buchhaltung festzuhalten (Daniels et al., 1982). Das Geld floß auf ein Bankkonto, das weder in der Buchhaltung der Muttergesellschaft noch in der Buchhaltung der Filialen auftauchte. Das Konto diente dazu, Organisationen und Reisebüros zusätzliche Kommissionen zukommen zu lassen.

● Die näheren Umstände der Umverteilung

Bestechung wird gedanklich oft auf das Aufeinandertreffen zweier Personen reduziert. In Wirklichkeit aber kommen Bestechungsgelder nur in den seltensten Fällen einer einzigen Person zugute. Dem Geber von Bestechungsgeldern steht eine ganze Gruppe von Empfängern gegenüber. Innerhalb dieser Gruppe entstehen durch die Bestechung verschiedenartige soziale Beziehungen:

– *Verbindungen durch Verbrüderung und Mittäterschaft zwischen Menschen desselben Stammes oder desselben ethnischen Hintergrunds.* Hierbei handelt es sich um Mittelsmänner, ohne die eine Informationsbeschaffung, Einflußnahme und Auszahlung von Bestechungsgeldern nicht möglich ist.
– *Verbindungen durch materielle Zusammenarbeit:* z. B. mit der Sekretärin, die die Existenz von Bestechungsgeldern erahnt, dem Zollbeamten, der ein „Geschenkpaket" abfängt.
– *Verbindungen durch mögliche Bedrohungen:* Eigentlich unbeteiligten Personen, die die Existenz von Schmiergeldern erahnen, stehen drei Alternativen offen, zwischen denen sie sich entscheiden müssen. Sie können die Bestechung auffliegen lassen, eine Beteiligung verlangen oder aber einfach die Augen schließen.

Beispiel 10.2: Ein guter Minister im Senegal

Für den Mann auf der Straße ist ein guter Minister ein Demagoge; jemand, der es versteht, das Gesetz zu umgehen, um die Wähler seiner Region, seine Eltern und seine Freunde glücklich zu machen. Wenn Sie versuchen, sich wie ein objektiv handelnder Minister zu verhalten, indem Sie Ihre Vettern, Ihre Verbündeten, Ihre Mitstreiter und die übrigen Bürger – selbst wenn sie anderen Parteien angehören – auf dieselbe Stufe stellen, machen Sie die Menschen orientierungslos. Sie werden nicht verstanden werden. Sie halten die Regeln des Spiels nicht ein. Sie werden sich der Geringschätzung der Öffentlichkeit aussetzen. Sie sind nicht Minister, um einer Nation zu dienen, um die Politik einer Regierung durchzusetzen, die zum Wohle aller Bürger an der Macht ist. Sie sind zuallererst Minister für sich selbst, um dadurch zu profitieren und um Ihre Eltern und Verbündeten, Ihre Freunde, die Mitstreiter Ihrer Partei davon profitieren zu lassen. Niemand verurteilt Sie, alle verstehen Sie. Nur die, die nicht an der Macht sind, kritisieren ein solches Benehmen, ohne sicher zu sein, ob sie an Ihrer Stelle dem Drängen des Clans, der Familie, der Schwiegereltern standhalten würden. Es ist nichts Schlechtes daran, seine Situation auszunutzen, um seinen Verwandten zu helfen; ideal wäre es, wenn wir alle Bürger als Verwandte ansähen.

Quelle: Cheikh Alioune Ndao, 1985, zitiert in: Ziegler, 1988, S. 34–35

Bestechung erreicht nur das gewünschte Resultat (von ethischen Fragen abgesehen), wenn Bezahlungen zielgenau erfolgen und verborgen bleiben. Dazu ist es notwendig, daß:

- die zu beeinflussenden Gruppen genau abgegrenzt und Beziehungen zwischen verschiedenen Gruppen überwacht werden. Konflikte zwischen rivalisierenden Gruppen können zur Denunziation führen;
- die Art und Weise der Umverteilung der Schmiergelder innerhalb der Gruppe – implizit – ausreichend geregelt ist. Konflikte über die „Verteilung des Kuchens" führen zur Publikmachung der Bestechungssummen;
- Personen, die aus ethischen oder anderen Gründen Schmiergelder ablehnen, identifiziert werden. Es kann empfehlenswert sein, sich die Neutralität dieser Personen zu sichern, indem man ihre Ehrlichkeit anerkennt.

Nicht alle Menschen sind bestechlich. Nichts ist schlimmer, als zu versuchen, eine Person zu „kaufen", die Bestechung als unmoralisch ablehnt. Ein Fall, der von Agpar (1977) überliefert wird, verdeutlicht dies: Der Generaldirektor eines großen amerikanischen Unternehmens bot einem saudi-arabischen Polizeibeamten 500 Rial (ca. 250 DM) für einen kleinen Gefallen an. Der Polizeibeamte erstattete seinen Vorgesetzten wütend Bericht über den Bestechungsversuch. Der Geschäftsmann konnnte sich glücklich schätzen, nur zu 20 Tagen Gefängnis sowie 25 000 Rial Geldbuße verurteilt worden zu sein.

- Die Verantwortung des Gebers

Nur ein Land – die USA – hat sich mit sehr viel Mut den ethischen Wirtschaftsproblemen zugewendet, die verborgene Zahlungen darstellen. Mitte der siebziger Jahre entdeckte man bei Nachforschungen, die in Zusammenhang mit dem Watergate-Skandal standen, verdächtige Zahlungen großer amerikanischer Unternehmen an ausländische Politiker. Ab 1977 verbot der Foreign Corrupt Practices Act (FCPA) den Unternehmen, ausländische Beamte durch direkte oder indirekte Bestechungsgelder zu beeinflussen. Das Gesetz legt den Unternehmen eine interne Kontrolle ihrer Buchführung auf. Die Definition von Korruption ist im Gesetzestext sehr weit gehalten. Kleinere Zahlungen und Trinkgelder an Beamte zur beschleunigten Abwicklung von Zoll- oder Exportformalitäten (sog. „grease payments") werden vom FCPA jedoch nicht erfaßt.

In den Jahren nach dem Erlaß des neuen Gesetzes gab es eine Fülle von Veröffentlichungen in den USA, die den FCPA als schädlich für die Auslandsinteressen der amerikanischen Unternehmen einstuften. Zu den Argumenten gegen das Gesetz gehörten:

- Amerikanische Unternehmen erleiden einen Wettbewerbsnachteil gegenüber europäischen oder japanischen Konkurrenten. Kaikati (1977) stellt in diesem Zusammenhang heraus, daß in Deutschland verborgene Zahlungen an Deutsche nicht von der Steuer absetzbar sind, wohl aber Zahlungen an ausländische Beamte.
- Viele amerikanische Unternehmen gaben nach Erlaß des Gesetzes bestimmte Exportgeschäfte entweder ganz auf, oder sie machten aus ihren Vertretern eigenständige,

unabhängige Gesellschaften, die auf eigenes Risiko Handel trieben (Jacoby et al., 1979). Teilweise gaben die amerikanischen Unternehmen auch die Rolle des Generalunternehmers ab und wurden Sub-Unternehmer französicher, deutscher, japanischer oder koreanischer Unternehmen.

– Der FCPA verpflichtet zu Enthüllungen, die schädlich sind für einige, mit den USA befreundete, politische Regime. Die Herrscher dieser Länder werden zu kompromittierenden Aussagen gezwungen.

Anhand der Analyse von gut 60 Bestechungsaffären im Mittleren Osten, in die ausländische Unternehmen verwickelt waren, bewertete Gillespie (1987) mit dem notwendigen zeitlichen Abstand die Kritik am FCPA. Die Argumente gegen das Gesetz stellten sich insgesamt als wenig stichhaltig heraus. Einige Regime hielten sich trotz Skandalen (z. B. Türkei, Ägypten, Saudi-Arabien), andere wurden aus tiefergehenderen Gründen gestürzt (z. B. der Schah des Iran). Die Marktanteile der USA am Export in den Mittleren Osten entwickelten sich ebenfalls nicht negativ.

● Das Verhalten der Manager

Die Einstellung gegenüber verdeckten Zahlungen ist nicht in allen entwickelten Ländern gleich (Lee, 1981). US-amerikanische Manager scheinen im allgemeinen strengere ethische Grundsätze zu befolgen als ihre europäischen und japanischen Kollegen. Becker und Fritzsche (1987) untersuchten die Einstellung amerikanischer, französischer und deutscher Geschäftsleute gegenüber verdeckten Zahlungen anhand eines fiktiven Szenarios:

„Dem Unternehmen ‚Rollfast‘, das Fahrräder herstellt, wurde der Zutritt zu einem großen asiatischen Markt aufgrund geheimer Absprachen der einheimischen Fahrrad-Hersteller versperrt. Rollfast schätzt den Gewinn, den es auf diesem Markt realisieren könnte, auf rund fünf Millionen US-Dollar pro Jahr. Letzte Woche nahm ein Geschäftsmann des asiatischen Landes Kontakt mit Rollfast auf. Er bot an, gegen Bezahlung von 500 000 US-Dollar alle Verkaufs-Hindernisse für Rollfast aus dem Weg zu räumen. Wenn Sie die Verantwortung bei Rollfast trügen, wie groß wäre die Wahrscheinlichkeit, daß Sie den genannten Betrag bezahlten?" (Becker und Fritzsche, 1987, S. 89).

23 Prozent der Amerikaner – gegenüber nur je neun Prozent der Franzosen und Deutschen – gaben an, daß die Bezahlung dieser Summe ethischen Grundsätzen widerspricht. Umgekehrt empfinden 38 Prozent der deutschen und 55 Prozent der französischen Manager (USA: 17 Prozent), daß „der Wettbewerb uns zwingt, zu bezahlen" oder daß „es sich um den Preis handelt, den man bezahlen muß, um Geschäfte zu machen".

Zur Erklärung dieser unterschiedlichen Zahlen sollten wir einen Blick in die Gesetze der drei Länder werfen. Die deutsche und französische Gesetzgebung verbietet die Bestechung öffentlicher Beamter im Inland. Deutsche und französische Manager können jedoch im allgemeinen nicht strafrechtlich belangt werden, wenn sie im Ausland Bestechungsgelder bezahlen. Im Gegensatz dazu gilt der FCPA sowohl im In- als auch im

Ausland. Allerdings haben auch nach deutschem Recht Verträge, die durch Bestechung zustande gekommen sind, keine Gültigkeit, wenn Bestechung im Zielland verboten ist. Den betroffenen Unternehmen bieten sich jedoch verschiedene Möglichkeiten, die Anwendung deutschen Rechts zu vermeiden (vgl. Maurer, 1992).

Der Geschäftsmann, der aus persönlichen Gründen (Kommission, Aussicht auf Beförderung) oder aus Loyalität gegenüber seinem Unternehmen Bestechungsgelder anbietet, riskiert

– die Schädigung des Rufes seines Unternehmens
– die Anklage, Verurteilung und Bestrafung der eigenen Person (und damit verbunden eventuell auch die Schädigung des eigenen Rufs).

Folglich ist es innerhalb jedes Unternehmens notwendig, die Vertretungsmacht der Person, die bei der Vergabe eines Großprojektes die Verhandlungen führt, genau festzulegen. Es muß genau abgesprochen werden, welche Befugnisse der Verhandlungsführer hat, und wieviel Risiko er eingehen kann. In Wirklichkeit allerdings ziehen viele „Unterhändler" ohne ausreichende Rückendeckung und „Feuerschutz" in die Schlacht. Beaudeux (1981, S. 27) zitiert diesbezüglich einen britischen Ingenieur, der für seine Firma über einen 50 Millionen US-Dollar Auftrag verhandelte:

„Ich wußte, daß das Angebot meiner Konkurrenten bei 40 Millionen US-Dollar lag. Und ich gab mir während mehrerer Wochen alle Mühe, den Käufer zu überzeugen, daß ich insgesamt trotzdem das günstigste Angebot machte. Als ich nach meiner Rückkehr hörte, daß meine Zentrale über meinen Kopf verhandelt, den wahren Preis auf 40 Millionen angesetzt und zehn Millionen US-Dollar ‚Bakschisch' angeboten hatte, war ich stocksauer und nachträglich zu Tode erschrocken. Sie wissen ja, welche Strafe in Algerien auf Bestechung steht!".

Viele weitere Beispiele zeigen, daß die Bezahlung von Bestechungsgeldern zuerst immer der individuellen Verantwortung des Gebers angelastet wird. Das beteiligte Unternehmen riskiert höchstens, in einen Skandal verwickelt zu werden. Aus pragmatischer Sicht ergibt sich daraus für die Einzelperson, sich von einer Verhaltensnorm leiten zu lassen, die nicht unbedingt der Norm des Arbeitgebers entspricht. Gesetze allein können Bestechung nicht verhindern. Nur wenn jeder Einzelne seine persönlichen Moralvorstellungen sowie das Risiko, das er bei einem Bestechungsversuch eingeht, einer objektiven Prüfung unterziehen würde, nähme die Korruption ab.

● Negative Folgen von Bestechung im Empfängerland

Der große Verlierer bei Bestechungen ist das Empfängerland. Es bezahlt letztendlich immer die Zeche. Neben finanziellen Verlusten ergeben sich aber noch weitere Nachteile:

– *Unnütze Projekte:* Tiano (1981) führt zahlreiche Beispiele von Fabriken an, die entweder ganz unnötig sind oder zumindest zu hohe Kapazitäten haben. Beaudeux (1981) erwähnt den Fall zweier LKW-Werke, die in Venezuela am Rande von Caracas gebaut wurden. Beide Fabriken sind identisch und zusammengenommen für den Markt, für den sie bestimmt sind, viel zu groß ausgelegt. Scheinbar flossen die Bestechungsgelder so üppig, daß beide Werke gebaut werden „mußten".

- *Abwertung von Kompetenz:* In den Ländern, die Bestechungsgelder empfangen, gibt es viele fähige Menschen (Ingenieure, Betriebswirtschaftler, Buchhalter etc.), deren Kompetenz schlecht entlohnt wird. Wenn diese Fachleute ihr Gehalt mit dem Einkommen der Personen vergleichen, die sich ihre politische Macht teuer bezahlen lassen, verlieren sie einen großen Teil ihrer Motivation. In der Folge vernachlässigen sie ihre Fähigkeiten und versuchen selbst in die einflußreichen Positionen zu kommen, durch die persönlicher Reichtum möglich wird.

- *Vernachlässigung von Qualitätsstandards und technischer Normen:* Viele Schwierigkeiten bei der Fertigstellung und beim Betrieb schlüsselfertiger Fabriken sind (indirekte) Folge von Bestechungszahlungen. Aufgrund widersinniger Praktiken werden vorhandene Kompetenzen nicht genutzt. Man stelle sich vor, der technische Berater der Regierung des Empfängerlandes ist Mitarbeiter einer Scheinfirma in Luxemburg. Das Interesse des Beraters liegt darin, solange wie möglich ein zweites Gehalt aus dem Ausland zu beziehen. Je länger die Fertigstellung der Fabrik dauert, desto besser für ihn. Möglicherweise hält der Berater sein technisches Wissen absichtlich zurück oder gibt sogar falsche Tips, um den Fortschritt des Projekts zu behindern.

Beispiel 10.3: Artikel 15

... niemand in Zaire wundert sich, wenn ein Beamter als Gegenleistung für einen Personalausweis oder ein sonstiges amtliches Dokument ein „Matabiche" fordert. Im Gegenteil, man würde sich Sorgen machen, verlangte er nichts. Kein Zairer stört sich daran, für eine Anhörung oder für das Übersenden eines Briefes an einen Abteilungsleiter bezahlen zu müssen. Stempel und Briefköpfe werden gekauft – und nötigenfalls auch gefälscht. Beamte in Zaire wissen, wie sie ihr Gehalt aufbessern können. Die Polizisten errichten einfach Straßensperren, wenn sie Geld brauchen: Den Autofahrern fehlt im Zweifel dann immer das notwendige Dokument und sie müssen ihren Geldbeutel öffnen[17].

Auf dem Zentralpostamt von „Kin" (Kinshasa, die Hauptstadt Zaires) kann man Briefe und Päckchen aufgeben wie auf jedem anderen Postamt der Welt – aber es ist nicht sicher, daß sie jemals ihren Bestimmungsort erreichen. Die Aussichten verbessern sich, wenn man den Postbeamten schmiert. Auch ein Telefonanruf ans andere Ende der Welt läßt sich unter Umständen mit einem kleinen Trinkgeld erkaufen. Dies alles gehört zu „Artikel 15" – so lautet die schamhafte Bezeichnung der Korruption der kleinen Beamten. Diese Korruption ist weitverbreitet und institutionalisiert und wird auch „Matabiche" genannt: Bestechung, Schmiergeld, kleines Extra usw.

---

17 Um noch einmal Mißverständnissen vorzubeugen: Hier wird nicht Afrika angeklagt. Korruption gibt es auf der ganzen Welt.

> Die Praxis ist so fest eingefleischt, daß Staatspräsident Mobutu nicht gezögert hat, sie in einer Rede am 20. Mai 1976 zu unterstützen: „Wenn Ihr stehlen wollt, stehlt ein bißchen und auf intelligente und nette Weise. Wenn Ihr soviel stehlt, daß Ihr in einer Nacht reich werdet, wird man Euch schnappen ...“
>
> Quelle: Péan, 1988, S. 139–140

Manche Länder zwingen internationale Vertragspartner, eine sehr detaillierte und genaue Klausel über „den Ausschluß von Mittelsmännern“ in den Vertrag aufzunehmen. Doch trotz strenger gesetzlicher Vorschriften ist Bestechung in diesen Ländern allgegenwärtig.

Durch die Vermischung von vorgetäuschter Ehrlichkeit und tatsächlicher Korruption entsteht eine Art gesellschaftliche Schizophrenie. Strenge, formelle Vorschriften, die oft Übrigbleibsel einer Kolonialisierung sind, kollidieren mit traditionellen kulturellen Verhaltensweisen, die sich auf ein Clan-System stützen. Nicht die Gesetze sind dann ausschlaggebend, sondern persönliche Beziehungen. Und letztere werden durch Geld oder ähnliche Mittel hergestellt. Vor allem Einwohner westlicher Staaten ertragen die große Distanz zwischen Worten (der Gesetze) und Taten oft nur sehr schlecht. Sie tun sich schwer, die Grenzen zwischen Ehrlichkeit und Korruption auszumachen und eine faire Geschäftsbeziehung aufzubauen.

Die aktuelle Situation, die nur wenigen nutzt und vielen schadet, kann nur dadurch verbessert werden, daß die Fakten offen ausgebreitet werden. Eine umfassende rechtliche Regelung wäre ein erster Schritt gegen die Praktiken der Korruption. Der Beschluß gesetzlicher Maßnahmen würde aber eine weitgehende internationale Annäherung bei den schwierigen ethischen Fragen voraussetzen. Dies erscheint mehr als fraglich. Vorerst bleibt nur der Appell an die Verantwortung der Unternehmen und deren Mitarbeiter. Dort, wo die Gesetze enden, muß die Ethik des Unternehmens und die Ethik des Einzelnen greifen.

11. Aufbau einer internationalen Vertriebsorganisation

In diesem Kapitel werden die Elemente des Marketing-Mix näher beleuchtet, die hauptsächlich dafür zuständig sind, ein Produkt vom Hersteller zum Verbraucher zu bringen. Wir beschäftigen uns nacheinander mit der Wahl des Absatzweges, dem persönlichen Verkauf und der Verkaufsförderung.

Eine vollständige Darstellung jedes dieser Marketing-Instrumente ist im Rahmen eines einzelnen Buches selbstverständlich nicht möglich. Wir haben deshalb jene Schwerpunkte ausgewählt, die uns aus kulturvergleichender Sicht am interessantesten erschienen.

Das Distributionssystem ist das Element des Marketing-Mix, das am stärksten mit der Kultur verwurzelt ist. Handelsbräuche erscheinen dem außenstehenden Betrachter oft als etwas Künstliches, das vorrangig dazu dient, ausländische Konkurrenten abzuhalten. Besonders häufig hört man dieses Argument im Zusammenhang mit den Verhältnissen in Japan. Aus diesem Grunde haben wir das japanische „keiretsu"-System ausgewählt, um beispielhaft kulturelle Besonderheiten von Distributionssystemen darzustellen. Nach einer Beschreibung der typischen Merkmale der Absatzwege in Japan gehen wir auf die Philosophie ein, die hinter diesem System steht. Im Anschluß an die Diskussion der Kritikpunkte ausländischer Firmen am japanischen Distributionssystem, leiten wir im zweiten Teil einige Vorschläge ab, die helfen sollen, besseren Zugang zu Distributionskanälen in Japan – und anderen Ländern – zu gewinnen.

Das besondere Gewicht des dritten Teils liegt auf der Motivation des Außendienstes. Multinationale Unternehmen stehen oft vor der Frage, mit welchem Entlohnungssystem sie ihren Verkäufern in verschiedenen Ländern am besten gerecht werden. Ein kurzer Überblick über Instrumente und Zielsetzungen von Verkaufsförderungsmaßnahmen in verschiedenen Ländern schließt im vierten Teil das Kapitel ab.

11.1 Eine kulturelle Analyse des Distributionssystems am Beispiel Japans

● Einige Kennzahlen über Japan und sein Distributionssystem

Von der Gesamtfläche Japans (378000 km^2) ist nur ca. ein Fünftel bewohnbar. Aus diesem Grunde leben 120 Millionen Japaner auf einer Fläche, die kleiner ist als Bayern.

Die Zahl der Einzelhandelsgeschäfte pro Kopf und vor allem je 100 km^2 bewohnbarer Fläche ist, wie Abbildung 31, Seite 181, zeigt, in Japan deutlich höher als in anderen Industrienationen.

Insgesamt ist das japanische Distributionssystem stark zersplittert. Die zahlreichen Einzelhändler sowie mehrere Stufen von Groß- und Zwischenhändlern bilden ein wenig

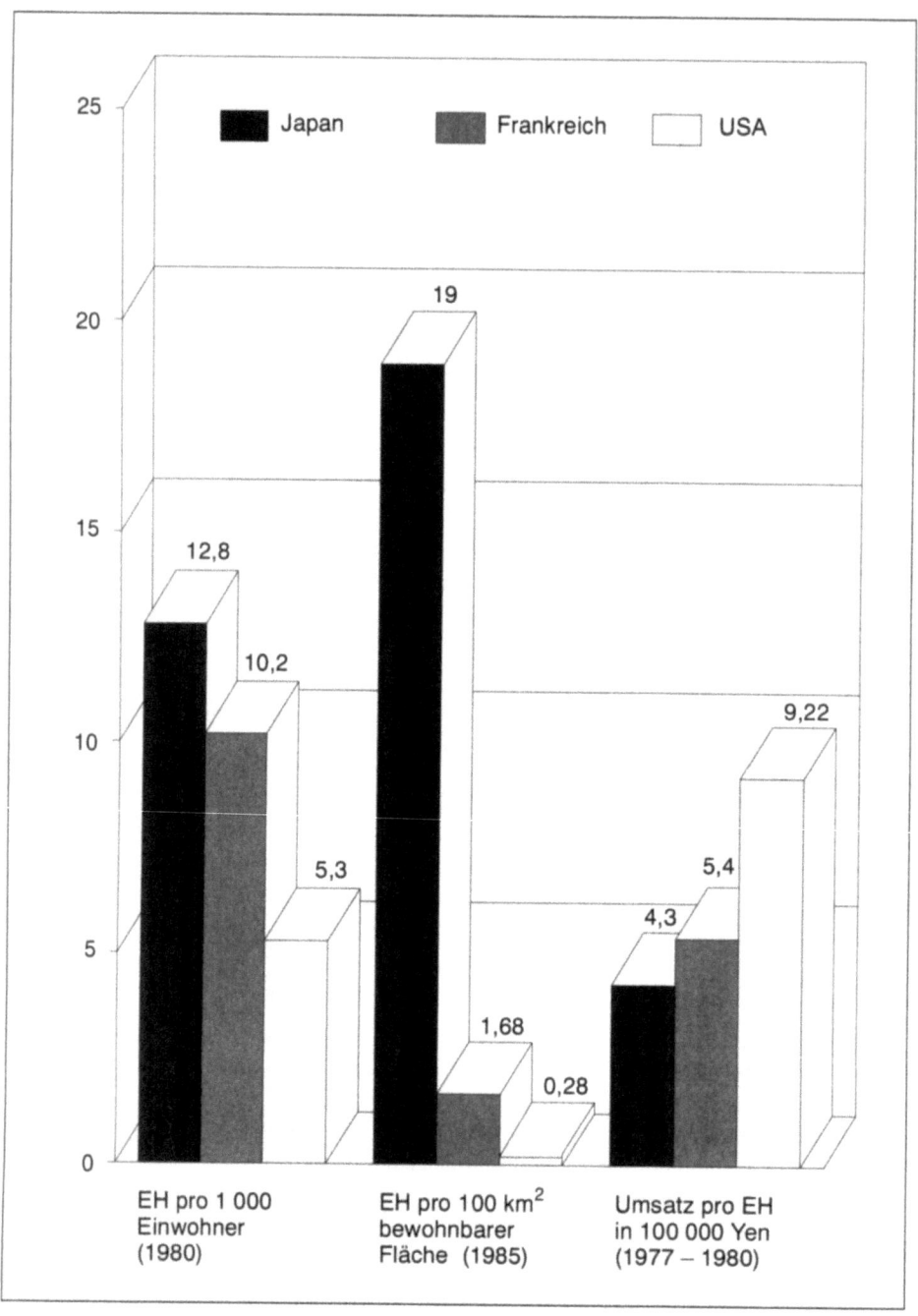

Quelle: Dupuis und de Maricourt, 1989, S. 117; Tamura, 1986, S. 259

Abbildung 31: Zahl und Dichte der Einzelhandelsgeschäfte (EH) in Japan, Frankreich und
den USA

rational erscheinendes Distributionsnetz. Die durchschnittliche Zahl der Beschäftigten ist vor allem im Einzelhandel – 4,2 Beschäftigte je Geschäft (Großhandel: 9,9) – deutlich geringer als in anderen Industrienationen. In Deutschland sind zum Vergleich im Einzelhandel 6,3 Beschäftigte und im Großhandel 11 Beschäftigte je Arbeitsstätte tätig (Laumer, 1992).

Die Groß- und Zwischenhändler spielen aus historischen Gründen eine zentrale Rolle im japanischen Distributionssystem. Früher bestand das verarbeitende Gewerbe aus vielen kleinen Betrieben, denen es an Marketing- und Management-Wissen mangelte. Der Handel kam in dieser Situation zu Hilfe, erschloß Absatzmärkte und stellte Rohmaterialien sowie Kapital zur Verfügung. Am anderen Ende des Absatzkanals unterstützten die Groß- und Zwischenhändler mit ihrem Wissen den stark fragmentierten Einzelhandel (Kuribayashi, 1991). Erst in den zurückliegenden Jahrzehnten gewannen die Hersteller zunehmend Einfluß auf die Distribution. Dies geschah in vielen Fällen durch die Kapitalbeteiligung oligopolistischer Hersteller an ehemals selbständigen Großhandelsunternehmen (Abe, 1992).

Aufgrund des dichten Verkehrs und mangelnder Parkplätze kaufen viele Japaner zu Fuß oder mit dem Fahrrad ein (Dupuis und de Maricourt, 1989). Besorgungen werden folglich in kleineren Mengen, aber dafür auch innerhalb kürzerer Abstände gemacht. Hierdurch ergibt sich ein sehr enges Verhältnis zwischen Einzelhändlern und Verbrauchern. Man kennt sich gut. Die Japaner haben hohe Ansprüche an Details, Ästhetik, Qualität und Service. Auch von ihrem Einzelhändler verlangen sie besondere Leistungen, selbst wenn sie dafür bezahlen müssen. Die Einzelhändler haben Bruttogewinnspannen, die ca. 30 Prozent über dem europäischen Durchschnitt liegen (Dupuis und de Maricourt, 1989). Zu den Anforderungen an die Einzelhändler gehören:

– tägliche Öffnungszeiten von 12–13 Stunden
– wenige Tage pro Jahr, an denen Geschäfte geschlossen sind
– kostenlose Lieferung der Ware frei Haus
– Rückgabemöglichkeit auch makelloser Waren
– Kreditgewährung für treue Kunden mit monatlicher Zahlweise.

● Die Beschreibung des Distributionssystems

Das enge Verhältnis, das zwischen Einzelhändlern und Verbrauchern herrscht, ist typisch für das gesamte Distributionssystem vom ersten bis zum letzten Glied. Das System der vertikalen Kontrolle des Absatzweges, das die Japaner „keiretsuka ryutsu" oder „keiretsus" nennen, wird im Englischen mit „distribution channeling agreements" oder „integrated marketing networks" bezeichnet (Czinkota und Woronoff, 1991, S. 57). An beiden Begriffen läßt sich die wenig hierarchische Struktur des Systems ablesen. Die gegenseitige Abhängigkeit ist zu groß, als daß ein Glied der Absatzkette die anderen Teilnehmer dominiert. Das japanische Distributionssystem ist gekennzeichnet durch eine weitverbreitete und komplizierte Gewährung von Rabatten sowie einer großzügigen Kreditvergabe.

Die Rabatte dienen den Herstellern nicht nur als Verkaufsförderungs-, sondern auch als Kontrollinstrument gegenüber den Händlern. Üblich sind in Japan (Suzuki, 1992):

- *Mengenrabatte,* die proportional zum Verkaufsvolumen des Händlers gezahlt werden. Die Mengenrabatte erlauben dem Händler, ein Monopolgeschäft für die Waren eines bestimmten Herstellers zu fördern;
- *progressive Rabatte,* die zwei Funktionen übernehmen: entweder sie fördern ebenso wie die Mengenrabatte ein Monopolgeschäft oder sie werden – mit einer entsprechend hohen Progressionsrate – zur Verdrängung von Konkurrenzprodukten eingesetzt;
- *Treuerabatte,* die dem Händler in Abhängigkeit seiner Kooperation mit der Vertriebspolitik des Herstellers gezahlt werden.

Die Rabatte werden oft vertraulich behandelt und individuell ausgehandelt. Jeder Einzelhändler soll das Gefühl bekommen, am besten behandelt zu werden. Viele Hersteller unterstützen jedoch auch offene Rabattsysteme, um Enttäuschungen und Mißgunst zu vermeiden.

Mit „tegatas" werden Abzahlungsgeschäfte bezeichnet, die es auf der Basis von Schuldscheinen erlauben, der jeweils nachfolgenden Stufe im Distributionskanal Zahlungsaufschub zu gewähren. Im Gegensatz zu Deutschland oder den USA werden in Japan Handelskredite bereitwillig und über längere Zeiträume gewährt. Die Zahlungsperioden erstrecken sich auf 60 bis 120, manchmal sogar bis zu 180 Tage. Die weitverbreitete Benutzung von Schuldscheinen hat einen Schneeballeffekt. Jeder gewährt jedem Kredit. Und jeder Beteiligte ist, unabhängig von seiner Finanzkraft, in diesem Geflecht von Beziehungen von uneinlösbaren Schuldscheinen bedroht. Insofern haben die „tegatas" einen finanziellen Kollektiveffekt: das Ausscheiden eines Gliedes der Kette kann zu einer Folge von Konkursen führen.

- Ein starker Zusammenhalt des Distributionssystems
  zugunsten des Endverbrauchers

Das japanische Distributionssystem ist keine Einbahnstraße. Auf der einen Seite des Distributionskanals schicken die Hersteller Lieferungen (mihakarai-okuri) an die Großhändler, ohne daß vorher Aufträge ergangen sind. Der Umfang des „mihakarai-okuri" richtet sich allein nach der Schätzung des Herstellers über das Vorratsvolumen des Großhändlers. Die Großhändler nehmen diese Lieferungen mehr oder weniger ungern an und versuchen dann ihrerseits, die Ware weiterzuverteilen. Das System könnte aber nicht so gut funktionieren, stünde es nicht allen Beteiligten frei, Ware zurückzugeben. Am Anfang stehen dabei die Endverbraucher, die Produkte, auch wenn sie einwandfrei sind, an den Händler zurückgeben können. Der Einzelhändler wiederum gibt unverkäufliche Produkte an seinen Zulieferer zurück usw.

Die Lieferungen erfolgen in kurzen Abständen und in kleinen Mengen. Shimaguchi (1978) erklärt dies mit begrenzten finanziellen Ressourcen, dem starken Wettbewerb und vor allem der Tradition des persönlichen Kontakts zwischen allen, die gemeinsam Handel treiben. Die Großhändler neigen zwar dazu, die Praxis der beinahe täglichen Lieferungen als ineffizient zu betrachten, verweigern sich aber dennoch nicht. Denn auch sie akzeptieren den wirtschaftlichen Kompromiß, der so zwischen (erhöhten) Transportkosten und (verminderten) Lagerhaltungskosten entsteht. Der Vergleich des Distributionssystems mit den „just-in-time" Lieferungen des „Kanban"-Systems der industriellen Produktion drängt sich geradezu auf. Durch das Retouren-System wird es den Herstellern erleichtert, neue Produkte auf dem Markt einzuführen. Die Händler, die die neuen Produkte in ihren Läden ausstellen, gehen nur ein geringes Risiko ein. Sie können die Ware ja jederzeit zurückgeben. So gesehen gleicht das Retouren-System einer Art Test-Marketing, das hilft, Angebot und Nachfrage aufeinander abzustimmen (Suzuki, 1992).

Es wäre falsch, aus dem engen, beinahe freundschaftlichen Verhältnis aller Beteiligten auf gütliche Preisabsprachen zu schließen. Der Preis wird in Japan als wichtiges Marketing-Instrument anerkannt. Eine flexible Preisgestaltung soll sowohl den Wettbewerb innerhalb des Systems fördern, als auch die Nachfrage anregen.

Die persönlichen Beziehungen und der menschliche Zusammenhalt innerhalb des Systems wird unter anderem zweimal im Jahr durch Geschenke gefördert. In der Mitte des Jahres an „ochugen" und am Ende des Jahres an „oseibo" verschicken alle Unternehmen Berge von Geschenken, deren Art und Wert genauen Regeln gehorcht (Shimaguchi, 1978). Geschäftsessen und gemeinsame Unternehmungen mit Kunden sind ebenfalls wichtig. Ziel ist es dabei, die Freundschaft des Kunden zu gewinnen. Bei solchen Gelegenheiten von Geschäften zu reden, wäre äußerst taktlos.

Zusätzlich unterstützen die Hersteller den Kanal bei Verkaufsförderungsmaßnahmen. So werden beispielsweise Produktvorführer und Verkaufspersonal zeitweise zur Verfügung gestellt oder Material für Produktpräsentationen geliefert. Incentive-Progamme für Einzelhändler umfassen „kabuki"-Shows (traditionelles japanisches Theater), Wochenenden in Hongkong und Wochenaufenthalte auf Hawaii. Obwohl die Mehrzahl dieser Praktiken auch in vielen anderen Ländern bestehen, gibt es sie doch nirgends in so massiver und wohldurchdachter Form wie in Japan (Turcq und Usunier, 1985; Kuribayashi, 1991).

● Die Kritik der Ausländer am japanischen Distributionssystem

Nicht-Japaner („Gai jins") geben dem japanischen Distributionssystem die Hauptschuld für die Uneinnehmbarkeit des japanischen Marktes. Zu den meistgenannten Kritikpunkten gehören:

- schützende Absprachen zwischen dem Distributionssystem und den japanischen Behörden;
- undurchdringbares vertikales Beziehungsgeflecht zwischen Herstellern, Groß- und Einzelhändlern; in der Kosmetikbranche beispielsweise kontrollieren die sechs größten Produzenten 364 Großhändler und 70 Prozent aller Einzelhandelsgeschäfte (Tamura, 1986);

- Verlagerung des Wettbewerbs auf die Ebene der Großhändler – sogenanntes „itten itchoai" bzw. „single outlet, single account"; die Einzelhändler sind gezwungen, bei einem einzigen Großhändler zu kaufen, Großhändler können nur an bestimmte Einzelhändler verkaufen;
- exklusive Distributionsgebiete; in der Automobilbranche beispielsweise beherrschen die führenden Unternehmen den Distributionskanal im wesentlichen dadurch, daß jeder Hersteller seinen Händlern innerhalb eines festen Bezirks das Alleinverkaufsrecht für bestimmte Autotypen garantiert (Tamura, 1986);
- lange, kostspielige und ineffektive Distributionskanäle, die nur dazu dienen, ausländische Konkurrenten abzuwehren (Stichwort „Japan AG").

● Die Philosophie hinter dem japanischen Distributionssystem

Die Frage, ob das japanische Distributionssystem sich absichtlich gegenüber Ausländern verschließt, ist sehr schwierig zu beantworten. Wer sich über das japanische Distributionssystem beschwert, klagt eigentlich das Wesen japanischer Lebensart an. Die Japaner stehen ihrem Distributionssystem selbst kritisch gegenüber. Ihre Kritikpunkte sind denen der Ausländer sehr ähnlich (Ishida, 1983). Trotzdem sind sie nicht wirklich gewillt, einen Teil ihrer Selbst zu verändern. Shimaguchi (1978) stellt die Philosophie heraus, die sich hinter dem japanischen keiretsu Distributionssystem verbirgt:

- Ein besonderer Wesenszug der japanischen Gesellschaft ist „Amae" (Nakane, 1973). Dabei handelt es sich um „... die nachsichtige und passive Liebe, die jeden einzelnen in der Gruppe – sei es die Familie, die Umgebung oder die Welt im allgemeinen – umgibt und stützt. Eine große Abhängigkeit und hohe Ansprüche gegenüber anderen scheinen in der japanischen Lebensart zu liegen" (Shimaguchi, 1978, S. 58). Amae umschreibt einen Zustand der Verbundenheit und der Zugehörigkeit und spielt beim Aufbau und der Pflege von Beziehungen eine wichtige Rolle. Amae erklärt die häufigen Besuche der Hersteller und Großhändler bei ihren Abnehmern sowie das Streben aller Glieder des Distributionskanals, dem Endverbraucher tadellose Qualität zu bieten.
- Die vertikale Struktur des Systems ist angesichts der japanischen Mentalität beinahe unausweichlich. Der soziale Status ist in der japanischen Kultur sehr wichtig. Japaner unterscheiden drei Arten zwischenmenschlicher Beziehungen: Der Kreis der „sempai" besteht aus achtbaren, älteren Personen. Man redet sie mit ihrem Namen und der Nachsilbe „san" an. Jüngere Personen mit weniger Erfahrung („kohai") werden mit ihrem Namen und der Nachsilbe „kun" angesprochen. Kollegen, die sich nach Alter, Erfahrung und Betriebszugehörigkeit auf derselben Hierarchiestufe befinden, sind die „doryo". Sie werden ohne Nachsilbe angesprochen. Die Festlegung des sozialen Status ist extrem wichtig und einer der Hauptgründe für das allgegenwärtige Austauschen von Visitenkarten. Vertikale Beziehungen gibt es innerhalb von Organisationen genauso wie zwischen Einzelpersonen.
- Der japanische Geschäftsmann ist mehr umsatz- als gewinnorientiert. Japanische Firmen machen Geschäfte, sobald der Verkaufspreis die variablen Kosten und einen

198

(Bruch-)Teil der fixen Kosten deckt. „Kami yori usui kosen" („Gewinnspannen dünner als Papier") ist eine gebräuchliche Redensart unter japanischen Geschäftsleuten. In der Philosophie der Japaner zählt hauptsächlich, zu einem (Geschäfts-)Abschluß gekommen zu sein. Der vereinbarte Preis steht dabei nicht im Vordergrund.

– Die Japaner geben selbst zu, daß das „keiretsu"-System von Konservatismus geprägt und innovationshemmend ist (Ishida, 1983; Kuribayashi, 1991). Trotzdem schätzen sie wahrscheinlich die Wärme, Sensibilität und Gefühlsbetontheit, die von diesem System ausgeht und sich überall in den japanischen Geschäftsbeziehungen wiederfindet.

● Das japanische Distributionssystem – ein unüberwindbares Hindernis?

Viele Beispiele zeigen, daß das japanische Distributionssystem für ausländische Unternehmen kein unüberwindbares Hindernis sein muß. Ohmae (1985) zitiert das amerikanische Pharma-Unternehmen „Shaklee", das sein in den USA erprobtes Tür-zu-Tür-Verkaufs-System einfach auf Japan übertrug. Shaklee hatte bemerkt, daß kein Gesetz den Verkauf von Vitaminpräparaten an der japanischen Haustür verbietet. Die einheimische Konkurrenz beobachtete den phänomenalen Erfolg von Shaklee, ohne selbst eingreifen zu können. Die japanischen Unternehmen wagten nicht, das Verhältnis mit ihren traditionellen Abnehmern (Großhändler und Apotheken), auf die sie bei anderen Produkten angewiesen waren, zu belasten.

Ein weiteres amerikanisches Unternehmen, „Bristol-Meyers", führte in einem Joint Venture mit einem japanischen Partner ebenfalls ein Tür-zu-Tür-Verkaufsprogramm durch (Cateora, 1983). Zahnpasta, Schmerz- und Hausmittel wurden in einem Koffer als Konsignationsware angeboten. Alle sechs Monate füllte ein Vertreter die Schachtel wieder auf und stellte die verbrauchten Produkte in Rechnung.

Auch das Beispiel der Firma Rosenthal zeigt, daß das japanische Distributionssystem nicht undurchdringlich ist (siehe Beispiel 11.1). Montgomery (1991) führt weitere Unternehmen an, die ähnlich wie z. B. „Williams Sonoma" das Keiretsu-Distributionssystem mit Katalogverkauf und eigenen Einzelhandelsgeschäften erfolgreich umgingen.

Außerdem verändert sich unter dem Druck des Wettbewerbs auch das japanische System. „Das (japanische) Distributionssystem ist keine unverrückbare Institution, und es gibt auch kein Gesetz, das eine Veränderung verbietet" (Ohmae, 1985, S. 111). Bei den elektrischen Haushaltsgeräten beispielsweise, wo die vier größten Hersteller noch 1982 über 70 Prozent der Einzelhändler kontrollierten, erodiert die Stellung der Produzenten immer mehr. Durch die Ausdehnung der Produktlinien und die Verwendung komplizierter Bauteile kommen die von den Herstellern kontrollierten Einzelhändler immer mehr in Bedrängnis. Sie sind nicht mehr in der Lage, die Produkte zu lagern und einen umfassenden Kundendienst anzubieten. Nutznießer sind unabhängige Handelsketten und Supermärkte. Sie konnten durch die Verbesserung der Serviceleistungen ihren traditionellen Wettbewerbsnachteil abbauen und erhebliche Marktanteile hinzugewinnen (Tamura, 1986).

Beispiel 11.1: Rosenthal in Japan

Die bayrische Rosenthal AG exportiert Porzellan und Glaswaren nach Japan. Das Produktsortiment ist dem japanischen Markt angepaßt. Das Schwergewicht liegt auf Teegeschirr, das sich in Japan vor allem als Geschenk sehr gut verkauft. Rosenthal überwacht unaufhörlich den Markt, um herauszufinden, welche Produkte am besten verkauft werden können und nimmt bei Bedarf entsprechende Sortimentsanpassungen vor. Im Laufe der letzten zwanzig Jahre hat die Firma ein enges Verhältnis zu ihren japanischen Händlern aufgebaut. Rosenthal unterstützt die Händler beim Display der Ware im Regal und im Schaufenster. Zu diesem Zweck unterhält die Firma ein eigenes Team von Schaufenster-Dekorateuren in Japan. Die größten Abnehmer, die großen Kaufhäuser, werden mindestens einmal pro Woche besucht. Außerdem hat Rosenthal ein spezielles Schulungsprogramm für japanische Einzelhändler eingerichtet. Jedes Jahr wird eine Gruppe japanischer Einzelhändler für zehn Tage nach Deutschland eingeladen, um zu lernen, die Kunden besser zu beraten. Rosenthal übernimmt die gesamten Kosten für die Schulung. Die Einzelhändler schätzen diese Art der Unterstützung sehr. Sie „pushen" bereitwillig Rosenthals Produkte – nicht zuletzt auch weil die Gewinnspannen für Rosenthals Produkte sehr groß sind.

Quelle: Entnommen aus Dupuis und de Maricourt, 1989, S. 152

- Wie geht man am besten mit dem japanischen Distributionssystem um?

Ein fünfstufiger Ansatz kann helfen, ein ausländisches Produkt erfolgreich in das japanische Distributionssystem einzuführen (Shimaguchi und Rosenberg, 1979):

1. Finden Sie einen japanischen Partner; dies ist der Schlüssel, um die Anpassungsfähigkeit an die einzigartige kulturelle Umgebung zu sichern. Die Handelshäuser („Soga shosha") sind dabei potentielle Partner – vorausgesetzt sie repräsentieren kein japanisches Konkurrenzunternehmen und gehören nicht zu einem Konzern, der eine ähnliche Produktlinie führt. Wählt man ein Unternehmen aus derselben Branche als Partner, muß man sich der langfristigen Gefahren der Zusammenarbeit bewußt sein. Der Partner kann später zum Konkurrenten werden, wenn er Produkte aus dem Joint Venture in den eigenen Geschäftsbereich übernimmt (Czinkota und Woronoff, 1991).

2. Finden Sie eine originelle Marktpositionierung; heben Sie sich ab durch ein höheres Qualitätsniveau, einen Preisvorteil, die Betonung der Anziehungskraft eines ausländischen, importierten Produktes etc.

3. Machen Sie alternative Absatzwege ausfindig; Philips beispielsweise hat den Absatz seiner Rasierer und Haushaltsgeräte auf zwei verschiedene Kanäle aufgeteilt: Kaufhäuser und Ketten einerseits, kleine Einzelhändler andererseits.

4. Üben Sie Geduld, und setzen Sie sich langfristige Ziele. Investitionen zahlen sich wahrscheinlich erst nach fünf bis zehn Jahren aus.

5. Machen Sie sich klar, daß Sie die Mentalität des japanischen Distributionssystems annehmen müssen. Schaffen Sie sich ein Netzwerk persönlicher Beziehungen; investieren Sie Geld und Zeit, Vertrauen und Loyalität zu bilden.

11.2 Eine Methode zur Auswahl ausländischer Distributionskanäle

Es gibt eine Reihe von Kriterien, die ein Unternehmen bei der Auswahl eines Distributionskanals im Ausland in seine Entscheidung miteinbeziehen muß. Die relevanten Kriterien haben im Englischen den Anfangsbuchstaben „C". Deshalb wird die Methode auch „Methode der 11 C" genannt (Czinkota und Ronkainen, 1990). Die wichtigsten 9 der 11 „C" stellen wir im folgenden dar:

– *„consumer and his characteristics":* Die (geographischen) Segmente eines Marktes, die Importen gegenüber am aufgeschlossensten sind, sollten zuerst bedient werden. Das französische Bier „Kronenbourg" beispielsweise wurde bei seiner Einführung in den USA zuerst nur im Zentrum New Yorks angeboten, wo der Konsum an importiertem Bier verhältnismäßig hoch ist.
– *„culture":* Auf diesen Punkt haben wir am Beispiel des japanischen Distributionssystems (siehe Kapitel 11.1) ausführlich hingewiesen.
– *„character":* Das Image, das vom Absatzkanal, den Verkaufsmethoden, der Lage und dem Aussehen der Geschäfte usw. ausgestrahlt wird, sollte mit dem Image des Produktes übereinstimmen.
– *„capital":* Die finanziellen Konsequenzen (Anlage-, Umlaufvermögen, Anfangsverluste usw.) einer Entscheidung zwischen alternativen Kanälen müssen genau durchdacht werden.
– *„cost":* Dieser Punkt ist eng mit dem vorhergehenden verbunden, bezieht sich aber mehr auf Gewinnspannen, Rabatte, Provisionen usw. Die Gewinnspannen sind u. a. abhängig von der jeweiligen Machtposition der Hersteller und des Handels. In Großbritannien beispielsweise ist das Distributionssystem fest in der Hand weniger Handelsketten (Czinkota und Ronkainen, 1990). Diese Giganten haben die Macht, ihre Bedingungen gegenüber den Herstellern weitgehend durchzusetzen (z. B. Abwälzen der Lagerkosten auf die Hersteller durch häufige Lieferungen).
– *„competition":* Der Wettbewerb wird auf allen Stufen der Absatzkette ausgetragen. Er beginnt beim Zugang zum Kanal und endet mit dem Kampf um die beste Positionierung im Regal des Supermarktes. Amerikanische Hersteller von Ätznatron beispielsweise fanden trotz eines erheblichen Preisvorteils keinen Zugang zum japanischen Markt. Der Verband japanischer Ätznatron-Hersteller bildete ein Kartell und beauftragte ein (japanisches) Handelshaus, eine festgelegte Menge an Ätznatron von den Amerikanern aufzukaufen. Die Maßnahme zahlte sich doppelt aus: Einerseits schmolz die Gewinnspanne des amerikanischen Exporteurs, und andererseits behielten die Japaner die Kontrolle über ihren Markt (Czinkota und Ronkainen, 1990).
– *„coverage":* Verstreute Märkte sind schwierig abzudecken, konzentrierte Märkte dagegen ziehen viele Wettbewerber an. Auch die Frage nach der optimalen Breite des

Produktsortimentes (Anzahl und Größe der Modelle, Extras, Ersatzteile, Komplementärprodukte etc.) spielt bei der Abdeckung eines Marktes eine Rolle.

- *„continuity":* Der Aufbau eines Distributionskanals setzt hohe Investitionen voraus. Ein funktionierender Kanal ist ein schützenswertes Aktivum. Man sollte deshalb darauf achten, daß der gewählte Kanal nicht plötzlich durch Konkurrenzdruck, Fremdakquisition, Konkurs, Gesetzesänderungen o. ä. „verstopft".
- *„control":* Am besten kontrolliert man den Distributionskanal, den man selbst besitzt. Der Aufbau eines eigenen Absatzweges im Ausland scheint vor allem dann sinnvoll zu sein, wenn es sich um ein stark differenziertes Produkt handelt (wenig Substitute) oder wenn der Kanal umfangreiche produktspezifische Aufgaben übernehmen muß (z. B. Produkt mit einem längeren Schulungsbedarf) (Anderson und Coughlan, 1987). Alternative Kontrollmöglichkeiten stellen sorgfältig gestaltete Verträge oder, noch besser, ein seit langem bestehendes Vertrauensverhältnis mit dem Händler dar.

11.3 Anreizsysteme für den Außendienst

Die meisten Motivationstheorien stammen aus den USA. Sie wurden von Amerikanern für Amerikaner entwickelt. In den USA und in vielen westlichen Industriestaaten ist es gängige Praxis, die Vergütung und Beförderung des Außendienstpersonals von der Erreichung exakter, individueller Zielvorgaben abhängig zu machen. In fatalistischen Kulturen jedoch, in denen das Schicksal einer Person in erster Linie als fremdbestimmt gilt, sind die sogenannten objektiven westlichen Maßstäbe fehl am Platz. In Saudi-Arabien beispielsweise sind Beurteilungen informell und folgen keinen streng festgelegten Kriterien (Ali und Schwiercz, 1985).

Dreesmann (1992) schlägt eine Art Checkliste vor, die sechs Faktoren leistungsmotivierenden Verhaltens zusammenfaßt. Demnach ist leistungsmotiviertes Verhalten stärker ausgeprägt in Kulturen, in denen

- ein individuelles und kein kollektivistisches Ethos herrscht,
- Fatalismus schwach ausgeprägt ist,
- Selbstverantwortlichkeit als Wert anerkannt ist,
- Möglichkeiten bestehen, die persönliche Tüchtigkeit eindeutig unter Beweis zu stellen,
- die Zeitorientierung der Menschen über die nahe Zukunft hinausgeht,
- Möbilität möglich ist.

Im folgenden Abschnitt beleuchten wir die Situation, die typischerweise beim Aufkauf eines ausländischen Unternehmens entsteht: Welches Anreizsystem soll für den Außendienst des ausländischen Unternehmens gewählt werden? Im Mittelpunkt unseres Interesses stehen also nicht Auslandsmitarbeiter („expatriates"), sondern vielmehr Außendienstmitarbeiter, die jeweils in ihrem Mutterland tätig sind. In der Praxis stehen vor allem die multinationalen Unternehmen häufig vor dem Problem der Abstimmung verschiedener Anreizsysteme.

● Nationale Unterschiede bei der Motivation des Außendienstes

Der Prozeß, Außendienstmitarbeiter zu motivieren, umfaßt mehrere Schritte:

- Zielfestlegung
- Bewertung der Zielerreichung
- Gestaltung des Anreizsystems
- Anwendung des Anreizsystems

Jeder Schritt wird von kulturellen Faktoren beeinflußt. Abbildung 32 stellt zwei Formen von Anreizsystemen für Unternehmen, die in verschiedenen Kulturen operieren, ideal-typisch gegenüber.[18]

	Anreizsystem I	Anreizsystem II
Ziel-festlegung	Exakt quantifizierte Ziele (explizite Kommunikation); in Verhandlungen festgelegt (kleine Machtdistanz).	Ziele nicht exakt festgelegt (implizite Kommunikation); keine Verhandlung, Zielvorgaben von oben (große Machtdistanz).
Bestimmung der Ziel-erreichung	Nur das Ergebnis zählt; das Ziel ist Maßstab; Abweichungen vom Ziel können exakt gemessen werden; Grad der Zielerreichung bestimmt automatisch Belohnung/Bestrafung.	Das Ergebnis hat nur relative Bedeutung; das Ziel war von Anfang an zu hoch vorgegeben, um den Verkäufer anzuspornen; keine formelle Bestimmung der Zielerreichung.
Gestaltung des Anreiz-systems	Anreize genau festgelegt (explizite Kommunikation); die Einzelperson ist verantwortlich für die erbrachte Leistung; Wettbewerb zwischen Kollegen (Individualismus).	Anreize nicht genau festgelegt (implizite Kommunikation); die Gruppe ist Quelle der Leistung (Kollektivismus).
Anwendung des Anreiz-systems	Geringes oder kein Fixum, Kommision (Vermeidung von Unsicherheit gering); größere Bedeutung extrinsischer Belohnungen.	Festes Gehalt (Vermeidung von Unsicherheit hoch); größere Bedeutung intrinsischer Belohnungen.

Abbildung 32: Idealtypische Darstellung zweier verschiedener Anreizsysteme für Außendienstmitarbeiter

---

18 Zur Beschreibung der Gesellschaftsform haben wir die Dimensionen Hofstedes (1980) gewählt, die in Kapitel 3 ausführlich erläutert werden.

- Was geschieht mit „schlechten" Verkäufern?

Es gibt verschiedene Arten zu reagieren, wenn ein Verkäufer seine Ziele nicht erreicht. In einer maskulinen Gesellschaft (siehe Kapitel 3.3) fällt die Reaktion des Vorgesetzten wahrscheinlich sehr direkt und hart aus. Einmalige Nichterfüllung des Zieles führt zu einer Abmahnung, bei andauernder Erfolgslosigkeit erfolgt die Entlassung. Dies „harte" Vorgehen der maskulinen Gesellschaft führt im Durchschnitt aber nicht zu größeren Erfolgen als die „weiche" feminine Methode.

In einer feminineren Gesellschaft (z. B. Nordeuropa, Frankreich) übt die Organisation einen größeren Schutz über ihre Mitglieder aus. Dies bedeutet nicht, daß feminine Gesellschaften weniger nach Effizienz streben als maskuline. Der Verkäufer, der sein Soll nicht erfüllt, trifft aber auf mehr Verständnis. Das Unternehmen wird nach externen Faktoren suchen (z. B. zu kleines Verkaufsgebiet, zu starke Konkurrenz), die das Versagen des Verkäufers erklären. Werden solche Faktoren identifiziert, wird das Unternehmen die Situation mit dem Verkäufer besprechen und ihm zusätzliche Unterstützung zukommen lassen. Erst wenn das Unternehmen alles in seiner Macht Stehende getan hat, dem Verkäufer zu helfen eine bessere Leistung zu erbringen, wird eine endgültige Entscheidung getroffen.

- Kulturelle Werte und Entlohnung

Unternehmen setzen vielfältige Anreize, um sicherzustellen, daß die Außendienstmitarbeiter die Unternehmensziele bestmöglich verfolgen. Die Anreize können extrinsischer (v. a. finanzieller) oder intrinsischer (nicht-finanzieller) Natur sein. Intrinsische Belohnungen befriedigen innere menschliche Bedürfnisse und steigern die Arbeitszufriedenheit. Extrinsische Anreize dagegen gelten als „äußere Motivatoren":

- *extrinsische Anreize:* Höhe des Festgehalts, lineare, progressive oder degressive Provisionen, Prämien, Reisen, Geschenke etc.
- *intrinsische Anreize:* Anerkennung, Medaillen, Titel, Privilegien
- *Kombination von extrinsischen und intrinsischen Anreizen:* Beförderung (Titel und Gehalt).

Die optimale Abstimmung zwischen extrinsischen und intrinsischen Anreizen hängt wesentlich von den Werten ab, die in einer Kultur vorherrschen. In Ländern mit hoher Vermeidung von Unsicherheit (Griechenland, Japan) motiviert die Arbeitsplatzsicherheit viel mehr als die Möglichkeit zur Selbstverwirklichung. In Ländern mit geringer Unsicherheitsmeidung (USA) verhält es sich gerade umgekehrt (Hofstede, 1980). Je größer die Vermeidung von Unsicherheit, desto größer wird der Anteil des Festgehalts am Gesamtgehalt. Soll umgekehrt ein hoher Wettbewerb zwischen Verkäufern erzeugt werden, steigt der Anteil der Provisionen und Prämien. Selbstverständlich können Anreize nicht nur für Einzelpersonen, sondern auch für Gruppen bestehen. In Japan werden häufig Verkäufer-Teams mit einer Gruppenreise belohnt. Die Belohnung wird so Mittel, den Zusammenhalt in der Gruppe zu festigen. Ein amerikanisches Unternehmen erlitt in Japan damit Schiffbruch, für den erfolgreichsten Einzelverkäufer eine Reise auszuloben. Kein Verkäufer wollte sich mit seiner Familie auf die Auslandsreise begeben. Denn damit hätte er nach japanischem Maßstab die weniger glücklichen Mitarbeiter bloßgestellt (Knapp, 1988, zitiert in Müller, 1991, S. 46).

Natürlich spielt bei der Konzeption des Anreizsystems auch die Art der Zielvorgabe und die Branche bzw. die Güterart eine wichtige Rolle. Ein Verkäufer von Atomkraftwerken wird anders bezahlt werden als ein Verkäufer von Schuhen oder Photokopierern. Abbildung 33 zeigt, wie Zielvorgaben, Werte, Güterkategorien und Entlohnung voneinander abhängen.

ZIELVORGABE / GÜTERKATEGORIE	ENTLOH- NUNGSFORM	VERBUNDENE WERTE
gleichmäßige, langfristige Verkaufsbemühungen / Ausrüstungsgüter	Festgehalt plus Beförderungen	Anstellung auf Lebenszeit, Zusammenarbeit innerhalb des Verkäuferteams, Kollektivleistung
(kurzfristiges) Erfüllen von Verkaufsquoten / Konsumgüter	reine Kommission	jeder arbeitet für sich, keine Loyalität gegenüber dem Unternehmen; Individualismus, Konkurrenz; das System ist "überlebens- orientiert"
Erreichen anspruchsvollerer Ziele / spezielle Güter, spezielle Verkaufsgebiete, Segmente, etc.	Festgehalt plus finanzielle und nicht-finanzielle Anreize	vermischte Werte: Vertrag und langfristige Ausrichtung, Loyalität aber kein bedingungsloser Einsatz

Abbildung 33: Zielvorgaben, Werte, Güterkategorien und Entlohnung

11.4 Verkaufsförderung: andere Länder, andere Sitten[19]

Die grundlegenden Marketing-Ziele von Verkaufsförderungsmaßnahmen haben kultur-übergreifende Gültigkeit. Der Verbraucher soll dazu gebracht werden:

- ein Geschäft zu betreten,
- ein Produkt zum ersten Mal zu probieren,

---

19 Eine ausführliche und regelmäßig überarbeitete Beschreibung der in den wichtigsten Ländern gelten-den Regeln über Verkaufsförderung kann nachgelesen werden bei: Boddewyn, 1992, Premiums, Gifts and Competitions, Herausgeber: International Advertising Association, 342 Madison Avenue, Suite 2000, NYC, NY 10017, USA.

- ein Produkt zum ersten Mal zu kaufen,
- ein Produkt sofort zu kaufen,
- ein Produkt (regelmäßiger) wiederzukaufen.

Verkaufsförderungsmaßnahmen richten sich außerdem an den Verkäufer und sollen dann bezwecken:

- ein Produkt zu empfehlen,
- ein Produkt an günstiger Stelle auszustellen.

Vorschriften über Verkaufsförderungsmaßnahmen sind von Land zu Land unterschiedlich. Sie hängen davon ab, was im Verhältnis zwischen Verkäufer und Käufer als moralisch bzw. unmoralisch, fair oder unfair angesehen wird.

Teilweise wird – ähnlich wie bei der Werbung – auch befürchtet, daß die Kosten für Verkaufsförderung die Produkte verteuern. Das Unternehmen A. C. Nielsen versuchte beispielsweise, in Chile Coupons mit Preisnachlässen einzuführen, die zur Einlösung an den Hersteller geschickt werden mußten (Czinkota und Ronkainen, 1990). Die nationale Vereinigung der Supermärkte bekämpfte das Vorhaben des Unternehmens mit der Begründung, Coupons würden unnötige Preissteigerungen verursachen. Die Vereinigung empfahl allen ihren Mitgliedern, die Koupons nicht anzunehmen.

Erlaubt ist in den meisten Ländern, was den Verbraucher informiert (z. B. Warenproben, Produktdemonstrationen, Ausstellungsmaterial). Verbote werden erlassen, sobald der Gesetzgeber befürchtet, der Verbraucher könnte irregeführt werden. Während allerdings einige Länder davon ausgehen, daß Verbraucher in der Lage sind, Informationen selbständig zu bewerten (Großbritannien, USA), vertrauen andere weniger auf die Fähigkeiten des Einzelnen (Süd- und nordeuropäische Länder). Auf die größten Hindernisse bei der Durchführung von Verkaufsförderungsmaßnahmen trifft man in Skandinavien. Dort müssen alle Aktionen von offizieller Seite abgesegnet werden.

- Wettbewerbe und Geschenke

Bei Wettbewerben und Geschenken bestehen international gesehen die größten Unterschiede.

- *Wettbewerbe:* In den meisten Ländern werden alle Arten von Wetten (Pferderennen, Lotterien etc.) vom Staat kontrolliert. Es wird als unmoralisch angesehen, wenn Einzelpersonen Gewinn aus der Organisation von Wetten ziehen. Etwas liberaler als der Durchschnitt sind die angelsächsischen Länder. Dort sind die meisten Arten von Wettbewerben, Lotterien und „Sweepstakes" sowie private Wettorganisationen („bookmakers") erlaubt. In Italien sind Lotterien und „Sweepstakes" erlaubt, solange Preise nicht aus Geld bestehen. In vielen anderen Ländern ist ein Höchstwert für Preise von Wettbewerben festgesetzt (z. B. 250 Gulden in Holland). Dadurch verliert der Einsatz dieses Instruments für Verkaufsförderungsmaßnahmen allerdings an Attraktivität.

– *Geschenke:* Viele Länder verbieten Geschenke oder erlassen Grenzwerte. In Frankreich beispielsweise darf der Wert eines Geschenks einer Verkaufsförderungsaktion zehn Francs (ca. drei DM) nicht überschreiten. Der Gedanke, der hinter dem Verbot steht, ist, daß der Verbraucher die Möglichkeit haben muß, den Wert eines Produktes abzuschätzen. Wenn der Wert eines Geschenks im Verhältnis zum Preis des Produktes zu hoch ist, könnte dies dazu führen, daß der Verbraucher irregeführt wird und möglicherweise ein minderwertiges Produkt kauft. Aufgrund derselben Überlegung werden in vielen Ländern auch „cross-product offers", „purchase with purchase offers" und „in-pack gifts" überwacht.

Welchen Bestimmungen Wettbewerbe in der Schweiz unterliegen, zeigt Beispiel 11.2.

Beispiel 11.2: Verkaufsförderung durch Wettbewerbe in der Schweiz

Wettbewerbe im Rahmen von Verkaufsförderungsmaßnahmen fallen unter das Lotteriegesetz. Das Grundprinzip ist relativ einfach: Der Zufall kann nicht mit einer Verpflichtung zum Kauf verknüpft werden. Demzufolge ergeben sich drei Situationen, in denen Lotterien erlaubt sind:
– keine Kaufverpflichtung und keine Zufallsantwort
– keine Kaufverpflichtung und Zufallsantwort
– Kaufverpflichtung und keine Zufallsantwort.

Dabei erfahren die Begriffe „Kaufverpflichtung" und „Zufallsantwort" eine genaue Definition.

Eine „Kaufverpflichtung" liegt vor, wenn:
– ein Etikett, ein Verschluß oder irgendein Teil der Verpackung per Post eingeschickt werden muß,
– der Teilnahmeschein des Wettbewerbs sich auf der Rückseite des Etiketts oder im Inneren der Verpackung befindet,
– eine Teilnahmegebühr erhoben wird,
– der Wettbewerb an einem Ort angekündigt wird, an dem Personen für eine zahlungspflichtige Veranstaltung anstehen,
– der Wettbewerb von einer Zeitung oder einer Zeitschrift angekündigt wird, die gekauft werden muß, um in Besitz des Teilnahmescheins zu kommen,
– Informationen, die zur Beantwortung notwendig sind, nicht erhältlich sind, indem man einfach das Produkt/die Verpackung im Regal betrachtet,
– Personen, um Informationen zu erlangen, einen kleinen Verkaufsraum betreten müssen, in dem sie unausweichlich auf einen Verkäufer treffen und ein Gericht dem Kauf deshalb einen „moralischen Zwang" zugrundelegt.

Eine Zufallsantwort liegt vor, wenn:
– der Gewinner durch Zufallsauswahl unter allen Einsendungen bzw. unter allen richtigen Einsendungen bestimmt wird,
– eine Antwort auf eine Frage nicht aufgrund von Wissen, bestimmten Fähigkeiten,

durch Errechnen oder mit Hilfe der Wissenschaft gefunden werden kann (z. B.: Dauer eines Fluges, Schätzung der Siegerzeit eines Wettrennens, Anzahl der Zigaretten oder Streichhölzer, die zusammengelegt eine bestimmte Distanz ergeben; oder auch: der zehnte Besucher einer Ausstellung sein, der 100. Käufer eines Produktes sein).

Quelle: In Anlehnung an Gambiez et al., 1988, S. 12–13

12. Internationale Marketing-Kommunikation

Dieses Kapitel könnte untertitelt sein: „Nationale Kulturen, technologische Fortschritte und Globalisierung der Werbekommunikation". Im ersten Teil beschäftigen wir uns mit der Rolle und der Funktion von Werbung. Wie ist es um die Werbeakzeptanz international bestellt? Inwiefern wird die Umsetzung von Kreativ-Strategien von der Kultur beeinflußt? Wovon wird die Verfügbarkeit der Medien bestimmt?

Da sich Werbung aus Bildern und Sprache zusammensetzt, unterliegt sie unweigerlich kulturellen Einflüssen. Der Bedeutung des Markennamens und der Gestaltung bestimmter visueller Elemente der Kommunikation haben wir bereits in den Kapiteln 8 und 9 Aufmerksamkeit geschenkt. In diesem Kapitel gehen wir im Zusammenhang mit der Verwirklichung globaler Kampagnen nocheinmal auf den Einfluß der Sprache ein. Außerdem stellen wir dar, wie Religion und Sitten eines Landes die Werbung beeinflussen.

Der zweite und dritte Teil des Kapitels sind eng miteinander verbunden. Sie zeigen, wie technologische Fortschritte kulturelle Barrieren überwinden und eine gezieltere Ansprache relevanter Zielgruppen ermöglichen. Satelliten verändern die Medienlandschaft. Neue lokale, regionale und globale Medien werden geboren. Verbraucher mit ähnlichen Konsumgewohnheiten können grenzüberschreitend zu neuen Marktsegmenten zusammengefaßt und mit einem feineren Kommunikationsmix erreicht werden. Die technischen Möglichkeiten für globale Werbekampagnen sind gegeben. Wie diese Kampagnen von den Werbeagenturen umgesetzt werden, und inwieweit sie sinnvoll sind, behandeln wir abschließend im vierten Teil des Kapitels.

12.1 Die kulturelle Abhängigkeit von Marketing-Kommunikation

● Allgemeine Einstellungen gegenüber Rolle und Aufgaben von Werbung

Die Diskussion, ob Werbung mehr Vorreiter oder Spiegel der Gesellschaft ist, wird vermutlich nie enden. Fest steht, daß Werbung in einem stetigen Wandel begriffen ist und in beiden Richtungen wirkt. Einerseits ist Werbung mit der Sprache und der Kultur der jeweiligen Zielgruppe untrennbar verbunden. Insoweit ist Werbung Abbild der Gesellschaft. Andererseits benutzt Werbung im Streben nach der Aufmerksamkeit des Zuschauers aber auch bestehende Freiräume, um gesellschaftlichen Wandel herausfordernd darzustellen oder durch kulturelle Anleihen aus anderen Ländern in Gang zu bringen.

Von bestimmten Kreisen wird Werbung als Verschwendung angesehen. Damit verbunden ist die Vorstellung, daß alles, was nicht mit der Herstellung von Gütern verbunden ist, sozial unproduktiv ist. Gemäß dieser Idee, die auch dem Marxismus und seiner Umsetzung, dem Real-Sozialismus, nicht fremd ist, sind alle Dienstleistungen, die Werbung und die Distribution miteingeschlossen, parasitär.

Auf internationaler Ebene konzentriert sich die Aufmerksamkeit inzwischen darauf, daß Werbung neben einem nicht geleugneten Nutzen auch negative Auswirkungen haben kann (Hervorrufen nicht erfüllbarer Bedürfnisse, Irreführung des Verbrauchers, Geltungskonsum etc.). Aus diesem Grunde hat die Wirtschafts- und Sozialkommission der UNO einen Vorschlag zu einer Resolution ausgearbeitet, der Verbraucher in Entwicklungsländern schützen soll.

In einigen Ländern Europas, allen voran im nördlichen Europa und in Frankreich, stehen Teile der Bevölkerung der Werbung nach wie vor sehr skeptisch gegenüber. Teilweise herrschen Werbeverbote für bestimmte Produkte (z. B. für pharmazeutische Produkte). Meist stützen sich die Einschränkungen auf das Argument, daß Werbung Produkte verteuert und somit eine Grundversorgung für ärmere Schichten unmöglich macht.

Einer Untersuchung von Wills und Ryans (1982) in 14 Ländern zufolge schätzen Verbraucher und Manager Werbung sehr unterschiedlich ein. Die Manager beurteilen Werbung als „sehr" oder „ziemlich faktisch" (75 Prozent), „ablenkend, aber informierend" (78 Prozent) und „über wichtige Produkteigenschaften informierend" (71 Prozent). Verbraucher stimmen in allen Punkten weniger zu (61 Prozent faktisch, 50 Prozent wichtige Produkteigenschaften, 48 Prozent ablenkend). In anderen Punkten (z. B. Humor der Werbung, Ästhetik, Preisinformation) sind die Unterschiede allerdings weniger deutlich.

In Deutschland kommt Werbung beim Verbraucher eher gut an. 1989 gaben 62 Prozent der Bundesbürger an, daß ihnen Werbung recht nützliche Hinweise über neue Produkte liefert. 56 Prozent der Verbraucher finden Werbung „hilfreich" (Werbung in Deutschland 1991, 1992, S. 50).

Einstellung gegenüber vergleichender Werbung

Wozu dient vergleichende Werbung? Der Nutzen vergleichender Werbung ist umstritten. Die Frage, ob dadurch der Wettbewerb gefördert oder vielmehr der Verbraucher irregeführt wird, beantwortet jede Gesellschaft anders. In Folge dessen ist auch die Gesetzgebung über vergleichende Werbung von Land zu Land unterschiedlich.

Vergleichende Werbung ist in vielen Länder verboten. In Europa z. B. in Frankreich, Italien, Belgien – und Deutschland. Innerhalb der EG bahnt sich in der Frage jedoch ein Wandel an. Eine Richtlinie der Europäischen Kommission sieht eine Liberalisierung der Möglichkeiten vergleichender Werbung vor. Demnach soll vergleichende Werbung erlaubt werden, solange sie nicht (Werbung in Deutschland 1991, 1992):

- irreführt
- Verwechslungen hervorruft
- Mitbewerber herabsetzt
- fremde Warenzeichen ohne weiteres nutzt.

Es scheint, daß einige Länder vergleichende Werbung verbieten, um einheimischen Produkten den möglicherweise unvorteilhaften Vergleich mit ausländischer Ware zu ersparen:

„... die französische Regierung, die die Absicht hatte, vergleichende Werbung zu legalisieren, hat ihre diesbezüglichen Bemühungen eingestellt. Es bestand die Gefahr, daß japanische Automobilhersteller über vergleichende Werbung ihren Marktanteil am französischen Automobilmarkt noch ausbauen könnten" (Boddewyn, 1984, S. 75–76).

In den USA ist vergleichende Werbung gestattet. Dahinter steckt der Gedanke, daß dadurch der Verbraucher besser informiert, die Auswahl erleichtert und der Wettbewerb zugunsten des Verbrauchers gefördert wird. So ist es unter anderem in Werbeanzeigen für Automobile üblich, Eigenschaften von Konkurrenzprodukten anzuführen. Gegner vergleichender Werbung befürchten, daß es unmöglich ist, objektive Vergleichskriterien für Produkte zu finden. Folglich kann vergleichende Werbung auch nicht zu einer besseren Information (sondern höchstens zu einer Desinformation) des Verbrauchers führen. Die Gegner vergleichender Werbung gehen außerdem von der Notwendigkeit aus, den Wettbewerb zwischen konkurrierenden Firmen zu moralisieren: Die Aufgabe von Werbung bestehe darin, die eigenen Produkte anzupreisen und nicht darin, Konkurrenzprodukte direkt oder indirekt herabzusetzen.

Die Frage nach dem Sinn vergleichender Werbung hängt eng damit zusammen, wieviel Informationen Werbung allgemein enthalten soll. Dieser Frage gehen wir im nächsten Abschnitt nach.

Einstellungen gegenüber dem Informationsgehalt von Werbung

Die grundlegende Funktion von Werbung besteht darin, einer bestimmten Zielgruppe eine Botschaft zu übermitteln. Drei Formen der Ansprache können grob unterschieden werden:

- rationale Argumentation
- Appelle an das Gewissen bzw. die Moral
- Appelle an die Gefühle der Beworbenen.

Wenn man Werbung verschiedener Länder vergleicht, stößt man auf interessante Unterschiede: Die Werbung in Ländern, in denen das Bildungsniveau hoch und das Analphabetentum gering ist (z. B. Kanada, Schweden), enthält mehr Geschriebenes und mehr technische Informationen als Werbung in einem Land mit niedrigerem Bildungsniveau (z. B. Türkei). Dafür setzt die türkische Werbung mehr auf die Überzeugungskraft von Slogans (Kaynak und Ghauri, 1986). Bereits das türkische Wort für Werbung – „Reklam" – läßt diese eher traditionelle Sicht der Rolle der Werbung vermuten.

Auch bei länderübergreifenden Medien ist eine Tendenz zu informationsärmeren Botschaften festzustellen. Werbespots im ZDF enthalten bspw. wesentlich mehr Informationen als Spots bei Sky Channel (Serstrup, 1985). Die Erklärung dieser Beobachtung ist relativ einfach. Wer mit derselben Werbung in verschiedenen Ländern gleichzeitig auftritt, wendet sich sinnvollerweise nur mit den Informationen an die Kunden, die gleichsam für alle beworbenen Märkte Gültigkeit besitzen. Detailinformationen über das Produkt, den Preis usw. fallen da leicht unter den Tisch.

Der Stil einer Werbebotschaft muß berücksichtigen, wie Verbraucher Informationen aufnehmen. Bei der Fernsehwerbung beispielsweise nimmt mit der Anzahl der konkurrierenden Programme auch die Gefahr des „zapping" zu. In Ländern mit reichhaltigem Fernsehangebot haben Spots, die keine einfachen und klaren Botschaften enthalten, weniger Chancen, wahrgenommen zu werden. Wenn der Zuschauer sich von der Werbung nicht richtig angesprochen fühlt, wechselt er das Programm.

Gleichzeitig sollte der Informationsgehalt der Werbung aber auch danach ausgerichtet sein, wie Verbraucher Informationen bewerten und Kaufentscheidungen treffen. In den USA spielt das beim Kauf wahrgenommene Risiko (z. B. finanzielles Risiko, soziales Risiko usw.) eine wichtige Rolle. Amerikanische Verbraucher suchen gezielt nach Informationen über ein Produkt, um das Kaufrisiko zu verkleinern. Verbraucher in Mexiko dagegen schätzen das Kaufrisiko niedriger ein als ihre nördlichen Nachbarn und sind deshalb vor einem Kauf weniger informationshungrig. Das wahrgenommene Kaufrisiko scheint um so niedriger zu sein, je fatalistischer eine Gesellschaft ist. Wer sich selbst als Herr seines Schicksals ansieht, hat beim Kauf eines Produktes mehr Angst, enttäuscht zu werden, als jemand, der sich stärker fremdbestimmt fühlt (Hoover et al., 1978). Verbraucher in fatalistischen Gesellschaften können am besten durch eine sloganähnliche mehrmalige Wiederholung des Markennamens und durch Vorspiegelung einer Traumwelt angesprochen werden, die von der nicht immer rosigen Realität ablenkt.

Auch die italienische und französische Werbung scheint Traummotive zu bevorzugen. Diese sog. onirische Werbung regt die Phantasie des Verbrauchers an und rückt das Produkt in eine Vorstellung von Zufriedenheit und Genuß. Deutsche Werbung gilt mehr als informationsbetont. Konstantin Jacoby, ein junger deutscher Werbespezialist, sieht die französische Werbung wie folgt: „Natürlich ist sie (die französische Werbung) besser als die deutsche. Aber die Franzosen müssen aufpassen, nicht Kunst um der Kunst willen zu betreiben und in eine Seguelomanie[20] zu verfallen. Die Botschaft der Werbekampagen von Citroën ist fürchterlich. Was hat die Chinesische Mauer mit Citroën zu tun? Werden diese Autos jetzt dort gefertigt?" (o. V., 1988, S. 18).

---

20 Jacques Séguéla ist ein bekannter französischer Publizist, Mitgründer der Werbeagentur RSCG, mit einer Vorliebe für traumorientierte Copy-Strategien.

- Die Gestaltung der Werbung

Die Sprache: der Slogan

Die Sprache ist die größte Hürde bei der Gestaltung wirkungsvoller Werbung. Werbung benutzt eine Umgangssprache, die gleichzeitig sehr subtil und präzise ist. Die Sprache der Werbung erscheint um so natürlicher und wird um so besser verstanden, je besser sie die Umgangssprache wiedergibt – selbst wenn sich der Zuhörer oder Zuschauer dieser Tatsache nicht immer bewußt ist. Ein Paradebeispiel für die Feinheit der Sprache sind Gruß- und Wunschkarten. An diesem Produkt wird deutlich, wie schwer es ist, Botschaften des täglichen Lebens, Gefühle, Freundschaft, Familienbande etc. in Worte zu fassen. Die Anpassung von Grußkarten an fremde Märkte – also vor allem die Übersetzung des Textes in eine andere Sprache – erfordert spezielle Kenntnisse und viel Fingerspitzengefühl.

Selbst der Slogan „Put a Tiger in Your Tank" ist weniger standardisert, als oft behauptet wird. In einigen Ländern sitzt der Tiger im Tank (z. B. Deutschland: „Pack' den Tiger in den Tank"; Holland: „Stop 'n Tiger in uw Tank"), in anderen im Motor (z. B. Frankreich: „Mettez un Tigre dans Votre Moteur"; Italien: „Metti un Tigre Nel Motore"). Die Vorstellung einer „Kraftquelle" im Tank bedeutet für den Verbraucher sicher etwas anderes als eine „Kraftquelle" im Motor. Je einheitlicher eine Werbeanzeige international erscheinen soll, desto schwieriger wird die Übersetzung des Textes. An Beispielen mißlungener Werbetexte mangelt es nicht (vgl. z. B. Ricks, Arpan und Fu, 1979 oder siehe Kapitel 9.3).

Werbung mit internationalen Ansprüchen sollte Sprachproblemen soweit wie möglich aus dem Weg gehen, ohne jedoch gleichzeitig die Aussage zu banalisieren. Ein Rezept, beiden Anforderungen gerecht zu werden, besteht darin, die visuelle Komponente der Werbung hervorzuheben. Fernsehspots, die länderübergreifend eingesetzt werden, sind oft so gestaltet, daß die Personen im Spot nicht sprechen. Die Botschaft wird einfach separat als Kommentar gesprochen („voice-over"). IBM gestaltete vor einigen Jahren eine interessante Kampagne in diesem Stil. Das Unternehmen ließ „Charlot" (Charley Chaplin) in einem Stummfilm auftreten. Dadurch war es einfach, den Spot weltweit einzusetzen. Der Kommentar wurde in der jeweiligen Sprache dazugesprochen. Dasselbe Prinzip kann bei Werbeanzeigen in Zeitschriften angewendet werden. Hier genügt es, den Textteil zu verkleinern. In einigen Fällen wird auf die Übersetzung der Botschaft bewußt verzichtet. Eine fremde Sprache kann als eigenständiges Gestaltungselement genutzt werden, wenn der Text kurz, in groben Zügen verständlich und die Originalsprache mit Bezug zum Produkt ist (z. B. Französisch für Parfüm, Englisch für Fluggesellschaften oder Computer). Einige Beispiele englischsprachiger Slogans in den deutschen Medien enthält Beispiel 12.1

Beispiel 12.1: Englische Slogans in der deutschsprachigen Print- und Funkwerbung

Air Canada:	„A breath of fresh air"
American Airlines:	„Something special in the air"
Cathay Pacific:	„Arrive in better shape"
Korean Air:	„The art of joyful flying"
Apple:	„The power to be your best"
Coca-Cola:	„Coca-Cola is it"
Toshiba:	„In touch with tomorrow"

Quelle: Kreutzer, 1989, S. 327

Allerdings gibt es auch Länder, in denen der Import ausländischer Werbemittel verboten ist (z. B. Malaysia) bzw. sich die Übersetzung des Werbetextes in die Landessprache aus taktischen Gründen empfiehlt. In Frankreich bspw. nehmen praktisch alle ausländischen Unternehmen Rücksicht auf den Sprachstolz der Franzosen. Überschreitet man den Rhein, wird „Coca-Cola is it" zu „Coca-Cola, c'est ça".

Die Rollenverteilung in der Werbung

Nichts darf bei der Gestaltung von Werbung dem Zufall überlassen werden: das Alter der Darsteller, die Kleidung, die sie tragen, die Umgebung usw. Jedes Detail wird vom Betrachter in irgendeiner Weise interpretiert. Eine Werbeanzeige für eine Brandy-Marke, die auf dem südafrikanischen Bantu-Markt eingesetzt wurde, zeigte ein Paar, das an einem Tisch sitzt. Über der Frau war vergrößert eine Brandy-Flasche abgebildet. Für viele Bantu schien die Frau die Flasche nach traditioneller afrikanischer Art auf dem Kopf zu tragen. Diese Vorstellung vertrug sich überhaupt nicht mit dem modernen, ausländischen Image, das die Marke ausstrahlen wollte. Eine effektive Kommunikation war unmöglich.

Aus diesem Beispiel kann man den Hinweis ableiten, daß Werbung von einem Mitglied der Kultur entworfen (bzw. bei internationalen Kampagnen zumindest kontrolliert) werden sollte, für die die Werbung bestimmt ist.

Sehr wichtig sind die Rollen, die die verschiedenen Geschlechter in der Werbung einnehmen. Frauen beispielsweise können als Verbraucherinnen, Hausfrauen, Ehefrauen oder im Beruf dargestellt werden. Man hat der Werbung oft vorgeworfen, die Rollenverteilung einer Gesellschaft mitzuprägen und teilweise althergebrachte Vorstellungen, vor allem in bezug auf die Stellung der Frau, zu zementieren.

Gilly (1988) verglich die Rollen von Frauen in der US-amerikanischen, mexikanischen und australischen Fernsehwerbung. Insgesamt wurden bei den australischen Spots die geringsten Unterschiede im Rollenverhalten zwischen Frauen und Männern festgestellt. In 36,2 Prozent der australischen Werbefilme wurden Frauen im Beruf dargestellt (USA: 16 Prozent, Mexiko: 14,7 Prozent). Entgegen allen Vermutungen waren die USA das Land, in denen Frauen im Verhältnis zu Männern am öftesten im Haushalt auftraten.

Um jeglichen Rollenkonflikt zu vermeiden, stellte Renault im französischen Werbefernsehen fahrende Autos ohne Fahrer dar. Dadurch wurde vermieden, daß die Eigenschaften des Fahrers (Alter, Geschlecht, Erscheinung usw.) irgendwie negativ die Positionierung des Produktes beeinflussen. Tatsächlich ist die Wahl der Darsteller vor allem dann schwierig, wenn die Zielgruppe der Werbung sehr groß oder nicht klar definiert ist. Der beschriebene Werbespot konnte von Renault natürlich nicht in allen Ländern eingesetzt werden. Überall dort, wo ein Auto, das sich von alleine durch die Landschaft bewegt, mit Sicherheitsmängeln („das Auto hat sich selbständig gemacht") oder mit Irrationalität im negativen Sinne in Verbindung gebracht würde, empfiehlt sich die Verwendung eines Fahrers/einer Fahrerin.

Über die Werbung bekommt man Einblick in eine Kultur. Eine systematische Analyse des Inhalts der Werbung eines Landes gibt Aufschluß über die Rollenverteilung, die Beziehungen und die alltäglichen Begebenheiten innerhalb einer Gesellschaft.

Der Einfluß von Sitten und Religion

„We may see consumer goods as the vehicles of cultural meanings, ... consumers themselves as more or less sophisticated choosers and users of these cultural meanings" (McCracken, 1991, S. 5).

Aus der Sicht McCrackens ist es wichtig, in der Kommunikation auf Symbole zurückzugreifen, die die gewünschte kulturelle Bedeutung übermitteln. Dabei spielen Religion und Moral eine wichtige Rolle. Beide tragen dazu bei, daß aus Informationen (in der Werbung wäscht sich eine Frau nackt in ihrem Badezimmer) kulturell bedingte Deutungen entstehen (Menschen werden zu sexueller Wollust angeregt). Nur wer sich von der Ebene der Informationen auf die Ebene der kulturellen (Be-)Deutung begibt, erkennt den Einfluß von Sitten und Religion auf Werbebotschaften. Wir werden diesen Punkt am Beispiel Saudi-Arabiens vertiefen (siehe Beispiel 12.2).

Beispiel 12.2: Der Einfluß der Religion auf die Werbung in Saudi-Arabien

Das saudi-arabische Rechtssystem ist abgeleitet aus den als „Scharia" bekannten religiösen Gesetzen des Islam. Jedes bestehende und neu zu erlassende Gesetz muß in Einklang stehen mit der Scharia. Die Scharia ist ein umfassender Code, der die Pflichten, die moralischen Normen und das Verhalten für alle Muslime festlegt. Die Scharia ist aus zwei Quellen abgeleitet: dem Koran ... und dem „Hadith" – dem Propheten Mohammed zugeschriebene Aussprüche. Die Kenntnis zumindest der grundlegenden Gesetze der Scharia, die in den Geboten des Koran zum Ausdruck kommen, ist absolut notwendig, um Verständnis für die Vorschriften und Inhalte der Werbung zu gewinnen.

Drei Gruppen von Botschaften des Korans sind für die Werbung von besonderer Bedeutung. Erstens gibt es strenge Verbote, wie z. B. für Alkohol, Spiel, Betrügen, Unehrlichkeit bei Geschäften, die Anbetung von Idolen, Ehebruch, die eigene unsittliche Zurschaustellung ... Alkoholische Produkte beispielsweise sind verboten. Saudische Werbung für Alkohol gibt es nicht, und ausländische Printmedien werden nur zugelassen, nachdem alle Werbeanzeigen für alkoholische Produkte zensiert wurden. Absatzförderungsmaßnahmen, die Glücksspiele enthalten, sind illegal.

Eine weitere Gefahr entsteht für den Werbenden durch alle Botschaften, die nach religiöser Auslegung irreführend sind. Nach dem Islam ist es Betrug, wenn der Verkäufer nicht in der Lage ist, alle seine Versprechungen zu halten. Die Werbung muß deshalb tatsächliche Produkteigenschaften in den Vordergrund rücken und subjektive Wahrnehmungen zurückstellen. Bildhauerarbeiten dürfen in der Werbung nicht auftauchen. Sie könnten als Anbetung von Idolen ausgelegt werden. Da die Normen vorschreiben, daß Frauen bedeckt sein müssen, sind auch in dieser Hinsicht Anpassungen notwendig. Werbung für Kosmetika zeigt in Saudi-Arabien keine sinnlichen Frauen. Statt dessen sind Frauen mit langem Kleid und Schleier so abgebildet, daß man typischerweise nur Teile ihres freundlich schauenden Gesichts sieht.

Eine zweite Gruppe von Geboten des Korans betrifft die Pflichten, denen ein Muslim nachkommen muß: fünfmaliges Beten pro Tag, Fasten während des Monats Ramadan, Mildtätigkeit gegenüber den Armen, sich um die Eltern und Schwachen kümmern und sie respektieren. Werbende müssen sicherstellen, nicht die Ausübung dieser Pflichten zu behindern. Während der fünf Gebetszeiten beispielsweise, die je 10 bis 20 Minuten dauern, dürfen keine Produkte im Fernsehen oder Radio beworben werden. Die Geschäfte schließen während dieser Zeit, und kommerzielle oder offizielle Transaktionen sind während der Gebetszeiten ebenfalls nicht erlaubt. Werbung sollte keine Kinder zeigen, die ihren Eltern gegenüber nicht genug Respekt aufbringen. Im Gegenteil, das Image eines Produktes kann durch Anzeigen verbessert werden, die die Meinung und den Ratschlag der Eltern in den Vordergrund rücken.

Die dritte Gruppe von Vorschriften erinnert die Gläubigen an die Wohltaten Gottes und fordert dazu auf, Allah für Gesundheit, Seelenfrieden, Nahrung, Wasser, Kinder usw. zu danken. Es ist erlaubt und manchmal äußerst empfehlenswert, eine Werbebotschaft mit den Worten des Koran einzuleiten: „Im Namen Allahs, dem größten Behüter und Wohltäter", „Durch die Gnade Gottes", „Allah ist groß". Ein Hersteller von Wasserpumpen benutzt in seiner Werbung einen Vers des Koran, um den Einklang seines Produktes mit den Prinzipien des Islam zu unterstreichen: „Aus Wasser machten wir alles Leben".

Quelle: In Anlehnung an Luqmani et al., 1988, S. 61–64

Ein Blick in die Spruchpraxis des Deutschen Werberats (1990) zeigt, daß man nicht bis Saudi-Arabien gehen muß, um den Einfluß der Religion auf die Werbung zu illustrieren. Auch in Deutschland werden Werbeanzeigen beanstandet, wenn sie gegen religiöse Gefühle verstoßen. Ein „betrunkenes Christkind" ist in der deutschen Werbung genauso wenig zulässig wie ein Auto, das „ewiges Licht" hat oder „weihrauchähnliche Abgase" ausstößt.

Werbung muß die Bräuche und Gepflogenheiten eines Landes respektieren. Viele Menschen beispielsweise sind abergläubisch, selbst wenn sie es nicht zugeben. Für die Werbung ergeben sich daraus zwei Alternativen: Entweder sie vermeidet Symbole des Aberglaubens vollständig oder sie nutzt sie auf humorvolle Art und Weise (z. B. Glücksschwein). Auch Zeichen der Höflichkeit und der Gastfreundschaft haben in einer Gesellschaft große Bedeutung. Eine sehr bekannte Teemarke brachte die saudi-arabische Öffentlichkeit auf, als sie in ihrer Werbung einen Gastgeber darstellte, der seinem Gast mit der linken Hand (statt mit der rechten) Tee einschenkte. Zu allem Unglück trug der Gast auch noch seine Schuhe – der Gipfel der Unhöflichkeit in Saudi-Arabien.

Bei der Abbildung nackter Körper ist selbstverständlich ebenfalls Vorsicht geboten. Frankreich hat bei der Verwendung von ganz oder teilweise entkleideten (Frauen-)Körpern wohl so etwas wie eine Vorreiterrolle. Nacktheit wird von den Franzosen als Zeichen von Schönheit, Vorzüglichkeit oder Naturverbundenheit akzeptiert. In den meisten anderen Ländern jedoch hat Nacktheit weniger positive Bedeutung. So erregt in China bereits eine nackte Schulter Aufsehen.

Die Aufgabe der Werbung bestand – zumindest offiziell – nie darin, die Sitten der Gesellschaft zu verändern. Werbung soll helfen, Produkte zu verkaufen. Deshalb muß die Werbung gesellschaftliche Konventionen respektieren und auch in der Zukunft, gerade auf fremden Märkten, entsprechende Anpassungen vornehmen.

- Die Medien

Die Verfügbarkeit der Medien

Welche Medien in welchem Umfang für die Werbung zur Verfügung stehen, hängt zuerst einmal von der wirtschaftlichen Entwicklung eines Landes ab. Der Aufbau von Kommunikationssystemen ist teuer. Viele Entwicklungsländer können sich Fernsehstationen, Sendeanlagen, moderne Druckverfahren usw. nur in beschränktem Umfang leisten.

Pauschal kann die unterschiedliche Verfügbarkeit der Medien an den Werbeausgaben pro Einwohner abgelesen werden. Weltweit wurden 1987 pro Kopf 52 US-Dollar für Werbung ausgegeben. Es überrascht dabei wenig, festzustellen, daß die Entwicklungsländer nur für einen Bruchteil dieser Ausgaben verantwortlich sind. In den meisten afrikanischen Ländern beispielsweise sind die Pro-Kopf-Ausgaben für Werbung niedriger als ein US-Dollar pro Jahr. Interessant sind vor allem die großen Unterschiede, die zwischen den industrialisierten Ländern bestehen. Die Schweiz (458 US-Dollar) und die USA (451 US-Dollar) gaben 1987 pro Kopf am meisten für Werbung aus. Erst mit großem Abstand folgen Länder wie Japan (223 US-Dollar), Kanada (212 US-Dollar), Australien (188 US-Dollar), Schweden (170 US-Dollar) oder Deutschland (164 US-Dollar).

Neben dem wirtschaftlichen Potential beeinflussen die gesellschaftlichen Vorstellungen über die Notwendigkeit und Funktion von Werbung die Medienverfügbarkeit:

- Welches Verhältnis zwischen der Werbung und dem restlichen Programmangebot (Redaktionsteil) ist für den Zuschauer (Zuhörer, Leser) erträglich? Wann und wie oft darf das Programm von Werbung unterbrochen werden?
- Ist Werbung Unterhaltung? Erwartet der Zuschauer, Zuhörer oder Leser von der Werbung, der er ausgesetzt ist, unterhalten zu werden?

Die richtige Dosierung von Werbung zu finden ist sehr wichtig. Sind die Konsumenten mit der Menge (und der Qualität) der Werbung nicht zufrieden, widmen sie der Werbung entweder nur geringe oder gar keine Aufmerksamkeit. Dann entsteht eine paradoxe Situation: Die Verfügbarkeit der Medien nimmt zwar zu, aber es wird immer schwieriger, eine bestimmte Zielgruppe zu erreichen. In Mexiko City beispielsweise gibt es 57 Radiosender. Die meisten dieser Sender bringen pro Stunde 24 Minuten Werbung (11 Werbeblocks) plus zwei Minuten Nachrichten pro Werbeblock. Es ist dermaßen unangenehm, diesem hektischen Programm zuzuhören, daß die meisten Hörer ständig den Sender wechseln. Viele Unternehmen kaufen deshalb ihre Werbezeiten auf zahlreichen Stationen gleichzeitig ein (Engels-Levine, 1982).

Wo keine oder nur wenige Vorschriften über (Fernseh-)Werbung bestehen, werden die Programme von der Werbung regelrecht überschwemmt. Die meisten Europäer, die das US-amerikanische, kanadische, mexikanische oder brasilianische Fernsehen verfolgen, empfinden die häufigen Werbeeinblendungen als äußerst störend.

Deshalb schränken zahlreiche Länder die Fernsehwerbung ein. In Schweden gibt es auf den nationalen Sendern überhaupt keine Werbung. In Frankreich darf die Werbung auf allen Sendern ca. 30 Minuten pro Tag nicht übersteigen. In Deutschland unterliegen die öffentlich-rechtlichen Sender bekanntlich schärferen Restriktionen als die privaten. Laut Rundfunkstaatsvertrag gilt für ARD und ZDF nach 20 Uhr sowie an Sonn- und Feiertagen ein Werbeverbot. Die Werbedauer ist für diese Sender im Gesamtjahresdurchschnitt auf 20 Minuten pro Werktag begrenzt. Die privaten Anbieter dagegen dürfen jeden Tag Werbung ausstrahlen. Sie unterliegen nur einer wesentlichen Auflage: Die Gesamtdauer der Werbung darf 20 Prozent der Gesamtprogrammdauer nicht überschreiten.

Werbung im Fernsehen finden genau 50 Prozent der Deutschen unterhaltsam (Befragung von 1989, zitiert in: Werbung in Deutschland 1991, 1992). Ob dies aus der Sicht der Werbenden als ein guter oder ein schlechter Wert angesehen werden sollte, ist schwierig zu beantworten. Einerseits ist bekannt, daß gut gemachte Werbung das Interesse und die Aufmerksamkeit der Zielgruppe anzieht. Andererseits besteht aber auch die Gefahr, daß sich der Zuschauer zwar eventuell gut unterhalten fühlt, darüber aber den Namen des beworbenen Produktes „übersieht".

Inwieweit Werbung dazu dienen sollte, den Zuschauer zu unterhalten, können wir hier nicht endgültig für alle Länder beantworten. Fest steht nur, daß es von der Antwort auf diese Frage abhängt, welche Rolle der Werbung – und Sonderformen der Werbung, wie Product Placement oder Sponsoring – in einem Programm zugewiesen wird. In den USA herrscht diesbezüglich unzweifelhaft eine andere Meinung als in Europa.

Bevor wir im nächsten Abschnitt die Entstehung globaler Medien untersuchen, sollten wir noch auf einen weiteren Unterschied in der internationalen Medienlandschaft hinweisen. Neben der Verfügbarkeit weist auch der Stellenwert – und damit verbunden die Glaubwürdigkeit – unterschiedlicher Medien sehr große kulturelle Abweichungen auf. In Kapitel 13.6 gehen wir am Beispiel schriftlicher Verträge auf die Rolle des Schriftli-

Land	Fernseher je 1000 Einwohner	Radios je 1000 Einwohner	Kinobesuche je Einwohner und Jahr	Auflage von Tageszeitungen je 1000 Einw.
Deutschland	354	392	2,3	408
Italien	314	453	3,8	82
Großbritannien	457	986	1,5	421
Frankreich	334	742	3,5	191
Niederlande	395	686	2,0	322
Schweden	434	434	2,7	524
USA	575	2023	4,6	269
Brasilien	164	356	- -	44
Japan	560	696	1,3	575

Quelle: Springer Verlag 1985, zitiert in Tietz, 1989, S. 180–181

Abbildung 34: Zugang zu wichtigen Medien auf internationaler Ebene

chen in der afrikanischen Gesellschaft ein. Aber auch der Blick in nähergelegene Länder offenbart Unterschiede: während in Großbritannien im Durchschnitt jeder Einwohner täglich eine Zeitung liest, ist es in Portugal nur jeder dritte und in Spanien nur jeder elfte (Scheffold, 1987). Wie ungleich die Möglichkeiten auf internationaler Ebene sind, die Bevölkerung mittels verschiedener Medien anzusprechen, verdeutlicht Abbildung 34, Seite 219.

Das Entstehen globaler und regionaler Medien

Trotz aller Verschiedenheiten, die die internationale Medienlandschaft prägen, darf man auch konvergente Trends nicht übersehen. Zeitungen wie der „International Herald Tribune" oder das „Wall Street Journal" decken genauso wie die Zeitschrift „National Geographic" praktisch die gesamte Welt ab. „Time Magazine" gibt 133 verschiedene Ausgaben heraus, die es Werbenden ermöglichen, weltweit genau definierte Zielgruppen zu erreichen. Genauso wie man in Deutschland deutsche Ausgaben ausländischer Zeitschriften findet (Elle, Vogue, Harvard Manager usw.), werden deutsche Zeitschriften im Ausland gelesen (Burda, Spiegel, Geo usw.). Zu den Werbemedien mit der größten internationalen Ausdehnung gehört das „Reader's Digest". Die erste Ausgabe der Zeitschrift erschien 1922 in den USA. Heute ist das Reader's Digest mit einer Gesamtauflage von 28,7 Millionen Stück (davon 18 Millionen in den USA) die meistgelesene Zeitschrift der Welt. Es gibt weltweit 39 verschiedene Ausgaben – darunter eine für Schulkinder, eine mit größeren Buchstaben für Sehbehinderte und eine in Blindenschrift – die in 15 Sprachen 169 Länder bedienen.

Der Kreis der Werbekunden globaler Medien ist allerdings beschränkt. Bei den sogenannten „global advertisers" handelt es sich hauptsächlich um Fluggesellschaften, Banken, Automobilunternehmen, Tabakunternehmen, Telekommunikations- und Elektronikfirmen sowie Hersteller von Alkoholprodukten und Luxusgütern, die eine globale Zielgruppe erreichen wollen: das Segment der wohlhabenden, international mobilen Konsumenten. Die Lufthansa trägt diesem Ziel in ihren Richtlinien für die Mediawerbung Rechnung (zitiert aus Kreutzer, 1989, S. 316):

„Da unsere Kunden sich von Land zu Land und von Kontinent zu Kontinent bewegen, sollte es selbstverständlich sein, daß sie uns überall in unserer Werbung auch sofort als Lufthansa identifizieren können. Je kontinuierlicher wir uns in unserem werblichen Auftreten verhalten, je weniger wir den Stil unserer Werbung variieren oder gar wechseln, umso größer ist die kumulierte Wirkung aller unserer werblichen Anstrengungen ..."

Zusätzlich vorangetrieben wird die Globalisierung der Werbung durch neue Technologien in der Telekommunikation. Den Unternehmen erwachsen immer umfangreichere Möglichkeiten, sich grenzüberschreitend zu artikulieren. Konflikte mit nationalen Besonderheiten sind dabei vorprogrammiert.

12.2 Neue Technologien überwinden kulturelle Widerstände

● Der Einfluß des Satellitenfernsehens

Satelliten, die bereits heute die ganze Welt umspannen, verändern die Medienlandschaft. Das Angebot an Medien mit länderübergreifender und globaler Reichweite wird in den nächsten Jahren aufgrund der zunehmenden Verfügbarkeit von Satelliten stark zunehmen. In den USA waren bereits 1990 nicht weniger als 30 Satelliten im Dienst, die eine beeindruckende Anzahl an Fernsehstationen versorgen.

Fernsehsatelliten können verschieden genutzt werden:

– zur Versorgung von Fernsehstationen, die die Bilder auf traditionelle Weise direkt an die privaten Haushalte weitersenden (vor allem zur Live-Ausstrahlung von Sport- und Nachrichtensendungen, z. B. bei ARD und ZDF),
– zur Einspeisung von Bildern in ein Kabelnetz (z. B. RTLplus, SAT1) und
– zur Übermittlung von Bildern direkt an private Haushalte via Satellitenempfangsgeräte („dishes").

Das Fernsehen ist der wichtigste, aber nicht der einzige Nutznießer der Satellitentechnik. Auch die Redaktion internationaler Zeitungen wird erleichtert. Der gemeinsame Kernteil einer Zeitung wird von einer Zentrale aus via Satellit an ein weltumspannendes Netz regionaler Redaktionen gesendet. Vor Ort werden dann noch zusätzliche Artikel mit regionaler oder lokaler Bedeutung ergänzt.

● Die Überlappung der Medien in Europa

Obwohl das Satellitenfernsehen in Europa noch längst nicht die amerikanischen Dimensionen erreicht hat, sind Veränderungen des Mediums Fernsehen in den letzten Jahren unübersehbar. Viele neue Fernsehstationen wurden bereits geboren, und weitere werden in den nächsten Jahren dazukommen.

Dabei entstehen große Zonen, in denen eine Vielzahl verschiedener Fernsehsender empfangen werden können („media-overlapping"). Die Konsequenzen der „Überlappung" von Sendern, die aus verschiedenen Ländern und möglicherweise in verschiedenen Sprachen ausstrahlen, sind, was die Werbung betrifft, zweischneidig. Wenn die Werbespots, die den Verbraucher für identische Produkte über verschiedene Quellen erreichen, aufeinander abgestimmt sind, kann die Wirkung der Kommunikation eventuell erhöht werden. Wird auf eine Anpassung dagegen verzichtet, ist eine Verunsicherung des Verbrauchers die Folge. Will man potentielle Kunden nicht verwirren, ist es notwendig, die Werbung zu harmonisieren, sobald es zu Überlappungen kommt. Tatsächlich würde sich der Verbraucher zumindest sehr wundern, wenn bei jedem Umschalten des Fernsehprogramms der Markenname, die Verpackung sowie die hervorstechendsten Eigenschaften ein und desselben Produktes wechselten.

Es stellt sich die Frage, ob die Überlappung europäischer Fernsehsender nicht notwendigerweise zu einer Standardisierung von Markennamenpolitik und Werbeinhalten führt. Kapferer (1991) stellt das Problem sehr gut am Beispiel von Unilever dar. Dem Unternehmen ist es nicht möglich auf europäischer Ebene für einen Haushaltsreiniger zu werben, da das Produkt in Deutschland „Viss", in der Schweiz „Vif", in Großbritannien und Griechenland „Jif" und in Frankreich „Cif" heißt.

Die Standardisierung der Marketing-Programme wird innerhalb Europas ohne Zweifel voranschreiten. Da aber nicht alle Verbraucher ausländische Fernsehprogramme verfolgen und nicht alle Produkte europaweit vermarktet werden können, ist es wahrscheinlich, daß zwei Arten von Marketing-Strategien co-existieren werden:

– standardisierte Marketing-Programme für Produkte, die in ganz Europa – oder zumindest innerhalb zweier großer Affinitätszonen (Süd- und Nordeuropa) – angeboten werden. Vorreiter dieser Entwicklung sind Dienstleistungsunternehmen, wie Banken, Versicherungen und Fluggesellschaften,
– angepaßte Marketing-Programme für Produkte, die für nationale oder lokale Märkte bestimmt sind.

● Hindernisse für das Satellitenfernsehen in Europa

Bevor das Satellitendirektfernsehen in Europa den endgültigen Durchbruch schafft, müssen einige Hindernisse aus dem Weg geräumt werden.

Die neu geschaffenen Fernsehsender sind bis auf wenige Ausnahmen (z. B. 3Sat, EINSPLUS) privat und müssen sich entweder über Werbeeinnahmen oder über Abonnements (z. B. „Premiere") finanzieren. Beide Finanzierungsmöglichkeiten setzen eine bestimmte Zuschauerzahl voraus, da die Höhe der Werbeeinnahmen eines Fernsehsenders mit jedem Prozentpunkt an Zuschaueraufkommen steigt. Den Europäern aber fehlt es an Fernsehsendungen, die geeignet sind, Zuschauer anzuziehen. Schätzungen gehen von einem zusätzlichen Bedarf von 50 000 Programmstunden pro Jahr in Europa aus. Da die Produktion neuer Sendungen teuer ist, besteht eine Lösung darin, ausländische (amerikanische) Sendungen einzukaufen. Für die Ausstrahlung eines amerikanischen Fernsehfilmes müssen ca. 70 000 US-Dollar bezahlt werden. Die Produktion eines entsprechenden europäischen Filmes kostet annähernd eine Million US-Dollar (o. V., 1989).

Der Import ausländischer Filme verträgt sich allerdings nicht mit dem Wunsch vieler europäischer Länder, die kulturellen Werte Europas zu schützen. 1989 erließ die Europäische Kommission eine Richtlinie, die besagt, daß mindestens die Hälfte der ausgestrahlten Sendungen europäische Produktionen sein müssen.

Ein zusätzlicher Hemmschuh für europäisches Satellitendirektfernsehen ist die noch ausstehende Festlegung eines einheitlichen technischen Telekommunikations-Standards.

Solange gesamteuropäische Lösungen nicht verwirklichbar sind, treiben einige Länder nationale Lösungen voran. Die inzwischen bereits sehr dichten Kabelnetze, die beispielsweise in Irland, Belgien und Deutschland bestehen, stehen in direkter Konkurrenz zu einem europäischen Satelliten-Direkt-Fernsehen.

12.3 Neue Technologien zur Ansprache neuer Marktsegmente

In der Vergangenheit war die Ausdehnung einzelner Marktsegmente in Europa hauptsächlich durch den Verlauf der Staatsgrenzen vorgegeben. Jedes Land wurde, von wenigen Ausnahmen abgesehen, als ein mehr oder weniger isoliertes Segment betrachtet. Neue technologische, wirtschaftliche und rechtliche Rahmenbedingungen ermöglichen in der Zukunft eine feinere Zerlegung der Märkte. Die Berücksichtigung kultureller Merkmale wird zusammen mit geographischen Gegebenheiten zu einer spezifischeren Marktsegmentierung führen. Einige der sich neu abzeichnenden Segmente führen wir hier beispielhaft auf:

– *Pan-europäische Marktsegmente:* Quer durch die europäischen Staaten kann man homogene Gruppen von Verbrauchern bilden. Altersklassen bilden beispielsweise eine Grundlage pan-europäischer Segmente. Radiosender, wie MTV und Sky Channel, zielen auf die jungen Europäer. Tom Freston, der Vorstand von MTV, betont: „Music crosses borders very easily, and the lingua franca for rock'n'roll is English ... Rock is an Anglo-American form; German rock bands sing in English ... We want to be the global rock village, where we can talk to youth worldwide" (zitiert in Sarathy, 1991, S. 131).

Veränderungen werden sich durch pan-europäische Marktsegmente besonders für kulturelle und sprachliche Minderheiten ergeben. Was sich auf nationaler Ebene nicht lohnt, wird auf europäischer Ebene möglich: die Schaffung spezieller Medien zur gezielten Ansprache dieser Minderheiten. Als Muster kann die Entwicklung der spanisch-sprechenden Fernsehsender in den USA dienen. Die beiden führenden Sender (Univision-SIN und Telemundo) erreichen jeweils über drei Viertel der spanisch-sprechenden Haushalte in den USA. 1989 hatten die spanisch-sprechenden Medien in den USA ein Werbeeinkommen von 305 Millionen US-Dollar. Ähnliche Entwicklungen sind auch in Europa abzusehen. Kabelsender wie TRT, die in Deutschland auf Türkisch senden, sind der Anfang dieser Entwicklung.

– *Segmente innerhalb kultureller Affinitätszonen* (siehe Kapitel 7.2): Gruppen von Verbrauchern, die grenzüberschreitend – aber nicht unbedingt europaweit, so wie die pan-europäischen Segmente – gemeinsame Konsumgewohnheiten oder eine gemeinsame Sprache haben, bezeichnet man als kulturelle Affinitätsklassen. Diese Segmente werden aufgrund sozio-demographischer Kriterien (Alter, Geschlecht, Einkommen usw.) oder einheitlicher Verbrauchsmuster gebildet (z. B. 30- bis 40jährige Biertrinker in den südeuropäischen Ländern).

– *Nationale Marktsegmente:* Für einige Produkte werden Marktsegmente auch in Zukunft national abgegrenzt werden können. Unter anderem fallen viele Nahrungsmittel (z. B. Knödel, Maultaschen) in diese Kategorie.

– *Lokale und regionale Mikro-Segmente:* Lokale Radiosender schossen bereits im Verlauf der letzten zehn Jahre überall aus dem Boden. Beim Fernsehen zeichnet sich eine ähnliche Entwicklung ab. Parallel zur Bildung europäischer Sender werden auch Fernsehsender auf regionaler und lokaler Ebene entstehen. Hierdurch wird es leichter, kleine Bevölkerungsgruppen gezielt anzusprechen. Für viele Produkte mit lokalem Kundenkreis (Sportveranstaltungen, Privatunterricht usw.) stand dafür bisher nur ein begrenztes Marketing-Instrumentarium zur Verfügung: Direktwerbung, Tür-zu-Tür-Verkauf, lokale Print-Medien.

Größere Gebiete können zu Marketingzwecken in eine Vielzahl homogener Mikro-Segmente unterteilt werden, die nicht an Staatsgrenzen gebunden sind. Teile Badens und des Elsaß (Bayerns und Österreichs) könnten beispielsweise in einem Segment zusammengefaßt werden.

12.4 Die Globalisierung des Werbeberufs

● Die Globalisierung der Agenturen

Werbeagenturen agieren heutzutage weitgehend international. Saatchi und Saatchi, eine der größten Werbeagenturen der Welt, ist gleichzeitig einer der stärksten Verfechter globaler Werbung. Die wichtigsten amerikanischen Werbeagenturen (Young & Rubicam, McCann-Erickson, FCB, Ogilvy & Mather, BBDO, J. Walter Thomson, Lintas, Grey etc.) haben sich in den letzten 20 bis 30 Jahren ein weltweites Netz an Niederlassungen geschaffen. Auch die japanischen Agenturen findet man in einer wachsenden Zahl von Ländern. Die japanischen Agenturen haben den Vorteil eines sehr großen nationalen Marktes. Die erste Etappe ihrer Internationalisierung betrifft sehr häufig Südostasien und Australien. Die größte Werbeagentur der Welt, Dentsu Inc., kommt aus Japan. Und unter den 50 größten Werbeagenturen der Welt findet man noch elf weitere japanische (Hakuhodo, Dai-Ichi kikaku, Daiko, Tokyu, Asatsu, Yomiko, Asahi, Chuo Senko, Nihon Keizaisha, Orikomi, Nan Nen Sha).

Werbeagenturen, die globale Kunden betreuen, sind gezwungen, den Trend zur Internationalisierung mitzumachen, wollen sie ihre Kunden nicht verlieren. Gleichzeitig dürfen sie darüber aber nicht ihre lokalen Kompetenzen vernachlässigen. Erfolgreiche große Agenturen müssen die Fähigkeit besitzen, gleichzeitig globale und nationale Kampagnen durchzuführen.

Reichen die finanziellen Mittel zum Aufbau eigener Auslandsniederlassungen nicht aus, bieten sich die Akquisition ausländischer Agenturen oder die Schaffung internationaler Netzwerke durch Partnerschaften mit anderen Agenturen an.

- Das Verhältnis zwischen Agentur und Kunde

Jedem multinationalen Unternehmen bereitet es einige Mühe, die Kommunikation zwischen allen Teilen seiner Organisation effizient zu gestalten. Sind im Verhältnis zwischen Werbeagentur und Kunde die Organisationsformen beider Akteure international ausgerichtet, ergibt sich mitunter eine sehr komplizierte Form der Zusammenarbeit. Alle Entscheidungsebenen beider Organisationen (Zentrale, regionale und nationale Niederlassungen) stehen miteinander in Kontakt.

Es bestehen verschiedene Möglichkeiten, internationale Werbekampagnen (für eine Marke, eine Produktsparte oder das Corporate Image) zu organisieren (Berekoven, 1985a):

- *zentralisierte, international einheitliche Kampagnen:* Eine einzige Werbeagentur wird mit der Entwicklung, Koordination und Überwachung der Kampagne beauftragt. Die Leitagentur beauftragt in den Ländern, in denen sie nicht selbst vertreten ist, Partnerunternehmen mit Streuaufgaben und Übersetzungen.
- *dezentralisierte, international differenzierte Kampagnen:* Der Großteil der Werbeaufgaben wird lokal von Agenturen wahrgenommen, die auf ihrem jeweiligen Markt mit den Möglichkeiten und Grenzen der Werbung am besten vertraut sind. Es findet höchstens eine zentrale Koordination statt.
- *internationale Dachkampagnen (prototype campaign):* Der Rahmen der Werbung wird zentral konzipiert. Die Umsetzung des vorgegebenen Themas erfolgt dann lokal unter Berücksichtigung des jeweiligen Marketing-Umfeldes.

- Globale Werbekampagnen

Dean M. Peebles (1989), über lange Jahre hinweg zuständig für die internationale Kommunikation bei Goodyear, empfiehlt folgende Vorgehensweise bei der Durchführung einer globalen Werbekampagne:

- Wahl einer großen Werbeagentur mit weltweiten Niederlassungen.
  Bestimmung eines Account Managers innerhalb der Agentur, der an die Zentrale des Kunden berichtet.
- Einberufung multinationaler Planungsbesprechungen zwischen den Kunden und der Agentur.
  Aufstellung eines multinationalen Kreativ-Teams.
- Überwachung der Konsumentenforschung und der Pre-tests der Werbung durch den zuständigen Brand Manager der Zentrale des Kunden.
- Der so entstehende Entwurf der Kampagne sollte weitgehend ausgereift und dennoch flexibel genug sein, um in die verschiedenen Kulturen und Life-Styles der Zielgruppen umgesetzt – nicht übersetzt – werden zu können.

Abbildung 35, Seite 226, stellt den Ablauf von Planung und Koordination weltweiter Werbung bei Goodyear vereinfacht dar. Der Flow-Chart gibt einen Überblick über die zu erledigenden Aufgaben und den damit verbundenen (engen) Zeitplan.

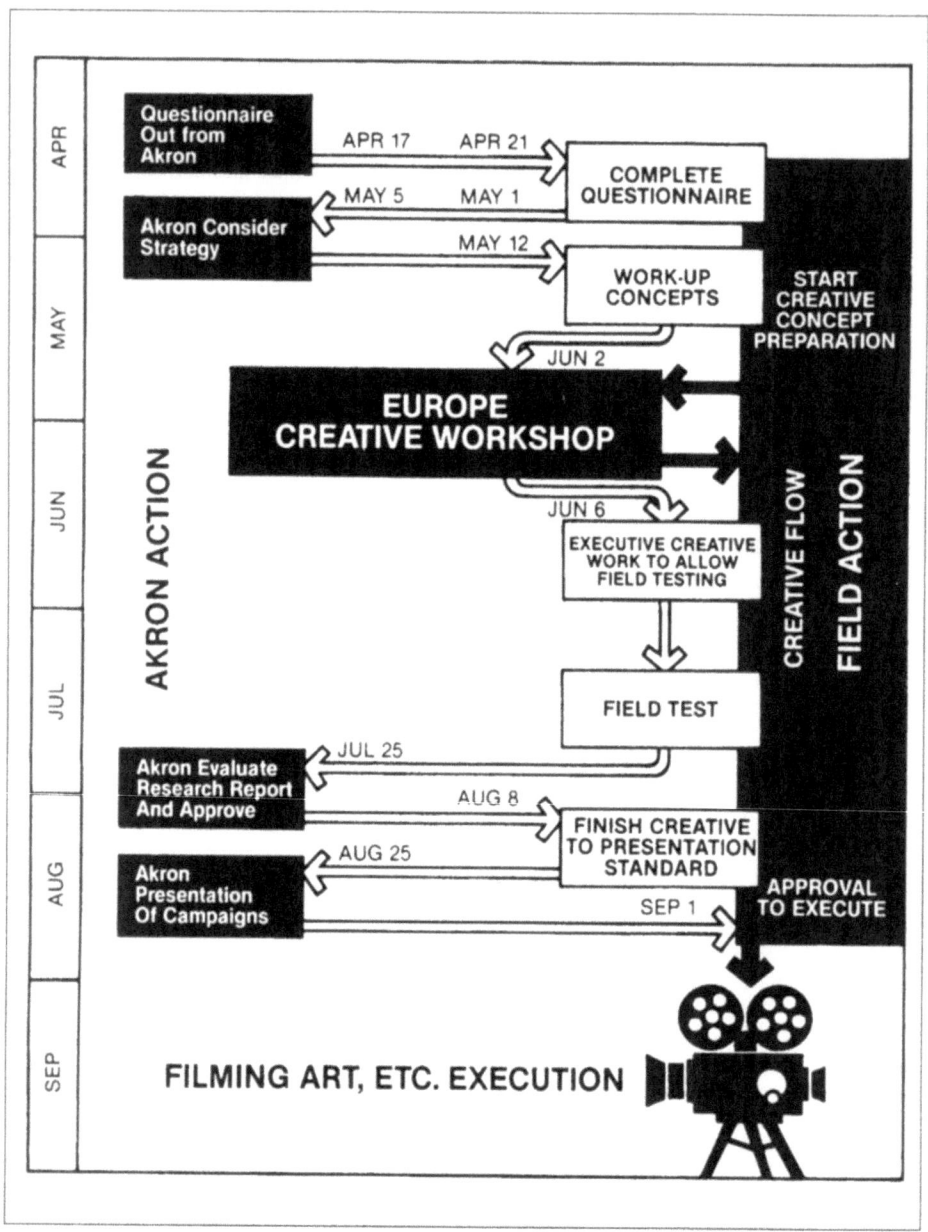

Quelle: Peebles und Ryans, 1984, S. 83

Abbildung 35: Zeitplan multinationaler Werbekampagnen bei Goodyear

Die praktische Durchführung globaler Kampagnen ist keine einfache Aufgabe. Die Kommunikation zwischen der Zentrale und den Niederlassungen sollte nicht so ablaufen, daß Entscheidungen nur auf höchster Ebene getroffen und dann nach unten durchgereicht und schmackhaft gemacht werden. Interaktive, nach oben und unten durchlässige Organisationen sind Voraussetzung für eine erfolgreiche Durchführung globaler Kampagnen.

Der Kreativ-Direktor von McCann-Erickson, Marcio Moreira (zitiert in: Hill und Winski, 1987), verweist darauf, daß globale Kampagnen nicht unbedingt dazu angetan sind, Geld zu sparen. Die Anforderungen an Kreativität und Koordination globaler Kampagnen sind so hoch, daß man dafür im Endeffekt oft mehr Geld ausgibt als für mehrere unabhängige lokale Kampagnen zusammen.

Interpretiert man die Ergebnisse zweier deutscher Untersuchungen (Althans, 1982; Meffert et al., 1986), so scheint eine Standardisierung der Werbepolitik aufgrund von Kostenvorteilen und Media-Overlapping höchstens beim Aufbau eines einheitlichen internationalen Images angeraten zu sein. Je mehr dagegen die Kommunikation den Schwerpunkt auf die Eigenschaften der Produkte legt, desto stärker sprechen unterschiedliche Konsumgewohnheiten gegen eine Standardisierung.

In jedem Fall müssen lokale und globale Kampagnen, wenn sie parallel laufen, aufeinander abgestimmt sein. Dies kann z. B. geschehen, indem die wichtigsten Bestandteile einer globalen Corporate-Image-Kampagne (z. B. Sicherheit, Qualität, soziale Verantwortung, High-Tech usw.) auch in der Produkt- und Markenwerbung auf nationaler Ebene zum Ausdruck kommen.

Auch in der Kommunikationspolitik gilt: Es kann und sollte nicht alles globalisiert werden. Lokale Besonderheiten sind die potentiellen Keimzellen der Globalisierung von morgen.

Teil IV

Interkulturelle Marketing-Verhandlungen

13. Marketing-Verhandlungen: das Entstehen von Glaubwürdigkeit und Vertrauen[21]

Wer internationales Marketing betreibt, muß verhandeln können. Exportverträge, Lizenzabkommen, Joint Ventures, die Gründung ausländischer Tochtergesellschaften – alle Formen der internationalen Zusammenarbeit setzen Gespräche mit ausländischen Partnern voraus. Aus diesem Grunde haben wird den vierten Teil dieses Buches dem Thema Verhandlungen gewidmet. Unser Hauptanliegen in diesem und dem folgenden Kapitel besteht dabei darin, den interkulturellen Aspekt von Verhandlungen herauszustellen[22].

Innerhalb der eigenen Kultur weiß man im allgemeinen abzuschätzen, wer ein zuverlässiger Lieferant, ein kreditwürdiger Kunde oder ein vertrauenswürdiger Partner ist. Auf internationaler Ebene dagegen müssen bei Verhandlungen sehr viel größere physische, wirtschaftliche und kulturelle Distanzen überbrückt werden. Oft vergehen einige Jahre, bis sich Partner unterschiedlicher Kultur und Sprache so weit aneinander angenähert haben, daß ein gemeinsamer Abschluß greifbar ist.

Wenn es stimmt (und es ist wahrscheinlich noch untertrieben), daß Verhandlungen zwischen Amerikanern und Japanern sechsmal länger dauern und dreimal schwieriger sind als Verhandlungen allein unter Amerikanern (van Zandt, 1970), dann ergibt sich daraus ein wichtiger Schluß für alle international tätigen Unternehmen. Man kann es sich nicht erlauben, ständig den Partner zu wechseln. Die Kapazitäten und Mittel eines Unternehmens für Verhandlungen sind begrenzt. Ziel muß es sein, dauerhafte Verbindungen mit Kunden, Lieferanten und Partnern aufzubauen. Die goldene Regel internationaler Marketing-Verhandlungen lautet: „Binde Dich wenig, aber effektiv – wenige Partner, wenige Verhandlungen aber hohe Einsätze."

Im ersten Abschnitt des Kapitels schildern wir den Prozeß, der zur Entwicklung dauerhafter Austauschbeziehungen führt. Wie sich die Kultur auf den Verlauf von Verhandlungen auswirkt, und welche Vorgänge davon besonders betroffen sind, steht im Mittelpunkt des zweiten Abschnitts.

Vertrauen hält Beziehungen zusammen. Vertrauen entsteht aber nur, wenn der Verhandlungspartner glaubwürdig erscheint. Im dritten Abschnitt gehen wir näher auf die Zeichen von Glaubwürdigkeit ein und beleuchten insbesondere die kulturell unterschiedliche Entschlüsselung dieser Zeichen.

---

21 Dieses Kapitel lehnt sich in Ausschnitten an einen Artikel von Jean-Claude Usunier in der Revue Française de Marketing an: „Négociation Commerciale des Projets: Une Approche Interculturelle" (1990, Nr. 127–128, S. 167–184).

22 Den Leser, der sich darüber hinaus allgemeiner und umfassender mit Verhandlungsstrategien und -taktiken vertraut machen will, verweisen wir unter anderem auf: Cohen (1980), „You Can Negotiate Anything", New York: Bantam Books; Lewicki und Litterer (1985), „Negotiation: Readings, Exercises ånd Cases", Homewood, IL: Irvin; Fisher, R. und Ury, W. (1991), „Das Harvard-Konzept: sachgerecht verhandeln – erfolgreich verhandeln", 10. Aufl., Frankfurt: Campus; Mastenbroek, W.F.G. (1992), Verhandeln: Strategie, Taktik, Technik, Wiesbaden: Gabler.

Der vierte Abschnitt beschäftigt sich mit der Frage, ob man in den verschiedenen „Ecken" der Welt unterschiedlich verhandelt. Bevor wir allerdings Überlegungen anstellen, wo man mit welchem Verhandlungsstil möglicherweise die besten Resultate erzielt, ist es vorab notwendig, verschiedene Verhandlungsstile kurz zu skizzieren.

Was geschieht, wenn Partner mit unterschiedlicher Verhandlungslogik aufeinanderprallen, beschreiben wir im fünften Abschnitt.

Entgegen einer weitverbreiteten westlichen Annahme enden Verhandlungen nicht überall mit der Vertragsunterschrift. Im Gegenteil, manchmal fangen sie dann erst richtig an. Der letzte Abschnitt des Kapitels zeigt, welche Bedeutung schriftliche und mündliche Vereinbarungen bei Verhandlungen übernehmen können.

13.1 Die Entwicklung dauerhafter Austauschbeziehungen

Marketing wurde traditionell als eine Folge isolierter unpersönlicher Einzelgeschäfte angesehen. Diese Sichtweise herrscht bei Konsumgütern bis auf wenige Ausnahmen weiterhin vor. Wenigen Verkäufern stehen in meist oligopolistischen Märkten viele Käufer gegenüber. Die Verpflichtungen jeder Seite sind standardisiert und in Verträge eingebettet, die dem Käufer keine Möglichkeit geben, über den Preis eines Gutes zu verhandeln. Bei Investitionsgütern dagegen fanden im Verlauf der letzten Jahrzehnte große Veränderungen statt. Käufer und Verkäufer binden sich zunehmend langfristig aneinander. Einzelne Transaktionen, die im Wert zunehmen, werden als Teil anhaltender Austausch-Beziehungen – „on-going exchange relationship" (Bagozzi, 1975; Kirsch et al., 1980) geplant. Bei Konsumgütern findet „relational marketing" lediglich im Verhältnis zwischen Herstellern und Händlern oder in Distributionssystemen Anwendung, die, so wie z. B. das japanische Keiretsu System, Wert auf persönliche Beziehungen legen.

Langfristige Beziehungen zwischen Käufer und Verkäufer entwickeln sich nicht ohne Verhandlungen. Treffen dabei Akteure verschiedener Sprache und Kultur aufeinander, sind die Schwierigkeiten besonders groß, dem Partner glaubwürdig zu erscheinen und Vertrauen einzuflößen. Glaubwürdigkeit aber ist Vorbedingung für den Aufbau einer Beziehung. Glaubwürdigkeit führt zu Vertrauen, und gegenseitiges Vertrauen hält Beziehungen auch während kurzzeitiger Interessenkonflikte oder Mißverständnissen zusammen.

Nicht vergessen werden darf allerdings, daß „langfristig" oder „dauerhaft" relative Begriffe sind und lediglich durch die Bedeutung der Zeit (und der Zukunft) für eine Kultur definiert werden (siehe Kapitel 14.1).

● Die Entwicklungsphasen des „relational exchange"

Die Entwicklung langfristiger Austauschbeziehungen kann in fünf Phasen aufgeteilt werden (Scanzoni, 1979):

1. *Bewußtsein* (awareness)
2. *Probe* (exploration)
3. *Ausbau* (expansion)
4. *Verpflichtung/Bindung* (commitment)
5. *Auflösung* (dissolution)

Zunächst muß das Bewußtsein entstehen, daß ein potentieller Partner für eine Austauschbeziehung vorhanden ist. Physische, sprachliche und kulturelle Nähe erleichtern das Entstehen dieses Bewußtseins: mit seinem Nachbarn kommt man eher ins Geschäft als mit einem Fremden.

Die Explorations- oder Probephase, markiert den Beginn einer noch sehr zerbrechlichen Beziehung. Potentielle Nutzen und Kosten der Beziehung werden abgewogen und getestet. Dies kann z. B. durch einen Probekauf, das Entleihen einer Maschine, die Anfertigung eines Prototypen usw. geschehen. Die Probephase wird ihrerseits durch fünf Sub-Prozesse gekennzeichnet, die kulturell sehr unterschiedlich sein können (Anziehung, Kommunikation und Feilschen, Macht und Gerechtigkeit, Aufstellung von Normen, Entstehung von Erwartungen). Die Einstellung zum Feilschen beispielsweise schwankt von Land zu Land (siehe Kapitel 10.1). Über Normen wird leichter Einigung erzielt, wenn alle Partner derselben Kultur angehören. Umgekehrt muß man mit Erwartungen gegenüber Partnern fremder Herkunft vorsichtig sein.

Während der Ausbau-Phase wächst der Nutzen der Beziehung für die Partner. Gleichzeitig nimmt die gegenseitige Abhängigkeit zu. Die Sub-Prozesse der vorhergehenden Phase dauern an. Je positiver jede Seite die Leistungen der Partner beurteilt, desto größer ist der Wille, die Beziehung zu erhalten und auszubauen.

Die Phase der Verpflichtung setzt ein, wenn die Partner durch implizite oder explizite Zeichen (mündlich oder schriftlich) ihre Bereitschaft zur Aufrechterhaltung der Beziehung bekunden. Bei diesen Zeichen kann es sich beispielsweise um den Austausch vertraulicher Informationen oder die Zuteilung bedeutender finanzieller Mittel für ein gemeinsames Projekt handeln. Die Wertigkeit sowie die Form der Zeichen wird dabei kulturell unterschiedlich interpretiert. Mündliche Abmachungen beispielsweise haben in vielen Ländern nur sehr eingeschränkte Bedeutung (siehe Kapitel 13.6).

Wenn die „Heirat" (Levitt, 1983) zwischen Käufer und Verkäufer möglich ist, kann es natürlich ebenso jederzeit zur „Scheidung" kommen. Die Beziehung wird gelöst, sobald die Partner der Meinung sind, daß die Kosten den Nutzen überwiegen. Allerdings sind sowohl die Kosten einer bestehenden als auch der Nutzen einer möglichen neuen Beziehung schwer einzuschätzen.

13.2 Der Einfluß der Kultur auf wichtige Aspekte von Verhandlungen

- Der Einfluß der Kultur auf Verhandlungen im allgemeinen

Der Einfluß der Kultur auf Verhandlungen ist indirekter Natur. Kultur wirkt sich über zwei Gruppen intervenierender Variablen auf Verhandlungen aus – nämlich über:

- die Verhandlungssituation (z. B. Zeit und Zeitdruck, Machtausübung, Größe des Verhandlungsteams, Örtlichkeit)
- die persönlichen Eigenschaften der Verhandlungsteilnehmer.

Die Verhandlungssituation und die Eigenschaften der Verhandlungsteilnehmer wiederum beeinflussen den Verlauf von Verhandlungen (siehe Abbildung 36). Hierdurch wird im letzten Schritt schließlich das Ergebnis der Verhandlungen berührt.

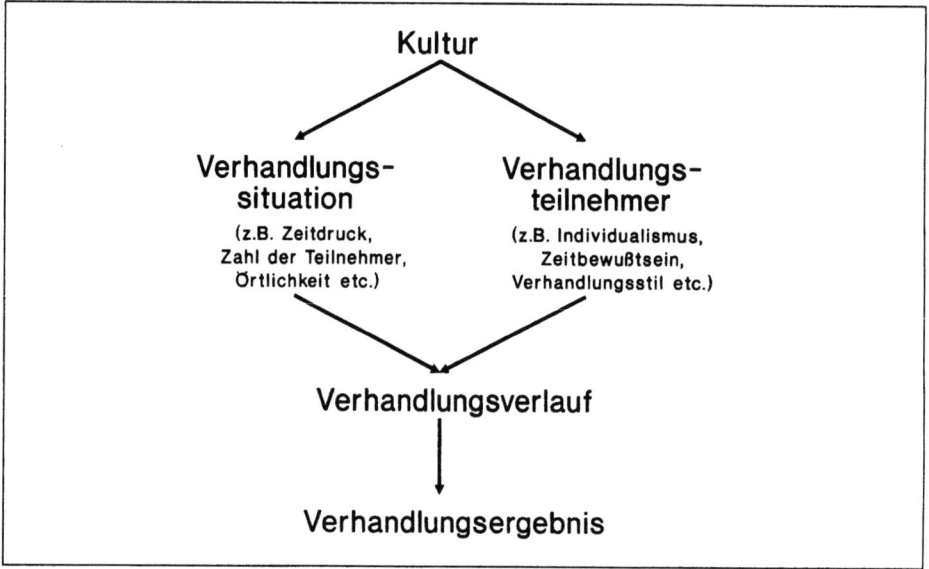

Abbildung 36: Der indirekte Einfluß der Kultur auf das Verhandlungsergebnis

Ein Großteil des Wissens über den Einfluß der Kultur auf internationale Geschäftsverhandlungen stammt aus Laborexperimenten, bei denen das Verhandlungsverhalten von Teilnehmern bestimmter Nationalitäten beobachtet wurde. Einige Ergebnisse dieser Experimente besitzen nur eingeschränkte Geltung. Dies liegt zuerst einmal an der nur unvollständigen Nachahmung der Realität innerhalb einer Laborsituation. Außerdem wurde festgestellt, daß sich die Teilnehmer unterschiedlich verhalten, je nachdem ob sie mit Landsleuten oder mit Personen anderer Nationalität Verhandlungen führen. Mit anderen Worten: Wenn Italiener untereinander verhandeln, verhalten sie sich anders und wählen andere Strategien, als wenn sie z. B. mit Amerikanern Verhandlungen führen.

Außerdem wurde Kultur in den angesprochenen Experimenten weitgehend gleichgesetzt mit der Nationalität der Verhandlungsteilnehmer. Aber auch innerhalb eines bestimmten Landes gibt es kulturelle Unterschiede. Ein Norddeutscher verhandelt anders als ein Süddeutscher, ein Norditaliener anders als ein Süditaliener. Einen stereotypen deutschen, italienischen, japanischen Verhandlungsstil gibt es – trotz gewisser nationaler Gemeinsamkeiten (siehe Kapitel 14) – nicht.

- Die Schaffung von Vertrauen in internationalen Geschäftsverhandlungen – ein interkultureller Ansatz

Vertrauen zwischen den Verhandlungspartnern ist die allererste Voraussetzung für erfolgreiche Verhandlungen. Vertrauen hilft, Konflikte und Mißverständnisse, die während einer Verhandlung unvermeidlich sind, zu überbrücken. In einer empirischen Untersuchung zeigten Diller und Kusterer (1988), daß die Qualität von Geschäftsverhandlungen um so besser wird, je vertrauenswürdiger der Geschäftspartner erscheint.

Kultur und Vertrauen stehen in einem schwierigen Verhältnis. Je größer die kulturellen Unterschiede zwischen den Verhandlungspartnern – und folglich die potentiellen Mißverständnisse – desto wichtiger ist das Vertrauen. Gleichzeitig aber erschweren kulturelle Unterschiede die Bildung von Vertrauen erheblich.

Vertrauen ist die wichtigste intervenierende Variable überhaupt in dem Kausalzusammenhang zwischen Kultur und dem Verlauf bzw. dem Ergebnis von Verhandlungen.

In den folgenden Teilen des Kapitels gehen wir auf eine ganze Reihe von Faktoren ein, die in internationalen Verhandlungen die Bildung von Vertrauen beeinflussen:

- die wahrgenommene Glaubwürdigkeit des Verhandlungspartners
- der Verhandlungsstil des Partners (integrativ/kooperativ oder distributiv/kompetitiv)
- die Rationalität des Partners (wie werden Probleme angegangen, Alternativen bewertet und Lösungen ausgewählt)
- die Vorstellungen über die Stützen von Vertrauen (Schriftstücke oder mündliche Abmachungen) und die Einigung in Streitfällen (gerichtliche oder gütliche Einigung)
- die Zeitvorstellungen der Verhandlungspartner (Einstellung gegenüber Terminen, Verzögerungen und Fristen)
- die ethischen Maßstäbe des Partners (z. B. Einstellung gegenüber Bestechung).

13.3 Wer ist ein glaubwürdiger Partner?

- Die kulturelle Ver- und Entschlüsselung von Glaubwürdigkeit

Von Triandis (1983) stammen drei Dimensionen eines Selbstkonzepts („self-concept"), das starken Einfluß auf die Ver- und Entschlüsselung von Glaubwürdigkeit nimmt:

- *Selbstgefühl (self-esteem):* Das Ausmaß, in dem sich eine Person als achtbar betrachtet (z. B. Demonstration von Selbstbewußtsein, das in den Augen des Gegenübers die Grenze von Arroganz erreicht);
- *wahrgenommene Macht (perceived potency):* Das Ausmaß, in dem sich eine Person als mächtig ansieht bzw. als fähig, beinahe jede Aufgabe zu bewältigen (z. B. Demonstration von Macht durch ein großes Büro, mehrere Sekretärinnen, Ehrerbietung);
- *wahrgenommene Aktivität (perceived activity):* Das Ausmaß, in dem sich eine Person als „Macher" betrachtet (z. B. Demonstration von Geschäftigkeit, überfüllter Terminkalender).

Solange Personen demselben Kulturkreis angehören, ergeben sich bei der Entschlüsselung des von Triandis eingeführten Selbstkonzepts wenig Probleme. Sobald jedoch Personen aufgrund unterschiedlicher kultureller Zugehörigkeit abweichende Schlüssel benutzen, um den Gegenüber einzuschätzen, ist die Übermittlung von Glaubwürdigkeit und Vertrauen in Frage gestellt. Wenn beispielsweise eine Person Glaubwürdigkeit mit einem zurückhaltenden Selbstkonzept verbindet (Bescheidenheit, wenig reden, aufmerksam zuhören) und der Gesprächspartner nur den als glaubwürdig anerkennt, der vor Selbstbewußtsein strotzt, arrogante Reden hält und nie zuhört, sind Mißverständnisse vorprogrammiert.

Einer der Hauptgründe für die Schwere der Kuba-Krise 1962 lag darin, daß Kruschtschow die Glaubwürdigkeit Kennedys falsch einschätzte. Beide Staatsmänner hatten sich in Wien getroffen. Während ihrer Unterredung bezeichnete der junge Kennedy den gescheiterten amerikanischen Angriff auf die Schweinebucht (bay of pigs) als Fehler, den er bedaure. Krustschow betrachtete dieses Eingeständnis Kennedys als Zeichen von Naivität und mangelnder Standhaftigkeit. Er schloß deshalb, daß die Installation sowjetischer Atomraketen auf Kuba durchsetzbar war. In Wirklichkeit brachte er die Welt an den Rande des Atomkrieges. Die späteren Ereignisse belegten Kennedys Verhandlungsgeschick und Standhaftigkeit.

Krustschows Fehleinschätzung kann durch kulturelle Unterschiede bei der Entschlüsselung von Glaubwürdigkeit erklärt werden. Während es in den USA als positiv gilt, wenn jemand in jungen Jahren hohe Ämter erreicht, wurde in der ehemaligen Sowjetunion Verantwortung und geistige Fähigkeit mit (hohem) Alter gleichgesetzt. Außerdem gilt das Eingeständnis eines Fehlers in den USA als Zeichen von Offenheit und Ehrlichkeit. In der ehemaligen Sowjetunion dagegen war das Eingeständnis eines Fehlers selten und wurde mit Schwäche gleichgesetzt. Erst seit kurzem steht „Glasnost" für eine Umkehr der symbolischen Werte, die mit Offenheit verbunden werden.

- Zeichen von Glaubwürdigkeit

Persönliche Glaubwürdigkeit wird von einer Fülle von physischen Merkmalen abgeleitet, denen meist nur wenig Beachtung geschenkt wird, da sie entweder als Äußerlichkeiten abgetan oder nur unbewußt entschlüsselt werden. Körpergröße wird manchmal mit Charakterstärke in Verbindung gebracht, Leibesfülle in Verhandlungen als Zeichen von Glaubwürdigkeit ausgelegt. In Gesellschaften, in denen große Teile der Bevölkerung unter Unterernährung leiden, gelten gut genährte Menschen tendenziell als reich und mächtig.

Es ist von Vorteil, die Zeichen zu kennen, die von äußeren Eigenschaften übermittelt werden können. Dennoch sollte man selbstverständlich nicht soweit gehen, Verhandlungsführer nach dem Gewicht oder der Größe auszusuchen. Die Bedeutung physischer Merkmale (Alter, Geschlecht, Körpergröße, Leibesfülle, Stimmvolumen usw.) als Zeichen von Glaubwürdigkeit beschränkt sich auf die ersten Kontakte. Zudem haben Zeichen von Glaubwürdigkeit eine symbolische Dimension: assoziative Verbindungen zwischen bestimmten physischen Eigenschaften und Glaubwürdigkeit werden kulturell unterschiedlich geknüpft (vgl. Kapitel 4.3).

- Kollektive Glaubwürdigkeit: die Verknüpfung persönlicher Glaubwürdigkeit
  mit institutionellen Referenzen

Bilanzen, Geschäftsberichte, Produktqualität, Referenzlisten – dies alles sind mehr oder weniger objektive Merkmale eines Unternehmens, die helfen, die Glaubwürdigkeit eines Partners einzuschätzen. Diese Merkmale erfahren jedoch eine kulturell unterschiedliche Gewichtung. Amerikaner beispielsweise messen ein Unternehmen vorrangig an der Höhe der Gewinne und Dividenden. Japaner und Europäer dagegen legen mehr Wert auf den Umsatz, den Ruf und die Geschichte eines Unternehmens.

Von größter Wichtigkeit ist es, innerhalb eines Unternehmens den richtigen Verhandlungspartner zu finden. Wirklich glaubwürdig ist nur, wer die Macht besitzt, Entscheidungen zu treffen. Dort, wo Entscheidungen dezentral getroffen werden, kann sich diese Person auf einer relativ niedrigen Hierarchieebene innerhalb des Unternehmens befinden. Werden Entscheidungen zentral getroffen, sind nur die Spitzen des Unternehmens glaubwürdige Verhandlungspartner. Werden Entscheidungen in Komitees gefällt, müssen die Kontakte zur Gegenseite vervielfacht werden, da es einen einzelnen Entscheidungsträger dann oft gar nicht gibt. Das Verstehen des Entscheidungsprozesses beim Verhandlungspartner ist von wesentlicher Bedeutung für den Erfolg der Gespräche. US-amerikanische oder europäische Unternehmen glauben oft, mit japanischen Partnern zu keinem Abschluß zu kommen, da sie wochen- oder monatelang kein „Ja" von der Gegenseite hören. Derweil läuft im japanischen Unternehmen eine dem Konsens verpflichtete (Kashi-Kari) formalisierte Entscheidungsprozedur ab (Ringi), bei der jeder Beteiligte befragt wird und Vorschläge einbringen kann.

Im nationalen Kontext bestehen vielfältige Möglichkeiten, die Glaubwürdigkeit des Partners einzuschätzen (siehe auch Beispiel 13.1):

- Titel und Universitätsabschlüsse (die Universität, an der man studiert hat, in den USA, die „Grandes Ecoles" in Frankreich, der Doktortitel in Österreich und teilweise in Deutschland usw.),
- Mitgliedschaft in Verbänden, Vereinigungen oder Clubs (Gesamtverband Werbeagenturen, BDVT, Rotary Club usw.),
- die Art und Weise, eine Sprache zu sprechen und zu schreiben,
- die Art sich zu kleiden.

Beispiel 13.1: Der schnelle Weg zur Glaubwürdigkeit

Als Masahiro Hayafuji als Absolvent der (amerikanischen) Brown Universität 1985 vom japanischen MITI eingestellt wurde, verursachte dies in Japan großes Aufsehen. Japaner, die im Ausland studieren, verfügen nicht über die notwendigen Beziehungen zu den anerkannten japanischen Universitäten und Professoren, die in der Lage sind, bei den verschiedenen Unternehmen und Ministerien Empfehlungen auszusprechen ...

In vielen japanischen Unternehmen gilt nach wie vor der Grundsatz, niemanden einzustellen, der koreanischer oder chinesischer Abstammung ist – selbst wenn die Familie des Betroffenen bereits seit Generationen in Japan lebt

Quelle: De Mente, 1987, S. 132

„The Grove", ein dreitägiges Lager, das der „Bohemian Club of San Francisco" jährlich organiserte, trug signifikant zum Erfolg des Bechtel-Konzerns, lange Jahre die weltweite Nummer eins für Großprojekte, bei. Jedes Jahr im Juli kamen bis zu 1600 führende Persönlichkeiten aus Politik und Wirtschaft zusammen. Geschäfte machen war in „The Grove" verboten. Ziel des Treffens war vorrangig, sich gegenseitig besser kennenzulernen. „Once you have spent three days with someone in an informal situation," erklärt John D. Ehrlichman, der „The Grove" während seiner Zeit als Chefberater Richard Nixons besuchte, „you have a relationship – a relationship that opens doors and makes it easier to pick up the phone". Die bloße Anwesenheit einer Person in „The Grove" suggeriert Glaubwürdigkeit.

Quelle: McCartney, 1989, S. 14

13.4 Kulturelle Veranlagungen zu integrativem Verhandlungsstil

- Integrative versus distributive Orientierung

Das Ergebnis jedes Verhandlungspartners sowie das Gesamtergebnis einer Verhandlung hängt von der Wahl der Verhandlungsstrategie jeder Seite ab. Käufer und Verkäufer müssen sich zwischen integrativer oder distributiver Verhandlungsstrategie entscheiden.

Bei einer distributiven Verhandlungsstrategie (Orientierung) wird die Verhandlung als Mittel zur Aufteilung eines „Kuchens" angesehen, dessen Größe von den Verhandlungsteilnehmern nicht verändert werden kann. Man spricht auch von kompetitivem Verhandlungsstil oder von Nullsummenspiel. Es wird versucht, das eigene Verhandlungsergebnis ohne jegliche Rücksicht auf die Interessen der Gegenseite zu maximieren. Die Verhandlung kommt einem Stellungskrieg gleich: alles was nicht Dir gehört, gehört mir (und umgekehrt). Es gibt einen Sieger und einen Verlierer der Verhandlung. Die Einstellungen und Absichten der Verhandlungsteilnehmer sind konflikt-orientiert (Fisher und Ury, 1991). Die Verhandlung wird nicht als Situation der gegenseitigen Abhängigkeit sondern als Feindschaft angesehen.

Im Gegensatz dazu geht die integrative Orientierung (Walton und McKersie, 1965) davon aus, das die Größe des „Kuchens" (das gemeinsame Verhandlungsergebnis) mittels Kooperation der Verhandlungsteilnehmer vergrößert werden kann. Man spricht deshalb auch von kooperativer Orientierung. Die Lösung von Problemen („problem solving")

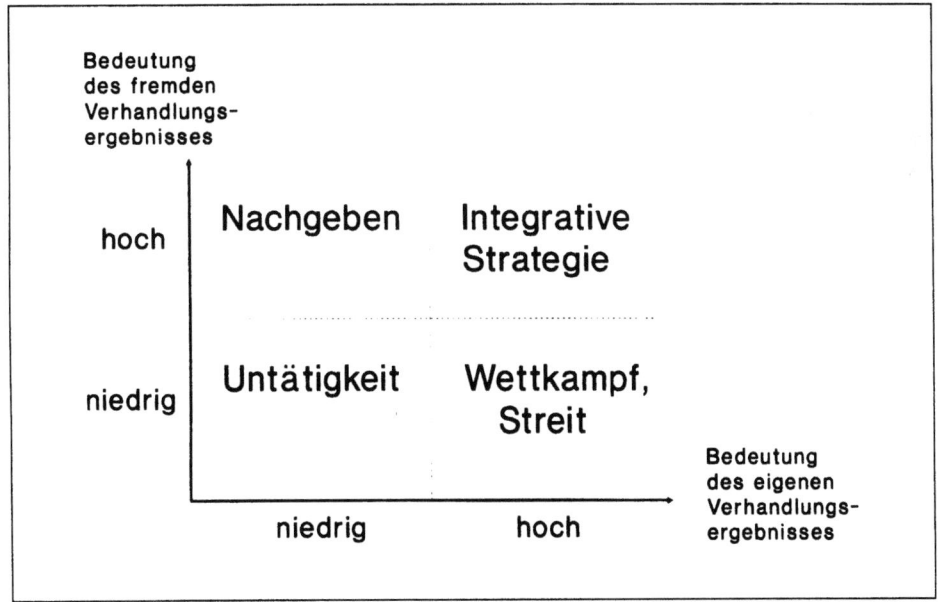

Quelle: In Anlehnung an Pruitt, 1983, S. 174

Abbildung 37: Dual Concern Model

steht bei der Verhandlung im Vordergrund (Pruitt, 1983). „Problem solvers" tauschen ehrliche und objektive Informationen aus („representative information"). Es wird nicht versucht, den Partner unfair zu beeinflussen („instrumental communication", Angelmar und Stern, 1978). Die Verhandlung ist der Versuch, das gemeinsame Verhandlungsergebnis zu maximieren. Empirische Untersuchungen (Simulation von Verhandlungen) zeigen, daß problem solving im allgemeinen zu besseren Verhandlungsergebnissen führt (Pruitt, 1983).

Das „Dual-concern"-Modell von Pruitt (siehe Abbildung 37, Seite 239) erklärt den Einfluß, den die respektive Gewichtung der eigenen Verhandlungsziele und der Ziele des Partners auf die Wahl der Verhandlungsstrategie hat. Die Verfolgung einer integrativen Verhandlungsstrategie setzt die Fähigkeit voraus, die Ziele des Partners als beinahe ebenso wichtig wie die eigenen zu gewichten und entsprechend zu berücksichtigen. Bei einer distributiven Verhandlungsstrategie dagegen stehen die eigenen Ziele einseitig im Vordergrund.

In der Praxis ist die Trennung zwischen integrativen und distributiven Verhandlungsstrategien nicht so scharf zu vollziehen, wie hier von uns dargestellt. In jeder Verhandlung werden beide Strategien – entweder gleichzeitig oder nacheinander – angewendet.

- Faktoren, die integrative Strategien begünstigen

Bestimmte Faktoren begünstigen die Wahl integrativer Verhandlungsstrategien. Dazu gehören:

- *beidseitig hohe Ansprüche an die Verhandlung:* Die Verhandlungsführer streben nach besseren Verhandlungsergebnissen oder stehen unter dem Druck hoher Zielvorgaben von Seiten ihrer Auftraggeber (die ihnen aber gleichzeitig den nötigen Verhandlungsspielraum lassen, Pruitt und Lewis, 1975).
- *die Fähigkeit zur Vorausschau in die Zukunft:* Dadurch können zusätzliche Verhandlungslösungen einbezogen werden. Der „Verhandlungskuchen" wird durch den Einbezug der Zukunft vergrößert.
- *die Existenz einer gemeinsam empfundenen Verhandlungsbasis:* Wenn sich die Interessen beider Verhandlungspartner ausreichend überlappen, können neue Lösungmöglichkeiten ausgelotet werden (die Briten sprechen von „flexibility", die Amerikaner von „slack").

Für denjenigen, der eine langfristige Austauschbeziehung aufbauen möchte, ist eine integrative Verhandlungsstrategie unvermeidlich. Das Ergebnis von Geschäften, die sich über lange Zeiträume erstrecken, und Käufer und Verkäufer stark aneinander binden, wird maßgeblich von der Enge und der Qualität der Zusammenarbeit bestimmt. Eine Untersuchung von Perdue, Day und Michaels (1986) belegt, daß die Mehrzahl der Käufer von Industriegütern gegenüber den Verkäufern integrative Verhandlungsstrategien anwenden.

- Fremde Partner erschweren integrative Verhandlungsstrategien

Es gibt wenig Zweifel darüber, daß die Verfolgung integrativer Strategien gegenüber Verhandlungspartner fremder Kulturen schwieriger ist, als gegenüber Partnern, die derselben Kultur angehören. Die subjektive Zufriedenheit der Gesprächspartner mit den Verhandlungsergebnissen ist in inter-kulturellen Verhandlungen niedriger als in intra-kulturellen (Adler, 1980). In Verhandlungen mit Mitgliedern der eigenen Kultur nimmt man am ehesten eine kooperative Orientierung ein (Rubin und Brown, 1975). Kulturelle Ähnlichkeit führt zu Vertrauen und persönlicher Anziehung zwischen den Gesprächspartnern (Graham, 1985); jede Seite hat das Gefühl, vom Partner fair behandelt und mit objektiven Informationen gefüttert zu werden. In Wirklichkeit ist nicht die objektive Ähnlichkeit (z. B. identische Erziehung, Nationalität) sondern die subjektiv wahrgenommene Ähnlichkeit (z. B. Sprache, Kleidung) ausschlaggebend für eine kooperative Orientierung (Matthews et al., 1972). Je ähnlicher der Gegenüber erscheint, desto eher wählt man eine integrative Verhandlungsstrategie. Dabei können asymmetrische Einschätzungen von Ähnlichkeit entstehen: Viele Geschäftsleute aus dem Mittleren Osten sprechen sehr gut englisch und kleiden sich teilweise westlich. Sie werden deshalb beispielsweise von einem amerikanischen Verhandlungspartner als ähnlich empfunden, obwohl sie aus einer völlig anderen Kultur stammen. Der Amerikaner ist folglich geneigt, eine integrative Verhandlungsstrategie zu verfolgen. Der Geschäftsmann aus dem Mittleren Osten dagegen erkennt sehr deutlich die kulturelle Verschiedenheit des Amerikaners. Er kann die Situation ausnutzen, indem er durch die Wahl einer distributiven Strategie sein persönliches Verhandlungsergebnis auf Kosten des Amerikaners maximiert.

- Gibt es Nationen, die zu integrativen Verhandlungsstrategien neigen?

Graham und Meissner (1986) fanden in einer vergeichenden Studie zwischen fünf Ländern heraus, daß Brasilianer, gefolgt von Japanern, die integrativsten Verhandlungsstrategien anwenden. Amerikaner, Deutsche und Koreaner verfolgten in der Untersuchung Zwitterstrategien, die mehr distributive Elemente enthielten. Dies bestätigt in Teilen eine frühere Untersuchung von Cateora (1983), die besagt, daß die Deutschen eine eher distributive „Hard Sell"-Strategie verfolgen.

Andere Untersuchugen bestätigen, daß amerikanische Geschäftsleute bereitwilliger und spontaner Vertrauen zeigen und eher zu integrativen Verhandlungsstrategien neigen als andere Kulturgruppen (Harnett und Cummings, 1980; Campbell et al., 1988). Welche Gewinne die amerikanischen Verkäufer damit bei Verhandlungen erzielen, hängt davon ab, inwieweit die Käufer positiv auf diese Einstellung reagieren und ebenfalls eine „problem solving" Haltung einnehmen (Campbell et al., 1988).

Amerikanische Verhandlungspartner bevorzugen den Austausch ehrlicher Informationen. Ihr Hang zu klaren, expliziten Botschaften entspricht ihrer Vorliebe für Offenheit und Direktheit. Der Kommunikationsstil der Amerikaner – Graham und Herberger (1983) sprechen von „John Wayne Style" (siehe Beispiel 13.2) – kennt keine großen

Umschweife. Im Umgang mit Menschen, die Wert auf ein gegenseitiges Kennenlernen vor der Verhandlung legen, ergeben sich daraus oft Schwierigkeiten. Die Amerikaner kommen so schnell zur Sache, daß Vertretern vieler Kulturen die notwendige Zeit fehlt, Vertrauen zu entwickeln (Hall, 1976).

Beispiel 13.2: Der „John-Wayne-Stil": Just call me John

Amerikaner schätzen Gleichheit und Ungezwungenheit in zwischenmenschlichen Beziehungen mehr als irgendeine andere nationale Gruppe. Das Verwenden des Vornamens ist nur der Anfang. Wir (Amerikaner) tun unser Bestes, unseren Kunden entgegenzukommen, indem wir Status-Unterschiede, wie Titel, weniger wichtig nehmen und „unnötige" Formalitäten, wie z. B. lange Einleitungen, vermeiden. Viel zu oft tun wir uns damit allerdings nur selbst einen Gefallen. Unsere Kunden fühlen sich dabei unwohl oder sind sogar verärgert. In der japanischen Gesellschaft beispielsweise sind zwischenmenschliche Beziehungen vertikal. In fast allen Beziehungen zwischen zwei Menschen besteht ein Status-Unterschied: Alter, Geschlecht, die besuchte Universität, die Stellung innerhalb einer Organisation, der Ruf des Unternehmens, für das man arbeitet ... Jeder Japaner ist sich seiner Stellung gegenüber anderen, mit denen er zu tun hat, genau bewußt ... Die Rollenunterschiede zwischen Personen mit höherem beziehungsweise niedrigerem Status sind so groß, daß die Japaner verschiedene Worte wählen, um denselben Gedanken auszudrücken – je nachdem, mit wem sie sprechen. Ein Käufer würde beispielsweise „otaku" (Ihre Firma) sagen, während ein Verkäufer von „on sha" (Ihre wichtige Firma) spräche. Die Status-Beziehungen schreiben nicht nur vor was gesagt wird, sondern auch wie es gesagt wird.

Quelle: Graham und Herberger, 1983, S. 162

● Die Fähigkeit, sich für die Gegenseite zu interessieren:
  das Konzept des begrenzten Reichtums

Die Fähigkeit, sich für die Erwartungen und das Verhandlungsergebnis des Partners zu interessieren, ist nicht überall gleich ausgeprägt. In vielen Ländern wird nur als vertrauenswürdig angesehen, wer Mitglied einer bestimmten, nach Alter, Geschlecht, Rasse usw. definierten, Gruppe („in-group") ist. Kulturen, die eine klare Unterscheidung zwischen einer „in-group" und einer „out-group" treffen, berücksichtigen die Interessen des Verhandlungspartners wenig. Im Gegenteil, die Interessen der „in-group" und der „out-group" werden direkt entgegengesetzt angesehen. Dies wird durch das Konzept des „begrenzten Reichtums" (limited good, Foster, 1965) ausgedrückt:

Das „Gute" ist von Natur aus beschränkt. Alles, was man an die „out-group" abgibt, fehlt zwangsläufig der „in-group". Wenn der out-group etwas Günstiges widerfährt, wird dadurch der Reichtum und das Wohl der in-group bedroht. Diese Sichtweise, die weitgehend einem Nullsummenspiel entspricht („was Du gewinnst, verliere ich"), führt automatisch zu territorialen und distributiven Verhandlungsstrategien.

In den Gesellschaften des Mittelmeerraums und des Mittleren Ostens, wo die „in-group" (Klan, Stamm, Großfamilie usw.) große Bedeutung hat, findet man das Konzept des „limited good" häufig. Es erschwert die Verfolgung integrativer Verhandlungsstrategien, da eine Zusammenarbeit mit einem Außenstehenden schwer vorstellbar ist.

- Die mangelnde Kenntnis fremder Kulturen als Hindernis integrativer Verhandlungsstrategien

Eines der größten Hindernisse für erfolgreiche internationale Verhandlungen ist in der mangelnden Kenntnis der Kultur des Verhandlungspartners begründet. In der Praxis wird nur allzu oft vergessen, was eigentlich auf der Hand liegt – nämlich sich als Vorbereitung für eine Verhandlung mit der Kultur der Gegenseite auseinanderzusetzen. Zwei Phänomene sind zu unterscheiden, führen allerdings zum selben Ergebnis: Entweder man kennt sich objektiv über den kulturellen Hintergrund des Partners nicht aus, oder man geht unbewußt davon aus, daß die Unterschiede vernachlässigbar sind. In beiden Fällen neigt man dazu, der Kommunikation mit dem Partner implizit die eigenen kulturellen Normen zugrundezulegen.

Amerikanern (Pye, 1986; Tung, 1984) und auch Franzosen (Burt, 1984) wird oft mangelnde Kenntnis der Kultur ihrer Geschäftspartner vorgeworfen. Sie verzichten zu häufig darauf, einführende Bücher zu lesen, den Umgang mit einem fremden Kommunikationsstil zu trainieren oder die Gefahrenpunkte, die zu Mißverständnissen führen können, auszuloten. Fuentes (zitiert in: o. V. 1986, S. 52) geht soweit zu sagen: „Was die Amerikaner am besten tun, ist, sich selbst verstehen. Was sie am schlechtesten tun, ist, andere zu verstehen". Japaner dagegen geben sich weit mehr Mühe als Franzosen oder Amerikaner, vor einer Verhandlung etwas über die Kultur der Gegenseite zu lernen.

Viele internationale Projekte erstrecken sich über mehrere Jahre. Damit verbunden sind automatisch häufige und langanhaltende Verhandlungen. In einem solchen Fall werden die nationalen Kulturen der Partner allmählich durch eine „venture culture" ersetzt. Auf informelle Weise bilden sich gemeinsame Regelungen und Umgangsformen zwischen allen Beteiligten heraus. Dazu gehört eine gemeinsame Sichtweise von Problemen, Tatsachen und Entscheidungsprozessen genauso wie die Identifikation bevorzugter Ansprechpartner beim Partner, die dazu beitragen, die Kommunikation zwischen allen Seiten zu verbessern. Dieser Prozeß sollte vom Beginn der Gespräche an unterstützt werden. Er erhöht die Effektivität interkultureller Verhandlungen.

13.5 Die Existenz einer gemeinsamen Rationalität

Partnern, die nicht dieselben Denkschemata haben, fällt es schwer, gemeinsam Probleme zu lösen. Vor allem in den folgenden Punkten ist es wichtig, daß sich die Sichtweisen von Käufer und Verkäufer decken:

- Welche Informationen sind zum Handeln wichtig?
- Wie sollten diese Informationen ausgesucht, bewertet und in den Entscheidungsprozeß eingebracht werden?

Die kulturvergleichende Psychologie macht einen grundsätzlichen Unterschied zwischen Pragmatismus und Ideologismus (Triandis, 1983). Ideologisten verwenden eine Fülle von Ideen um die Welt formal und zusammenhängend zu beschreiben. Beispiele dafür sind der Marxismus oder der Liberalismus. Jedes Ereignis bekommt erst einen Sinn, wenn man es im Lichte der gewählten Ideologie interpretiert. Beim Pragmatismus dagegen besteht die Realität aus einer Folge unabhängiger, konkreter Probleme, die gelöst werden müssen („issues"). Diese „issues" erhalten ihre volle Bedeutung erst dann, wenn sie in Beziehung zu praktischen, präzisen und alltäglichen Entscheidungen gebracht werden. Ideologisten treffen typischerweise Entscheidungen, indem sie aus einer Bandbreite möglicher Lösungen, die von außen vorgegeben sind, auswählen. Pragmatiker „schaffen" Entscheidungen, d. h., sie suchen selbst nach einer Lösungsmöglichkeit, um sodann ein Problem eigenhändig zu lösen.

Beispiel 13.3: Kartesische Verhandlungslogik der Franzosen

Kartesische Logik läßt sich grob wie folgt beschreiben: Das verfügbare Wissen bestimmt den Ausgangspunkt aller Überlegungen. Von hier aus sucht man mit Bedacht nach einem logischen Weg, der den Gedankengang Punkt für Punkt fortsetzt und schließlich zu einer Lösung des gestellten Problems führt. Franzosen legen sehr viel mehr Gewicht als beispielsweise die Amerikaner darauf, Prinzipien aufzustellen, die den Denkprozeß leiten. Sobald der Denkprozeß eingesetzt hat, wird es relativ schwierig – vor allem innerhalb einer Verhandlung – neue Elemente oder Tatsachen einzubringen. Hierdurch erklärt sich die scheinbare Inflexibilität der Franzosen und die Notwendigkeit, in Verhandlungen mit ihnen, Informationen früh in die Gespräche einzubringen. Der Einfluß des französischen Erziehungssystems wird in diesem Verhalten deutlich sichtbar. Kartesische Logik ist Erkennungszeichen eines gebildeten Franzosen. Früher verallgemeinerten Beobachter etwas pauschal: „Die Franzosen überlagern die Wirklichkeit mit einer Denkschule, Formeln, Konventionen, vorweggenommenen Argumenten und Künstlichkeit. Sie ziehen die Klarheit der Wahrheit, Worte den Taten und Rhetorik der Wissenschaft vor ..." (Zitat von Zeldin, 1977, France 1848–1945, Vol. II, Oxford, England, Oxford University Press, S. 205).

Quelle: Fisher, 1980, S. 50

Bis zu einem gewissen Grad ermöglicht das bestehende Rechtssystem einer Gesellschaft Rückschlüsse auf die vorherrschende Denkart. Das common law, das vor allem in Großbritannien und den USA gilt, ist Ausdruck einer eher pragmatischen Denkweise. Es stützt sich auf Einzelfälle und frühere Rechtsprechung (cases). Dem setzt das code law einen allumfassenden Rahmen von Gesetzen entgegen, an dem jeder Einzelfall gemessen wird. Den im Gesetz verankerten Prinzipien wird im code law mehr Gewicht beigemessen als dem Urteil im Einzelfall. Code law herrscht u. a. in Frankreich und Deutschland. In Deutschland kann man insofern von einer pragmatischen Ausrichtung des code law sprechen, da frühere Rechtsprechung zunehmend Berücksichtigung findet.

Ideologische Orientierungen, die man vor allem in Süd- und Osteuropa findet, bewegen Verhandlungsführer dazu, allgemeine Verhandlungsgrundsätze aufzustellen, bevor Einzelheiten eines Vertrages diskutiert werden. Ideologen ziehen Gesamtlösungen vor und verhandeln am liebsten über „Vertragspakete". Anhänger des Pragmatismus dagegen zerlegen komplexe Zusammenhänge in Einzelprobleme, die sie Schritt um Schritt lösen. Diese Einstellung findet man mehr in Nordeuropa und den USA. Pragmatiker konzentrieren sich auf Tatsachen. Sie wollen konkrete Entscheidungen herbeiführen, selbst wenn diese nur von geringer Bedeutung sind.

Die Kommunikation zwischen Ideologen und Pragmatikern gestaltet sich infolgedessen häufig sehr schwierig. Der Pragmatiker wirft dem Ideologen vor, zu theoretisch zu sein und Probleme so global zu diskutieren, daß man daraus keine konkreten Lösungsmöglichkeiten ableiten kann. Umgekehrt wird sich der Ideologe beim Pragmatiker darüber beschweren, daß er zuviel Gewicht auf triviale Einzelheiten legt und darüber vergißt, die Dinge in ihrer Gesamtheit zu betrachten. Ideologen werden von Gedanken und Reden fasziniert, Pragmatiker von Einzellösungen und der empirischen Überprüfung von Sachverhalten. In der Verhandlung über ein Großprojekt (z. B. den Bau eines Atomkraftwerks oder der Planung eines Fernsehsatelliten) wird das Hauptaugenmerk der Ideologen beispielsweise den komplexen Beziehungen zwischen allen Beteiligten sowie den sozialen, politischen und wirtschaftlichen Auswirkungen des Projektes gelten. Die Pragmatiker werden sich eher den technischen Spezifikationen des Projektes und den einzuhaltenden Fristen zuwenden. Beide Seiten tun sich sehr schwer, gemeinsame Normen für ihre gegenseitigen Beziehungen aufzustellen. Es wird immer wieder der Kommentar zu hören sein: „Man weiß nie, was diese Leute im Sinn haben. Deren Verhalten ist so wenig voraussagbar."

Ein (pragmatisch orientierter) Amerikaner beschreibt Verhandlungen mit (eher ideologisch eingestellten) Franzosen wie folgt: „Es ist außerordentlich schwierig, mit den Franzosen zu verhandeln. Sie akzeptieren oft nicht einmal die überzeugendsten Tatsachen" (Burt, 1984, S. 6).

13.6 Mündliche und schriftliche Vereinbarungen als Stützen des Vertrauens

Vielerorts gilt nur, was man „schwarz auf weiß" besitzt. Vertrauen ist an unpersönliche Schriftstücke gebunden. Eine Vereinbarung wird im allgemeinen mit einer Unterschrift unter einen Vertrag besiegelt, der fortan als „Gesetz" zwischen den Parteien gilt. Die USA gehören zweifellos zu den Ländern, in denen die „get-it-in-writing" Mentalität am stärksten ausgeprägt ist. Hunderttausende von Rechtsanwälten sind damit beschäftigt, Vereinbarungen schriftlich abzusichern bzw. die Verträge des Gegners anzufechten.

In anderen Kulturen ist Vertrauen eine persönliche Angelegenheit. Der Spruch „ein Mann, ein Wort" hat dort – beispielsweise im Mittleren Osten – noch Gültigkeit.

Meinungsverschiedenheiten über bereits getroffene Vereinbarungen sind allerdings sowohl bei schriftlichen als auch bei mündlichen Abmachungen nicht ausgeschlossen. Dies hat mehrere Gründe:

- asymmetrische Vereinbarungen: A stimmt mit B überein, aber B aufgrund irgendeines Mißverständnisses (typischerweise Sprachschwierigkeiten bei der Verhandlung) nicht mit A;
- scheinbare Übereinstimmung: Beide Seiten legen eine gemeinsam festgelegte Klausel eines Vertrages bzw. eine mündliche Vereinbarung unterschiedlich aus. Ein Anlaß, der die unterschiedlichen Interpretationen ans Licht bringen würde, entstand noch nicht;
- der Einfluß einer gemeinsamen Vereinbarung auf die Stabilität und die Bestimmtheit der Austauschbeziehung wird von beiden Seiten unterschiedlich bewertet.

● Schriftstücke als Stützpfeiler des Vertrauens

Es versteht sich nicht von selbst, das Geschriebene als Stützpfeiler des Vertrauens zu betrachten. Im Gegenteil, ein schriftlicher Vertrag kann als greifbares Zeichen des Mißtrauens zwischen zwei Parteien angesehen werden: „Wer etwas schriftlich von mir will, vertraut mir nicht".

Sérié Traoré (1986, zitiert in: Ollivier und de Maricourt, 1990, S. 145) gibt einen Einblick in die Rolle des Schriftlichen in der Gesellschaft der Elfenbeinküste:

„Lesen ist ein individueller Vorgang, der schwierig mit der afrikanischen Kultur vereinbar ist. ... derjenige, der liest, isoliert sich. Dies wird von der Gemeinschaft als schlecht empfunden. Gleichzeitig allerdings werden die Menschen von den Büchern angezogen, da letztere Symbol des Zugangs zur Macht sind. Wer liest, eignet sich eine fremde Kultur an und lernt das ‚Papier der Weißen' kennen."

Verhandlungspartner, die nicht fähig sind, Vertrauen auf der Basis persönlicher Kontakte aufzubauen, halten alle Einzelheiten einer Vereinbarung schriftlich fest. Die Verhandlung dient dann dazu, potentielle Interessenkonflikte auszuleuchten und auszuschließen. Anfängliches Mißtrauen wird im Laufe der Verhandlung allmählich abgebaut und durch

Vertrauen ersetzt. Die Vertragsunterschrift ist letztendlich das Zeichen unpersönlichen, geschäftsbezogenen Vertrauens. Beide Seiten vertrauen sich nicht als Menschen, sondern als Geschäftsleute.

In Kulturen dagegen, die mündliche Vereinbarungen bevorzugen, ist die Situation anders. Hier ist Vertrauen nicht Endprodukt sondern Vorbedingung für Verhandlungen. Vertrauen wird als etwas Persönliches eingestuft. Um sich zu vertrauen, muß man sich kennen. Dies ist wahrscheinlich der Grund, warum viele fernöstliche Kulturen (Chinesen: Pye, 1987; Japan: Graham und Sano, 1990; Tung, 1984) vor der eigentlichen Verhandlung das Bedürfnis haben, Zeit mit der Gegenseite zu verbringen und Allgemeinheiten zu erörtern. Wer die Bedeutung dieser Phase verkennt, wird das Gefühl haben, seine Zeit mit unnötigem Vorgeplänkel zu verschwenden. Dort, wo Vertrauen Vorbedingung für Verhandlungen ist, darf dieses wertvolle Gut während der Gespräche natürlich keinen Schaden nehmen. Die direkte Konfrontation mit der Gegenseite wird unter allen Umständen gemieden. Konfliktträchtige Details werden nicht einzeln besprochen, sondern innerhalb eines erweiterten Zusammenhanges in den Verhandlungsprozeß eingebettet. Insgesamt zieht sich die Verhandlung dadurch in die Länge.

● Wie wichtig sind schriftliche Vereinbarungen?

In Kulturen, in denen Beziehungen personifiziert sind, ist Vertrauen nicht trennbar von der Person, der vertraut wird. In diesem Fall ist das gegebene Wort Basis des Vertrauens und nicht ein detaillierter schriftlicher Vertrag. Die Art und Weise „sein Wort zu geben" sowie die Bedeutung mündlicher Versprechen ist kulturell sehr verschieden (siehe Beispiel 13.4).

Beispiel 13.4: Ein kanadischer Geschäftsmann in Ägypten

Ein ägyptischer Geschäftsmann bot seinem kanadischen Gast eine Partnerschaft bei einem Joint Venture an. Der Kanadier schlug hocherfreut vor, sich am nächsten Morgen wieder zu treffen, um zusammen mit den Rechtsanwälten die Details des Vertrages auszuarbeiten. Wer am nächsten Morgen nicht erschien, waren die Ägypter. Lag es an ihrer vermeintlichen Unpünktlichkeit oder daran, daß sie noch ein Gegenangebot abwarteten? Keine dieser Erklärungen traf zu. Das Problem resultierte aus der Bedeutung der Einladung der Rechtsanwälte: Was der Kanadier als Erleichterung für den Abschluß des Geschäftes ansah, interpretierte der Ägypter als Zeichen des Mißtrauens gegenüber seinem mündlichen Versprechen.

Quelle: Adler, 1980, S. 178

Wenn Vereinbarungen hauptsächlich von persönlichen Beziehungen zwischen Menschen getragen werden, sind schriftliche Abmachungen weniger wichtig. Wenn beispielsweise ein Käufer aus dem Mittleren Osten um die Neuverhandlung eines bereits ausgearbeiteten und unterschriebenen Vertrages bittet, sollte dies kein Erstaunen hervorrufen. Hinter dem Verlangen nach Neuverhandlung steht die Ansicht, daß eine Vertrauensbeziehung zwischen zwei Menschen über die strikte Anwendung eines Vertragstextes hinausgeht. Hieraus läßt sich die Frage ableiten, inwieweit eine Vertragsunterschrift das Ende einer Verhandlung anzeigt.

● Enden Verhandlungen mit der Vertragsunterschrift?

Wie bereits im vorhergehenden Abschnitt angedeutet, hat eine Vertragsunterzeichnung kulturell verschiedene Bedeutungen für die Austauschbeziehung. Dort, wo Vertrauen in erster Linie auf Schriftstücken beruht, ist eine Vertragsunterzeichnung ein markanter Einschnitt in die Beziehung. Die Unterschrift beendet quasi definitiv die Verhandlungsphase. Danach müssen die Abmachungen Wort für Wort und Satz für Satz umgesetzt werden. Wer vom Vertragstext abweicht, dem droht ein Rechtsstreit.

Auch für denjenigen, der mündliche Abmachungen und persönliche Beziehungen als Vertrauensbasis bevorzugt, ist die Unterzeichnung einer schriftlichen Vereinbarung ein wichtiger Schritt. Dennoch werden Verhandlungen nach der Vertragsunterschrift so wichtig bleiben wie vorher. Ein Vertrag ist nur ein Teil eines kontinuierlichen – Vertrauen erhaltenden – Verhandlungsprozesses.

„Americans consider that negotiations have more or less ceased when the contract is signed. With the Greeks, on the other hand, the contract is seen as a sort of way station on the route to negotiation, that will cease only when the work is completed. The contract is nothing more than a charter for serious negotiations. In the Arab world, once a man's word is given in a particular kind of way, it is just as binding, if not more so, than most of our written contracts. The written contract therefore violates the Moslem's sensitivities and reflects on his honour. Unfortunately, the situation is now so hopelessly confused that neither system can be counted on to prevail consistently" (Hall, 1960, S. 94).

● Verschiedene Haltungen gegenüber Rechtsstreiten

Man versteht leicht, daß die Funktion und die Konsequenz von Rechtsstreiten davon abhängt, was Basis des Vertrauens ist. In Ländern, in denen das Vertrauen hauptsächlich auf schriftlichen Abmachungen beruht, ist ein Prozeß ein relativ einfaches Mittel, Vertragsbruch zu bestrafen. Dort hingegen, wo Vertrauen von persönlichen Versprechungen getragen wird, ist der Rückgriff auf juristische Mittel problematischer:

– juristische Mittel zerstören die Vertrauensbasis;
– juristische Mittel zerstören die gesellschaftliche Harmonie und bedrohen deshalb, vor allem in fernöstlichen Ländern, die Gemeinschaft.

David, ein Spezialist der Rechtsvergleichung, hält fest (1987, S. 39):

„… in fernöstlichen Ländern sowie in Schwarzafrika und auf Madagaskar … wird der Sinn gesetzlicher Regelungen in Frage gestellt. Obwohl die Behörden manchmal Gesetze erlassen haben, ist allgemein bekannt und offensichtlich, daß diese Vorschriften nicht gemacht wurden, um wortwörtlich angewendet zu werden. Sie dienen lediglich als dehnbare Vorlage, deren Strenge vom Richter abgemildert wird. Im günstigsten Fall wird ihre Anwendung ganz vermieden. Ein ‚guter' chinesischer, japanischer oder vietnamesischer Richter ist nicht darüber besorgt, eine gerechte Entscheidung zu treffen. Ein ‚guter' Richter vermeidet einen Urteilsspruch, indem er die gegnerischen Parteien zur Versöhnung bewegt. Jeder Konflikt stellt eine Bedrohung der sozialen Harmonie dar und sollte durch Versöhnung abgebaut werden. Der Einzelne hat ausschließlich Verpflichtungen gegenüber der Gesellschaft. Die Anerkennung ‚subjektiver Rechte' zugunsten des Einzelnen steht außer Frage. Die westliche Rechtsauffassung wird als gut für die Barbaren angesehen, und der Beruf des Rechtsanwaltes wird, in dem kleinen Ausmaß, in dem er überhaupt besteht, von der Gesellschaft verachtet.“

Diese Bemerkungen lassen erkennen, wie groß die Unterschiede zwischen dem Fernen Osten und dem Westen in bezug auf gerichtliche Auseinandersetzungen sind.

Die Unterzeichnung von Verträgen ist fester Bestandteil des internationalen Marketing. Damit scheint sich nach außen hin die westliche Auffassung, wonach der Vertrag das Gesetz zwischen den Beteiligten ist, durchgesetzt zu haben. In Wirklichkeit jedoch muß die Einschätzung, inwieweit das Mündliche oder das Schriftliche Basis des Vertrauens ist, in jedem Einzelfall mit größter Vorsicht vorgenommen werden. Auch in Kulturen, in denen Vertrauen im allgemeinen auf schriftlichen Abmachungen beruht, werden viele Verträge mündlich oder per Handschlag geschlossen. Ein Beispiel unter vielen sind die Devisengeschäfte, die im Westen täglich im Werte von vielen Millionen mündlich, d. h. per Telefon, abgeschlossen werden. Umgekehrt wird in Ländern, in denen persönliche Beziehungen dominieren, den Mitgliedern der out-group nur in sehr seltenen Fällen Vertrauen entgegengebracht – egal welche Vereinbarungen ursprünglich getroffen wurden.

Vertrauen braucht zwei Stützpfeiler – mündliche und schriftliche Vereinbarungen –, deren jeweilige Belastungsgrenzen klar erkannt werden müssen.

14. Zeitempfinden und nationaler Verhandlungsstil

Dieses Kapitel ergänzt das vorangegangene, denn auf eine wichtige kulturelle Variable – die Zeit – sind wir dort noch nicht eingegangen. Im ersten Abschnitt des Kapitels beschäftigen wir uns deshalb mit unterschiedlichen Zeitvorstellungen.

Wie selbstverständlich übertragen wir oft unser eigenes Zeitsystem auf andere Länder, weil wir implizit davon ausgehen, daß es überall gültig ist. In Wirklichkeit aber hat jede Kultur ihre eigene Zeitsprache. Das Zeitverständnis hat großen Einfluß auf Kommunikation und Organisation. Es erklärt u. a., warum einige Völker bei Verhandlungen mehr Eile haben als andere. Daran, wann und wie lange uns ein Partner Zeit schenkt, kann man erkennen, wie wichtig ihm die Geschäfte mit uns sind. Auch die Zeitorientierung – die Ausrichtung auf Vergangenheit, Gegenwart oder Zukunft – ist nicht überall gleich ausgeprägt. Für manche Völker ist die Zeit wie eine Straße, auf der man vorangeht. Andere sehen Zeit als zyklischen Kreislauf, der wenig Neues bringt. Daß das Ausmaß der Zukunftsbezogenheit eines Menschen nicht ohne Einfluß auf die von ihm bevorzugte Verhandlungsstrategie sein kann, liegt auf der Hand.

Mißverständnisse, die aufgrund unterschiedlichem Zeitempfindens entstehen können, stellen wir im zweiten Teil dar.

Der dritte Abschnitt des Kapitels ist nationalen Verhandlungsstilen gewidmet. Das Verhandlungsverhalten von Geschäftsleuten aus Afrika, Amerika, China, Deutschland, Frankreich, Großbritannien, Japan und dem Mittleren Osten wird jeweils kurz dargestellt. Auf die Gefahr stereotyper Darstellungen sind wir an anderer Stelle bereits eingegangen (siehe Kapitel 4.4). Natürlich verhandeln nicht alle Chinesen gleich. Und natürlich fällt es nicht allen Japanern schwer, „Nein" zu sagen. Ein Mann wie Akio Morita beispielsweise, der Präsident von Sony, hat gelernt, mit westlichen Partnern umzugehen und, wenn nötig, „deren Sprache" zu sprechen. Noch problematischer wäre es, wollten wir allen Briten, Schwarzafrikanern oder allen Menschen im Mittleren Osten einen jeweils einheitlichen Verhandlungsstil unterstellen. Wir beschränken uns auf die Beschreibung weniger Merkmale, die man bei vielen Mitgliedern der jeweils dargestellten Kulturen findet. Im übrigen vertrauen wir darauf, daß sich unsere Leser bei ihren Kontakten mit ausländischen Unternehmensvertretern nicht von Stereotypen leiten lassen, sondern die Relevanz unserer Ausführungen in den jeweiligen Kontext einordnen können.

14.1 Die kulturelle Relativität des Faktors Zeit bei Geschäften[23]

Zeitvorstellungen und zeitbezogenes Verhalten können aus vielerlei Sicht untersucht werden. Psychologen, Soziologen, Theologen, Physiker, Volkswirtschaftler, Anthropologen usw. – alle haben sich damit beschäftigt, weil Zeit die Grundlage für die Organisation allen Handelns ist (Hall und Hall, 1984).

Auch in der Betriebswirtschaft spielt Zeit eine besondere Rolle. Die überwiegende Mehrzahl der Konzepte der Finanzwirtschaft, des Marketing und der Unternehmensführung sind zeitbezogen. Um nur einige zu nennen: Rentabilitätsmaximierung, Verzinsung, Produktlebenszyklus, Zeitreihenprognose, Netzplantechnik etc. Implizit wird die nordamerikanische Zeitauffassung unterstellt, nach der Zeit als linear, fortlaufend und ökonomisch gilt. Fragen nach der Gültigkeit dieser „Anglo-Time" für nicht-amerikanische Kulturkreise werden in der Betriebswirtschaft selten gestellt. Und dies, obwohl nicht daran gezweifelt werden kann, daß jede Kultur ihre eigene Vorstellung von Zeit hat. Niemand wird mit einer inneren Uhr geboren. Das Zeitbewußtsein eines Menschen ist geprägt von übernommener Tradition, eigenen Lebenserfahrungen und religiösen Erlebnissen. Es ist Ausdruck der jeweiligen Art, den Sinn des Lebens zu deuten. Alle Kulturen des Abendlandes haben auf das Phänomen Zeit unterschiedlich reagiert (Wendorff, 1985). Jeder Zeitanschauung entspricht eine Weltanschauung.

Wie das Zeitverständnis eines Menschen sein Denken und Handeln bestimmt, zeigen wir in den folgenden Abschnitten.

● Dimensionen von Zeitempfinden

Drei Dimensionen von Zeitempfinden werden uns im folgenden Abschnitt besonders beschäftigen:

– Zeit als ökonomisches Gut
– die Einteilung von Zeit
– Zeitorientierung.

Zeit als ökonomisches Gut

In den USA und in vielen europäischen Staaten gilt Zeit als knappes ökonomisches Gut: „Zeit ist Geld" („time is money"). Zeit kann genauso wie Geld gespart, ausgegeben, verschwendet, ja sogar gekauft werden. Die Kunst besteht darin, eine optimale Allokation einzelner Zeitabschnitte auf unterschiedliche Tätigkeiten vorzunehmen. In einer Gesellschaft, in der Zeit als ökonomisches Gut angesehen wird, gibt es strenge Normen

---

23 Der erste Abschnitt dieses Kapitels ist ausschnittsweise entnommen aus: Usunier (1991), „Business Time Perceptions and National Cultures: A Comparative Survey", Management International Review, 31. Jhg., Nr. 3, S. 197–217.

für Zeitpläne und Verabredungen. Die pünktliche Einhaltung von Beginn und Dauer verschiedener Tätigkeiten ist sehr wichtig.

Die Einteilung von Zeit: Monochronismus versus Polychronismus

Für den Geschäftsmann ist besonders interessant, wie Zeit für verschiedene Aufgaben eingeteilt wird. Hall (1959, 1976) beschreibt zwei extreme Verhaltensweisen bei der Aufgabenplanung: Monochronismus (M-Zeit) und Polychronismus (P-Zeit). Menschen, die mit M-Zeit arbeiten, beschäftigen sich immer nur mit einer Aufgabe, für die sie jeweils eine bestimmte Zeitspanne zur Erledigung einplanen. Dauert eine Besprechung länger als erwartet, bricht eine M-Zeit Person das Gespräch höflich ab, um den Gesamtzeitplan nicht zu gefährden. In einer Gesellschaft, die mit M-Zeit funktioniert, sind sowohl Anfang als auch Ende von Tätigkeiten genau festgelegt.

Menschen mit polychronistischem Zeitverständnis unternehmen meist mehrere Dinge gleichzeitig, modifizieren ihren Zeitplan nach Bedarf und empfinden Zeit selten als verschwendet. In P-Zeit sind Menschen wichtiger als Zeitpläne. P-Zeit erscheint M-Zeit Menschen oft als hektisch. Der Punkt, in dem beide Zeitauffassungen am heftigsten aufeinanderprallen, ist die Pünktlichkeit. Jemand, der sich seinen Tagesablauf in kleine Abschnitte einteilt und für jede Tätigkeit eine gewisse Zeitspanne vorsieht, ist verärgert, wenn sein Zeitplan durcheinanderkommt. Er fühlt sich gedemütigt, wenn man ihn wegen scheinbarer Nichtigkeiten warten läßt.

Die Netzplantechnik ist ein hervorragendes Beispiel eines Instrumentes einer vom Terminkalender gesteuerten M-Zeit Gesellschaft. Der Sinn der Netzplantechnik besteht darin, eine Fülle polychronistischer Tätigkeiten (deren gleichzeitige Erledigung das eigentliche Problem darstellt) auf eine Folge monochronistischer Abläufe (den sogenannten „kritischen Weg") zu reduzieren. Management-Methoden, die in den USA oder in Europa ihren Ursprung haben, bevorzugen monochronistische Zeitplanung.

Zeitorientierung: Vergangenheit, Gegenwart und Zukunft

Das Empfinden von Zeit wird mit dadurch geprägt, welche Bedeutung Vergangenheit, Gegenwart und Zukunft für einen Menschen einnehmen. Vielen modernen europäischen Ländern wird eine starke Vergangenheitsorientierung nachgesagt (Kluckhohn und Strodtbeck, 1961). Inbegriff des linearen, zukunftsbezogenen Zeitbewußtseins sind die Amerikaner („the future will be bigger and better"). Erreicht werden die USA in diesem Punkt höchstens von der Schweiz und Norddeutschland (Wendorff, 1985). Für Völker, die sich als Opfer der Naturgewalten betrachten, scheint die Gegenwart die größte Bedeutung zu haben.

Graham (1981) unternahm den Versuch, verschiedene Zeitorientierungen in Zeitsystemen zusammenzufassen:

- *linear-unterteilbare Zeit* („Anglo time"): Zeit ist wie eine Straße, die sich in die Zukunft erstreckt und auf der man voranschreitet. Bei Zukunft denkt man zuerst an den nächstliegenden, planbaren Zeitabschnitt;
- *zyklisch-traditionelle* Zeit (z. B. Lateinamerika, Afrika, Teile Asiens): Das Leben und Handeln wird nicht nach der Uhr gerichtet, sondern von den Naturzyklen (Sonne, Mond, Jahreszeiten usw.) bestimmt. Es ist nur das Realität, was schon stattgefunden hat, gegenwärtig ist oder in zyklischer Wiederkehr seinen festen Platz hat.

  „Er (der Indio) lebt nach seinem eigenen Rhythmus, auf seiner eigenen Zeitebene. Die Vergangenheit ist wirklich, wir alle haben sie gestern gesehen ... Auch das Heute ist wirklich ... Aber das Morgen ist hypothetisch, es existiert nicht, ist völlig unwirklich ... (hat) keine bestimmte Dauer. Ich komme morgen, sagt ein Indio und kommt vier Monate später" (Chandos, o. J., zitiert in Wendorff, 1985, S. 635);
- *ablaufgesteuerte-traditionelle Zeit* (typisch für die amerikanischen Indianer): Diese Orientierung widerspricht der modernen westlichen Auffassung von Zeit. Die Zeit, die man für eine Tätigkeit benötigt, ist irrelevant. Handlungen werden von Abläufen gesteuert, nicht von Zeit.

14.2 Mißverständnisse aufgrund unterschiedlichen Zeitempfindens

Es wäre naiv zu glauben, daß alle Menschen einer Kultur oder eines Landes dieselbe Zeitauffassung besitzen. Nicht alle Lateinamerikaner beispielsweise haben das – im letzten Abschnitt beschriebene – zyklisch-traditionelle Zeitempfinden. Auch beim Zeitkonzept sind kulturelle Anleihen an der Tagesordnung. In vielen Regionen der Erde wird die westliche, linear-zukunftsbezogene Zeitauffassung als die scheinbar beste Lösung nachgeahmt. Das Verhalten der Geschäftsleute aus den langfristig wirtschaftlich erfolgreichen Ländern (z. B. USA, Nordeuropa) wird in puncto Zeit (Pünktlichkeit, Zeitplanung etc.) als Vorbild genommen. Bei einem Vergleich von fünf Ländern (Brasilien, Deutschland, Frankreich, Mauretanien, Süd-Korea) fand der Satz „time is money" überraschenderweise in Brasilien und Mauretanien die höchste Zustimmung. In Deutschland war die Zustimmung am niedrigsten (Usunier, 1991).

Im internationalen Marketing wird man zudem immer wieder auf Gesprächspartner treffen, die ihre Zeitorientierung den Umständen und den beteiligten Personen anpassen. Die Japaner beispielsweise haben ein polychronistisches Zeitempfinden, wenn sie untereinander arbeiten. Gegenüber der Außenwelt schalten sie auf monochronistische Zeit um. Franzosen sind intellektuell monochronistisch veranlagt, verhalten sich aber polychronistisch (Hall, 1983). Daraus können sich in der Praxis enorme Probleme ergeben. Die PERT-Netzplantechnik („Program Evaluation and Review Technique") beispielsweise fand in Frankreich und anderen lateineuropäischen Ländern aufgrund ihres intellektuellen Anstrichs viele Anhänger. In der Wirklichkeit jedoch klafft in diesen Ländern bei der Projektplanung noch eine große Lücke zwischen der Theorie und der praktischen Anwendung eines Netzplanes.

254

Manchmal benutzen Menschen zwei vollständig verschiedene Zeitsysteme parallel. Diese Situation tritt bei der Betrachtung von Großprojekten in Entwicklungsländern sehr deutlich hervor (Tiano, 1981). Vom Beginn der Verhandlungsphase bis zur Vertragsunterschrift sind sich alle Parteien scheinbar und ohne Hintergedanken einig über die Anwendung monochronistischer Zeitauffassung und ökonomischer Zeit. Doch während eine Seite ihr Verhalten tatsächlich danach ausrichtet, handelt es sich bei der anderen nur um eine Idealvorstellung; eine Seite legt wirklich ein ökonomisches Zeitmuster an den Tag – die andere Seite redet nur von ökonomischer Zeit und offenbart in ihren Handlungen eine polychronistische Zeitauffassung. Das Ergebnis ist ein heilloses Durcheinander bei der Durchführung des Projektes. Als der europäische Betreuer eines Großprojektes in einem Entwicklungsland einen mehrjährigen Projektplan aufstellt, bekommt er von einem einheimischen Teilnehmer der Planungssitzung folgenden Kommentar zu hören: „This is not so interesting, we are doing this planning for your convenience, not for us" (Marcotty und Solbach, 1992, S. 264).

● Die Angst, Zeit zu verlieren

Einem Bantu kann niemand Zeit stehlen – nicht einmal der Tod. Nach der Auffassung der Bantus kann man Zeit nicht unter- bzw. einteilen. Zeit wird gelebt und erfahren, egal mit welcher Beschäftigung. Auch in Asien kennt man das Gefühl, Zeit zu verlieren, wenig. Nur im Westen fürchtet man die verlorene Zeit. Zahlreiche Autoren berichten vom Zeitdruck, der Amerikaner bei Verhandlungen mit Chinesen (Pye, 1982) oder Japanern (Graham, 1981; Tung, 1984) befällt. Die Vorstellung, Zeit unnütz zu verschwenden, führt die Amerikaner dazu, ihrem Gesprächspartner nachzugeben. Adler schreibt (1986, S. 162): „Das Gefühl der Eile benachteiligt Amerikaner in Verhandlungen mit weniger hastigen Gesprächspartnern. Verhandlungsführer anderer Länder bemerken das Zeitbewußtsein und die Ungeduld der Amerikaner sowie ihr Verlangen, unbedingt etwas zu erreichen. Sie wissen, daß Amerikaner zu Zugeständnissen bereit sind, wenn sie kurz vor Fristende noch keinen unterschriftsreifen Vertrag vorliegen haben."

14.3 Acht nationale Verhandlungsstile

Ein Spanier wird von einem deutschen Gesprächspartner ein anderes Bild haben als ein Italiener. Umgekehrt wird eine deutsche Firma, die in den USA verhandelt, einen anderen Eindruck von der Gegenseite bekommen als eine japanische Firma, die denselben amerikanischen Partner hat. Der Verhandlungsstil irgendeiner Kultur wird erstens durch die Interaktion mit dem Gegenüber beeinflußt und zweitens immer nur in Abhängigkeit der kulturellen Wahrnehmungsmechanismen des Partners registriert. Folglich kann der Verhandlungsstil irgendeiner Kultur – wenn überhaupt – nur durch eine Matrix-Darstellung abgebildet werden: z. B. der deutsche Verhandlungsstil aus Sicht von Franzosen, Italienern, Schweden, Holländern usw. Solch eine umfassende Darstellung ist uns in diesem Kapitel leider nicht möglich. Stellvertretend und ohne Anspruch auf Vollständigkeit beschränken wir uns auf die Darstellung auffälliger Verhandlungseigenschaften einiger Nationen.

- Der japanische Verhandlungsstil

Das Management, die Mentalität – und nicht zuletzt auch der Verhandlungsstil der Japaner stehen im Mittelpunkt vieler Bücher. Folgende Eigenschaften stechen immer wieder hervor:

– Japaner bereiten sich auf Verhandlungen gut vor. Dazu gehört sowohl die Beschäftigung mit der Kultur des Verhandlungspartners (Tung, 1984) als auch die Festlegung der eigenen Grundinteressen. Letztere sind sie bereit, mit Zähigkeit durchzusetzen. Japaner sind ein sehr ethnozentrisches Volk, das sich paradoxerweise über den eigenen Ethnozentrismus sehr bewußt ist.
– Die Rolle des Käufers dominiert. Der Verkäufer muß sich darauf einstellen und sein Verhalten entsprechend (unterwürfig) anpassen (siehe auch Beispiel 14.1).

Beispiel 14.1: Das Machtverhältnis bestimmt, wer sich anpaßt

Zahlreiche Berichte japanischer Manager belegen, daß Japaner, die den amerikanischen Markt betreten, ihr Geschäfts- und Verhandlungsverhalten an das amerikanische System anpassen. Diese Anpassungen kann man auch in Laborsituationen beobachten. Bei der Interaktion mit Ausländern nehmen Japaner öfter Blickkontakt auf und wenden seltener aggressive Verhandlungstaktiken an, als wenn sie mit Landsleuten verhandeln.

Von den Anthropologen wissen wir, daß die Machtverhältnisse innerhalb einer Beziehung den Ausschlag dafür geben, wer sein Verhalten anpaßt und wer sich unverändert verhält. Untersucht man die Situation in den USA, so sind die Japaner diejenigen, die sich anpassen. Versucht ein amerikanischer Verkäufer dagegen mit seinem gewohnten Verhandlungsverhalten in Japan durchzukommen, so werden die Verhandlungen abrupt enden. Der amerikanische Verkäufer erwartet, als gleichgestellt behandelt zu werden. Aus japanischer Sicht allerdings befindet sich der Verkäufer gegenüber dem Käufer in einer untergeordneten Rolle. Erweist der Verkäufer dem Käufer nicht den notwendigen Respekt, wird er es in Japan sehr schwer haben, etwas zu verkaufen.

Quelle: In Anlehnung an Graham, 1981, S. 5

– Obwohl Japaner in ihrem Inneren sehr sensibel und gefühlsbetont sind, versuchen sie ihre Gefühle so weit wie möglich zu verbergen (Burt, 1984; siehe auch Kapitel 4.3). Wie alle Asiaten dürfen sie ihr „Gesicht nicht verlieren". Ausländische Gesprächspartner sollten deshalb keinen zu direkten Kommunikationsstil wählen.

- Innerhalb einer Gruppe von Japanern ist es schwierig auszumachen, wer welche Funktion und welche Macht besitzt. Es wäre falsch, bei demjenigen die größte Macht zu vermuten, der das Wort am häufigsten ergreift.
- Japaner haben eine hohe Toleranzschwelle für Vieldeutigkeit („ambiguity"). Während Amerikaner Vieldeutigkeit als Zeichen der Schwäche und Mangel an Männlichkeit auslegen, widersprechen sich für die Japaner Vieldeutigkeit und Männlichkeit nicht (Hawrysh und Zaichkowsky, 1990).
- Japaner sind langfristig orientiert. Anstellungen auf Lebenszeit sind in den großen Unternehmen die Regel. Die Banken und Anteilseigner der Unternehmen legen mehr Wert auf langfristige Strategien als auf rasche Erträge. Dies erklärt zum Teil, warum die Japaner bei Verhandlungen weniger Zeitdruck empfinden als ihre westlichen Partner.
- Wie die meisten Asiaten ziehen die Japaner ein „gentleman's agreement" einem schriftlichen Vertrag vor. Eine mündliche Absprache bringt ihrer Ansicht nach das gegenseitige Vertrauen, das sich zwischen den Partnern entwickelt hat, besser zum Ausdruck (Oh, 1986).
- Japaner sind sehr freundliche Gastgeber. Sie investieren viel Geld und Zeit, um ausländische Verhandlungsteams zu unterhalten, ihre Gegenüber besser kennenzulernen und freundschaftliche Beziehungen aufzubauen. Dies darf aber nicht darüber hinwegtäuschen, daß japanische Geschäftsleute mit beiden Beinen auf dem Boden stehen und sich ihrer eigenen Interessen sehr wohl bewußt sind. Japaner haben den Ruf, zähe Verhandlungspartner zu sein.

● Der französische Verhandlungsstil

Wer sich auf Geschäfte mit Franzosen vorbereiten will, dem sei ein Buch von Edward T. und Miltred Hall ans Herz gelegt: „Verborgene Signale" (1984). Die Autoren geben sehr nützliche Hinweise, wie sich Kommunikationsprobleme zwischen Deutschen und Franzosen vermeiden lassen. Typische Unterschiede der deutschen und französischen (Geschäfts-)Mentalität werden trefflich dargestellt. Einige unserer Beispiele gehen auf das Werk von Hall und Hall zurück:

- Den Franzosen wird nachgesagt, schwierige Verhandlungspartner zu sein. Wie weiter oben beschrieben wurde, fällt es ihnen wegen ihrer ideologistischen Einstellung schwer „... die überzeugendsten Tatsachen zu akzeptieren. Obwohl sie (die Franzosen) sich selbst als Verhandlungsprofis fühlen, wirken sie manchmal amateurhaft und schlecht vorbereitet" (Burt, 1984, S. 6).
- Franzosen scheuen Konflikte nicht, sondern genießen sie manchmal sogar. Der französische Verhandlungsstil kann als kompetitiv und konfrontations-orientiert bezeichnet werden (Weiss und Stripp, 1985). Außerdem haben Franzosen in Verhandlungen einen Hang zu emotionalem und theatralischem Verhalten.
- Klassendenken und Machtdistanz sind in Frankreich (wie in Großbritannien) weiterhin sehr ausgeprägt. Französische Verhandlungsführer legen Wert auf den Rang ihrer ausländischen Gesprächspartner. Rangniedrigere Partner akzeptieren sie nur schwer.

- Terminpläne halten die Franzosen eher schlecht ein. Ein französischer Manager, der in dem Moment, in dem er sich zu einem Gespräch auf den Weg macht, von einem Kunden angerufen wird, „muß" sich Zeit für das Telefonat nehmen.
- Konferenzen haben selten eine feste Tagesordnung. Ihre Hauptfunktion liegt darin, alle Beteiligten auf denselben Informationsstand zu bringen, um festzustellen, ob es der Gruppe möglich ist, zusammenzuarbeiten.
- Frankreich ist eine der zentralistischsten Nationen der Welt. Entscheidungen werden (seit dem Jahr 987!) vor allem in Paris getroffen. Hochstehende Beamte („Enarques" und „Polytechniciens"[24]) haben bei Geschäften, an denen französische Großunternehmen oder deren Töchter beteiligt sind, großen Einfluß. Die Spitzenmanager der großen Unternehmen haben weitgehend dieselben Eliteschulen (Grandes Ecoles) durchlaufen.
- Wer bei seinen Verhandlungen mit der französischen Bürokratie in Berührung kommt, sollte sich auf sehr langsam mahlende Mühlen einstellen. Der Amtsschimmel ist noch sturer und die Zahl der Verordnungen noch größer als z. B. in Deutschland.
- Bisweilen erscheinen französische Verhandlungspartner ihren ausländischen Kollegen als arrogant und hochmütig. In einer Gesellschaft, die gleichzeitig individualistisch ist und eine große Machtdistanz aufweist, wird die Zurschaustellung von Macht manchmal übertrieben. Darunter leidet die Höflichkeit.
- Burt (1984, S. 6–7) ergänzt seine Sicht des französischen Verhandlungsstils wie folgt: „Die Franzosen scheinen Verhandlungen nur um des Verhandelns willen zu lieben. Wenn sie in Stimmung sind, und das kann mehrere Tage andauern, gibt es keinen Fortschritt. Früher oder später sind sie des Spieles aber müde und sehnen das Ende herbei. Eine genaue Zählung der pro Stunde gerauchten Zigaretten zeigt an, wie groß die Bereitschaft zu Zugeständnissen ist, um die Verhandlungen zu Ende zu bringen. Freizeit und Wunsch nach gutem Leben sind wichtige Motivationsfaktoren. Die Kenntnis dieser Faktoren kann, wie der folgende Dialog zeigt, helfen, zu einer Vereinbarung zu kommen:
  Ein amerikanischer Geschäftsmann: ‚Wir müssen zu einer Einigung kommen. Ich habe für uns einen Tisch (im Lieblingsrestaurant des Franzosen) reserviert. Aber bevor wir uns über die ausstehenden Fragen nicht einig sind, können wir nicht gehen.'
  Französischer Geschäftsmann: ‚Ich stimme zu. Lassen Sie uns gehen!'"
- Ein Geschäftsessen hat in Frankreich eine andere Funktion als beispielsweise in Deutschland. Um ihren Geschäftspartner besser kennenzulernen, laden Franzosen gerne zu einem Mittag- oder Abendessen ein, das drei Stunden und länger dauern kann. Das Essen ist eine Botschaft an den Gast. Wein, Menü und Atmosphäre müssen genau stimmen, um sich menschlich näherzukommen. Über Geschäfte redet man frühestens „entre la poire et le fromage", also nach dem Obst und vor dem Käse (Hall und Hall, 1984).

---

24 Ehemalige Absolventen der Eliteschulen ENA – Ecole Nationale d'Administration (Staatliche Verwaltungshochschule) – und Ecole Polytechnique.

- Der chinesische Verhandlungsstil

Einer der größten Experten in Geschäftsverhandlungen mit den Chinesen, Lucian W. Pye (1982, 1986), zählt mehrere Faktoren auf, die zeigen, daß die Chinesen taktisch kluge, begabte und relativ zähe Verhandler sind:

- „Als Gastgeber nutzen die Chinesen ihre Rolle aus, um das Tempo der Verhandlungen zu kontrollieren. Zuerst bestimmen sie den Zeitplan; dann schlagen sie vor, daß die Amerikaner die Verhandlung beginnen … deren Vorschläge dienen danach als Ausgangspunkt, von dem aus alle Kompromisse entwickelt werden" (Pye, 1986, S. 77).
- Die Chinesen verhalten sich absichtlich passiv. Sie verstecken jegliches Gefühl der Ungeduld oder der Begeisterung um die Gegenseite dazu zu zwingen, zuerst die Karten auf den Tisch zu legen.
- Chinesen schrecken nicht davor zurück zu bluffen, um der Gegenseite zusätzliche Zugeständnisse abzuringen: Sie legen übertriebenes Gewicht auf Detailfragen, die in Wirklichkeit ohne Bedeutung für sie sind, oder kommen auf Punkte zurück, über die scheinbar bereits Einigung erzielt worden war.
- Im chinesischen Sozialismus wird die Industrie vollständig vom Staat kontrolliert. Chinesischen Verhandlungsführern ist es deshalb nicht möglich, Entscheidungen selbständig zu treffen. Vor jeglicher Vereinbarung muß die Zustimmung der Regierung eingeholt werden (Eiteman, 1990).
- Das Potential ihres nationalen Marktes wird von den Chinesen gerne übertrieben dargestellt. Sie versuchen, ihr Land als den letzten großen Markt der Erde anzupreisen. In Wirklichkeit ist die Bevölkerung zwar zahlenmäßig beeindruckend, doch die Kaufkraft pro Kopf bleibt bescheiden.
- Wie die Japaner sind auch die Chinesen weniger kurzfristig orientiert als westliche Geschäftsleute. Die Chinesen setzen die Zeit sehr pfiffig ein. Sobald sie merken, daß ihre Gesprächspartner in Zeitnot geraten, verlangsamen sie den Verhandlungsprozeß und versuchen, das nahende Fristende zu ihren Gunsten zu nützen.
- Freundschaft ist für die Chinesen weniger ein Konzept des gegenseitigen Austausches („eine Hand wäscht die andere") als vielmehr eine langanhaltende Verpflichtung (jemand, dem es gut geht, ist immer verpflichtet, einer schlechter gestellten Person zu helfen). Eine gute Beziehung ist etwas Dauerhaftes. „What the Chinese neglect in terms of reciprocity they more than match in loyalty. They not only keep their commitments, but they also assume that any positive relationship can be permanent" (Pye, 1986, S. 79).

- Der amerikanische Verhandlungsstil

Der amerikanische Verhandlungsstil wird von einigen Eigenschaften gekennzeichnet, die eng mit dem amerikanischen Nationalcharakter verbunden sind: Individualismus, Betonung von Kompetenz, Entscheidungsfindung („decision-making") und explizite Kommunikation. Bei amerikanischen Verhandlungsführern findet man deshalb häufig folgende Qualitäten: Pragmatismus, Seriosität und Genauigkeit bei der Verfassung schriftlicher Klauseln.

- Amerikanische Verhandlungsführer haben klare Vorgaben, innerhalb derer sie relativ frei entscheiden können. Amerikaner haben oft das Gefühl, daß Entscheidungen spontan vor Ort von der Person getroffen werden müssen, die die meiste Erfahrung besitzt bzw. die höchste Verantwortung trägt (Beliaev et al., 1985).
- Die Amerikaner sind bekannt für ihre Professionalität. Dies gilt auch für Verhandlungen und betrifft beispielsweise die Auswahl des Verhandlungsteams und die minutiöse Vorbereitung der Verhandlungunterlagen.
- Dennoch berücksichtigen die Amerikaner die Kultur der Gegenseite nur unzureichend (Tung, 1984). Sie haben, wie die Franzosen, eine ethnozentrisch-missionarische Einstellung: Sie sind recht überzeugt, daß ihre Art des Seins die beste Lösung darstellt („the one best way") und daß andere Völker gut daran täten, das amerikanische Wertesystem und Verhalten anzunehmen.
- Große – pragmatische – Aufmerksamkeit gilt der Präzisierung der zu behandelnden Sachfragen („issues"), Tatsachen und Beweisen („facts and evidence"), einer an den Tatsachen orientierten Diskussion („matter of fact") und einem genauen Verhandlungszeitplan („schedule"). Amerikaner reagieren anfällig auf Verhandlungspartner, die viel Zeit mit der Erörterung der Grundprinzipien der Verhandlung verbringen. Gesprächspartnern, die von der direkten Verhandlungslinie abkommen (Nicht-Respektierung der Tagesordnung, Zurückkommen auf bereits besprochene Punkte, gleichzeitige Verhandlung mehrerer Fragen) wird Verzögerungstaktik unterstellt.
- Offenheit und Ehrlichkeit sind positiv belegt. Amerikaner zeigen Bereitschaft, ihre Position zuerst offenzulegen. Damit verbunden ist die (manchmal enttäuschte) Hoffnung, daß die Gegenseite mit derselben Offenheit nachzieht. Übertriebene Offenheit, die Arroganz nahekommt, wird von Kulturen, die anmaßendes Verhalten nicht schätzen, als schockierend empfunden (siehe Beispiel 13.2 John-Wayne-Stil).
- Offenheit ist, entgegen der Annahme vieler Amerikaner, kein universeller Wert. Naivität und kindliche Unbefangenheit bringen die Amerikaner mitunter in schwierige Lagen. Wenn ihre eigene Offenheit von der Gegenseite nicht mit derselben Einstellung beantwortet wird, sondern – im schlimmsten Fall – vom Verhandlungspartner zur Durchsetzung eigener Ziele ausgenützt wird, sind die Amerikaner tief enttäuscht. Als Reaktion beziehen sie dann sehr unnachgiebige Verhandlungspositionen.
- Amerikaner machen keinen Unterschied zwischen Käufer und Verkäufer. Der Bessere möge gewinnen („let the best man win", Adler, 1986). Amerikaner kennen kein Mitleid mit Verlierern. Im amerikanischen Geschäftsleben gibt es keine Trostpreise. Die „loser" gehen leer aus. In diesem Punkt erscheinen die Amerikaner anderen Kulturen sehr hart.
- Im täglichen Leben sind Amerikaner zwanglos. Bei Verhandlungen dagegen nehmen sie es peinlich genau: formelle Kleidung, absolute Pünktlichkeit und Erstellung schriftlicher Vereinbarungen mit höchster Präzision. Verträge werden als Gesetze zwischen den Parteien angesehen und sind Grundlage für den relativ raschen Rückgriff auf rechtliche Mittel.

– Wie bereits an anderer Stelle angesprochen wurde, sind Amerikaner kurzfristig orientiert. Für die Verhandlungen am Ende des Vietnam-Krieges buchten die Amerikaner ein Hotel für eine Woche. Die Vietnamesen mieteten ein Schloß für ein ganzes Jahr (Adler, 1986). Der Zeitdruck der Amerikaner bei Geschäften erklärt sich durch das in Amerika übliche vierteljährliche Berichtssystem der Unternehmen. Amerikaner sind gezwungen, Ergebnisse eher auf den Tisch zu legen als ihre ausländischen Verhandlungspartner. Dadurch sind sie in Verhandlungen benachteiligt.

● Der deutsche Verhandlungsstil

Das Buch von Edward und Miltred Hall („Verborgene Signale", 1984), auf das wir bereits im Abschnitt über den französischen Verhandlungsstil hingewiesen haben, gibt auch nützliche Einblicke in das Verhandlungsverhalten der Deutschen.

– Der Formalismus ist eines der herausstechendsten Merkmale deutscher Geschäftsleute. Die Benutzung des Doktortitels als Zeichen von Kompetenz gilt im Ausland dafür als treffendes Beispiel. Unsicherheit (im Sinne Hofstedes, 1980) wird nach Möglichkeit vermieden, und der Entscheidungsprozeß unterliegt engen Regeln. Diese Regeln werden meist von einem sehr breiten Konsens getragen. Ihre Respektierung ist mehr verinnerlicht als von außen auferlegt.
– Bei Entscheidungen gilt oft: „Gut Ding will Weile haben". Deutsche Unternehmen werden mit schweren, gut geölten Maschinen verglichen. Eine Vereinbarung erfordert eine beträchtliche Zahl an Unterschriften.
– Manch ausländischer Verhandlungspartner schreibt den Deutschen eine unangenehm belehrende Art zu – getreu dem alten Leitsatz: „Am deutschen Wesen soll die Welt genesen" (Rischar, 1982).
– Die Deutschen sind stolz auf Wertarbeit „Made in Germany". Ausländische Produkte werden instinktiv etwas angezweifelt – vor allem wenn sie die deutschen DIN-Normen nicht erfüllen. Die Bereitschaft, sich mit deutschen Ingenieuren in Fachgespräche einzulassen, ist für ausländische Partner unbedingt notwendig.
– Die Ernsthaftigkeit der Deutschen ist kein Mythos. Sie halten ihre Versprechen, egal ob sie mündlich oder schriftlich gegeben wurden. Dafür verachten sie alles, was den Anschein der Leichtfertigkeit besitzt: Unzuverlässigkeit (z. B. bei Verhandlungen mit Italienern oder Franzosen), Unpünktlichkeit oder Verhandeln um des Verhandelns willen. Seine Ernsthaftigkeit führt den Deutschen dazu, alles sofort und bis auf das i-Tüpfelchen klären zu wollen. Für den ausländischen Partner entsteht dabei leicht der Eindruck von Hektik. Arbeit und Zeit bestimmen den Deutschen. „Weiß der Deutsche, was es heißt, in Ruhe ein Glas Wein zu genießen, mit Freude und Begeisterung zu essen?", so fragt sich der Franzose (Rischar, 1982).
– Die Vorlaufzeit, d. h. die Zeit, die bis zum Beginn eines Vorhabens einzuplanen ist, ist in Deutschland relativ lang. Eine Terminvereinbarung sollte mindestens ein bis zwei Wochen im voraus getroffen werden. Kurzfristige Termine werden nur hochstehenden Gesprächspartnern eingeräumt (Hall und Hall, 1984).

- Explizite Kommunikation und monochronistische Zeitauffassung. In Deutschland neigt man dazu, sich an vorher ausgearbeitete Terminpläne zu halten. Auf kurzfristige Änderungswünsche, die alles „durcheinander bringen" würden, reagiert man deshalb eher ungehalten. Der Terminplan ist des deutschen Managers „heilige Kuh" (Hall und Hall, 1984).
- Gefühle und Freundschaft bleiben bei Verhandlungen im Hintergrund. Deutsche wahren die Distanz zum Verhandlungspartner. Ein zu enges persönliches Verhältnis könnte das Ergebnis der Arbeit beeinträchtigen (Schmidt, 1979).
- Deutschen werden im Ausland sehr zweideutige Gefühle entgegengebracht: Sie werden bewundert, aber nicht geliebt. Ursache dafür sind, so Barzini[25] (1985, S. 107) „nicht nur ihre weniger liebenswerten Züge – Anmaßung, Taktlosigkeit und Engstirnigkeit –, sondern auch ihre großen Tugenden, ihre hervorragenden Leistungen in nahezu allen Bereichen."

● Der britische Verhandlungsstil

Wir geben gerne zu, daß man Schotten, Waliser, Engländer und Nordiren eigentlich schlecht in einen Topf werfen kann. An manchen Stellen beziehen wir uns deshalb implizit mehr auf den englischen als auf den britischen Verhandlungsstil.

Das Verhandlungsgebaren der Briten ist, zusammen mit dem der Franzosen, am meisten von einer Tradition diplomatischer Verhandlungen geprägt. Das Britische Empire und der Einfluß Großbritanniens hat seine Spuren hinterlassen:

- Briten sind „soft seller" (Cateora, 1983). Britische Gelassenheit ist kein leeres Wort. Ein selbstbewußter Gesichtsausdruck, Zurückhaltung und Ruhe sind wesentliche Eigenschaften eines britischen Verkäufers. Es darf niemals der Eindruck entstehen, den Käufer unter Druck zu setzen. Der Grundsatz des „fair play" gilt auch in Verhandlungen. Gegenseitiges Vertrauen bei Geschäftsbeziehungen ist dem Briten sehr wichtig.
- Obwohl zwischen Briten und Amerikanern viele Ähnlichkeiten zu bestehen scheinen, verhalten sich beide bei Geschäftsverhandlungen ziemlich unterschiedlich. Man kann keinesfalls von den Amerikanern auf die Briten schließen. Letztere benutzen eine indirektere und in den Zusammenhang eingebettete Kommunikation. Außerdem haben die Briten den Ruf, weniger von Geld motiviert zu sein als die Amerikaner. Briten sind dafür mehr freizeitorientiert. Auch was die Sprache betrifft, gibt es zwischen beiden Nationen (bei Verhandlungen) deutliche Unterschiede. Während US-Amerikaner bei schriftlichen Klauseln problemlos ein vereinfachtes „internationales Eng-

---

25 Luigi Barzini (1908–1984), ein bekannter italienischer Journalist, ist Verfasser eines äußerst gelungenen Buches über die Mentalität der Europäer mit dem Titel „Auf die Deutschen kommt es an – Europa im Brennpunkt". Darin werden die hervorstechendsten Eigenschaften der unerschütterlichen Briten, der streitsüchtigen Franzosen, der vorsichtigen Holländer, der wandelbaren Deutschen usw. auf brillante Weise porträtiert.

lisch" akzeptieren, legen die Briten sehr viel Wert auf korrekte, ausgefeilte Formulierungen (in diesem Punkt ähneln die Briten den Franzosen).

- Britische Firmen haben einen sehr hohen Anteil an Verwaltungspersonal. Der Entscheidungsprozeß wird dadurch verlangsamt (Burt, 1984).
- „Wird nach guter britischer Sitte bei Verhandlungen gegen 11 Uhr Tee gereicht, dann hören die geschäftlichen Gespräche schlagartig auf. Sie dürfen erst wieder beginnen, wenn die Tassen abgeräumt sind" (Rischar, 1982, S. 52).

● Der Verhandlungsstil von Geschäftsleuten aus dem Nahen Osten (arabisch-islamische Welt)

Der Nahe Osten kann etwas grob mit der arabisch-islamischen Welt gleichgesetzt werden. Dabei darf allerdings nicht übersehen werden, daß weder alle Araber Muslime noch alle Muslime Araber sind. Persien und die Türkei beispielsweise werden zwar vom Islam dominiert, sind aber keine arabischen Länder. Außerdem gibt es fast überall christliche Minderheiten (libanesische Maroniten, ägyptische Kopten, irakische Nestorianer, Armenier, Mitglieder der orthodoxen Kirche etc.), die in manchen Ländern großen Einfluß besitzen. So ist der Außenminister des Irak, Tarik Asis, ebenso Christ wie der Generalsekretär der Vereinten Nationen, der ägyptische Kopte Butros Ghali. Aufgrund dieser Unterschiede ist es sicher nicht möglich, allen Geschäftsleuten im Nahen Osten denselben Verhandlungsstil zu unterstellen. Einige typische Eigenschaften sind dennoch erkennbar:

- Die Bedeutung von Gruppenzugehörigkeit: Es ist sehr wichtig zu wissen, welcher Sub-Gruppe ein Verhandlungspartner angehört. Das Beziehungsgeflecht innerhalb der arabischen Verhandlungsseite muß sorgfältig entwirrt werden, um zu wissen, wer wer ist, und wer zu wem wie steht.
- Da die meisten Europäer (und Amerikaner) sich mit der arabisch-islamischen Kultur wenig auskennen und dazu neigen, die kulturellen Unterschiede zu unterschätzen, sind Mittelsmänner (in Saudi-Arabien „sponsors" genannt) sehr wichtig. Umgekehrt kennen sehr viele Geschäftsleute aus dem Nahen Osten die europäische Kultur gut und sprechen normalerweise entweder englisch oder französisch.
- Man sollte nie vergessen, daß die orientalisch-islamische Kultur Mitbegründer der europäischen Kulturen ist. Der diesbezügliche Stolz des arabischen Verhandlungspartners sollte ehrlich respektiert werden.
- Während der Verhandlungen sollte man auf eine verwirrende Mischung von Pragmatismus, sehr viel Gefühl, Theatralität und Überschwenglichkeit gefaßt sein. Araber streben nach Freundschaft und persönlichen Beziehungen. Die Vorstellung einer kühlen Geschäftsbeziehung („business-like") fällt dem Araber schwer. Wenn wirkliche Freundschaft entstanden ist (was sicher nicht leicht ist), kann man auf große Loyalität setzen.

– Wie bereits angesprochen wurde, prägen die Werte des Islam das tägliche Leben[26]. Das Thema Kredite und Zinszahlungen beispielsweise muß in Verhandlungen mit größter Vorsicht angesprochen werden. „riba" (ungefähre Übersetzung: Zins) wird an mehreren Stellen des Koran als verboten erwähnt. Spezielle Finanztransaktionen, die nicht gegen den Koran verstoßen, wurden auf der Basis früherer Praktiken eingerichtet: mudaraba, musharaka, ijara, murabaha und qard hasan (Naulleau, 1985).

● Der schwarz-afrikanische Verhandlungsstil

Dieselben einleitenden Bemerkungen wie für den Nahen Osten gelten auch hier: Schwarzafrika ist ein Mosaik verschiedener Volks-, Religions- und Sprachgruppen. Vor einer Verhandlung gilt es zunächst einmal zu klären, mit wem genau man es zu tun hat. Im Westen ist man gewohnt, Menschen zuerst als Individuen zu betrachten. Ein Schwarzafrikaner ist zuerst Mitglied eines Stammes.

– Die Sprache ist für den Schwarzafrikaner ein Mittel, um sich Vergnügen zu bereiten. Wer den Mund nur öffnet, um „nützliche" Mitteilungen zu machen, ist von der afrikanischen Sprachfreude entweder fasziniert oder abgestoßen. Verhandlungen mit Afrikanern geraten mitunter sehr ausschweifig. Sie lieben nämlich nicht nur die Diskussion sondern haben auch gerne das Wort.
– Die Motivation des Einzelnen wird nicht vom Geld bestimmt. Geld hat in Afrika eine andere Bedeutung als in Europa, wo es als Belohnung für Arbeit, Mittel des Sparens, Maß des persönlichen Erfolgs und gerechter Preis eines Gutes symbolische Bedeutung besitzt. In Afrika hat man Geld um zu überleben und um ein Selbstbild zu projizieren. Alle anderen Eigenschaften des Geldes treten in den Hintergrund. Geld – auch Bestechungsgeld (siehe Kapitel 10.4) – wird ohne Gewissensbisse angenommen. Normalerweise kommt es nicht nur einer einzigen Person, sondern einer ganzen Familie zugute (Gruère und Morel, 1991).
– Die Bedeutung des Stammes- oder Gruppenaspekts wird während der Verhandlung unweigerlich fühlbar. Die ethnische Herkunft und der Einfluß der Familie tritt entweder durch die Beziehungen innerhalb des Verhandlungsteams zutage, oder er ergibt sich aus dem Verhältnis der Verhandlungsführer zu den Nutznießern der Verhandlung.
– Das Verhältnis der Afrikaner zu ihrer Umwelt ist anders als das der Europäer oder Amerikaner. Vor allem die Einstellung zur Zeit (siehe erster Abschnitt dieses Kapitels) wirkt sich – verlangsamend – auf den Verhandlungsprozeß aus.

---

26 Bücher über die islamische Rechtsprechung können wertvolle Hilfen zum Verständnis der islamischen Kultur sein. Zu nennen sind u. a.: Schacht, J. (1950), „The Origins of Muhammadan Jurisprudence" oder „An Introduction to Islamic Law"; Fyzee, A. A. (1975), „Outlines of Muhammadan Law", 4. Aufl.
Das Studium der Rechtssysteme der Kulturen, mit denen man geschäftlich zu tun hat, ist immer eine sinnvolle Verhandlungsvorbereitung. Empfehlenswerte rechtsvergleichende Darstellungen findet man unter anderem bei: David, R. und Brierley, J. E. C. (1985), „Major Legal Systems Today", 3. Aufl.; Zweigert, K. und Kötz, H. (1984), Einführung in die Rechtsvergleichung auf dem Gebiet des Privatrechts, 2. Aufl.

Literaturverzeichnis

A

ABE, S. (1992), „Vertriebspolitik der japanischen Hersteller und Auswirkungen auf den Distributionssektor", in: Absatzwirtschaft in Japan und Deutschland, Batzer, E. (Hrsg.), Berlin; München: Duncker und Humblot, S. 169–190.

ABEGGLEN, J. und STALK, G. (1986), „The Japanese Corporation As Competitor", California Management Review, 28. Jhg., Nr. 3, S. 9 – 27.

ADLER, N. J. (1980), „Cultural Synergy: The Management of Cross-Cultural Organisations", in: Burke, W. W. und Goodstein, L. D. (Hrsg.), Trends and Issues in OD: Current Theory and Practice, San Diego, CA: University Associates, S. 163–184.

ADLER, N. J. (1986), International dimensions of organizational behavior, Boston: Kent Publishing Company.

ADLER, N. J., CAMPBELL, N. und LAURENT, A. (1989), „In Search of Appropriate Methodology: From Outside the People's Republic of China Looking in", Journal of International Business Studies, 20. Jhg., Spring, S. 61 – 74.

ADLER, P. S. (1975), „The Transitional Experience: An Alternative View of Culture Shock", Journal of Humanistic Psychology, 15. Jhg., S. 13 – 23.

AGPAR, M. (1977), „Succeeding in Saudi Arabia", Harvard Business Review, 55. Jhg., Januar/Februar, S. 14 – 33.

ALI, A. und SCHWIERCZ, P. M. (1985), „The Relationship between Managerial Decision Styles and Work Satisfaction in Saudi Arabia", in: International Business in the Middle East, Kaynak, E. (Hrsg.), Berlin / New-York: De Gruyter, S. 138 – 149.

ALLEN, D. E. (1978), „Anthropological Insights into Customer Behavior", European Journal of Marketing, Nr. 3, S. 45 – 57.

ALLENSBACHER Markt-Analyse / Werbeträger-Analyse (1989), Institut für Demoskopie Allensbach (Hrsg.), Allensbach.

ALTHANS, J. (1982), Die Übertragbarkeit von Werbekonzeptionen auf internationale Märkte, Frankfurt a. M.

AMINE, L. S. und CAVUSGIL, S. T. (1986), „Demand Estimation in a Developing Country Environment: Difficulties, Techniques and Examples", Journal of the Market Research Society, 28. Jhg., Nr. 5, S. 43 – 65.

ANDERSON, E. T. und COUGHLAN, A. T. (1987), „International Market Entry and Expansion via Independent or Integrated Channels of Distribution", Journal of Marketing, 51. Jhg., Januar, S. 71 – 82.

ANGEHRN, O. (1986), „Marketing und Kultur", Jahrbuch der Absatz- und Verbrauchsforschung, 32. Jhg., Nr. 2, S. 201 – 208.

ANGELMAR, R. und STERN, L. W. (1978), „Development of a Content Analysis Scheme for Analysis of Bargaining Communication in Marketing", Journal of Marketing Research, 15. Jhg., Februar, S. 93 – 102.

ARGYLE, M., FURNHAM, A. und GRAHAM, J. A. (1981), Social Situations, Cambridge: Cambridge University Press.

ARGYLE, M. (1979), Körpersprache und Kommunikation, Paderborn: Junfermann.

ARGYLE, M. und TROWER, P. (1981), Signale von Mensch zu Mensch, Weinheim: Beltz.

B

BACKHAUS, K. (1992), Investitionsgütermarketing, 3. überarb. Aufl., München: Vahlen.

BAGOZZI, R. P. (1975), „Marketing As Exchange", Journal of Marketing, 39. Jhg., Nr. 4, S. 32 – 39.

BALLAH, R. N. (1970), Tokugawa Religion, Boston: Beacon Press.

BANNISTER, J. P. und SAUNDERS, J. A. (1978), „UK Consumers' Attitudes Toward Imports: The Measurement of National Stereotype Image", European Journal of Marketing, 12. Jhg., Nr. 8, S. 562 – 570.

BARTLETT, C. (1983), Procter & Gamble Europe: Vizir Launch, Harvard Business School Case 9-384-139.

BARZINI, L. (1985), Auf die Deutschen kommt es an – Europa im Brennpunkt, München: Goldmann Verlag.

BAUER, E. (1989), „Übersetzungsprobleme und Übersetzungsmethoden bei einer multinationalen Marketingforschung", Jahrbuch der Absatz- und Verbrauchsforschung, 35. Jhg., Nr. 2, S. 174 – 205.

BAUMGARTNER, G. und JOLIBERT, A. (1977), „The Perception of Foreign Products in France", Advances in Consumer Research, 16. Jhg., 103 – 105.

BEAUDEUX, P. (1981), „L'économie du bakchich", Problèmes Economiques, Nr. 1717, April, S. 22 – 28.

BECKER, G. (1965), „A Theory of the Allocation of Time", Economic Journal, September.

BECKER, H. und FRITZSCHE, D. H. (1987), „A Comparison of the Ethical Behavior of American, French and German Managers", Columbia Journal of World Business, 22. Jhg., Winter, S. 87 – 95.

BELIAEV, E., MULLEN, T. und PUNNETT, B. J. (1985), „Understanding the Cultural Environment: U.S.-U.S.S.R. Trade Negotiations", California Management Review, 27. Jhg., Nr. 2, Winter, S. 100-112.

BELK, R. W. (1988), „Third World Consumer Culture", in: E. Kumçu und A. Fuat-Firat (Hrsg.), Marketing and Developpement: Toward Broader Dimensions, Greenwich, CT: JAI Press, S. 103 – 127.

BEREKOVEN, L. (1985a), Internationales Marketing, 2. erw. u. verb. Aufl., Berlin: Verlag Neue Wirtschaftsbriefe.

BEREKOVEN, L. (1985b), „Weltmarken-Konzepte zwischen Wunsch und Wirklichkeit", Der Markenartikel, Nr. 6, S. 288 – 296.

BEY, E. (1932), MOHAMMED, Berlin: Kiepenheuer.

BILKEY, W. J. und NES, E. (1982), „Country-Of-origin Effects on Product Evaluations", Journal of International Business Studies, 13. Jhg., Spring/Summer, S. 89 – 99.

BOAS, F. (1940), Race, Language, Culture, New York: Free Press.

BÖCKER, C. (1993), „Bei der EG sorgt jeder zehnte für Verständnis", Neue Westfälische Zeitung, 25.2.1993, Nr. 47, S. 3.

BODDEWYN, J. J. (1981), „Comparative marketing: The first twenty-five years", Journal of International Business Studies, 12. Jhg., Spring/Summer, S. 61 – 79.

BODDEWYN, J. J. (1984), „The Regulation of Advertising Around the World in the 1980's and Beyond", in: G. M. Hampton und A. P. Van Gent (Hrsg.), Marketing Aspects of International Business, Boston, MA: Kluwer-Nijhoff Publishing, S. 73 – 83.

BOLLINGER, D. und HOFSTEDE, G. (1987), Les différences culturelles dans le management, Paris: Editions d'Organisations.

BRISLIN, R. W. und BAUMGARDNER, S. (1971), „Non-random Sampling of Individuals in Cross-Cultural Research", Journal of Cross-Cultural Psychology, Dezember, S. 397 – 400.

BRÖG, W., MÖLLENSTEDT, U. (1976), „Untersuchungen bei ausländischen Arbeitnehmern als eine besondere Form der multinationalen Befragung", Interview und Analyse, Nr. 9, S. 212 – 221.

BURT, D. N. (1984), „The Nuances of Negotiating Overseas", Journal of Purchasing and Materials Management, Winter, S. 2 – 8.

BUZZELL, R. D. (1968), „Can you Standardize Multinational Marketing?", Harvard Business Review, 46. Jhg., Nov./Dez., S. 102 – 113.

C

CABAT, O. (1989), „Archéologie de la Marque Moderne", in: La Marque, Kapferer, J. N. und Thoenig, J. C. (Hrsg.), Paris: MacGraw-Hill, S. 307 – 353.

CAMPBELL, D. T. und WERNER O. (1970), „Translating, Working through Interpreters and the Problem of Decentering", in: A Handbook of Method in Cultural Anthropology, Naroll, R. und Cohen, R. (Hrsg.), New-York: The Natural History Press, S. 398 – 420.

CAMPBELL, N. C. G., GRAHAM, J. L., JOLIBERT, A. und MEISSNER, H. G. (1988), „Marketing Negotiations in France, Germany, the United Kingdom and the United States", Journal of Marketing, 52. Jhg., April, S. 49 – 62.

CARROLL, J. B. (1956), Language, Thought and Reality. Selected writings of Benjamin Lee Whorf, herausgeg. von John B. Carroll, Cambridge, MA: The M.I.T. Press.

CATEORA, P. R. (1983), International Marketing, 5. Aufl., Homewood, IL: Irwin.

CATEORA, P. R. (1993), International Marketing, 8. Aufl., Homewood, IL: Irwin.

CAVUSGIL, S. T. und KAYNAK, E. (1984), „Critical Issues in the Cross-Cultural Measurement of Consumer Dissatisfaction: Developed versus LDC Practices", in: Comparative Marketing Systems, Kaynak, E. und Savitt, R. (Hrsg.) New-York: Praeger, S. 114 – 130.

CECCHINI, P. (1988). The European Challenge 1992, Aldershot: Wildwood House.

CHIEN, M. (1979), Chinese National Character and Chinese Culture: A Historical Perspective, Shatin, Hong-Kong: The Chinese University of Hong-Kong Press (chinesische Ausg.).

CHILD, J. und KIESER, A. (1977), „A Contrast in British and West German Management Practices: Are Recipes of Success Culture Bound?", Paper presented at the Conference on Cross-Cultural Studies on Organizational Functioning, Hawaii, 1977.

CHUN, K. T., CAMPBELL, J. B. und HAO, J. (1974), „Extreme Response Style in Cross-Cultural Research: a Reminder", Journal of Cross-Cultural Psychology, 5. Jhg., S. 464 – 480.

CLARK, H. F. jr. (1987), „Consumer and Corporate Values: Yet Another View on Global Marketing", International Journal of Advertising, 6. Jhg., S. 29 – 42.

CONDON, J. C. und YOUSSEF, F. (1975), Introduction to Intercultural Communication, Indianapolis: Bobbs Merrill.

CONTENSOU, F. (1989), „La Marque, L'Efficience Economique et la Formation des Prix", in: La Marque, Kapferer, J. N. und Thoenig, J. C. (Hrsg.), Paris: MacGraw-Hill, S. 231 – 273.

COPELAND, L. und GRIGGS, L. (1986), Going International, New York: Plume Books.

CRAWFORD, J. C. (1985), „Attitudes toward Latin American Products", in: Global Perspectives in Marketing, Kaynak, E. (Hrsg.), New-York: Praeger, S. 149 – 154.

CUNDIFF, E. W. und HILGER, M. T. (1982), „The Consumption Function: Marketing's Role in Economic Development", Management Decision, 20. Jhg., Nr. 4, S. 36 – 45.

CZINKOTA, M. R. und RONKAINEN, I. A. (1990) International Marketing, 2. Aufl., Hinsdale, IL: The Dryden Press.

CZINKOTA, M. R. und WORONOFF, J. (1991), Unlocking Japan's Markets, Chicago, IL: Probus Publishing.

D

DANIELS, J. D., OGRAM, E. W. und RADEBAUGH, L. H. (1982), International Business: Environments and Operations, 3. Aufl., Reading, MA: Addision-Wesley.

DARLING, J. B. und KRAFT, F. (1977), „A Competitive Profile of Products and Associated Marketing Practices of Selected European and Non-European Countries", European Journal of Marketing, 11. Jhg, Nr. 7, S. 519 – 537.

DAVID, R. (1987), Le Droit du Commerce International, Réflexions d'un Comparatiste sur le Droit International Privé, Paris: Economica.

DAVIS, H. L., DOUGLAS, S. P., und SILK, A. J. (1981), „Measure Unreliability: A Hidden Threat to Cross-National Research?", American Marketing Association Attitude Research Conference, Carlsbad, CA, März, S. 1 – 40.

DE BETTIGNIES, H. (1989), „The Globalization of the Japanese Economy: Implications for Europe and the United States", IBEAR, University of Southern California, 5/89.

De BODINAT, H., DE LEERSNYDER, J. -M., GHERTMAN, M., KLEIN, J. und MAROIS, B. (1984), Gestion internationale de l'Entreprise, 2. Aufl., Paris: Dalloz.

DE MENTE, B. (1987), How to do Business with the Japanese, Chicago, IL: N.T.C. Publishing.

DE MOOIJ, M. K. und KEEGAN, W. J. (1991), Advertising Worldwide, Hemel Hempstead: Prentice-Hall.

DEHER, O. (1986), „Quelques Facteurs de Succès pour la Politique de Produits de l'Entreprise Exportatrice: les Liens entre Marketing et Production", Recherche et Applications en Marketing, 1. Jhg., Nr. 3, S. 55 – 74.

DERR, C. B. und LAURENT A. (1989), „The Internal and External Career: A theoretical and Cross-Cultural Perspective", in: Handbook of Career Theory, Arthur, M. B., Hall, D. T. und Lawrence B. S. (Hrsg.), Cambridge: University Press, S. 454 – 471.

DHOLAKIA, R. R., SHARIF, M. und BHANDARI, L. (1988), „Consumption in the third World: Challenges for Marketing and Economic Development", in: Marketing and

Development: Toward Broader Dimensions, Kumçu, E. und Fuat-Firat, A. (Hrsg.), Greenwich, CT: JAI Press, S. 129 – 147.

DICHTER, E. (1962), „The World Consumer", Harvard Business Review, 40. Jhg., Nr. 4, Juli/August, S. 113 – 122.

DILLER, H. und KUSTERER, M. (1988), „Beziehungsmanagement. Theoretische Grundlagen und explorative Befunde", Marketing-ZFP, 10. Jhg., Nr. 3, August, S. 211 – 220.

DOUGLAS, S. P. und URBAN, C. D. (1977), „Life-style Analysis to Profile Women in International Markets", Journal of Marketing, 41. Jhg., Juli, S. 46 – 54.

DOUGLAS, S. P. und CRAIG, C. S. (1984), „Establishing Equivalence in Comparative Consumer Research", in: Comparative Marketing Systems, Kaynak, E. und Savitt, R. (Hrsg.) New-York: Praeger, S. 93 – 113.

DOUGLAS, S. P. und CRAIG, C. S. (1983), International Marketing Research, Englewood Cliffs, N. J., Prentice Hall.

DOUGLAS, S. P. und SHOEMAKER, R. (1981), „Item Non-Response in Cross-National Surveys", European Research, 9. Jhg., Juli, S. 124-132.

DREESMANN, H. (1992), „Motivation im interkulturellen Kontext", in: Interkulturelles Management, Bergemann, N. und Sourisseaux, A. L. J. (Hrsg.), Heidelberg: Physica-Verlag, S. 81 – 110.

DUPUIS, M. und MARICOURT, R. de (1989), France/Etats-Unis/Japon, Trois Mondes, Trois Distributions, Cahier ESCP Nr. 89 – 81, Ecole Supérieure de Commerce de Paris.

E

EINHEITLICHE EUROPÄISCHE AKTE (1986), Beilage 2/86 zum Bulletin der Europäischen Gemeinschaften, Luxemburg: Amt für amtliche Veröffentlichungen der Europäischen Gemeinschaften.

EITEMAN, D. K. (1990), „American Executives' Perceptions of Negotiating Joint Ventures with the People's Republic of China: Lessons Learned", Columbia Journal of World Business, 25. Jhg., Winter, S. 59 – 67.

EKMAN, P. (1984), „Zur kulturellen Universalität des emotionalen Gesichtsausdrucks", in: Scherer, K. R. und Wallbott, H. G. (Hrsg.), Nonverbale Kommunikation: Forschungsberichte zum Interaktionsverhalten, 2. Aufl., Weinheim: Beltz, S. 50 – 58.

EL HADDAD, A. B. (1985), „An Analysis of the Current Status of Marketing in the Middle East", in: International Business in the Middle East, Kaynak, E. (Hrsg.), New-York: de Gruyter, S. 177 – 197.

ELIADE, M. (1980), Schmiede und Alchemisten, 2. Aufl., Stuttgart: Klett.

ENGELS-LEVINE, E. (1982), „Commercial Radio in Latin America", International Advertiser, Januar/Februar, S. 27.

ERIKSON, E. H. (1974), Kindheit und Gesellschaft, 5. Aufl., Stuttgart: Klett.

EROGLU, S. A. und MACHLEIT, K. A. (1989), „Effects of Individual and Product Specific Variables on utilizing Country of Origin as a Product Quality Cue", International Marketing Review, 6. Jhg., Nr. 6, S. 27 – 41.

ESGHI, A. und SHETH, J. N. (1985), „The Globalization of Consumption Pattern: An Empirical Investigation", in: Kaynak, E. (Hrsg.), Global Perspectives in Marketing, New-York: Praeger, S. 133 – 148.

ESPEJO, E. A. (1989), Marketingaspekte in Entwicklungsländern: eine empirische Studie am Beispiel Lateinamerikas, München: VVF.

ETTENSON, R., WAGNER, J. und GAETH, G. (1988), „Evaluating the Effect of Country-of-Origin and the 'Made in the USA' Campaign: A Conjoint Approach", Journal of Retailing, 64. Jhg., Nr. 1, Spring, S. 85 – 100.

ETZEL, M. J. und WALKER, B. J. (1974), „Advertising Strategy for Foreign Products", Journal of Advertising Research, 14. Jhg., June, S. 41 – 44.

F

FEI, X. T. (1948), Rural China, Shangai: Guancha She (chinesische Ausg.).

FERRARO, G. P. (1990), The Cultural Dimension of International Business, Englewood Cliffs, NJ: Prentice-Hall.

FISHER, G. (1980), International Negotiation: A Cross-Cultural Perspective, Yarmouth, Maine: Intercultural Press.

FISHER, R. und URY, W. (1991), Das Harvard-Konzept: sachgerecht verhandeln - erfolgreich verhandeln, 10. Aufl., Frankfurt: Campus.

FOSTER, G. M. (1965), „Peasant Society and the Image of Limited Good", American Anthropologist, 67. Jhg., S. 293 – 315.

FOURNIS, Y. (1962), „The markets of Europe or the European market", Business Horizons, 5. Jhg., Winter, S. 77 – 83.

FRIJDA, N. und JAHODA, G. (1966), „On the Scope and Methods of Cross-Cultural Research", International Journal of Psychology, 1. Jhg., Nr. 2, 109 – 127.

G

G.A.T.T. (1986), Le Commerce International en 1985 – 1986, GATT, Genf.

GAEDEKE, R. (1973), „Consumer Attitudes Toward Products 'Made In' Developing Countries", Journal of Retailing, 49. Jhg., Sommer, S. 13 – 24.

GALAPAKRISHNA, P., GARLAND, B. L. und CRAWFORD, J. C. (1989), „Consumer Satisfaction with Foreign and Domestic Products: A Cross-Cultural Comparison", Proceedings of the Annual Conference of the American Marketing Association.

GALTUNG, J. (1981), „Structure, Culture and Intellectual Style: An Essay Comparing Saxonic, Teutonic, Gallic and Nipponic Approaches", Social Science Information, 20. Jhg., Nr. 6, S. 817 – 856.

GAMBIEZ, C., Lelièvre, H. und Surget, V. (1988), La Publicité et la Promotion des Ventes en Suisse, Seminararbeit an der Ecole Supérieure des Affaires, Universität von Grenoble II.

GAUTHEY, F. (1989), „Gérer les Différences dans l'Entreprise Internationale", Intercultures, Nr. 6, April, S. 59 – 66.

GEERTZ, C. (1983), Local Knowledge, New-York: Basic Books.

GHOSHAL, S. (1987), „Global Strategy: An Organizing Framework", Strategic Management Journal, 8. Jhg., S. 425 – 440.

GILLESPIE, K. (1987), „Middle East Response to the US Foreign Corrupt Practices Act", California Management Review, 29. Jhg., Nr. 4, Sommer, S. 9 – 30.

GILLY, M. (1988), „Sex Roles in Advertising: A Comparison of Television Advertisements in Australia, Mexico, and the United States", Journal of Marketing, 52. Jhg., April, S. 75 – 85.

GIORDAN, A. E. (1988), Exporter plus 2, Paris, Economica.

GLENN, E. (1981), Man and Mankind: Conflict and Communication Between Cultures, Horwood, NJ: Ablex.

GOODENOUGH, W. H. (1971), Culture, language and society, Modular Publications, Nr. 7, Reading, MA: Addison-Wesley.

GOODYEAR, M. (1982), „Qualitative Research in Developing Countries", Journal of The Market Research Society, 24. Jhg., Nr. 2, S. 86 – 96.

GRABY, F. (1982), „Les Consommateurs et les Produits Etrangers: Application Au Marché Français", Actes du 7ème Séminaire international de recherche en Marketing, IAE Aix en Provence, Lalonde des Maures.

GRAHAM, J. L. (1981), „A Hidden Cause of America's Trade Deficit with Japan", Columbia Journal of World Business, 16. Jhg., Herbst, S. 5 – 15.

GRAHAM, J. L. (1985), „Cross-Cultural Marketing Negotiations: A Laboratory Experiment", Marketing Science, 4. Jhg., Nr. 2, Frühjahr, S. 130 – 146.

GRAHAM, J. L. und SANO, Y. (1984), Smart bargaining: doing business with the Japanese, Cambridge, MA: Ballinger.

GRAHAM, J. L., HERBERGER, R. A. jr. (1983), „Negotiators Abroad - Don't Shoot from the Hip", Harvard Business Review, 61. Jhg., Nr. 4, Juli-August, S. 160 – 168.

GRAHAM, J. L., MEISSNER H. G. (1986), Content Analysis of Business Negotiations in Five Countries, Working Paper, University of Southern California.

GRAHAM, R. J. (1981), „The role of perception of time in consumer research", Journal of Consumer Research, 7. Jhg., März, S. 335 – 342.

GREEN, R. T. und WHITE, P. D. (1976), „Methodological Considerations in Cross-National Consumer Research", Journal of International Business Studies, 7. Jhg., Herbst/Winter, S. 81 – 87.

GRUÈRE, J. -P. und MOREL, P. (1991), Cadres Français et Communications Interculturelles, Paris: Eyrolles.

H

HALL, E. T. (1959), The Silent Language, Garden City, NY: Doubleday.

HALL, E. T. (1960), „The Silent Language in Overseas Business", Harvard Business Review, 38. Jhg., Nr. 3, Mai/Juni, S. 87 – 96.

HALL, E. T. (1966), The Hidden Dimension, Garden City, NY: Doubleday.

HALL, E. T. (1976), Beyond Culture, Garden City, NY: Anchor Press / Doubleday.

HALL, E. T. (1983), The Dance of Life, Garden City, NY: Anchor Press / Doubleday.

HALL, E. T. und HALL, M. (1984), Verborgene Signale, Hamburg: Gruner + Jahr, Anzeigenabteilung Stern.

HAMEL, G. und PRAHALAD, C. K. (1985), „Do You Really Have a Global Strategy?", Harvard Business Review, 63. Jhg., Juli/August, S. 139 – 148.

HAMPTON, G. M. (1977), „Perceived Risk in Buying Products Made Abroad By American Firms", Baylor Business Studies, October, S. 53 – 64.

HAMPTON, G. M. und BUSKE, E. (1987), „The Global Marketing Perspective", in: Advances in International Marketing, Cavusgil, S. T. (Hrsg.), Greenwich, CT: JAI Press, 2. Jhg., S. 259 – 277.

HANSEN, D. M. und BODDEWYN, J. J. (1976), American Marketing in the European Common Market, 1963 – 1973, Cambridge, MA: Marketing Science Institute, report n° 76 – 107.

HARNETT, D. L. und CUMMINGS, L. L. (1980), Bargaining Behavior: an International Study, Houston, TX: Dame Publications.

HARRIS, P. R. und MORAN, R. T. (1987), Managing Cultural Differences, 2. Aufl., Houston, TX: Gulf Publishing Company.

HAWRYSH, B. M. und ZAICHKOWSKY, J. L. (1990), „Cultural Approaches to Negotiations: Understanding the Japanese", International Marketing Review, 7. Jhg., Nr. 2, S. 28 – 42.

HELLE, H. J. (1968), „Symbolbegriff und Handlungstheorie", Kölner Zeitschrift für Soziologie und Sozialpsychologie, S. 17 – 37.

HERLYN, J.-U. (1986), Die internationale Einführung eines Parfüm-Deodorant am Beispiel der Produktgruppe „IMPULSE", Diplomarbeit im Fach Marketing, Universität Mannheim.

HESLOP, L., PAPADOPOULOS, N., AVLONITIS, G., BAMOSSY, G., BERACS, J., BLIEMEL, F., GRABY, F., HAMPTON, G. und MALLIARIS, P. (1987), „A Cross-National Study of Consumer Views about Domestic Versus Imported Products", in: European Marketing Academy Conference, Toronto, Leeflang & Rice (Hrsg.).

HILL, J. S. und STILL, R. R. (1984), „Adapting Products to L.D.C. Tastes", Harvard Business Review, 62. Jhg., März/April, S. 92 – 101.

HILL, J. S. und WINSKI, J. M. (1987), „Goodbye, Global Ads", Advertising Age, 16. November.

HILL, W. (1988), Marketing, 6. Aufl., Stuttgart: Haupt.

HOFSTEDE, G. (1980), „Motivation, Leadership and Organization: do American Theories apply abroad?", Organizational Dynamics, Sommmer, S. 42 – 63.

HOFSTEDE, G. (1980), Culture's Consequences: International Differences in Work Related Values, Beverly Hills, CA: Sage Publications.

HOFSTEDE, G. (1993), Interkulturelle Zusammenarbeit: Kulturen – Organisationen – Management, Wiesbaden: Gabler.

HOLLENSEN, S. (1991), „Shift of Market Servicing Organization in International Markets – A Danish Case Study", in: Vestergaard, H. (Hrsg.), An enlarged Europe in the global economy, Proceedings of the 17th Annual Conference of the European International Business Association, Kopenhagen, S. 736.

HOLZMÜLLER, H. (1986), „Zur Strukturierung der grenzüberschreitenden Konsumentenforschung und spezifischen Problemen in der Datengewinnung", Jahrbuch der Absatz- und Verbrauchsforschung, 32. Jhg., Nr. 1, S. 42 – 70.

HOOVER, R. J., GREEN, R. T. und SAEGERT, J. (1978), „A Cross-National Study of Perceived Risk", Journal of Marketing, Juli, S. 102 – 108.

HOUT, T., PORTER, M. E. und RUDDEN, E. (1982), „How Global Companies Win Out", Harvard Business Review, 60. Jhg., September/Oktober, S. 98 – 105.

HOVELL, P. J. und WALTERS, P. G. P. (1972), „International Marketing Presentations: Some Options", European Journal of Marketing, 6. Jhg., Nr. 2, S. 69 – 79.

HSIEH, Y. W. (1967), „Filial Piety and Chinese Society", in: The Chinese Mind, Moore, C. A. (Hrsg.), Honolulu: University of Hawaii Press, S. 167 – 187.

HSU, F. L. K. (1971), „Philosophical homeostasis and jen: conceptual tools for advancing psychological anthropology", American Anthropologist, 73. Jhg., S. 23 – 44.

HUBER, W. R. (1988), Markenpolitische Strategien des Konsumgüterherstellers: dargestellt an Gütern des täglichen Bedarfs, Frankfurt: Lang.

HUSZAGH, S. M., FOX, R. J. und DAY, E. (1986), „Global Marketing: An Empirical Investigation", Columbia Journal of World Business, 20. Jhg., Nr. 4, S. 31 – 43.

I

INKELES, A. und LEVINSON, D. J. (1969), „National Character: the Study of Modal Personality and Sociocultural Systems", in: The Handbook of Social Psychology, Lindzey, G. und Aronson, E. (Hrsg.), Reading, MA: Addison-Wesley, Band 4, S. 418 – 506.

ISHIDA, H. (1983), „Anticompetitive Practices in the Distribution of Goods and Services in Japan: The Problem of Distribution Keiretsu", Journal of Japanese Studies, 9. Jhg., Nr. 2, S. 319 – 334.

J

JACOBY, N. H., NEHEMKIS, P. und EELLS, R. (1979), „Naivete: Foreign Payoffs Law", California Management Review, 22. Jhg., Nr. 1, Fall, S. 84 – 87.

JAFFÉ E. D. und NEBENZAHL, I. D. (1989), „A Methodological Approach to The Estimation of Demand Functions From Country-of-Origin Effects", in: Dynamics of International Business, Luostarinen, R. (Hrsg.), Band 1, Proceedings of the XVth Annual Conference of the European International Business Asssociation, Helsinki, Finland, S. 386 – 414.

JOHANSSON, J. K. und NEBENZAHL, I. D. (1986), „Multinational Production: Effect on Brand Value", Journal of International Business Studies, 17. Jhg., Nr. 3, Fall, S. 101 – 126.

JOHANSSON, J. K. und NONAKA, I. (1987), „Market Research the Japanese Way", Harvard Business Review, 65. Jhg., May-June, S. 16 – 22.

K

KAIKATI, J. G. (1977), „The Phenomenon of International Bribery", Business Horizons, Februar, S. 25 – 37.

KAPFERER, J. N. (1991), Die Marke - Kapital des Unternehmens, Landsberg am Lech: moderne industrie.

KAYNAK, E. und CAVUSGIL, S. T. (1983), „Consumer Attitudes Toward Products of Foreign Origin: Do They Vary Across Product Classes?", International Journal of Advertising, 2. Jhg., April/Juni, S. 147 – 157.

KAYNAK, E. und GHAURI, P. N. (1986), „A Comparative Analysis of Advertising Practices in Unlike Environments - A Study of Agency-Client Relationships", International Journal of Advertising, 5. Jhg., S. 121 – 146.

KELZ, A. (1989), Die Weltmarke, Idstein: Schulz-Kirchner.

KHANNA, S. R. (1986), „Asian Companies and The Country Stereotype Paradox: An Empirical Study", Columbia Journal of World Business, 20. Jhg., Summmer, S. 29 – 38.

KHERA, I. (1986), „A Broadening Base of U.S. Consumer Acceptance of Korean Products", in: Advances in Consumer Research, Bahn, K. D. und Sirgy, M. J. (Hrsg.), World Marketing Congress, Blacksburg, VA: Academy of Marketing Science, S. 136 – 141.

KHURI, F. I. (1968), „The Etiquette of Bargaining in the Middle-East", American Anthropologist, 70. Jhg., S. 693 – 706.

KING, A. Y. C. (1981), The Individual and Group in Confucianism: A Review, Paper presented at the conference on individualism and wholism: the Confucianist and Taoist philosophical perspective, York, ME, Juni.

KIRSCH, W., KUTSCHKER, M. und LUTSCHEWITZ, H. (1980), Ansätze und Entwicklungstendenzen im Investitionsgütermarketing, 2. Aufl., Stuttgart.

KLUCKHOHN, F. R. und STRODTBECK, F. L. (1961), Variations in Value Orientations, Westport, CT: Greenwood Press.

KOTLER, P. (1991), Marketing Management. Analysis, Planning, Implementation, and Control, 7. Aufl., Englewood Cliffs, N. J.: Prentice Hall.

KREUTZER, R. (1989), Global-Marketing - Konzeption eines länder-übergreifenden Marketing: Erfolgsbedingungen, Analysekonzepte, Gestaltungs- und Implementierungsansätze, Wiesbaden: Dt. Univ.-Verlag.

KRISHNAKUMAR, P. (1974), „An Exploratory Study of the Influence of Country of Origin on the Product Images of Persons From Selected Countries", Dissertation, The University of Florida.

KROEBER, A. L. und KLUCKHOHN, C. (1952), Culture: A Critical Review of Concepts and Definitions, Anthropological Papers, Peabody Museum, Nr. 4.

KROEBER-RIEL (1992), Konsumentenverhalten, 5. Aufl., München: Vahlen.

KUMAR, B. N. und SJURTS, I. (1991), „Multinationale Unternehmen und Ethik, in: Ethik und Geschäft: Dimensionen und Grenzen unternehmerischer Verantwortung", Dierkes, M. und Zimmermann, K. (Hrsg.), Wiesbaden: Gabler.

KURIBAYASHI, S. (1991), „Present Situation and Future Prospects of Japan's Distribution System", Japan and the World Economy, 3. Jhg., Nr. 1, April, S. 39 – 60.

KUSHNER, J. M. (1982), „Market Research in a Non-Western Context: the Asian Example", Journal of the Market Research Society, 24. Jhg., Nr. 2, S. 116 – 122.

KUX, B. und RALL, W. (1990), „Marketing im globalen Wettbewerb, in: Globales Management: erfolgreiche Strategien für den Weltmarkt", Welge, M. K. (Hrsg.), Stuttgart: Poeschel, S. 73 – 84.

L

LAUMER, H. (1992), „Die (quantitative) Bedeutung des Warenhandels in der deutschen Volkswirtschaft", in: Absatzwirtschaft in Japan und Deutschland, E. Batzer (Hrsg.), Berlin; München: Duncker und Humblot, S. 3 – 22.

LAURENT, A. (1983), „The Cultural Diversity of Western Conceptions of Management", International Studies of Management and Organization, 12. Jhg., Nr. 1-2, Spring/Summer, S. 75 – 96.

LAURENT, A. (1989), „Cultural Shock", Presentation at the EFMD annual conference, Marseille, März.

LAURENT, C. R. (1982), „An Investigation of the Family Life Cycle in a Modern Asian Society", Journal of the Market Research Society, 24. Jhg., Nr. 2, S. 140 – 150.

LAZER, W., MURATA, S. und KOSAKA, H. (1985), „Japanese Marketing: Towards A Better Understanding", Journal of Marketing, 49. Jhg., Spring, S. 69 – 81.

LEE, J. A. (1966), „Cultural Analysis in Overseas Operations", Harvard Business Review, 44. Jhg., März/April, S. 106 – 111.

LEE, K. H. (1981), „Ethical Beliefs in Marketing Management: A Cross-Cultural Study", European Journal of Marketing, 15. Jhg., Nr. 1, S. 58 – 67.

LEVITT, T. (1983), „The Globalization of Markets", Harvard Business Review, 61. Jhg., Nr. 3, May/June, S. 92 – 102.

LÉVY-BRUHL, L. (1966), Die geistige Welt der Primitiven, Darmstadt: Wissenschaftliche Buchgesellschaft.

LINTON, R. (1974), Gesellschaft, Kultur und Individuum, Frankfurt a. M.: Fischer.

LUDLOW, P. W. (1990), „Global Challenges of the 1990s: Future of the International Trading System", Economic Impact, Nr. 1, S. 4 – 10.

LÜHRS, H. A. (1986), „Die Expansion eines deutschen Unternehmens über die Ländergrenzen", Blickpunkt, Nr. 16, Dez. 1986, S. 17 – 24.

LUMPKIN, J. R, CRAWFORD, J. C. und KIM, G. (1985), „Perceived Risk As a Factor in Buying Foreign Clothes", International Journal of Advertising, 4. Jhg., S. 157 – 171.

LUQMANI, M., YAVAS, U. und QURAESHI, Z. (1988), „Advertising in Saudi Arabia: Content and Regulation", International Marketing Review, 6. Jhg., Nr. 1, S. 59 – 71.

M

MACHARZINA, K. und ENGELHARDT, J. (1987), „Internationales Management", Die Betriebswirtschaft, 47. Jhg., Nr. 3, S. 319 – 344.

MALINOWSKI, B. (1988), Eine wissenschaftliche Theorie der Kultur und andere Aufsätze, 3. Aufl., Frankfurt a. M.: Suhrkamp.

MARCHETTI, R. und USUNIER, J. -C. (1990), „Les Problèmes de l'Etude de Marché dans un Contexte Interculturel", Revue Française du Marketing, Nr. 130, S. 167 – 184.

MARCOTTY, A. und SOLBACH, U. (1992), „Organisationsentwicklung in fremden Kulturen", in: Interkulturelles Management, Bergemann, N. und Sourisseaux, J. (Hrsg.), Heidelberg: Physica Verlag, S. 253 – 268.

MASLOW, A. H. (1954), Motivation and Personality, New York.

MATTHEWS, H. L., WILSON, D. T. und MONOKY, J. F. jr. (1972), „Bargaining Behavior in a Buyer-Seller Dyad", Journal of Marketing Research, 9. Jhg., Februar, S. 103 – 105.

MAURER, M. (1992), Bestechung im Außenhandel, Dissertation, Universität Regensburg.

MAYER, C. S. (1978), „Multinational Marketing Research: The Magnifying Glass of Methodological Problems", European Research, März, S. 77 – 84.

MCCARTNEY, L. (1989), Friends in High Places, The Bechtel Story, New-York: Ballantine Books.

MCCORNELL, J. D. (1971), „The Economics of Behavioral Factors in the Multinational Corporation", in: Combined Proceedings of the American Marketing Association, Allvine, F. E. (Hrsg.), S. 260.

MCCRACKEN, G. (1990), „Culture and Consumer Behavior: An Anthropological Perspective", Journal of the Market Research Society, 32. Jhg., Nr. 1, S. 3 – 11.

MEAD, M. (1972), Mann und Weib: das Verhalten der Geschlechter in einer sich wandelnden Welt, Hamburg: Rowohlt.

MEFFERT, H. (1986), Marketing: Grundlagen der Absatzpolitik, 7. überarb. u. erw. Aufl., Wiesbaden: Gabler.

MEFFERT, H. (1990), „Implementierungsprobleme globaler Strategien", in: Globales Management: erfolgreiche Strategien für den Weltmarkt, Welge, M. K. (Hrsg.), Stuttgart: Poeschel, S. 93 – 115.

MEFFERT, H., LANDWEHR, R., GASS, C. und WALTERMANN, B. (1986), Globale oder nationale Marktkommunikation?, Arbeitspapier Nr. 29 der Wissenschaftlichen Gesellschaft für Marketing und Unternehmensführung e. V., Münster.

MEHRABIAN, A. (1971), Silent Messages, Belmont, CA: Wadsworth Publishing.

MEISSNER, H. G. (1988), Strategisches internationales Marketing, Berlin u. a.: Springer.

MELOE, J., (1983), „The Agent and his World", in: Praxeology: an Anthology, Skirbekk, G. (Hrsg.), Oslo, Universitetsforlaget.

MIN HAN, C. (1988), „The Role of Consumer Patriotism in the Choice of Domestic Versus Foreign Products", Journal of Advertising Research, 28. Jhg., Juni/Juli, S. 25 – 32.

MIN HAN, C. und TERPSTRA, V. (1988), „Country of Origin Effects for Uni-National and Bi-National Products," Journal of International Business Studies, 19. Jhg., Nr. 2, Sommer, S. 235 – 255.

MONTESQUIEU, C. L. de (1748, deutsche Übersetzung von 1951), Vom Geist der Gesetze, Forsthoff, E. (Hrsg.), Tübingen: Laupp'sche Buchhandlung (2. Aufl., 1992, Tübingen: J. C. B. Mohr).

MONTGOMERY, D. B. (1991), „Understanding the Japanese as Customers, Competitors and Collaborators", Japan and the World Economy, 3. Jhg., Nr. 1, April, S. 61 – 91.

MORELLO, G. (1984), „The Made-In Issue, A Comparative Research on the Image of Domestic and Foreign Products", European Research, 5. Jhg., Nr. 21, Januar, S. 68 – 74.

MORSBACh, HELMUT (1982), „Aspects of Non-Verbal Communication in Japan", in: Intercultural Communication: A Reader, Samovar, L. und Porter, R. E. (Hrsg.), 3. Aufl., Belmont, CA: Wadsworth, S. 300 – 316.

MÜLLER, S. (1991), Die Psyche des Managers als Determinante des Exporterfolges: Eine kulturvergleichende Studie zur Auslandsorientierung von Managern aus 6 Ländern, Stuttgart: M&P.

N

NAGASHIMA, A. (1970), „A Comparison of Japanese and U.S. Attitudes Toward Foreign Products", Journal of Marketing, 34. Jhg., Januar, S. 68 – 74.

NAKANE, C. (1973), Japanese Society, Penguin Books.

NAULLEAU, G. (1985), „Le Développment du Système Financier Islamique", Actes du Colloque Cultures et Transferts de Technologie, Paris, Inalco-Musée Guimet, S. 16 – 20.

NEUGEBAUER, G. (1978), „Grundzüge einer ökonomischen Theorie der Korruption: Eine Studie über die Bestechung", in: Basler sozialökonomische Studien, Bernholz et al. (Hrsg.), Zürich: Schulthess.

NIESCHLAG, R., DICHTL, E. und HÖRSCHGEN, H. (1991), Marketing, 16. durchges. Aufl., Berlin: Duncker & Humblot.

O

o. V. (1985), „Nixdorf gibt Sprechunterricht", werben und verkaufen, Nr. 25, S. 22.

o. V. (1986), „To See Ourselves as Others See Us", Time Magazine, 16. Juni, S. 52.

o. V. (1988), „Your New Global Market: How to Win the World War for Profits and Sales", FORTUNE Magazine, 14. März.

o. V. (1988), „Spécial Europe", Communication et Business, Nr. 70, 14. März.

o. V. (1989), „Keeping Up with the Murdochs", Business Week, 20. März 1989.

OH, T. K. (1986), „Selling to the Japanese", Nation's Business, October, S. 37 – 38.

OHMAE, K. (1985), Macht der Triade: Die neue Form weltweiten Wettbewerbs, Wiesbaden: Gabler.

OLLIVIER, A. und MARICOURT, O. de (1990), Pratique du marketing en Afrique, Paris: Edicef / Aupelf.

P

PÉAN, P. (1988), L'Argent Noir, Paris, Librairie Arthème Fayard.

PEEBLES, D. M. (1989), „Don't Write Off Global Advertising: A Commentary", International Marketing Review, 6. Jhg., Nr. 1, S. 73 – 78.

PEEBLES, D. M. und RYANS, J. K. (1984), Management of International Advertising, Boston, MA: Allyn and Bacon.

PERDUE, B. C., DAY, R. L. und MICHAELS, R. E. (1986), „Negotiation Styles of Industrial Buyers", Industrial Marketing Management, 15.

PERRIN, M., MARCEL, C., SALLES, R. und VALLA, J. -P. (1981), „L'Image des Biens Industriels Français en Europe", Revue Française de Gestion, Januar/Februar, S. 97– 107.

PICARD, J., BODDEWYN, J. J. und SOEHL, R. (1989), „U.S. Marketing Policies in the European Economic Community: A Longitudinal Study, 1973 – 1983," in: Dynamics of International Business, Luostarinen, R. (Hrsg.), Proceedings of the 15th Annual Conference of the EIBA, Helsinki, Band 1, S. 551 – 579.

PORTER, M. E. (1986), „Changing Patterns of International Competition", California Management Review, 28. Jhg., Nr. 2, Winter, S. 9-39.

PORTER, M. E. (1989), Globaler Wettbewerb: Strategien der neuen Internationalisierung, Wiesbaden: Gabler.

PRAS, B. und ANGELMAR, R. (1978), „Verbal Rating Scales for Multinational Research", European Research, März, S. 62 – 67.

PRUITT, D. G. (1983), „Strategic Choice in Negotiation", American Behavioral Scientist, 27. Jhg., Nr. 2, November/Dezember, S. 167 – 194.

PRUITT, D. G., LEWIS, S. A. (1975), „Development of Integrative Solutions in Bilateral Negotiations", Journal of Personality and Social Psychology, 31. Jhg., Nr. 4, S. 621 – 633.

PRUS, R. C. (1989), Pursuing Customers: An Ethnography Of Marketing Activities, Newbury Park, CA: Sage Publications.

PYE, L. W. (1982), Chinese Commercial Negotiating Style, Cambridge, MA: Oelgeschlager, Gunn & Hain Publishers.

PYE, L. W. (1986), „The China Trade: Making the Deal Work", Harvard Business Review, 66. Jhg., Nr. 4, Juli/August, S. 75 – 84.

Q

QUELCH, J. A. und HOFF, E. J. (1986), „Globales Marketing - nach Maß", Harvard Manager, Nr. 4, S. 107 – 117.

R

RAITHEL, H. (1987), „Die Wiedertäufer", Manager Magazin, 17. Jhg., Nr. 10, S. 61 – 74.

REDDING, S. G. (1982), „Cultural Effects on the Marketing Process in Southeast Asia", Journal of the Market Research Society, 24. Jhg., Nr. 2, S. 98 – 114.

REISCHAUER, E. O. (1946), Japan: Past and Present, New-York: Alfred A. Knopf.

RICHINS, M. und VERHAGE, B. (1985), „Cross-Cultural Differences in Consumer Attitudes and their Implications for Complaint Management", International Journal of Research in Marketing, 2. Jhg., S. 197 – 205.

RICKS, D. A., ARPAN, J. S. und FU, M. Y. (1979), „Pitfalls in Overseas Advertising", Journal of Advertising Research, abgedruckt in: International Advertising and Marketing, Dunn, W. S. und Lorimer, E. S. (Hrsg.), Columbus, OH: Grid, S. 87 – 93.

RISCHAR, K. (1982), Erfolgreich verhandeln mit ausländischen Gesprächspartnern, Landsberg am Lech: verlag moderne industrie.

ROSE, A. M. (1967), „Systematische Zusammenfassung der Theorie der symbolischen Interaktion", in: Moderne amerikanische Soziologie, Hartmann, H. (Hrsg.), Stuttgart, S. 266 – 282.

ROSEN B. -N., BODDEWYN, J. J. und LOUIS, E. A. (1987), „US Brands Abroad: An Empirical Study of Global Branding", International Marketing Review, 6. Jhg., Nr. 1, S. 7 – 19.

RUBIN, J. Z. und BROWN, B. R. (1975), The Social Psychology of Bargaining and Negotiations, New-York: Academic Press.

RYANS, J. K. und RATZ, D. G. „Advertising Standardization, A Re-examination", International Journal of Advertising, 1987, 6. Jhg., S. 145 – 158.

S

SAPIR, E. (1929), „The Status of Linguistics as A Science", Language, 5, S. 207 – 214.

SAPORITO, B. (1984), „Black & Decker's Gamble on Globalization", FORTUNE Magazine, 14. Mai, S. 24 – 32.

SARATHY, R. (1991), „European Integration and Global Strategy in the Media and Entertainment Industry", in Rugman, A. M. und Verbeke, A. (Hrsg.), Global Competition and the European Community, Greenwich, CT: The JAI Press, S. 125 – 148.

SCANZONI, J. (1979), „Social Exchange and Behavioral Interdependence", in: Social Exchange in Developing Relationships, Burgess, R. L. und Huston, T. L. (Hrsg.), New-York: Academic Press.

SCHÄFER, E. (1974), „Absatzwirtschaft", in: Handwörterbuch der Absatzwirtschaft, Tietz, B. (Hrsg.), Stuttgart: Poeschel, S. 186 – 193.

SCHEFFOLD, T. (1987), Möglichkeiten und Grenzen der Standardisierung internationaler Werbekonzeptionen in multinationalen Unternehmen, Diplomarbeit im Fach Marketing, Universität Mannheim.

SCHMIDT, I. (1990), Wettbewerbspolitik und Kartellrecht: eine Einführung, 3. neubearb. Auflage, Stuttgart: Fischer.

SCHMIDT, K. (1969), Zur Ökonomie der Korruption, Schmollers Jahrbuch, 89. Jhg., 1969, S. 129 – 149.

SCHMIDT, K. (1991), Corporate Identity in einem multikulturellen Markt, Dissertation im Fach Design, Universität-Gesamthochschule Wuppertal.

SCHMIDT, K. D. (1979), Doing Business in France, Germany and the United Kingdom, pamphlets published by the Business Intelligence Program, SRI International, Menlo Park, CA.

SCHOOLER, R. D. (1971), „Bias Phenomena Attendant to the Marketing of Foreign Goods in the US", Journal of International Business Studies, 2. Jhg., Spring, S. 71 – 80.

SCHOOLER, R. D. und WILDT, A. R. (1968), „Elasticity of Product Bias", Journal of Marketing Research, 5. Jhg., Februar, S. 78 – 81.

SCHULTE-BRAUCKS, R. (1980), Die Auflösung marktbeherrschender Stellungen, Baden-Baden: Nomos.

SECHREST, L., FAY, T. und ZAIDI, S. M. (1972), „Problems of Translation in Cross-Cultural Research", Journal of Cross-Cultural Psychology, 3. Jhg., Nr. 1, März, S. 41 – 56.

SEGALL, M. H., DASEN, P. R., BERRY, J. W. und POORTINGA, Y. H. (1990), Human Behavior in Global Perspective, New-York, Pergamon Press.

SERSTRUP, P. (1985), „Grenzüberschreitendes Fernsehen in Europa. Wirtschaftliche Folgen und Aussichten für die Verbraucher", Media Perspektiven, Nr. 2, S. 99 – 110.

SETHI, S. P. und POST, J. E. (1978), „Infant Formula Marketing in Less Developed Countries: An Analysis of Secondary Effect", in: AMA Educators Proceedings, Jain, S. C. (Hrsg.), Chicago: American Marketing Association, S. 271 – 275.

SHERRY, J. F. (1987), „Cultural Propriety in a Global Marketplace", in: Philosophical and Radical Thought in Marketing, Fuat-Firat, A., Dholakhia, N. und Bagozzi, R. P. (Hrsg.), Lexington, MA: Lexington Books.

SHIMAGUCHI, M. (1978), Marketing Channels in Japan, Ann Arbor, MI: Umi-Research Press.

SHIMAGUCHI, M. und ROSENBERG, L. J. (1979), „Demystifying Japanese Distribution", Columbia Journal of World Business, 13. Jhg., Spring, S. 38 – 41.

SHIMP, T. A. und SHARMA, S. (1987), „Consumer Ethnocentrism: Construction and Validation of the CETSCALE", Journal of Marketing Research, 26. Jhg., August, S. 280 – 289.

SIMON, H. (1992), Preismanagement: Analyse, Strategie, Umsetzung, 2. vollst. überarb. und erw. Aufl., Wiesbaden: Gabler

SIMON, H. (1989), Price Management, Elsevier: Amsterdam.

SPRUCHPRAXIS DEUTSCHER WERBERAT (1990), Zentralausschuß für Werbewirtschaft (Hrsg.), 6. Aufl., Bonn.

STANTON, J. L., CHANDRAN, R. und HERNANDEZ, S. (1982), „Marketing Research Problems in Latin America", Journal of the Market Research Society, 24. Jhg., Nr. 2, S. 124 – 139.

STEELE, M. (1991), „European Brewing Industry", in: The Business of Europe, Calori, R. und Lawrence, P. (Hrsg.), London: Sage Publications, S. 26 – 71.

SUMITOMO CORPORATION (1988), Global Market Makers, Sumitomo Shoji Kaisha Ltd, Chiyoda-ku, Tokyo.

SUZUKI, T. (1992), „Japanische Handelsbräuche und Verbraucherinteresse", in: Absatzwirtschaft in Japan und Deutschland, E. Batzer (Hrsg.), Berlin; München: Duncker und Humblot, S. 287 – 306.

T

TAMURA, M. (1986), „Distribution und Markteintritt in Japan", in: Markterfolg in Japan, Simon, H. (Hrsg.), Wiesbaden: Gabler.

TANOUCHI, K. (1983), „Japanese-style Marketing Based on Sensitivity", Dentsu Japan Marketing/Advertising, 23. Jhg., Juli, S. 77 – 81.

TELLIS, G. J. und GAETH, G. J. (1990), „Best Value, Price-Seeking, and Price Aversion: The Impact of Information and Learning on Consumer Choices", Journal of Marketing, 54. Jhg., April, S. 34 – 45.

THORELLI, H. B., LIM, J. -S. und SUK, J. (1989), „Relative Importance of Origin, Warranty and Retail Store Image on Product Evaluations", International Marketing Review, 6, 1, S. 35 – 46.

TIANO, A. (1981), Transfert de technologie industrielle, Paris: Editions Economica.

TIETZ, B. (1989), Euro-Marketing: Unternehmensstrategien für den Binnenmarkt, Stuttgart: Poller.

TRIANDIS, H. C. (1983), „Dimensions of Cultural Variation as Parameters of Organizational Theories", International Studies of Management and Organization, 12. Jhg., Nr. 4, Winter, S. 139 – 169.

TROMMSDORFF, V. (1989), Konsumentenverhalten, Stuttgart: Kohlhammer.

TUCHTFELDT, E. (1985), „Instrumente der Wettbewerbspolitik", in: Kompendium der Volkswirtschaftslehre, Band II, 4. überarb. u. erw. Aufl., Ehrlicher, W. et al. (Hrsg.), Göttingen: Vandenbroeck, S. 178 – 187.

TUNCALP, S. (1988), „The Marketing Research Scene in Saudi Arabia", European Journal of Marketing, 22. Jhg., Nr. 5, S. 15 – 22.

TUNG, R. L. (1984), Business negotiations with the Japanese. Lexington, MA: Lexington Books.

TURCQ, D. und USUNIER, J. -C. (1985), „Les Services au Japon: l'efficacité … par la non-productivité", Revue Française de Gestion, Mai/Juni, S. 12 – 15.

TYLOR, E. (1913), Primitive Culture, London: Murray.

U

UEDA, K. (1974), „Sixteen Ways to Avoid Saying „No" in Japan, in: Intercultural Encounters in Japan, Condon, J. C. und Saito, M. (Hrsg.), Tokyo: Simul Press, S. 185 – 192.

USUNIER, J. -C. (1980), „Les Lois de Déformation des Réseaux du Commerce International", Dissertation, Université de Paris II.

USUNIER, J. -C. (1985), „Adaptation ou Standardisation Internationale des Produits: Une Tentative de Synthèse", Actes de la 1ère Conférence Annuelle de l'Association Française de Marketing, Le Touquet.

USUNIER, J. -C. (1989), „Interculturel: La Parole et L'Action, Harvard L'Expansion, Nr. 52, Frühjahr, S. 84 – 92.

USUNIER, J. -C. (1990), „Communication Interculturelle et Management International", Kapitel 7, Management International, 4. Aufl., Paris: Presses Universitaires de France.

USUNIER, J. -C. (1991), „The 'European Consumer' Globalizer or Globalized?", in: Research in Global Strategic Management, Rugman, A. und Verbeke, A. (Hrsg.), 2. Band, Greenwich, CT: The JAI Press, S. 57 – 78.

USUNIER, J. -C. (1990), „Négociation Commerciale des Projets: Une Approche Interculturelle", Revue Française du Marketing, Nr. 127 – 128, S. 167 – 184.

USUNIER, J. -C. und SISSMANN, P. (1986), „L'Interculturel au Service du Marketing", Harvard-L'Expansion, Nr. 40, Frühjahr, S. 80 – 92.

USUNIER, J. -C. (1991), „Business Time Perceptions and National Cultures: A Comparative Survey", Management International Review, 31. Jhg., Nr. 3, S. 197 – 217.

V

VAN RAAIJ, F. W. (1978), „Cross-Cultural Research Methodology As a Case of Construct Validity", in: Advances in Consumer Research, Hunt, M. K. (Hrsg.), Ann Arbor, Association for Consumer Research, 5. Jhg., S. 693 – 701.

VAN ZANDT, H. R. (1970), „How to Negotiate with the Japanese", Harvard Business Review, 50. Jhg., November/Dezember, S. 45 – 56.

VANDENBERGH, B., ADLER, K. und OLIVER, L. (1987), „Linguistic Distinction Among Top Brand Names", Journal of Advertising Research, August/September, S. 42.

VERNA, G. (1989), „Fausses Facturations et Commerce International", Harvard l'Expansion, Nr. 52, Frühjahr.

W

WALSH, L. (1969), Read Japanese Today, Rutland, VT und Tokio: Charles E. Tuttle

WALTON, R. E., McKERSIE, R. B. (1965), A Behavioral Theory of Labor Negotiations, New-York: McGraw-Hill.

WANG, C. -K. (1978), „The Effect of Foreign Economic, Political and Cultural Environment on Consumers' Willingness to Buy Foreing Products", Dissertation, Texas A & M University.

WANG, C. -K. und LAMB, C. W. jr. (1980), „Foreign Environmental Factors Influencing American Consumers Predispositions Toward European Products", Journal of The Academy of Marketing Science, 8 (Fall), S. 345 – 356.

WANG, C. -K. und LAMB, C. W. jr. (1983), „The Impact of Selected Environmental Forces Upon Consumers' Willingness to Buy Foreign Products", Journal of The Academy of Marketing Science, 11 (Winter), S. 71 – 84.

WATZLAWICK, P., HELMICK BEAVIN, J. und JACKSON, D. D. (1967), Pragmatics of Human Communication. A Study of Interactional Patterns, Pathologies and Paradoxes, New-York: W. W. Norton.

WEBER, M. (1973), Die protestantische Ethik, eine Aufsatzsammlung, 3. durchges. u. erw. Aufl., Winckelmann, J. (Hrsg.), Hamburg: Siebenstern.

WEIGAND, R. E. (1991), „Parallel Import Channels - Options for Preserving Territorial Integrity", Columbia Journal of World Business, 26. Jhg., Nr 1, Spring, S. 53 – 60.

WEISS, S. E. und STRIPP, W. (1985), „Negotiating with Foreign Businesspersons: An Introduction for Americans with Propositions for Six Cultures", Working Paper #85-6, Graduate School of Business, New-York University.

WENDORFF, R. (1985), Zeit und Kultur: Geschichte des Zeitbewußtseins in Europa, 3. Aufl. (Sonderausgabe), Opladen: Westdeutscher Verlag.

WERBUNG IN DEUTSCHLAND 1991 (1992), Zentralausschuß für Werbewirtschaft (Hrsg.), Bonn.

WHITE, P. D. und CUNDIFF, E. W. (1978), „Assessing the Quality of Industrial Products", Journal of Marketing, January, S. 80 – 86.

WIECHMANN, U. E. und PRINGLE, L. (1980), „Probleme in multinationalen Unternehmen", Harvard Manager, Nr. 4, S. 7 – 14.

WILLS, J. R. und RYANS, J. K. jr (1982), „Attitudes Toward Advertising: a Multinational Study", Journal of International Business Studies, 13. Jhg., Winter, S. 121 – 141.

WIND, Y. (1986), „The Myth of Globalization", Journal of Consumer Marketing, 3. Jhg., Spring, S. 23 – 26.

WIND, Y., DOUGLAS, S. P. und PERLMUTTER, H. V. (1973), „Guidelines for Developing International Marketing Strategies", Journal of Marketing, 37. Jhg., April, S. 14 – 23.

WOLL, A. (1990), Allgemeine Volkswirtschaftlehre, 10. überarb. u. erg. Aufl., München: Vahlen.

WOODS, W. A., CHÉRON, E. J. und KIM, D. H. (1985), „Strategic Implications of Differences in Consumer Purposes in Three Global Markets", in: Global Perspectives in Marketing, Kaynak, E. (Hrsg.), New-York: Praeger, S. 155 – 170.

Y

YANG, C. -F. (1989), „Une Conception du Comportement du Consommateur Chinois",
Recherche et Applications en Marketing, 9. Jhg., Nr. 1, S. 17 – 36.

YAU, O. H. M. (1988), „Chinese Cultural Values: Their Dimensions and Marketing
Implications", European Journal of Marketing, 22. Jhg., Nr. 5, S. 44 – 57.

YOSHIMORI, M. (1989), „Concepts et Stratégies de Marques au Japon", in: La Marque,
Kapferer, J. -N. und Thoenig, J. -C. (Hrsg.), Paris: MacGraw-Hill, S. 275 – 304.

Z

ZAHARNA, R. S. (1989), „Self Shock: The Double-Binding Challenge of Identity",
International Journal of Intercultural Relations, 13. Jhg., Nr. 4, S. 501 – 526.

ZAICHKOWSKY, J. L. und SOOD, J. H. (1988), „A Global Look at Consumer Involvement
and Use of Products", International Marketing Review, 6. Jhg., Nr. 1, S. 20 – 33.

ZAX, M. und TAKASHI, S. (1967), „Cultural Influences on Response Style: Comparison
of Japanese and American College Students", Journal of Social Psychology, 71, S. 3
– 10.

ZEITHAML, V. A. (1988), „Consumer Perceptions of Price, Quality and Value: A Means-
End Model and Synthesis of Evidence", Journal of Marketing, 52. Jhg., Juli, S. 2 – 22.

ZIEGLER, J. (1988), La Victoire des Vaincus: Oppression et Résistance Culturelle, Paris:
Editions du Seuil.

Die Autoren

JEAN-CLAUDE USUNIER (geb. 1951) ist Professor für Betriebswirtschaftslehre an der Universität von Grenoble mit den Schwerpunkten internationales Marketing und internationales Management. Zahlreiche Lehraufträge an ausländischen Universitäten führten ihn in den letzten Jahren unter anderem nach Japan, USA, Kanada, Brasilien und Finnland. Seine Bücher über „Internationales Management" und „Exportmanagement" gehören in Frankreich zu den Standardwerken. Neben seiner wissenschaftlichen Tätigkeit war Prof. Usunier über lange Jahre Berater in verschiedenen internationalen Unternehmen.

BJÖRN WALLISER (geb. 1962) promoviert zur Zeit an der Universität von Grenoble. Zugleich ist er Lehrbeauftragter an den Universitäten von Grenoble und Chambéry im Bereich Marketing, insbesondere internationales Marketing. Zuvor studierte er Wirtschaftswissenschaften in Stuttgart-Hohenheim, Los Angeles und Paris und war Unternehmensberater bei Arthur Andersen & Co.

Stichwortverzeichnis